普通高等院校"十三五"规划教材·经济学系列

区域经济学

——理论与方法

方大春　编著

上海财经大学出版社

图书在版编目(CIP)数据

区域经济学:理论与方法/方大春编著.—上海:上海财经大学出版社,2017.1
(普通高等院校"十三五"规划教材·经济学系列)
ISBN 978-7-5642-2569-8/F·2569

Ⅰ.①区… Ⅱ.①方… Ⅲ.①区域经济学-高等学校-教材
Ⅳ.①F061.5

中国版本图书馆 CIP 数据核字(2016)第 255808 号

□ 责任编辑 徐 超
□ 封面设计 张克瑶
□ 责任校对 王从远

QUYU JINGJIXUE
区 域 经 济 学
——理论与方法

方大春 编著

上海财经大学出版社出版发行
(上海市武东路 321 号乙 邮编 200434)
网 址:http://www.sufep.com
电子邮箱:webmaster @ sufep.com
全国新华书店经销
上海景条印刷有限公司印刷装订
2017 年 1 月第 1 版 2017 年 1 月第 1 次印刷

787mm×1092mm 1/16 19.5 印张 499 千字
印数:0 001—3 000 定价:42.00 元

序言

PREFACE

一

我对区域经济学一直有兴趣，一方面是因为自己在研究产业发展与产业组织时绕不开区域空间要素，另一方面也是因为经常要为地方政府研究一些经济与产业发展的问题，而这其实就是区域经济发展的问题。事实上，任何的社会经济活动都存在于一定的时间维度和空间维度之上，时空的有效结合保证了社会经济活动的正常运行。

经济学研究资源的有效配置问题，而资源的有效配置应该包括在不同的行为主体之间、不同的时点之间以及不同的空间位置上的配置。传统主流经济学致力于前两个问题的研究，特别是第一个问题的研究。对于第三个问题，传统主流经济学做出了很不现实的假定，即所有生产和消费都集中在同一地点上，这样就剔除了空间因素这重要而棘手的变量。如果把空间因素包括进去了，所得出的结论和不考虑空间因素时所得出的结论与建议，在很多情况下是不同的。最简单的例子是运输成本，是因生产区和市场区的空间分离而产生的。传统主流经济学视这种成本为一种生产成本，并认为降低这种成本的主要途径为运输技术的改进和发展。然而，如果调整厂商的生产区位，则可以避免这种额外的成本或大大降低运输成本。

对空间问题的探讨和研究则衍生出区域经济学、空间经济学与空间密切相关的研究领域如生产力空间配置、产业空间布局等。纵观区域经济学的发展历史，大量区域问题出现往往成为理论发展的巨大推动力。随着全球经济一体化、新技术革命和经济活动地方化进程的推进，研究资源、产业在空间维度上的合理配置将成为迫切需要的命题。在可以预见的未来的经济学发展中，对于空间这一有限资源自身的研究以及如何在空间维度上合理配置资源问题的研究将成为主流经济学深入探讨的热点、难点问题。

二

区域经济理论发展也是有历史渊源的，最早可以追溯到德国经济学家杜能1826年出版的《孤立国同农业和国民经济的关系》；随后韦伯、帕兰德、霍特林、普雷德尔、克里斯泰勒、廖什、艾萨德、胡佛、克鲁格曼等，为空间区位问题做出了各种开创性的研究工作。但在第二次世界大战以前，区域经济理论还没有成为一门独立的学科。直至 1960 年艾萨德出版了《区域分析方法》，1971 年胡佛出版《区域经济学导论》，系统阐述了区域经济理论和方法，区域经济学分析框架开始被人们所接受，逐渐发展成为一门独立的经济学分支学科。

1978 年随着我国改革开放的进展以及区域经济建设实践的大规模开展，一大批经济学者、地理学者、社会学者和工程技术专家，都加入了区域经济研究的行列，研究队伍不断壮大。1982 年 3 月，上海科学研究所夏禹龙等学者发表了一篇文章《梯度理论和区域经济》，这是我国区域经济问题研究的开端。1989 年 4 月，程必定主编的《区域经济学：关于理论和政策问题的探讨》出版，这是我国第一本探讨区域经济运行规律的著作。1997 年国务院学位委员会正式将“区域经济学”列为“应用经济学”之下二级学科，这标志着区域经济学科在我国正式起步。之后，全国主要的大学开始设立此专业，集聚人才，设置课程，出版教材，招收学生，学科发展日益兴旺。

三

近日收到方大春教授寄来的《区域经济学》校样稿，甚为高兴，一方面是为区域经济学科的进一步发展感到高兴，一方面也为我的学生取得的学术进步高兴。2013 年 9 月～2015 年 6 月，大春在我校应用经济学博士后流动站进行博士后研究时，我是他的联系导师，在站期间因为他对高铁对区域空间结构重构的深入研究，先后获得中国博士后科学基金特别资助(2014T70378)和中国博士后科学基金(2013M531092)两项资助，十分不容易。我知道大春教授长期从事区域经济学教学与研究工作，无论在职称晋升、课题获批和教材出版、职务上升方面近年来进步很大，先后主持国家社科基金等项目近 20 项，发表论文 50 多篇，取得丰富成果，学术影响力日益增进。

有关区域经济学方面的教材到目前为止大约先后出版有 50 多本，另有翻译国外教材近 10 本。但阅读完大春教授编著的这本教材，我个人以为具有以下特点：

1. 突出区域经济学是由经济学和经济地理学交叉特征。本教材首先从区域经济学研究空间入手，从区域经济学理论来源和理论基石出发，阐述经济活动区位理论与影响因素，探讨区域空间结构。夯实了区域经济学中经济地理学理论根基，完备了区域经济理论体系。

2. 突出了区域经济学分析方法归纳与应用。本教材不仅在一些章节中阐述重要的区域经济分析方法，还特别设置三章内容，即区域经济学数量分析方法、空间结构分析方法、空间计量分析方法，比较系统介绍了这些方法以及方法的应用方面。

3. 丰富了区域经济研究内容体系。本教材内容可分五大部分：区位理论、空间结构、区域经济发展理论与战略、区域经济发展路径、区域经济分析方法。内容丰富且体系清晰，特别在城市体系结构、凯恩斯区域乘数理论、区域形象塑造与营销等方面有创新性论述，有时代感。

自然本教材也会存在一些不足，这些不足希望大春教授在今后的教学科研中进一步发现与解决，并不断在教材的使用过程中反复修改使之成为区域经济学科中的经典教材。是以为序！

芮明杰

于复旦大学思源楼

2016 年 10 月 27 日

前言
PREFACE

区域内的自然资源状况、人口分布状况、交通状况、产业布局特征等，对于该区域的社会经济活动和生产过程的影响极大。如何使一个区域的经济发展达到整体最优效果，需要理论支持。区域经济学就是在这种情况下应运而生的。区域经济学的形成和发展最早源于1826年德国经济学家杜能提出的农业区位论，至今已有190年的历史。然而，作为一门相对独立的学科，它大体形成于20世纪50年代。自20世纪60年代以来，随着区位研究由微观向宏观领域的不断扩展，以及各国政府为解决区域问题而加强对区域经济活动的干预，大规模开展了各种区域规划工作，区域经济学获得了迅速发展。最初兴起于西方国家，东欧和苏联在60年代也掀起了区域经济学研究的热潮，我国则直到80年代后才开始这方面的工作。

从理论上来看，主流经济学家因对要素的完全流动和市场机制理想化假设而忽视空间问题。把一个地区看作为均质空间，导致主流经济学理论不能很好解释区域经济问题，难以为区域经济发展提供全面理论支持。近年来，沃尔特·艾萨德(Walter Isard)、保罗·克鲁格曼(Paul Krugman)等一批经济学家正在把空间维因素引入经济学理论中，一些成果引起了学术界的高度关注与认可。学习区域经济学可以回答主流经济学没有回答的在哪里生产(Where)这一问题。从实践来看，我国区域资源禀赋差异很大，区域发展水平不协调，资源空间配置不科学，城乡不协同，这些问题的解决需要运用区域经济学相关知识。为此，系统地学习和掌握区域经济学基本理论与方法是非常必要的。

关于区域经济学的学科性质还未形成统一的观点。目前，主要有三种观点：(1)区域经济学为应用经济学的分支学科，与产业经济学一起构成中观经济学；(2)区域经济学为地理学的分支学科；(3)区域经济学为经济学与地理学的交叉学科。笔者比较倾向于第三种观点，认为只有融合两大学科优势，才能统筹区域经济学微观层面和宏观层面关系。

2009年以来，笔者开始为本科生讲授“区域经济学”，为研究生讲授“区域经济问题专题”，在参考国内《区域经济学》教材基础上，把经济地理学、城市地理学相关知识和区域经济学实证分析方法纳入教学过程中，取得了良好效果，并萌生编写教材的念头。在书稿编写过程中，我指导研究生朱静文、张凡、王海晨、孙明月、魏巍、马为彪等参与修订与校对工作。安徽工业大学2009级～2015级应用经济学研究生为教材编写提供部分资料，交流学习心得，拓展了我的编写思路，在此表示感谢！感谢安徽工业大学领导与同事对我在编写教材过程中给予关心与支持！教材编写受到安徽工业大学研究生“区域经济学”课程教学项目和学校“区域经济学”精品资源共享课项目资助。感谢上海财经大学出版社徐超老师为本教材出版付出大量辛勤劳动！本教材参考国内外相关教材部分内容，引用诸多学者的研究成果，在此一并表示感谢。感谢学习过“区域经济学”“区域经济问题专题”课程的学生，在与你们交流过程中，让我能够更好把握《区域经济学》教材编写要点。由于作者水平有限，教材中肯定有不尽完善之处，欢迎广大读者和同行批评指正，以便今后对本教材做进一步的修改和完善。

方大春
2016 年 8 月

目录 CONTENTS

序言/1

前言/1

第一章　区域与经济空间/1
第一节　区域/1
第二节　空间/3
第三节　区域经济学研究空间/6
复习思考题/10

第二章　区域经济学学科概述/11
第一节　学科属性和研究内容/11
第二节　区域经济学学科特征/13
复习思考题/16

第三章　经济活动区位理论/17
第一节　区位与区位因子/17
第二节　杜能的农业区位论/19
第三节　韦伯的工业区位论/23
第四节　中心地理论/31
第五节　其他区位理论/37
复习思考题/47

第四章　经济活动区位的影响因素/48
第一节　资源要素对经济活动区位影响/48
第二节　交通及其对经济活动区位影响/53
第三节　可进入性对经济活动区位影响/54
复习思考题/56

第五章 区域空间结构/57
第一节 区域空间结构概念/57
第二节 区域空间结构形成与发展机制/60
第三节 区域空间结构开发模式/63
第四节 区域空间结构演变理论/68
第五节 区域空间一体化/72
复习思考题/80

第六章 城市与区域发展/81
第一节 城市/81
第二节 城市发展基础与动力/84
第三节 中心城市在区域中的价值/85
第四节 城市体系结构/88
第五节 城市化/91
复习思考题/95

第七章 区域经济增长理论/96
第一节 区域经济要素/96
第二节 经济增长理论/99
第三节 区域经济增长阶段/103
第四节 区域趋同与趋异/111
复习思考题/113

第八章 区域经济发展战略/114
第一节 区域平衡发展理论/114
第二节 区域不平衡发展理论/119
第三节 中国区域发展战略演变/124
复习思考题/127

第九章 区域产业结构/128
第一节 产业与产业结构/128
第二节 产业结构的演进/133
第三节 区域产业结构优化/138
复习思考题/141

第十章 区域产业布局/142
第一节 产业布局指向/142
第二节 地理集中/144

第三节　地区专业化与多样性/148
第四节　产业集群/154
复习思考题/163

第十一章　区际分工与联系/164
第一节　区域分工与比较优势/164
第二节　区域贸易/170
第三节　区域间经济联系理论/175
第四节　区域要素流动/178
第五节　区际产业转移/184
第六节　总部经济/188
复习思考题/196

第十二章　区域形象塑造与营销/197
第一节　区域形象塑造/197
第二节　区域形象的营销/201
复习思考题/203

第十三章　区域竞争力与评价/204
第一节　区域竞争力概念/204
第二节　区域竞争力分析模型/207
第三节　区域竞争力评价指标体系/214
第四节　提高区域竞争力途径/216
复习思考题/218

第十四章　区域政策与区域规划/219
第一节　区域政策/219
第二节　区域规划/225
复习思考题/235

第十五章　区域经济学数量分析方法/236
第一节　区域差异分析方法/236
第二节　区域增长收敛的分析方法/239
第三节　产业结构分析方法/241
第四节　经济地理学中的投入产出方法/243
复习思考题/246

第十六章　空间结构分析方法/247
第一节　区域空间相互作用分析模型/247
第二节　空间结构分形分析/251
第三节　交通网络分析/254
第四节　GIS与空间分析/255
第五节　空间网络结构分析/261
复习思考题/265

第十七章　空间计量分析/266
第一节　空间自相关性分析/266
第二节　空间扩散模型/272
第三节　地理加权回归模型/274
第四节　空间计量经济学模型/276
复习思考题/290

参考文献/291

第一章

区域与经济空间

第一节 区 域

一、区域概念及特征

(一)区域概念

如何界定和划分区域,这是区域经济理论研究中面临的首要问题。然而,迄今为止,学术界对区域一词并没有明确的定义,其研究对象与范围也完全取决于研究目的和问题的性质。在经济学界,目前国内学者大多采用1922年《全俄中央执行委员会直属俄罗斯经济区划问题委员会拟订的提纲》中给区域下的定义,所谓区域应该是国家的一个特殊的、经济上尽可能完整的地区。也就是说,区域是能够在国民经济分工体系中承担一定功能的经济区概念。区域概念之所以难以界定,其原因:一是根据研究目的,区域的大小可以在相当大的范围内变动;二是区域的邻接性问题,即在把国家划分成区域时,不能出现飞地。区域含义呈现“色谱”特征,比如:地理学家一般把区域定义为地球表壳的地域单元;政治学家则将区域看作是国家管理的行政单元;而社会学家定义区域为具有相同语言、相同信仰和相同民族特征的人类社会聚落。

从更一般的角度看,所谓区域是指根据一定的目的和原则而划定的地球表面的一定范围的空间,并具有相对完整的结构,能够独立发挥功能的有机整体。它具有以下几方面的含义:

第一,区域既是一个实体概念,又是一个抽象的空间概念,具有典型的二重性。我们所说的区域,通常是指地球表面存在的特定范围的空间,即特定的地区。区域是一个客观实际存在,小至均质性社区街道这种具体的、微观角度的地域功能单元,大到全球地域。在理论研究中,区域一词又经常被看成是一个抽象的、观念上的空间概念,没有严格的范围、边界以及确切的方位。正因如此,在区域经济学文献中,区域和空间这两个概念往往可以相互换用,而不必做细致的区别。

第二,区域的内聚力、结构、功能、规模和边界是构成一个区域的五个基本要素。其中,内聚力是区域形成和演变的基础,它决定了区域内部的结构和功能,进而决定了区域的规模和边界。正是由于这种内聚力的存在,从而在一个区域各组成部分之间形成了一种相互依存的关系,并由此产生了一种共同的区域利益和区域意识。正如美国经济学家胡佛(Edgar Malone Hoover,1990)所指出的:"一个区域,它之所以成为一个区域,就在于区内有一种认识到某种共同区域利益的一般意识。"这种意识是区域采取一些积极的措施,做出共同努力,提高区域福利水平的前提条件。

第三,区域具有客观性和动态性两个最根本的特征。一方面,区域是一个客观存在的现实现象,由此可以根据一定的目的对其加以描述,进而划区,并揭示其一般规律性。另一方面,区域又处于不断演进变化之中,随着社会经济的发展,区域的内聚力将不断发生变化,继而导致区域特别是经济区域的结构、功能、规模和边界也随之发生变化。根据区域类型的不同,区域边界可能是一条明确的边界线,或者是一条相互交叉融合的边界带。由于商品经济的不发达,在两个经济区域之间可能会暂时出现一些空隙地带,即飞地。

第四,区域具有一定的等级体系,不同等级区域的规模可能相差甚大。按照地域规模的大小,国内区域大体可分为地带级、大区级、省区级、市级、县级、乡镇级等多个层次。当然,区域并非是无限可分割的,它具有一定的最小规模即单元区规模。

(二)区域特征

区域具有如下特征:

第一,区域具有空间性。人类活动总是在时间和空间两个不同的维度中进行,经济活动也是一样,不管是物质生产还是非物质生产,不管是发展的哪个阶段,最终都要落实在一定的区域空间范围内。地域空间的一部分被赋予特定的资源、环境与人口特征而形成特定的区域。

第二,区域具有整体性。从地理空间角度看,地表区域内各组成成分间存在内在联系,并经过这种长期的相互联系而相互渗透、融合,形成一个不可分割的统一整体。区域的整体性是形成区域同一性的原因。从经济角度看,区域的整体性表现在区域能够独立地生存与发展,具有相对完整的经济结构、人口结构、文化结构与城镇体系等。

第三,区域的等级差异性。就目前中国社会发展的区域而言,多数学者主张将其划分为三个层面。第一层面是依据社会经济发展的状况,将中国划分为东部、中部和西部;第二层面是按照区域内各部分地理位置上的相邻性、经济合作上的密切性、社会发展上的相似性等标准,将中国划分为东北、华北、华南、华东、华中、西南、西北七大区域;第三层面是根据管理上的需要,按照国家省级行政区划标准,划分成省(自治区、直辖市、特别行政区)、市、县、乡镇,这些行政区域是中国区域社会的中坚力量。

第四,区域具有可变性。这是指区域界线的模糊性。通常每一个区域的特征,在其中心区域的典型地段表现得最清楚、最完善,但到分区的边缘,其特征就慢慢地与相邻区域的特征融合起来。可变性是指对同一地表空间,由于人们研究区域的目的不同,划分的角度、指标不同,可得到的区划方案也不同。

二、区域类型

在区域经济学中,一般按照区域各组成部分在特性上存在的相关性,把区域划分为均质区、结节区和规划区三类。

(一)均质区

均质区是以某一或某些重要因素为标准,按照其特征的相似性而界定的一些地区。这些特征主要包括经济发展水平、产业结构、消费类型和劳动力的就业分布等经济特点;自然资源分布、土壤类型、地形与气候等自然条件的相似性;以及一些非经济因素的相似性,比如一致的社会态度、相似的政治观点等。因此,内部一致性或相似性是均质区划界的主要依据。在均质区内,各组成部分的相似程度一般要高于区外其他地区的相似程度。

(二)结节区

结节区又叫极化区,是指一些虽然异质,但在功能上的关系却极为密切的地区。它是由一些不同规模的异质节点所构成的有机整体。就如同生物细胞或原子一样,结节区通常有一个核心和一个互补的外围地区,或者说,"有一个场所、一个核心和在它们边缘地区的、明确程度不同的变化梯度"(迪金森,1980)。每一区域都有一个或多个占支配地位的控制节点,它们构成区域的核心部分,并通过各种联系渠道吸引着区域的投入品、商品、人口和交通流量;其余的便是这个区域的乡村部分,它们受到核心的影响、支配和控制,通常被看作是区域的外围地区。核心与外围地区相互补充,并由内部传输系统将它们连接起来。内部的商品和劳务交换是结节区域存在的根据,而功能一体化是结节区域内部相互关联或利益相互一致的基础。结节区的规模大小及其边界,取决于区内支配性节点的经济强度以及节点与外围地区之间在功能上联系的紧密程度。

(三)规划区

除了均质区和结节区之外,第三种分类方法就是从政府规划或政策制定的角度来划分的规划区。所谓规划区,亦称计划区,是指政府在经济决策时,按照政策的目标而界定的区域。理查森(Richardson,1990)认为,规划区也就是政府实施经济决策的地区,这实际上赋予该地区一种同一性。中国过去所划分的各种类型经济区,包括六大行政经济区、三大经济地带、贫困地区、经济特区、经济开放区等,都属于规划区的范畴。规划区一般是建立在均质区或结节区基础之上的。区内自然条件、社会和经济特点的相似性,以及各组成部分之间经济联系的紧密程度,是政府确定规划区的两个重要依据。如果规划区的划分没有考虑区内各地域单元的经济特点和功能联系,规划区域不加选择地界定,那么包括在规划区之内的某些地区可能会与区外的节点有着更高的相互依赖程度,这样将会影响规划决策的有效性。一般情况下,结节区就是理想的规划单元。从这一点来说,结节区与规划区是一致的。

第二节　空　间

一、区域本质及特征

(一)区域本质

区域本质是空间,区域是空间特化。中国科学院研究员王铮(2002)指出,所谓特化就是地域空间的一部分被赋予特定的资源、环境与人口特征。这种特化使得一个空间范围在地理学性质上区别于另一个空间范围,不同的空间范围分别成为不同的地区或区域。实际上,地球表层空间总是被环境、资源和人口所充填,这种充填不是均匀的,其结果就使一个空间范围区别于另一空间范围,即空间发生了特化,特化使空间转化为地区,地区的抽象就是区域。区域是地区或地方的泛称概念。比如人们平时讲西部地区、南太平洋地区,而不讲西部区域与南太平洋区域，因为这里讲的是具体的地方；反过来，人们习惯说区域差异、区域规划，而不说地区差异、地区规划，因为这里讨论的是共同的特征。区域是一个科学的概念，是地区或地方的抽象。一般情况下，区域的界线模糊，地区有明确界线，在研究行政区时，要界定为某某地区。

人类活动总是在时间和空间两个不同的维度中进行，生产活动也总是在一定的地理空间中进行，空间是劳动、自然资源、土地、管理与技术等生产要素结合的场所。笔者认为，空间不仅是生产要素结合的场所，而且本身也是一种生产要素，后文我们将进行具体论述。

在劳动与土地两个最基本的生产要素里，地理空间也可以作为一个独立的生产要素分离出来。实际上，人类利用土地的范围取决于生产力及科学技术的发达程度，特别是建筑技术和建筑材料的发展水平。在生产力不发达的农业社会，因主要从事农业、畜牧业等简单的生产活动，人们利用土地的目的主要是为了种植、养殖等，占有、使用土地就是占有、使用地表及地表上下有限的空间范围，土地的立体空间效能不具有特殊的财产意义，客观上也没有将空间要素独立出来的必要。然而，在工业化社会里，生产力的高度发达及科学技术的飞速发展，极大地提高了人们改造和利用土地的能力，扩展了人类生产、活动的空间；同时，随着人口膨胀和城市化进程的加剧，地表资源的有限性使得人类迫切需要对空间进行合理开发和利用。随着技术的进步和可以被利用的地理空间越来越稀缺，空间作为一个独立的要素变得越来越重要。土地的肥沃程度对生产者的重要性下降，而土地的空间位置的重要性上升。

空间资源的开发与综合利用逐渐得到人们的重视。人类在土地上种植各种作物，在地面、地下、水路修建各类建筑、工程，在水中航行，在空中飞行。特别是对于城市空间，各国在城市化过程中出现的交通拥挤、停车场不足、环境恶化等城市病，也使人们认识到要促进城市的良性发展就需要合理有序地开发利用空间资源。城市地下的空间资源得到开发，例如地铁、地下商业街甚至地下城市得到快速发展。同时，各个城市也注重形成自己的城市品牌，鲜明的城市空间特征有利于吸引不同类型的企业或人投资或居住；在城市周边地区，出现了大量的产业园区和开发区，吸引各种要素的聚集。

（二）空间要素特征

空间要素具体有如下特征：

（1）稀缺性。空间是自然界中的一种恒定资源，其供给不可能无限增加，在生产技术、科学发展水平一定的前提下，人类可以利用的空间资源更加有限，随着人类生产、活动不断向空间扩展，对空间开发利用的需求会越来越多，这种需求的增长速度远远大于人类发现和开发新的可利用空间的速度。空间资源与土地资源一样，也是稀缺有限的。

（2）差异性。空间资源具有差异性或独特性的特征，从地貌的角度来观察空间，可以识别出河流、山地、丘陵与平原等各种不同空间；从聚落形态来看，一个区域也分大、中、小城市以及集镇和村落，各不相同。

（3）外部性。地理空间的一个重要特征是非耗竭性，具有公共产品的性质。在过去相当长的时间内，由于空间资源极其充裕，部分空间资源一直被作为公共财产无偿使用，空间范围内的大气、水、海洋、土地、森林等都具有显著的公共产品的特性，其产权主体属于全体公民。政府作为公众的代理人，履行管理、利用和分配空间资源的权力。

（4）排他性。空间资源并非单一的公共资源或非公共资源，而是往往兼具两种特性，既具有外部性，同时又具有排他性。正是因为空间要素含有非公共资源的特性，才使得它不能完全按照公共资源的方式供任何人任意享受，一旦空间产权确定下来，空间就必须进行有条件的使用、开发与交换。

(5)容纳性。空间资源或要素与其他资源或要素的一个显著区别是空间资源或要素的容纳性。空间场所具有容纳性,各种生产要素均是在空间范围内进行组合而投入生产活动的,人们可以活动于其间、置物于其间,为满足自己的某种需要而对空间进行开发利用,从而进行生产、享受生活。

二、空间类型

(一)均质空间与非均质空间含义

空间是区域的抽象,区域却是真实的,也是客观存在的实体。在经济问题研究中,当关注区域经济发展和空间结构演化的内在机理时,更适宜使用空间这一抽象概念;而当研究具体区域经济政策等时,则需要使用区域这一概念。也就是说,区域经济学在经济学的框架内分析区域问题的时候需要抽象化,在这个意义上说,区域是具体的,而空间则是区域的抽象。区域的抽象化就会面临如何界定其本质特征,也就是空间的特征。对这一问题涉及两个层面:首先,区域或者空间具有一定的地理特征,这个地理空间是否平坦是需要明确的;其次,承载经济主体活动的空间蕴含了丰富的经济要素,这些要素的分布是否均等也是需要回答的。针对地理特征和要素的分布这两个特征,区域研究中关于空间的界定就可以分为均质和非均质两种。

均质和非均质的含义可以通过表1—1来体现。

表1—1　空间均质与非均质的特征之一

	均　质	非均质
地理特征	平坦空间	不平坦空间
要素禀赋	均等分布	非均等分布

首先,空间均质假设抽象掉了所有的地理和地貌特征,只研究一种平坦的空间。其次,作为关注资源配置的经济学,要素的分布是一个重要变量,是引入要素分布函数还是进行简化的技术处理是我们必须解决的。区域经济学的研究采用了后者,将空间假设为要素均匀分布,从而避免了引入要素密度函数等变量所带来的技术障碍。因此,空间均质假设从距离的角度来考虑经济活动的空间特征,从而,空间问题特别是区位选择归结于距离问题。空间均质假设能够提供较方便的理论基础,但是,空间均质假设并不完全符合实际。尤其是在空间惯性起到关键作用的时候,空间均质假设很难说明现实区域。空间非均质的含义是,不平坦空间上的经济要素禀赋是非均等的。

(二)均质空间分析假设

均质空间分析假设是指经济空间是一片平原,其空间没有凸凹,也不存在地理上的特征,要素禀赋的空间分布是均等的。在此基础上,我们可以把距离和运输成本引进到分析框架里。如果经济空间不是平原,距离和运输成本变量不会是线性变化,很难分析其变量的作用。均质空间分析假设的好处就是容易进行技术处理,但却很不全面。尽管如此,我们不能说这种方法是不对的,而只能说是不全面。在现实生活中,确实存在着大量的均质空间,例如软件产业园区,这一园区内发展的都是软件产业,面临着相同的资源、政策和制度环境,甚至不同企业所使用的建筑都相同。

(三)非均质空间分析假设

非均质空间分析假设强调经济要素在不平坦空间上的非均匀分布。从斯密的绝对优势理论到李嘉图的比较优势理论都假设要素禀赋的非均质特征，要素禀赋的差异才是贸易的基本条件之一，不同的空间区位具有不同的要素禀赋。非均质空间分析强调的是初始条件的非均质，而不仅仅是在抽象平原上通过经济活动累积而成的非均质。以往的经济学研究大多忽视了这种初始条件的非均质，而只研究了由经济活动累积而成的非均质空间。我们要注意，从市场结构角度来看，非均质空间假设意味着不完全竞争市场结构，包括要素市场的不完全竞争和消费市场的不完全竞争。这可以通过表1—2比较这些特征。

表1—2　均质与非均质的特征之二

	均　质	非均质
要素禀赋	均等分布	非均等分布
市场结构	完全竞争	不完全竞争

当我们研究一个初始条件即处于非均质的空间时，地理特征的凹凸不平等问题就需要进行技术上的处理，否则经济学上的距离和运输成本变量就无法使用。这也是为什么早期的地理学研究中难以有效和规范使用这些变量进行分析的原因。经济学主要研究资源配置问题，抽象演绎和建模是其揭示经济演化的内在机理的重要方法。为了实现这一目的，进行必要的简化和抽象就成为经济学研究的逻辑起点。

但是，在空间经济研究中，当我们研究某些经济活动究竟是如何在特定空间被“锁定”进而实现聚集时，就需要关注这些经济活动的历史脉络和变迁，这又必须关注初始空间的自然要素禀赋和地理特征。于是，经济学家在进行历史分析时，又会外生地引入这些地理变量，这种处理对于擅长和喜欢将变量内生化处理的经济学家来说仿佛是在其研究成果上打了个“补丁”。面对这一现象，空间经济研究选择了对均质与非均质属性进行回避化的处理，人们不再或者很少关注经济空间的属性，而是根据研究需要忽而是均质空间，忽而是非均质空间，空间分析形成了不同的研究路径。

第三节　区域经济学研究空间

一、均质空间与非均质空间

均质和非均质都是经济空间的属性，地理学侧重非均质空间，而经济学则侧重于均质空间，同时因为使用不同的分析方法而分异出不同的学科分支。但是，由于对经济空间均质与否这一属性的认识和处理不同，经济学和地理学的空间分析都存在无法回答的难题。

本节从均质和非均质空间分析存在的问题入手，试图从均质和非均质的有机统一中全面把握经济空间，为本书形成一个统一的分析框架奠定基础。

(一)经济学中均质空间分析的困境

经济学中均质空间分析大大简化了分析难度，在一定意义上似乎也没有影响其理论的解释力。胡佛以廖什(A. Losch)的研究为例，指出在一个假设的、没有任何自然资源差异的世界里，亦即在一块资源均匀分布的平原上，依照逻辑判断会出现何种区位呢？在这种情况下，人们可凭想象推测：(1)所有的活动都集中在一个地点；(2)所有活动在整个区域内呈均匀分布(即完全是同质的)；(3)经济活动毫无系统模式，而只是随机的散布。然而，实际出现的合乎逻辑的结果不属于以上任何一种推测，而是显示出与现实世界中的城镇分布模式的某种相似性。按照胡佛的说法，区域的分异和空间结构的形成完全可以在一个均质空间中实现和完成。德国经济学家奥古斯特·勒施也说过，即便地表是完全均质的，城镇依然会产生。

1. 强调自然资源的均质，但忽视了区域性非自然要素的作用

无论是胡佛还是廖什，其假设中都只是特别关注了自然资源的均质化，而没有涉及区域性非自然资源如历史、文化和制度等的作用。而事实上，随着经济社会的发展，历史、文化和制度等要素正在发挥着越来越大的作用。

2. 均质假设的方法存在难以克服的障碍

区域经济学也需要解释一定空间中城市是如何形成的。传统研究大多将其原因归结为比较利益、规模经济和聚集经济。但是，下述三个原因都与均质空间的假设存在内在的逻辑冲突。

第一，比较利益的存在本身就否认了均质化假设。假如人们的生产能力、所处的资源条件和技术条件完全相等，生产效率完全一样，那就没有可能产生劳动分工，从而也就不可能产生建立在专业化分工优势的基础上的比较利益。经济学家们在处理空间问题时，一方面做了均质化简化假设，另一方面又强调比较优势和分工与专业化的作用，这样就会存在前后不一的逻辑矛盾。

第二，空间中规模经济的作用和新古典经济学的范式不相容。如果不存在规模经济，产出与投入规模无关，从而商品生产可以在任意小的规模情况下靠近消费者分布。此时在没有任何特征、平坦的平原上，人口和生产会均匀地分布，因为集中不仅不会带来好处，相反会因为竞争土地而使地价上升。在空间经济中，规模经济的存在，保证了企业存在规模报酬递增的属性，而这和新古典经济学完全竞争和规模报酬不变的分析框架不相容。

第三，用外部性解释聚集经济将区域经济学置于"黑箱"之上。聚集经济是区域经济学的核心概念和重要的理论基础，经济学家们普遍使用马歇尔(A. Marshall)的外部性理论来解释聚集经济的形成原因。但是，我们可以设想，在完全均质的空间中，这种外部性从何而来呢？另外，外部性的分析舍弃了基于经济主体的选择行为分析，聚集经济的成因犹如一个"黑箱"，区域经济学从某种意义上也被置于这一"黑箱"之上。

3. "在哪里"的问题依然悬而未决

传统经济理论都从不同路径希望解决主流经济学忽视的"在哪里"问题。但是，在哪里聚集、城市究竟在哪里形成等一系列问题依然没有获得满意的解释。克鲁格曼另辟蹊径，在抽象的均质空间中为我们展示了主体空间活动的累积效应如何诱致了空间的非均质结果。对于"在哪里"问题，以克鲁格曼为首的新经济地理学家归结为"历史"和"偶然"，而空间经济的正反馈机制则可能锁定这种偶然事件进而形成累积性优势，产生空间聚集。不可否认，在历史上很多偶然事件确实能够在正反馈机制的作用下放大成为一些确定性事件，并形成自我演化。但可以肯定，绝不是所有的空间聚集都可以通过这种"偶然"来解释。为什么文明在"两河"流域最先出现？为什么区域经济一体化率先在欧洲实现？偶然性事件被放大锁定为确定性事件，其背后必然有更加深刻的原因，不对这些深层次原因进行研究，"在哪里"的问题仍然还是悬而未决。

所有这些问题和矛盾都表明均质空间假设对于真正解决区域经济问题存在不足，经济全球化和区域经济一体化进程的加快，越来越凸显了要素的功能，要素空间的非均质分布成为这种全球化浪潮下的一个突出景观——技术创新在全球呈现出极强的非均质性，发达国家和发

达地区的制度创新更是领先于欠发达地区，甚至一些地区的组织行为创新也已经对区域经济发展产生了巨大作用。仅仅用均质空间假设的分析已经不能适应这种浪潮，把均质空间分析与非均质空间分析有机结合起来，已成为新形势下区域经济学研究的一个重要课题。

经济学特别是新经济地理学从均质的原始空间入手，分析展示了通过经济主体活动从均质向非均质空间演变形成的深刻画面，但是，上述困境的存在表明均质视角的分析仍存在难以克服的障碍。因为，经济学对于要素的分析集中在劳动和资本等非区域性要素上面，这种取向注定了经济学家无法将其分析视角拓展至非均质空间。

（二）经济地理学中非均质空间分析的问题

经济地理学的研究对象主要是具有差异的区域（非均质空间）。需要注意的是，地理学所研究的区域，比较强调其地理特征，与经济学研究的抽象经济空间有所差别。经济地理学在解释人地关系、全球化力量和地方化力量关系、区域差异化发展以及企业与区域经济发展等方面做出了积极贡献。但是，由于研究对象集中在非均质的空间层面，经济地理学也面临一些无法解决的问题。

1. 难以回答经济区域是怎样形成的问题

区域经济学的研究对象是经济区域，这种经济区域在现实生活中往往是与行政区域相关联的，并且抽象掉了地理特征。在经济学家看来，经济区域有其形成和演化的内在规律，区域经济学需要对经济区域的形成问题做出正面回答。

作为地理学一个分支的经济地理学，一直将真实世界的地域空间作为自己的研究对象，这是地理学成为自然科学的一个前提。近年来，经济地理学者越来越关注区域问题的研究。这里的区域不同于自然地理的区域空间，而是有着复杂经济关系的经济空间。那么，这个复杂的经济区域是如何形成的？经济地理学的研究对象是完全不同、形态各异的，针对具体的、真实世界的区域研究很难揭示其深层的一般机理。

科学揭示经济区域的形成与演化机理，必须进行高度的经济抽象假设，抽象出一般意义上的空间，舍弃掉那些对于揭示内在机理无关的一系列具体地理特征，而这种研究方式是善于运用精确描述方法的地理学所难以运用的。

2. 揭示经济区域的微观组织机理时存在困难

经济地理学以真实世界的地域空间为研究对象，使得对经济问题的研究缺乏微观主体的支撑，这就会在揭示经济区域的微观组织机理时存在困难。另外，经济地理学中基本不涉及市场结构的研究和限定。我们知道，对经济问题的研究，面对不同市场结构其结果完全不同。正是在这个意义上，克鲁格曼认为，经济地理学致命的问题是其领域的先驱没有明确地说明市场结构。在对传统的区位论进行分析后，克鲁格曼认为，一些经济学家对韦伯（Alfred Weber）的工业区位理论和克里斯塔勒（W.Christaller）的中心地理论的批判是正确的，即需求分布、运输成本和距离之间的关系等假设不符合现实，似乎是关于几何学的，与经济学无关。因为它没有告诉经济决策主体是谁，以及厂商或企业之间的决策是如何相互影响的。中心地理论并未对市场结构做出任何明确的描述，没有考虑不完全竞争。

概括来说，客观事物的地理分布及其与空间环境的关系始终是经济地理学研究的核心领域。虽然经济地理学融合了许多经济学的方法和思想，但是，经济学始于抽象假设，强调演绎的方法毕竟与地理学相距甚远。经济地理学长于描述，表现其对宏观性问题的解释能力，相比而言，对于许多涉及微观问题的经济组织机理研究则显不足。

在现实生活中存在诸如高新技术区、临港工业区等一类经济空间，各种不同要素分布呈现很强的均等性，同类或者相关企业也都表现出相同的区位选择指向，和经济地理学关注的非均质空间不同，这是一种均质空间。经济地理学的分析框架和视角难以将区域和上述功能区的研究实现兼容。由此可见，经济地理学的空间分析始于非均质空间，但强调自然要素的非均质视角对于很多问题难以有效解决。制度和文化转向的经济地理学研究尝试将经济学的方法和内容引入其中，拓展非均质的内涵。但是，经济地理学是将要素"嵌入"非均质空间，却无法实现分析框架的统一。

在现实经济中，既存在大量的均质空间现象，也存在大量的非均质空间现象，因此，对于区域经济的分析，我们既要考虑要素在空间上的非均质分布，又要考虑在一定范围内要素的相对均质分布。只有这样，才能完整地分析区域经济问题，才能更为准确地把握经济空间的特性和本质，揭示要素空间分布和变化的内在规律。

经济空间是均质与非均质的有机统一，但传统的经济学和经济地理学却各自强调了经济空间的一种属性。那么，究竟存在什么样的问题让传统经济学和经济地理学都只能徘徊在各自的视野不能突破呢？换言之，若想实现均质和非均质分析框架的统一，我们需要解决的关键点是什么呢？在以后章节中，我们将对此进行分析。

二、地理空间与经济空间

区域的本质是空间，区域经济学的空间概念是地理空间与经济空间的统一。地理空间包括地上、地下与天空，是指几何学意义上的空间，它体现了空间的自然属性，为经济活动提供场所、道路、位置与环境，规定着经济活动的作用范围与密集度，构成社会生产力的自然基础。

经济空间是指被社会劳动所利用、改造后的地理空间，也就是承载着劳动生产力各种要素的地理空间。地理空间是生产力运行的前提条件，而经济空间是生产力运行的现实形态。没有地理空间，各种生产要素失去了运行的场所，就不可能有经济空间；但是有了地理空间，如不被社会劳动利用和改造，也形不成现实的生产力，不可能转化为经济空间。地理空间是既定的，变化极小；经济空间是可变的，如果在同一地理空间内投入较多的劳动，增加各种要素的密集度，或加快生产要素的运行速度，经济空间就相对变大。

地理空间是经济空间的自然基础，它规定了经济空间的限度。在一定的科学技术条件下，一定地理空间规定了其所包含的经济空间增大的临界值，一旦所投入要素的密集度超过了地理空间所能承受的最大负荷，将导致生产力运行速度减慢，经济效益下降，经济空间也将缩小，即表现出空间集聚不经济的特征。某一地理空间内的经济空间还随着生产力的变化而变化，可能由小到大，如原来人口稀少，后来发现新的矿藏而形成巨大的工业城市；也可能由大变小，如城市毁弃、土地沙化、资源枯竭等。有的国家或地区，地理空间很小，但由于积极开展对外交流和协作，利用他国的技术、资源、劳动力和地理空间而使自己的经济空间变大，如日本、新加坡、中国香港等就是典型的例子。

区域经济学中的空间概念是地理空间与经济空间的统一。空间要素是稀缺的，其另外一个特征是空间的容纳性，人类需要在地理空间上生存，并投入各种要素进行生产活动创造社会财富，将地理空间转化为容纳生产力的经济空间。地理空间将空间研究实体化，这是对空间进行经济研究的前提，而经济空间是区域经济学的研究对象。单纯的地理空间只是一种潜在的自然资源，对于经济学研究来说，重要的是地理空间范围内各要素的集聚以及由此形成的生产力运动和各经济主体相互作用形成的生产关系。区域经济学所要研究的空间范畴，正是这种一般意义上的经济空间范围。

复习思考题

1. 简述区域概念。
2. 区域类型有哪几种？分别具有哪些特征？
3. 空间特征是什么？
4. 空间有哪些类型？
5. 经济学中均质空间分析存在哪些困境？
6. 如何理解区域经济学研究空间是地理空间与经济空间的统一？

第二章 区域经济学学科概述

第一节 学科属性和研究内容

一、区域经济学是否归属经济学

长期以来,只考虑时间维度而不考虑空间维度一直是主流经济学的一个突出特点,即便翻开当前最流行的经济学教材,也很少能看到有关空间与区域的只言片语。现代主流经济学思想体系与理论模型总是默认空间是均质和无差别的,因而无需加以考虑。这种回避或高度简化的处理方式,并不是因大意造成的偶然事件,而更可能是现有研究体系中存在的系统性偏差。现代区域经济学之父艾萨德提出,经济学分析是在一个没有空间维度的空中楼阁中进行的。

经济学研究对区域与空间的忽略在很大程度上与现代经济学研究的模型化发展趋势紧密相关。现代经济学越来越成为一门建模的学问,其研究方法越来越模型化、工具化,只有可以模型化的思想才会得到垂青。空间长期未能真正被纳入主流经济学的研究框架,一方面是由于空间经济学的先驱没有用模型化的方法来表达他们的思想;另一方面是因为经济活动在空间中的聚集本质是一种收益递增规律的表现,而收益递增比规模收益不变或收益递减的主流经济学思想更难以模型化,因此经济学变得越来越模型化,具有许多科学思想和重要观点的空间经济学理论因不能满足现代经济学的模型化要求而被排除在主流经济学研究之外。

现代经济学仅仅是时间一维的经济学。近年来,以保罗·克鲁格曼为代表的新经济地理学者,在迪克西特—斯蒂格利茨(Dixit-Stiglitz)垄断竞争模型的基础上,采用收益递增—不完全竞争的建模技巧,建立了以中心—外围模式为核心的区域模型、以城市层次体系演化为中心的城市模型、以产业聚集和国际贸易为代表的国际模型,从空间的定量化、模型化的角度将空间研究纳入主流经济学的研究框架，从方法论上使得空间研究成为现代经济学家掌握的建模技术可以处理的领域。1999年藤田昌久(Masahisa Fujita)、克鲁格曼和维纳布尔斯(Anthony J. Venables)合著的《空间经济学：城市、区域与国际贸易》是空间模型研究的集大成之作，以此为基础，经济学界兴起了空间经济学的研究浪潮。

一般来说，经济学原理需要回答生产什么(What)、怎样生产(How)、为谁生产(Who)这三大问题(3W)，对于在哪里生产(Where)这一问题，传统经济学则没有回答。而毋庸置疑的是，在哪里生产(Where)非常重要，而要回答这个问题，就涉及区域与空间。胡佛也将区域或空间经济学归纳为“何事在何地，为何，以及应该如何”这样一个问题。何事，涉及每一种经济活动，包括各类企业、家庭、私人机构与公共机构；何地，指与其他活动有关的区位，涉及毗邻、集中、分散、空间模式的相似性与差异性等问题，而这类问题既可在广义的区域层次上进行讨论，也可从微观地理学的角度，就地带、地段或地点进行讨论；为何，以及应该如何，则是经济学家在其能力和胆识的某种弹性限度内对区域问题所做的种种注释。资源总是稀缺的，最优化是经济学最常讨论的话题之一。在哪里生产、稀缺资源如何在空间实现优化配置就需要区域经济学者来回答。

二、区域经济学研究内容

可以认为，区域经济学的研究内容为资源在区域空间的优化配置与空间要素使用的最优化问题。

区域经济学从古至今都在研究资源的区域优化配置问题；资源的区域优化配置也即资源的空间优化配置。在计划经济时期，资源在区域间和区域内的配置，由计划决定，而计划决定的依据是区域的资源禀赋、运输条件和协作条件。计划主要靠中央计划投资政策实施，中央政府投资很大程度上决定了资源和要素的流向以及区域经济发展水平。中华人民共和国成立以后，中国的经济学界以及政府首先借鉴了苏联生产力布局学的基本思想，引进了均衡生产力布局及地域经济综合生产体的理论，形成了中国的生产力布局学，并以此来指导中国区域经济发展的实践。

在市场经济条件下，资源在区域间和区域内的配置，主要依赖市场经济机制，地区资源禀赋是资源配置的基础，市场机制是实现优化配置的手段，在看不见的手作用下，各种资源与要素在区域间与区域内自由流动；厂商是资源空间配置的主体，厂商在利润最大化的指引下，选择具体区位投资设厂，引导资源空间配置的方向。当然，在市场经济时期，政府仍然是资源空间配置不可或缺的主体，因为市场的资源配置方式存在着影响配置优化的障碍，一方面资源、要素和各种商品、劳务存在不完全流动性，如资本、劳动力的区域流动存在制度、政策和文化障碍，这将使得市场机制在区域资源配置优化中的作用降低；另一方面，市场机制可能出现失灵，需要政府调节，否则将出现核心区与边缘区区域差距扩大等问题。

将空间要素使用的最优化作为区域经济学的主要研究内容是本书的一大特点。首先，将空间要素作为区域经济学的研究内容是基于这样一个事实，随着城市化进程的加快，世界人口逐年增加，地球上可以开发和利用的各种自然资源越来越稀缺，自然环境也遭受不同程度的破坏，人类可以开发的地理空间达到极限，因而地理空间的重要性越来越突出，提高经济空间的生产力容量与空间要素本身的使用是人类面临的重要任务；其次，在理论上，本书认为地理空间是一种自然资源，具有生产要素的特性如稀缺性、差异性、排他性，在一定条件下，还可以确定空间的产权关系。

第二节　区域经济学学科特征

区域经济学是研究区域经济的特点和区域之间关系的科学，它要回答的问题是：一个区域是如何实现经济增长和经济发展的，各个区域之间是怎样相互联系的，以及它们在全国劳动地域分工中的地位如何等。

一、区域经济学与支撑学科关系

区域经济学具有很强的综合性，需要经济地理学、发展经济学和产业经济学等作为研究的知识后盾。

(一)区域经济学与经济地理学的关系

区域经济学是在经济地理学基础上产生的一门应用经济学科，它借助经济地理学的一些方法论来研究经济问题，其生命力无比旺盛。但我们绝不主张用区域经济学代替经济地理学(事实上也无法代替)，而是主张两者并行发展。自 20 世纪 90 年代以来，经济地理学获得了新的发展。区域经济学不是经济地理学，经济地理学也不是区域经济学，但两者无论从方法还是从研究本身，都在日益靠拢，日趋融合。

(二)区域经济学与发展经济学的关系

发展经济学作为一门经济学科，是第二次世界大战以后逐渐形成的。它以发展中国家的经济发展问题为研究对象，为发展中国家的经济发展提供理论依据。

区域经济学中的很多概念和理论都来自发展经济学。比如，区域增长理论，就是在发展经济学的增长理论基础上引入了区域的概念而形成的。区域经济学和发展经济学的区别主要体现在：发展经济学主要研究的是发展中国家的增长问题，而区域经济学研究“发展”的空间范围不存在局限性，可以大到国家，小到乡镇，所以引入的理论需要进行区域化的改造；发展经济学没有地理学的基础，而区域经济学在研究很多问题时都以地理环境作为研究的出发点。从目前的学科发展来看，区域经济学还在不断地把经济学的理论应用于区域的研究，其中也包括大量的发展经济学的理论。

(三)区域经济学与产业经济学的关系

产业经济学是现代经济学的重要分支，是现代经济学中用来分析实现经济增长的应用经济理论。

产业问题也是区域经济研究的核心内容。区域经济中的产业发展和结构演变理论来自产业经济学。区域经济学中的产业研究区别于产业经济学的是，区域经济学中的产业研究有特定的范围，即局限于特定的区域，而产业经济学研究的产业结构问题，是一个纯粹的经济学问题。但如果产业经济学研究的是某一个特定区域的产业结构，就为其加入了区域的概念，于是研究的特征就不同于一般性的产业结构，而是在特定位置上的产业结构，或称为区域产业结构。另外，产业结构研究不是区域经济研究产业问题的目的，区域经济研究产业问题是为产业的布局服务的，最后要形成为区域经济发展服务的产业布局方案。实际上，区域经济学与产业经济学在理论上的互相借鉴一直都存在，如产业经济学中对产业布局的研究，也要应用区位理论，而且它已成为产业经济学研究的重要组成部分。

二、区域经济学产生理论渊源

溯本清源，区域经济学界普遍承认区域经济学有两大来源：一个是地理学，一个是区位论。

(一)区域经济学的地理学来源

区域经济学的地理学来源,主要有两个方面:区域的概念、地理环境及资源条件对经济发展的作用。

1. 通过地理学树立区域的概念

人们对区域的认识,首先是考察各种不同空间和地点的特征,再进行深入研究,探索其分布的情形。地理上的区域和区域之间通常并不是明显接替的,而是存在一个相当范围的过渡地带。所以,地理学家从一开始就认为区域之间的过渡不是跳跃的,而是渐进的、互相衔接的,这种思想一直影响到今天我们对经济区域的认识。

我们今天所看到的所谓区域的界限,实际上都是人为划分的,且是为了某种区别的目的而划分的。例如,欧洲和亚洲的分界乌拉尔山和高加索山,它们虽然是两大洲天然的障碍,但古代生活在这条线两侧的人在人种上的巨大差别,才是划分的主要理由。再如,蒙古高原和内蒙古高原的分界,完全是由于蒙古国的独立所造成的一个划分。也就是说,人们通常是先找到一个表面的、突出的、标志性的景观——可能是山脉,也可能是河流,再将其确定为标志,或者是界限,以此将两边的区域分开。自从有了区域的概念,才有在此之上的与区域有关的各类学科。所以,我们应当把区域概念的建立作为区域经济学产生的起点。

2. 地理环境及资源条件对经济发展的作用

地理学认为,人类和自然都应属于区域的特征,但在某些地区,如城市地区,人类的作用可能明显些,而在另一些地区,如极地、高原、海洋等,自然的作用可能更明显。把一个地区的自然特征和人类所从事的经济活动结合起来考虑,地理环境及资源条件就成为经济发展的初始条件。

地理环境及资源条件加入到区域经济研究当中,使区域经济的内容更加丰富,但同时区域经济研究的起点也发生了变化。因为显然,人与自然的关系在区域经济当中占据了相当的位置,这使我们对区域经济的研究不可能是纯经济学的,而必须考虑自然环境的容量、资源条件的限制,从而使区域经济的研究具备了一定的自然科学的性质。

然而,由于经济的区域和自然的区域在大多数情况下并不能够完全重合,这就增加了区域研究的难度,而经济因素的变化很快,所以经济的区域也处在一种变化的过程当中,使我们很难完全依照自然科学的研究方法去研究经济区域。地理学对区域经济学的影响在今天不但没有减弱,反而不断加强。

(二)区域经济学的区位来源

区位理论是微观经济理论,它要解决的主要问题是厂商如何进行布局才能实现成本最低或利润最大。区位理论是区域经济学的理论基础,它的许多理论和方法都成为区域经济学理论的组成部分,例如区域分工理论、比较优势理论、资源禀赋理论、相互依存理论、区域市场和区域利益理论等。

在区位论产生的年代,工业的发展使生产力迅速提高,地区间的经济联系不断扩大,商品销售地与原料供应地的范围愈来愈广,企业区位问题成为研究的对象。农业布局的目的是寻找最佳的土地利用模式,工业布局的目的是寻找生产成本最低点的厂址,但其基本做法都是先研究运费对产业布局的影响,再研究劳动费与聚集因素对产业布局的影响。到 20 世纪 30 年代以后,克里斯塔勒、廖什、胡佛等学者扩展了区位论的范围,将城市等级、生产市场区和贸易流量与运输网络中的服务区位问题纳入进来,标志着近代区位理论发展时期的到来。

从区位理论到区域经济学的飞跃,发生在 20 世纪 50 年代以后。沃尔特·艾萨德对区位论研究的内容进行总结,出版了《区域科学导论》一书。

专栏 2－1　**沃尔特·艾萨德**

沃尔特·艾萨德(Walter Isard,1919～2010)被誉为西方区域科学、空间经济学创始人。美国宾夕法尼亚州费城人。1939 年获坦普尔大学学士学位,1941 年和 1943 年先后在哈佛大学获硕士学位和博士学位,曾获得欧美多所大学的名誉学位。艾萨德于 1954 年创办了世界上第一个区域科学协会、第一个区域科学系、第一个区域科学研究所和第一本区域科学杂志。1956 年应聘到宾夕法尼亚大学,创办区域科学系。1960 年他又出版了《区域分析方法》一书,书中系统阐述了区域开发的理论和方法,标志着区域科学的正式形成。其主要著作有《区位与空间经济学》《区域分析方法》《区域投入产出研究》《区域科学导论》《空间动态学与最佳时空发展》《军备竞赛、军备控制及冲突分析》《理解冲突与和平科学》。

三、区域经济学基石

(一)旧三大基石

为什么会产生区域经济?胡佛在构筑区域经济学的理论体系的过程中,提出了区域经济学的三个基石。区域经济学也是建立在这三个基石之上的应用经济学科。

1. 生产要素的不完全流动性

生产要素包含自然资源和社会经济资源。与人类需求的无限性相比较,无论是自然资源还是社会经济资源,都是有限的。这些稀缺的资源,即使分布均匀,由于区位效应的作用,也会向某些地区集聚。自然资源的位置确定之后,或者不能被移动,如土地、森林、矿山、草原等,或者很难移动,如水资源等;社会经济资源当中最主要的是人力资源、资本和技术,这些资源的流动虽然是正常的,但必须付出相应的流动成本。所以,任何一个地区都具有利用本地资源优势发展区域经济的必要。生产要素分布的不均衡性和生产要素的不完全流动性,使得人类的经济活动不可能形成空间均衡化。假如生产要素分布是均衡的,或者即使不均衡但却在空间上可以自由流动,各要素自然会向条件好的地区集中。但由于存在空间上不能移动的生产要素,所以人们要探讨资源替代和利用级差地租开发土地资源的可能性,以期形成经济在空间上的集聚,达到理想的分布状态。

因此,要素的不完全流动性是区域经济学的灵魂与活力所在,是区域经济分异的前提,也是区域经济多样性、互补性和区域分工的基础。

2. 生产活动的不完全可分性

企业的生产过程可以按照操作技术划分为若干彼此相连的工序,从降低生产成本的要求考虑,各个工序在空间上应当集中在同一个地点。一个产业部门和一个产业群是由众多企业组成的,众多企业集中到一起,是生产联系、信息共享、共同利用基础设施和管理方便的必然要求;企业集中在一起之后,其成本一般会明显下降,这种结果又加大了聚集的力度。

经济活动的聚集性表现为规模经济和集聚经济,它是由经济本身的趋利性和节约性而导致的。在经济规律的作用下,要素的流向总是趋向于使其增值或提高效率的方向。一个企业的生产规模在一定限度内增大,一般可收到节省单位产品成本和提高效率的好处,这就是企业的规模经济。若干个企业集中于一个地点,能为各个企业带来成本节约等经济利益,这就是集聚经济。规模经济和集聚经济使得各生产要素和经济单位集结在一定空间上,形成区域经济的增长极。由于规模经济和集聚经济的存在,生产活动不可能被彻底地分割及均衡地分布在所有的地区。我们必须考虑规模经济和聚集的要求,在条件好的地方,集中布局各类产业,而聚集区的形成，又会带来人口的增加，从而形成城市这种地区的经济中心。

3. 产品与服务的不完全流动性

由于距离因素的影响，产品与服务的移动，必须支付相应的运输成本，否则就不可能流动。而为了减少距离成本，产品与服务生产的地方化，即靠近消费市场就十分必要。这就是所谓的产品与服务的不完全流动性。

尽管现代科技和现代交通、通信业的发展，使空间距离对人类活动的限制越来越少，但是，只要距离存在，经济活动就要支付距离成本。这些距离成本仍对区域禀赋优势的发挥和空间集聚经济的实现产生极为重要的影响。

（二）新三大基石

区域经济空间集聚是区域经济空间分布的一种普遍现象，但由于传统的区域经济分析方法假设各个区域间是独立的，并不考虑地理空间对区域经济增长的影响，因而无法对区域经济空间集聚现象进行较为深入的分析。新经济地理学认为收益递增、运输成本和不完全竞争构成了区域经济学的新三大基石。

1. 规模收益递增

规模收益递增包括两方面的解释：一是指单个企业生产的规模收益递增。具体是指在企业内部由于生产规模的扩大带来产出的增加，虽然可变成本在增加，但单位产出的成本在不断下降，从而产生规模收益递增的现象。二是指分工演进的规模收益递增。由于前后向关联等外部性的作用，处于一条生产链不同阶段的企业集聚在一起，形成地理上的集中，而地理上的集中形成大型的聚集地区，其规模优势远远大于某一个部门或产业的集中优势。同时，行业内每个企业从整个行业的规模扩大中获得更多的知识积累，产生肯尼斯·约瑟夫·阿罗（Kenneth J. Arrow）所说的"干中学效应"。规模收益递增为地区获得竞争优势创造了前提。

2. 运输成本

运输成本泛指商品和劳务在空间转移过程中发生的所有费用。传统经济学假设空间是均质的，商品和服务可以在瞬间流动，故不考虑运输成本，这显然与现实有很大差别。现代主流经济学将运输成本解释为"冰山成本"，即商品或者劳务在空间转移过程中会发生损耗，科学技术的发展和交通运输水平的提高会逐渐减少经济活动的运输成本，但并不能轻易改变运输成本因素在空间经济活动中的重要作用，运输成本仍是决定厂商区位选择的重要因素之一。

3. 不完全竞争

现实生活中很少存在真正意义上的完全垄断或完全竞争的经济活动，不完全竞争的经济环境是现实经济活动的常态环境。由于不完全竞争的存在，当某个地区的制造业发展起来之后，形成工业地区，而另一个地区则仍处于农业地区，两者的角色将被固定下来，各自的优势被锁定，从而形成中心区与外围区的关系，地区之间有各自的竞争优势。

复习思考题

1. 区域经济学的研究内容是什么？
2. 简述空间长期未能真正被纳入主流经济学研究框架的原因。
4. 区域经济学的两个理论来源是什么？
5. 区域经济学三大基石是什么？
6. 将空间要素使用的最优化作为区域经济学的主要研究内容具有哪些重要意义？

第三章

经济活动区位理论

第一节　区位与区位因子

一、区位

区位源于德文的standort，是1882年由德国地理学家葛莰（W. Götz，又译高莰）在《柏林地理学会会志》上发表的《经济地理学的任务》中首次提出的。区位在1886年被译为英文location。区位与位置不同，既有位，也有区，还有被设计的内涵。区位的主要含义是某事物占有的场所，但也含有“位置、布局、分布、位置关系”等方面的意义。区位是人类活动（人类行为）所占有的场所。区位既然是人类活动所占有的场所，那么人类活动的领域和空间的扩展必然导致区位的发展与变化。

二、区位因子

区位因子或称区位因素是指影响区位主体分布的原因。韦伯称之为“区位因子”，哈特向（R. Hartshorne）与格林哈特（M. L. Greenhut）称之为“区位因素”，艾萨德称之为“区位力量”。最早提出区位因子的韦伯，将区位因子定义为经济活动在某特定地点进行时所得到的利益即费用的节约。从区位理论的角度看，即特定产品在那里比别的场所用较少的费用生产的可能性。相对于区位条件是由于场所不同而生产条件不同，区位因子则对于生产者而言，由于场所不同表现出其生产费用或利益的差异。区位因子不仅包含能用货币度量的价值标准，也包含不能用货币测算的非经济因子。格林哈特在其《工厂区位》一书中的纯粹个人因子（purely personal factors）即为这种非经济因子。区位因子的分类可以归纳为图3－1。

- 区位因子
  - 经济因子
    - 成本因子
      - 运费因子
      - 非运费因子
    - 收入因子
  - 非经济因子

图 3—1 区位因子的分类

考虑经济因子中的成本因子是区位理论研究的传统思维，也是最基本的研究方法。在韦伯工业区位论中，将成本归纳为三种，即运费、劳动力成本和集聚、分散所带来的成本变化。综合三者后的最低成本点就是最佳区位点。

韦伯之后的区位理论学者对成本从各个方面进行了研究，使其更加趋于理论化和系统化，如其后的胡佛和艾萨德等，都将成本因子作为一个区位理论的重要研究内容。成本因子又可分为运费因子和非运费因子。运费因子是以运输为主随距离的变化而有规律变化的因子，这些成本在各个场所以系统的且可预测的方式变化，因此一直作为区位理论成本研究的基础；而非运费因子，包括诸如劳动力、动力、水、税金和资本的利息等与投入相关的各种因子以及能够产生集聚和分散经济的各种因子，这些因子一般相对比较固定，较少表现出随距离规律性的变化，其中的集聚和分散因子则只与经济活动的规模等有关。

同经济因子中成本因子的作用不同，以廖什为代表的利润极大化区位理论从需求因子出发，重视经济因子中的收入因子。廖什在《经济空间秩序》一书中谈到，正确的区位是纯利润最大的地点，即影响区位的因子不仅包括成本因子也包括收入因子，更确切地说是两者的差。

收入与市场大小有密切关系。成本最大节约的区位不一定是获得最大利益的区位，因为利益同时与收入有关。只有收入和成本的差值达到最大的区位才是最大利益的区位。因此，决不能忽视经济因子中的收入因子。在此所说的市场主要是指区位主体可能占有的市场地域大小。市场地域大小与商品的市场价格、地域人口数量和居民收入有关。因此，人口密集和收入水平高的地域是最佳的区位选择，特别是现代区位选择主要表现为接近消费地。区位数量与人口数和经济收入一般成正比，各大城市成为主要的区位候选地的原因之一是人口分布密度大，收入高。

尽管在区位决策过程中，经济因子中的成本以及收入因子都在起着重要的作用，但有时与经济因子毫无关系或者说关系不大的一些非经济因子也在起作用，比如决策者的行为、区位政策、自然条件的作用和军事上的考虑等。在这些因子作用下进行的区位选择一般追求的不是成本最低，也不是利润最大，而是某种程度上的满足。

政府可通过改善区位条件、增加区位补助金和区位限制条件等手段吸引、诱导或改变个人或企业的区位投资。区位政策从区位理论的角度来看，可达到降低生产费用，包括固定费用和区位费用，同时也可扩大收入空间的效果，最终使利益空间界限发生变化。

区位决策者在决定各种经济活动的区位时，还受到一些非经济因素的作用，如决策者个人的偏好、决策者的出生地等。有些区位选择完全是自然条件作用的结果，如受自然条件限制较大的农业区位布局，不论生产技术发展水平多么高，其区位经营也不能完全脱离自然条件的作用。

就区位因子而言，对区位主体的区位产生较大影响的是主要因子，相对影响较小的为次要因子。工业区位中，米勒(Merton Miller)将劳动力、资本、原料、能源、运输、市场作为主要因子，而将用水、研究开发、经营、税制、自然条件以及其他要素归结为次要区位因子(图 3—2)。

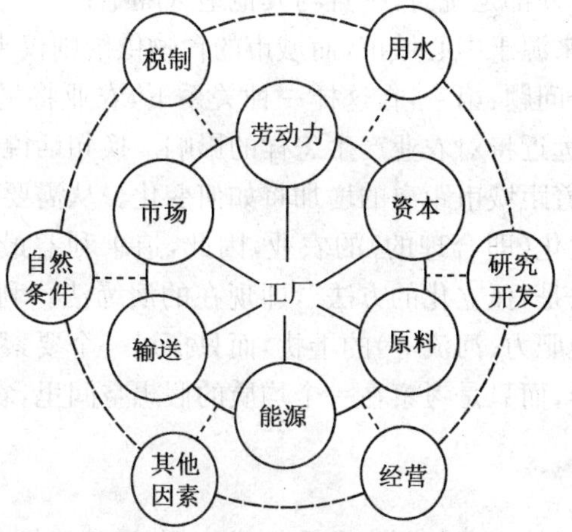

图 3—2　工业区位主要因子和次要因子

第二节　杜能的农业区位论

一、背景与目的

约翰·海因里希·冯·杜能(Johann Heinrich von Thünen,1783～1850,又译屠能),德国经济学家,曾就读于格廷根大学,边际生产率说的前驱,被认为是经济地理学和农业地理学的创始人。1826 年完成了《孤立国同农业和国民经济的关系》(简称《孤立国》)一书,奠定了农业区位理论的基础。

19 世纪初,普鲁士进行了农业制度改革,所有的国民都可拥有动产,并可自由分割及买卖。取缔了所有依附于土地所有者的隶属关系,农民在法律上成为自由农民,可独立支配属于自己的农场。尽管这种农业制度改革,取消了贵族阶级的许多特权,但贵族却成为大的土地所有者,并由此成了独立的农业企业家。同时,由于土地的自由买卖关系,在这一时期出现了大量的农业劳动者。由农业企业家和农业劳动者构成的农业企业式经营在此时期出现,因此可以说杜能著《孤立国》的时代是企业型农业建立的时代。那么企业型农业建立时代的合理农业生产方式又是什么呢?杜能为了弄清这问题,从一个假想空间,即“孤立国”出发,探索合理农业生产方式的配置原则。为了研究的需要,杜能从 1810 年起在德国梅克伦堡购置了特洛农场。10 多年的农业经营数据他都详细地记载下来,成为他用来检验自己提出的假说的数据基础。根据农场水平的数据检验后,杜能创建了著名的农业区位论。

二、理论内涵

(一)理论前提

杜能对于“孤立国”,给定了以下假定条件:

(1)肥沃的平原中心只有一座城市;

(2)不存在可用于航运的河流与运河,马车作为唯一的交通工具;

(3)土质条件一样,任何地点都可以耕作;

(4)距城市 50 英里之外都是荒野,并且与其他地区隔绝;

(5)人工产品供应仅来源于中心城市,而城市的食物供给则仅来源于周围平原。

于是产生了下面两个问题:第一,在这样一种关系下,农业将呈现怎样的状态;第二,合理经营农业时,距离城市的远近将对农业产生怎样的影响。换句话说,即为了从土地上取得最大的纯收益,农场的经营随着距城市距离的增加将如何变化。从需要解答的问题中可知,企业经营型农业是追求利益最大化(即合理的)的农业,因此,追求利益最大化也是其重要的前提条件。杜能考察问题的方法是"孤立化的方法",即现在的演绎法。利用这一方法是为了排除其他要素(像土质条件、土地肥力、河流等)的干扰,而只探讨一个要素(即市场距离)的作用,即不考虑所有的自然条件差异,而只是考察在一个均质的假想空间里,农业生产方式的配置与城市距离的关系。

(二)形成机制

根据前述各种假设,以及运费与距离及重量成比例、运费率因作物不同而不同、农产品的生产活动是追求地租收入最大的合理活动等前提条件,杜能给出的一般地租收入公式如下:

$$R=pQ-CQ-KtQ=(p-C-Kt)Q \qquad (3-1)$$

式(3—1)中:R 地租收入;p 农产品的市场价格;C 农产品的生产费;Q 农产品的生产量(等同于销售量);K 距城市(市场)的距离;t 农产品的运费率。

地租收入 R 对同样的作物而言,随市场距离增加运费增多而减少。当地租收入为零时,即使耕作技术可能,经济上也不合理,而成为某种作物的耕作极限。在市场(运费为零)点的地租收入和耕作极限连接的曲线被称为地租曲线。每种作物都有一条地租曲线,其斜率大小由运费率所决定,不容易运输的农作物一般斜率较大,相反则较小。杜能对所有农业生产方式的土地利用进行计算的结果,得出各种方式的地租曲线的高度以及斜率(图 3—3 上部)。因农产品的生产活动是以追求地租收入为最大的合理活动,所以农场主选择最大的地租收入的农作物进行生产,从而形成了农业土地利用的杜能圈结构(图 3—3 下部)。

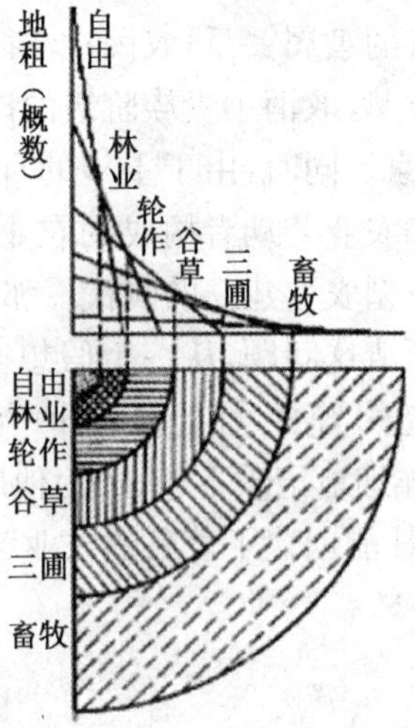

图 3—3 杜能圈结构

(三)农业生产方式的空间配置原则

如图 3—3 所示,农业生产方式的空间配置,一般在城市近处种植体积大、笨重的作物,或者生产易于腐烂或必须在新鲜时消费的产品。而随着距城市距离的增加,则种植相对于农产品的价格而言运费小的作物。在城市的周围,将形成在某一圈层以某一种农作物为主的同心圆结构。随着种植作物的不同,农业的全部形态随之变化,以城市为中心,由里向外依次为自由式农业、林业、轮作式农业、谷草式农业、三圃式农业、畜牧业这样的同心圆结构。

(1)第一圈——自由式农业圈。为最近的城市农业地带,主要生产易腐难运的产品,如蔬菜、鲜奶。由于运输工具为马车,速度慢,且又缺乏冷藏技术,因此需要新鲜时消费的蔬菜、不便运输的果品(如草莓等)以及易腐产品(如鲜奶等)等就在距城市最近处生产,形成自由式农业圈。圈的大小由城市人口规模所决定的消费量大小而决定。

(2)第二圈——林业圈。供给城市用的薪材、建筑用材、木炭等,由于重量和体积均较大,从经济角度必须在城市近处(第二圈)种植。

(3)第三圈——轮作式农业圈。没有休闲地,在所有耕地上种植农作物,以谷物(麦类)和饲料作物(马铃薯、豌豆等)的轮作为主要特色。杜能提出每一块地的六区轮作:第一区为马铃薯,第二区为大麦,第三区为苜蓿,第四区为黑麦,第五区为豌豆,第六区为黑麦。其中耕地的50%种植谷物。

(4)第四圈——谷草式农业圈。为谷物(麦类)、牧草、休耕轮作地带。杜能提出每一块地的七区轮作。同第三圈不同的是总有一区为休闲地。七区轮作为第一区黑麦,第二区大麦,第三区燕麦,第四区、五区、六区为牧草,而第七区为荒芜休闲地。全耕地的43%为谷物种植面积。

(5)第五圈——三圃式农业圈。此圈是距城市最远的谷作农业圈,也是最粗放的谷作农业圈。三圃式农业将农家近处的每一块地分为三区,即第一区黑麦、第二区大麦、第三区休闲,三区轮作,即为三圃式轮作制度。远离农家的地方则作为永久牧场。本农业圈内全部耕地中仅有24%为谷物种植面积。

(6)第六圈——畜牧业圈。此圈是杜能圈的最外圈,生产谷麦作物仅用于自给,而生产牧草用于养畜,以畜产品如黄油、奶酪等供应城市为市场。据杜能计算,本圈层位于距城市51~80千米处。此圈之外,地租为零,不能种植的荒地。

(四)理论与现实

孤立国条件下的杜能圈,是一种完全均质条件下的理论模式。杜能本人也意识到完全的"孤立国"在现实中很少存在。针对以上情况,杜能根据市场价的变化和可通航河流和其他小城市的存在对"孤立国"农业区位模式产生的巨大影响,对"农业圈"进行了修正。

在孤立国内,若有一条可以通航的河流存在,由于航运价格大大低于马车运费(杜能假定航运费仅为马车运费的1/10),那么沿河农场距市场(城市)161千米的谷价仅相当于距市场(城市)16千米的非沿河农场。距河岸8千米且距市场(城市)161千米的农场也仅相当于孤立国中距市场(城市)24千米的农场。由此导致有通航河流存在时,同心圆模式成为沿河流伸展的狭长型分布模式(图3—4)。当孤立国内不仅有一个大城市,还有其他小城市的情况下,小城市周围的农场需供应小城市农产品,同时小城市需供应周围地区农业生产资料,从而形成以小城市为中心的独立模式(图3-4)。

技术发展与交通手段的发达使得杜能理论中起决定性作用的距离因素的制约变小。杜能理论中,主要的陆上交通工具是马车。而现代,随着火车、汽车、飞机等交通手段的发展,高速公路的建设,运送农产品到市场的运费在降低,时间在缩短。加之冷冻技术、保鲜技术等的发展,生产地到市场的时间距离缩短,使得某些农产品的供求范围伸展到数百或上千千米的空间尺度。因此,在现实中找到杜能所勾画的完整的圈层结构是比较困难的。

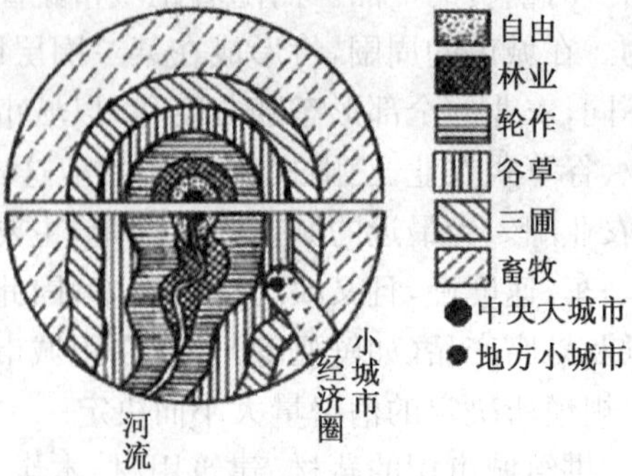

图 3—4 可通航河流和其他小城市对"孤立国"模式影响

在孤立国中，杜能只考虑了农业的土地利用，而没有考虑城市周围地区的土地利用。一般而言，现代城市周围，不仅仅有农业土地利用，同时也混杂着写字楼、商业、住宅、工厂等各种各样的土地利用。

辛克莱尔(Sinclair)通过研究美国中西部的许多大城市周围的土地利用，提出了同杜能圈完全相反的城市周围土地利用模式，即所谓的"逆杜能圈"。他指出，杜能理论在发展中国家即使现在也基本同现实相吻合，然而在发达国家的城市周围，却表现出同杜能圈模式正好相反的地理现实。在工业化、城市化迅速发展的城市地区，由期待地价上升的投机者、开发商以及农民的开发而形成的"无秩序开发状况"随处可见。在城市近处的农民，由于农地可以随时转化为住宅等城市用地，因此对农地的资本和劳动投入少，放弃耕种或者采取临时性耕作现象常见；而远离城市的农民，农地难以转换为城市用地，因此对农地的投入较多，而从事相对集约度高的经营(图 3—5)。

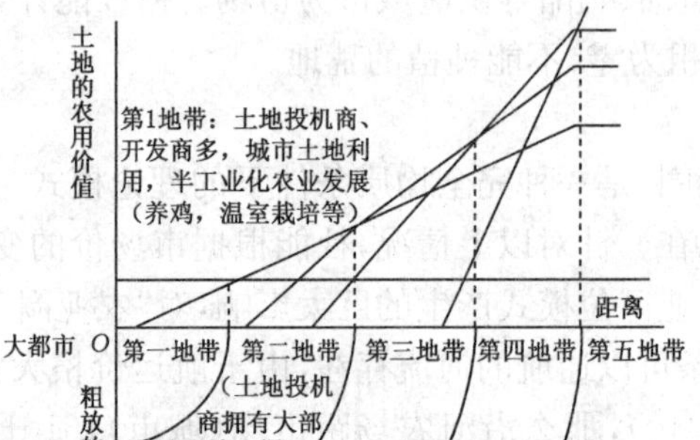

图 3—5 逆杜能圈分布

三、杜能农业区位论应用

杜能农业区位论尽管是在众多的理论前提下演绎出的一般性理论，但由于抓住了问题的本质,可以用此理论来解释许多现实中的土地利用问题。主要研究实例涉及宏观尺度(国家或大洲范围)、中观尺度(城市范围)以及微观尺度(农村聚落范围)。杜能综合欧洲的人口密度,各种农作物、家畜、水果的分布与农业景观,以西北欧为中心划分出七大地带,分别为:第一地带(温室、花卉),第二地带(园艺、果品、马铃薯、烟草),第三地带(奶酪制品、肉用牛羊、饲料、纤维用亚麻),第四地带(普通农业地带),第五地带(面包用谷物、油用亚麻),第六地带(牧场),而第七带则为森林。纳瓦佛等人的研究表明,在发展中国家存在着以农村聚落为中心的同心圆状土地利用形态,从而验证了微观尺度的杜能圈模式。在中部非洲卢旺达的丘陵地带,围绕农村居住聚落呈现同心圆状的土地利用状态。这种围绕农村聚落为中心的土地利用形态是基于节约时间而出现的,即费时的耕作布局在村落附近。

四、杜能农业区位论评述

(一)意义

(1)为地理学、区位学、经济地理学创建了一种思维方法、研究方法。

(2)第一次从理论上系统地阐明了空间摩擦对人类经济活动的影响,有较高的理论研究价值。

(3)对实践有一定的指导意义(客观经济活动中也有范例)。

(4)农业活动、经济活动即使自然条件一致、投入的生产要素一致,但所获得的地租回报有一定的空间分异。

(5)任何活动都有相对的优势,没有绝对的优势。

(二)局限性与不足

(1)现实中不存在杜能孤立国的条件,由此杜能对其进行修正。

(2)现实中除运费、产品性质、消费市场影响农业配置外,还有其他的条件对现代状况不适合(许多都发生了变化)。

(3)没有考虑自给性农业经营的空间问题。

(4)追求最大地租收入的行为动机与现实不完全符合。

(5)技术与交通的发展使得杜能理论中的距离因素决定性作用制约变小。

(6)没有考虑到城市周围地区的土地利用。

第三节 韦伯的工业区位论

一、背景与目的

韦伯提出工业区位论的时代,是德国在产业革命之后,近代工业有了较快发展,从而伴随着大规模人口的地域间移动,尤其是产业与人口向大城市集中的现象极为显著的时代。在这种背景下,韦伯从经济区位的角度,探索资本、人口向大城市移动(大城市产业与人口集聚现象)背后的空间机制。在上述背景以及目的之下,韦伯在经济活动的生产、流通与消费三大基本环节中,挑选了工业生产活动作为研究对象。通过探索工业生产活动的区位原理,试图解释人口的地域间大规模移动以及城市人口与产业集聚的原因。韦伯在提出工业区位论之前,对1860年以后德国的工业区位进行了详尽的调查,著有《工业分布论》一文,这成为其工业区位论研究的实证基础。

专栏 3－1　　阿尔弗雷德・韦伯

阿尔弗雷德・韦伯(Alfred Weber,1868～1958),德国经济学家、社会学家和文化理论家。他于1909年出版了《工业区位论:区位的纯理论》一书,从而创立了工业区位论。他第一个全面而系统地论述了工业区位,是现代工业区位的奠基人。他在德国的影响实际上不仅仅在区位论方面的贡献,更多的是作为社会学家和政治家所赢得的。他的成果深刻影响了现代经济地理学的发展。其代表作为《工业区位论》。阿尔弗雷德・韦伯是工业区位理论的创立者,他从工业区位理论的角度阐释了产业集群的现象。韦伯认为,产业集聚分为两个阶段。第一阶段是企业自身的简单规模扩张,从而引起产业集中化,这是产业集聚的低级阶段。第二阶段主要是靠大企业以完善的组织方式集中于某一地方,并引发更多的同类企业出现。这时,大规模生产的显著经济优势就是有效的地方性集聚效应。有不少学者认为产业集群仅仅发生在小企业当中,似乎只有小型企业才有集群现象。事实上,无论是已经完成工业化的国家还是正在工业化的国家,大企业的产业集群现象也十分普遍,而且,大企业因产业集群引起的规模经济效应要优于小企业。韦伯在他的研究中也专门论述了这个观点。

其兄马克斯・韦伯(Max Weber,1864～1920)是德国著名社会学家、政治学家、经济学家、哲学家,是公认的现代社会学和公共行政学最重要的创始人之一,被后世称为"组织理论之父"。

二、韦伯工业区位论内容

(一)基本概念与理论前提

1. 基本概念

在韦伯工业区位论中,有两个重要的概念:一是区位因子;二是原料指数。

区位因子为经济活动在某特定地点所进行时得到的利益,利益即费用的节约。从工业区位论角度讲,即在特定区位进行特定产品生产可比别的场所用较少的费用。

区位因子分为一般因子和特殊因子。一般区位因子,即在区位因子中寻求与所有工业活动均相关的区域性因子。具体识别办法是通过分析某些孤立的生产过程与分配过程,找出影响工业生产与分配的成本因素。从工业产品的生产到分配过程中,主要成本包含如下方面:布局场所的土地和固定资产费(不动产与设备)、获取加工原料和动力燃料费、制造过程中的加工费、物品的运费。在整个生产过程与分配过程中,都必须投入资本与劳动,与资本有关的利率、固定资产折旧率,以及和劳动有关的劳动费也必须纳入生产与分配成本中去。因此,一般成本因素如下:布局场所的土地费;固定资产(不动产与设备)费;获取加工原料和动力燃料费;劳动成本;物品的运费;资本的利率;固定资产的折旧率。

在上述7种成本因素中,固定资产的折旧率以及利率没有区位意义;土地费(地租)在考虑集聚、分散因素之前认为是一样的,因此不宜作为区域性区位因子;固定资产费主要反映在购入价格上,一般不与区位发生直接关系。因此,可以排除上述7种成本因素中的4种,只剩下以下3种:原料及燃料费、劳动成本、运费。获取同种同质量的原料与动力燃料的价格,因产地不同而不同。工厂区位接近价格相对低廉的原料、燃料地,将有利于成本的节约,因此原料、燃料费是一个区域性区位因子。劳动成本因各区域劳动力供给状况以及生活水准差异变化很大,这种差异水平直接影响到工厂区位是趋近还是远离某一地区,因此劳动成本是一个区域性区位因子。运费是原料、燃料获取以及产品分配过程中必不可少的成本,同时运费依据工厂区位不同而不同,因此运费也是一个区域性区位因子。由此可知,原料、燃料费,劳动成本,以及运费是三个影响所有工业的一般区位因子。

出于理论研究以及便于处理,可将原料、燃料价格的地区差异用运费差异来替代,这样,影响工业区位的一般区位因子分别为运费和劳动费。

2. 理论前提与构建步骤

韦伯工业区位理论是建立在以下三个基本假定条件基础上的:

(1)已知原料供给地的地理分布。

(2)已知产品的消费地与规模。

(3)劳动力存在于多数的已知地点,不能移动;各地的劳动成本是固定的,在这种劳动花费水平下可以得到劳动力的无限供应。

在上述三种假定条件下,韦伯分成三个阶段逐步构建其工业区位论。

第一阶段:不考虑运费以外的一般区位因子,即假定不存在运费以外的成本区域差异,影响工业区位的因子只有运费一个。即韦伯工业区位论中的运费指向论——由运费指向形成地理空间中的基本工业区位格局。

第二阶段:将劳动费用作为考察对象,考察劳动费用对由运费所决定的基本工业区位格局的影响,即考察运费与劳动费合计为最小时的区位。即韦伯工业区位论中的劳动费指向论。劳动费指向论,可以使在运费指向所决定的基本工业区位格局发生第一次偏移。

第三阶段:将集聚与分散因子作为考察对象,考察集聚与分散因子对由运费指向与劳动费指向所决定的工业区位格局的影响,即为韦伯工业区位论中的集聚指向论。集聚指向可以使运费指向与劳动费指向所决定的基本工业区位格局再次偏移。

(二)运费指向论

在给定原料产地和消费地条件下,如何确定仅考虑运费的工厂区位,即运费最小的区位,是运费指向论所要解决的问题。运费主要取决于重量和距离,而其他因素,如运输方式、货物的性质等都可以换算为重量和距离。工业生产与分配中的运输重量主要来源于原料(包括燃料)以及最终产品的重量。下面从原料(包括燃料)入手,讨论工业区位的基本原理。

1. 工业原料的性质和重量

按原料的空间分布状况可分为遍地原料和局地原料。遍地原料即为任何地方都存在的原料,例如普通砂石等;而那些只有在特定场所才存在的原料,例如铁矿石、煤炭、石油等则为局地原料。根据局地原料生产时的重量转换状况不同,将其分为纯原料和损重原料。纯原料即在工业产品中包含有局地原料的所有重量,而损重原料则为其部分重量被容纳到最终产品中。

运费指向论主要是使用原料指数判断工业区位指向。原料指数为产品重量与局地原料重量之比,即:

$$\text{原料指数}(M_1)=\frac{\text{局地原料重量}(W_m)}{\text{产品重量}(W_p)}$$

原料指数大小,决定理论上工厂的区位。从上式中可知原料指数是生产一个单位产品时,需要多重的局地原料。而在整个工业生产与分配过程中,需要运送的总重量为最终产品和局地原料的和。每单位产品的需要运送的总重量为区位重量。

$$\text{区位重量}=\frac{\text{局地原料重量}+\text{产品重量}}{\text{产品重量}}=\frac{\text{局地原料重量}}{\text{产品重量}}+1=\text{原料指数}+1$$

2. 最小运费原理

在生产过程不可分割、消费地和局地原料地只有一个的前提下，依据最小运费原理的区位为：

(1)仅使用遍地原料时，为消费地区位；

(2)仅使用纯原料时，为自由区位；

(3)仅使用损重原料时，为原料地区位。

这里，可以用上述的原料指数以及区位重量来得出一般的区位法则：

(1)原料指数(M_i)>1(或区位重量>2)时，工厂区位在原料地；

(2)原料指数(M_i)<1(或区位重量<2)时，工厂区位在消费地；

(3)原料指数(M_i)=1(或区位重量=2)时，工厂区位在原料地、消费地都可(自由区位)。

在生产过程不可分割、原料地为两个，且与市场不在一起时，其区位图形为三角形，即区位三角形(图 3－6a)；而当原料地为多个，且不与市场在一起，其区位图形为多边形(区位多边形)(图 3－6b)。

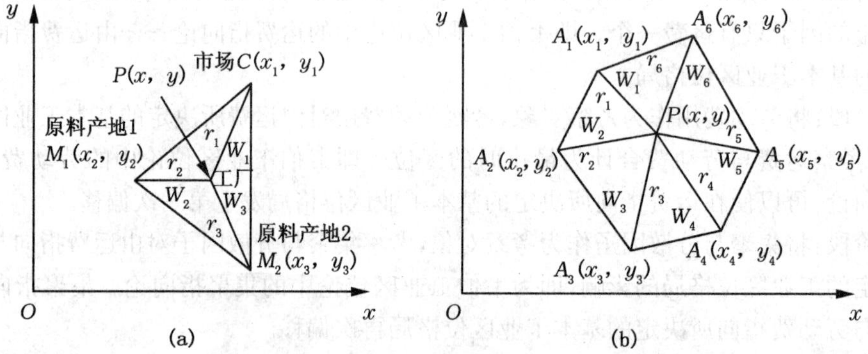

图 3－6 二维坐标中区位三角形和区位多边形

韦伯对于区位的推求，采用了力学方法，即"范力农构架"(图 3－7)。即在给定生产 1t 供应市场(C)的产品，需原料产地 1(M_1)供应 3t 原料，原料产地 2(M_2)供应 2t 原料的区位三角形(图 3－7)中，工厂区位(P)应该选择在哪里？根据韦伯工业区位论的运费指向论，工厂区位应该在运费最小地点。韦伯假定运费只和距离和重量有关，那么运费最小地点应是 M_1、M_2 和 C 的重力中心(图 3－7)。

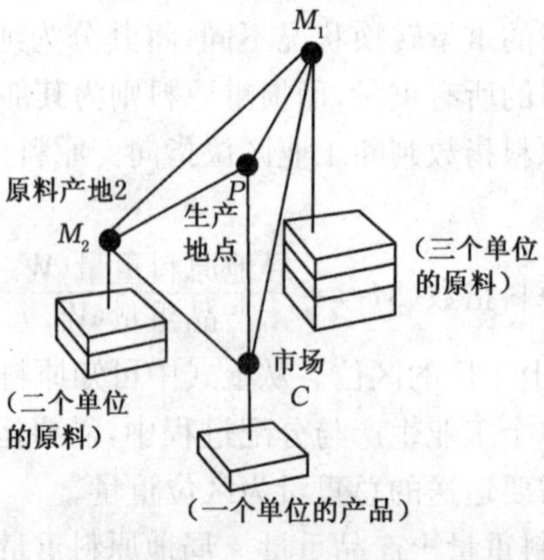

图 3－7 范力农构架

"范力农构架"可用以下公式来表示。即对于多原料地和市场的区位多边形而言，求解运费最小点即是求解区位多边形(包括区位三角形)的 P 点的坐标。图 3－6b 中，A_1，A_2，A_3，A_4，A_5，$A6$ 为区位多边形的各个顶点，坐标已知；假设 P 点为运费最小点，其坐标为(x,y)，P 与各点间的距离分别为 r_i，原料和产品的重量为 W_i。那么在运费与距离、重量成比例的情况下，总运送费 K 可由下式来表示：

$$K=\sum_{i=1}^{n}W_i r_i=\sum_{i=1}^{n}W_i\sqrt{(x-x_i)^2+(y-y_i)^2} \qquad (3-2)$$

求最小值需满足以下方程组：

$$\begin{aligned}\frac{\partial k}{\partial x}&=\sum_{i=1}^{n}\frac{W_i}{r_i}(x-x_i)=0\\ \frac{\partial k}{\partial y}&=\sum_{i=1}^{n}\frac{W_i}{r_i}(y-y_i)=0\end{aligned} \qquad (3-3)$$

"范力农构架"(图 3－7)就是求解上述方程组的一种模拟解法(静力类比法)。

3. 综合等费用线

最小运费指向是韦伯工业区位论的骨架，可以用综合等费用线来形象地加以说明。综合等费用线是运费相等点的连线，如图 3－8 所示。图中，设在单一市场 N 和单一原料 M 下，运输一个单位重量的原料，每千米需 1 个单位货币；而运输一个单位的产品，每千米只需 1/2 个单位货币；这样，表示相同运输费用线将分别围绕 N，M 呈同心圆状。同心圆的一个货币单位的间隔就 N 而言，为 2 千米；对 M 而言，则为 1 千米。这种呈同心圆状的线为等费用线。而综合等费用线则为全部运费相等地点的连线，图中 A—B—C—D—E—F 各点的连线，就是运费为 7 个货币单位的综合等费用线。A 点是原料地 M 的 2 个单位，市场 N 的 5 个单位的等费用线的交点；而 B 点是原料地 M 的 3 个单位，市场 N 的 4 个单位的等费用线的交点，依次类推。

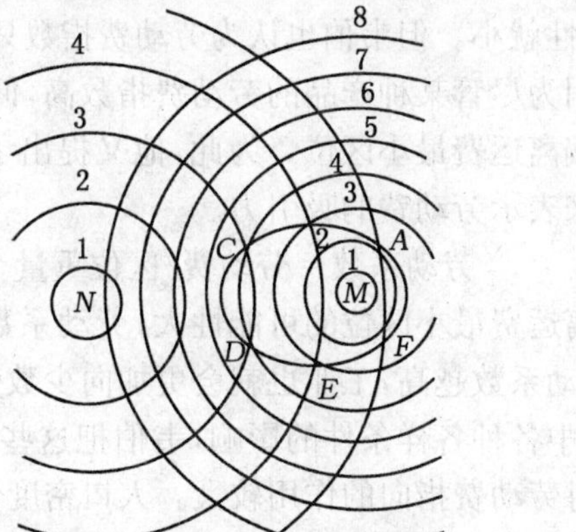

图 3－8　综合等费用线示意图

(三)劳动费指向论

运费随着空间距离的变化，表现出一定的空间规律性；而劳动费则不具有这种特性，它是属于地区差异性因子，它是使运费形成的区位格局发生变形的因子。

在此所说的劳动费不是指工资的绝对额，而是指每单位重量产品的工资部分。它不仅反映了工资水平，同时也体现了劳动能力的差距。劳动费主要反映在地区间的差异性上。

韦伯劳动费指向论的思路是：工业区位由运费指向转为劳动费指向仅限于节约的劳动费大于增加的运费。即在低廉劳动费地点布局带来的劳动费用节约额比由最小运费点移动产生的运费增加额大时，劳动费指向就占主导地位。对此，韦伯用临界等费用线进行了分析。如图3－9中，围绕 P 的封闭连线即从运费最小点 P 移动而产生的运费增加额相同点的连线，理论上说以 P 为中心可画出无数条线，这即相当于图3－8中的综合等费用线。在这些综合等费用线中，与低廉劳动供给地 L 的劳动费节约额相等的那条综合等费用线称为临界等费用线。

在图3－9中，P 为运费最小地点，劳动力低廉地为 L_1、L_2，如果在 L_1、L_2 处布局工厂，分别比 P（最小运费地点）处劳动费低3个单位。临界等费用线为标记为3的综合等费用线，因 L_1 在临界等费用线的内侧，即增加运费低于节约的劳动费，工厂区位将移向 L_1 处；相反，由于 L_2 在临界等费用线的外侧，则不会转向 L_2 处。

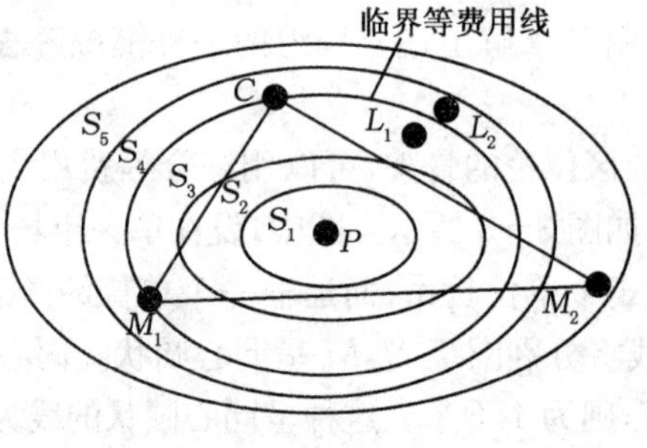

图3－9 劳动费用最低区位的图解

韦伯为了判断工业受劳动费用指向的影响程度，提出了“劳动费指数”的概念，即每单位重量产品的平均劳动费。如果劳动费用指数大，那么，从最小运费区位移向廉价劳动费区位的可能性就大；否则，这种可能性就小。但韦伯也认为劳动费指数只是判断劳动费指向的可能性的大小，而不是决定因素。因为尽管某种产品的劳动费指数高，但如果该产品生产所需要的区位重量非常大的话，也不会偏离运费最小区位。为此，他又提出了“劳动系数”的概念，即每单位区位重量的劳动费，用它来表示劳动费的吸引力。

$$劳动系数=劳动费/区位重量$$

劳动系数大，表示远离运费最小区位的可能性大；劳动系数小，则表示运费最小区位的指向强。进一步也可以说劳动系数越高，工业也就会更加向少数劳动廉价地集中。

劳动费指向受到现实中各种各样条件的影响，韦伯把这些条件称为环境条件。在环境条件中，人口密度和运费率对劳动费指向的作用较大。人口密度低的地区，劳动力的密度自然也低；人口密度高的地区，劳动力的密度也高。劳动费指向与人口密度相关，人口密度低的地区劳动费相差小，人口密度高的地区劳动费相差大。因此，人口稀疏的地区工业区位倾向于运费指向；人口稠密的地区则倾向于劳动费指向。

工业区位从运费最小地点转向廉价劳动力地点，取决于运费增加程度。当运费率低时，即使远离运费最小地点，增加的运费也不至于很多，从而增加的运费比节约的劳动费少的可能性就大。由此，可使工业区位集中在这个特定的劳动供给地。

综上所述，决定劳动费指向有两个条件：一是基于特定工业性质的条件，该条件是通过劳动费指数和劳动系数来测定的；二是人口密度和运费率等环境条件。

（四）集聚指向论

集聚因子就是一定量的生产集中在特定场所带来的生产或销售成本降低。与此相反，分散因子则是集聚的反作用力，是随着消除这种集中而带来的生产成本降低。

集聚因子的作用分为两种形态：一是由经营规模的扩大而产生的生产集聚。大规模经营相对于明显分散的小规模经营可以说是一种集聚，这种集聚一般是由“大规模经营的利益”或“大规模生产的利益”所产生。二是由多种企业在空间上集中产生的集聚。这种集聚利益是通过企业间的协作、分工和基础设施的共同利用所带来的。

集聚又可分为纯粹集聚和偶然集聚两种类型。纯粹集聚是集聚因子的必然归属结果，即由技术性和经济性的集聚利益产生的集聚，也称为技术性集聚；偶然集聚是纯粹集聚之外的集聚，如运费指向和劳动费指向的结果带来的工业集中。

分散因子的作用是集聚结果所产生的，可以说是集聚的反作用。这种反作用的方式和强度与集聚的大小有关。其作用主要是消除由于集聚带来的地价上升造成的一般间接费、原料保管费和劳动费的上升。

韦伯进一步研究了集聚利益对运费指向或劳动费指向区位的影响。他认为，集聚节约额比运费（或劳动费）指向带来的生产费用节约额大时，便产生集聚。一般而言，发生集聚指向可能性大的区域是多数工厂互相临近的区域。如图 3－10 所示，5 个工厂不考虑集聚情况下的费用最小地点在图中的各处，假定当 3 个工厂集聚可由集聚利益使单位产品节约成本 2 个货币单位。为得到这一集聚利益，工厂必须放弃原有费用最小地点，从而增加运费。工厂移动的前提必须是增加的运费低于 2 个货币单位。图 3－10 中围绕各工厂的封闭连线，是同由集聚利益而节约的成本相等的运费增加额曲线，也即临界等费用线。在斜线部分 3 个工厂集聚可以带来 2 个单位成本的节约，并且又都在临界等费用线内侧，是最有可能发生集聚的区域。

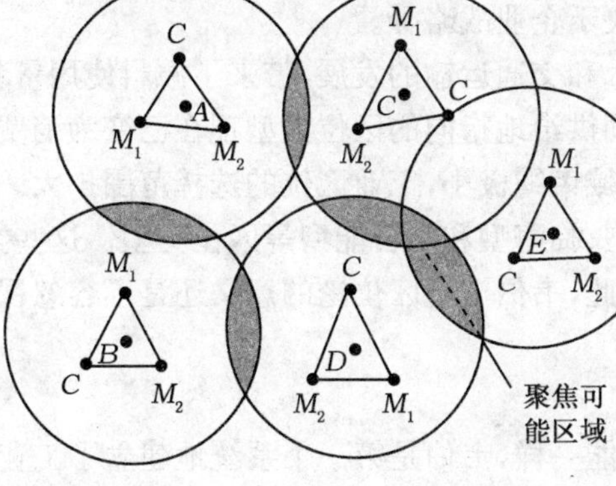

图 3－10　集聚指向的图解

为了判断集聚的可能性，韦伯提出了加工系数的概念：加工系数等于单位区位重量的加工价值。该系数高的工业，集聚的可能性也大；相反，集聚的可能性就小。

（五）理论与现实

尽管韦伯工业区位论意义重大，但仍然具有局限性，不能期待它解释所有的工业区位现象。这主要是因为有如下方面的理论与现实之间的差距。

第一，韦伯工业区位论中的运费，是重量和距离的函数，并且成比例地增加，而现实中的运费制度则是区段增加并且是远距离递减；运费率往往因原料、产品的不同而不同，而不是韦伯工业区位论的统一的运价体系;同时,交通网以及运输线路的地形条件不同也影响运费;运输方式不同,即使运输同样的物品,运价体系也不同。

第二,韦伯假定的完全竞争条件也是非现实的。产品价格,随着远离工厂的运费增加而上升,导致需求减少;需求减少,企业收入必将受到影响。对企业家来讲,不仅关注最小成本的节约,更多的是追求最大利润。

第三,就工厂经营而言,有生计性的经营和企业性的经营。生计性经营一般为小规模作坊式经营,而企业性经营则是相对大规模的工厂式经营。生计性经营往往不太考虑生产成本的场所差异,也一般不会意识到最小成本,也不会受最小费用指向所左右;而企业性经营与其说关注成本最小,不如说关注利润最大的区位。

第四,工厂区位是由工厂经营者所选定的,而这种决定也取决于决策者的主观因素。即使完全同样的外部条件,不同的决策者可以选择完全不同的区位。同时,对不同的工厂经营者而言,有关最适区位的信息获取是有差异的,不可能获取完全的信息。即使能够获取完全的信息,工厂经营者处理信息的能力也是有差异的。

第五,技术进步,使得单位产品的原材料消耗下降,以及替代原材料的使用,都使最适区位发生变化,原料地指向弱化,消费地指向增强。技术进步使得产品从重、厚、长、大向轻、薄、短、小发展,加之交通手段的发展,使得运费对工厂区位的影响越来越小。

第六,交通发达,使得在产品价格中的运费所占的比重越来越小。例如,电子产品(集成电路)中的运费所占比重只有1‰。现代工业生产对于安全、快速的交通运输体系的支持,加之产品的轻量化趋势的加强,工业区位选择的空间余地进一步加大,越来越多的工厂趋向于空港区位、高速公路出入口区位。

第七,其他诸如地域政策因素,政府在一些地区鼓励工业发展而在另一些地区则限制工业发展,直接影响到工业区位的选择。特别是在企业规模与分工经济日益发展的今天,生产和管理相分离,工厂决策更多取决于企业战略等。

总之,当今世界由于技术和交通运输的发展,带来了原料使用量和劳动费以及运费大幅度削减,本来属于原料地和劳动供给地指向的区位类型现在已变为消费地指向区位类型,特别是一些尖端技术工业布局受地域束缚极小,工业区位的选择范围扩大。在这种条件下,工业区位出现了新的指向型,如临空型、临海型和高智能型等区位类型。这些类型的工业区位不能直接地套用韦伯的理论。尽管如此,韦伯工业区位论的意义还是不容忽视的。

三、韦伯区位论意义

如同农业区位论鼻祖杜能一样,韦伯是第一个系统地建立了工业区位论体系的经济学者。他的区位论是经济区位论的重要基石之一。他的两部区位论著作不仅是理论研究的经典著作,同时对现实工业布局仍然具有非常重要的指导价值。

综上分析,韦伯区位论具有以下特色:

第一,韦伯首次将抽象和演绎的方法运用于工业区位研究中,建立了完善的工业区位理论体系,为他之后的区位论学者提供了研究工业区位的方法论和理论基础。

第二,韦伯区位论的最大特点或贡献之一是最小费用区位原则,即费用最小点就是最佳区位点。他之后的许多学者的理论仍然离不开这一经典法则的左右,仅仅是在他的理论基础上的修补而已。

第三,韦伯的理论不仅限于工业布局,对其他产业布局也具有指导意义。特别是他的指向理论已超越了原有仅仅论及工业区位的范围，而发展成为经济区位布局的一般理论。

第四节 中心地理论

资本主义经济的高度发展，加速了经济活动集聚的进程。城市在整个社会经济中逐渐占据了主导地位，它成为工业、交通的集中点，商业、贸易和服务行业的聚集点。因此，许多经济学家、社会学家和地理学家把研究的焦点对准了城市。

一、背景与目的

中心地理论是由德国城市地理学家克里斯塔勒和德国经济学家廖什分别于 1933 年和 1940 年提出的，50 年代起开始流行于英语国家，之后传播到其他国家，被认为是 20 世纪人文地理学最重要的贡献之一，它是研究城市群和城市化的基础理论之一，也是西方马克思主义地理学的建立基础之一。克里斯塔勒从小对地图具有浓厚的兴趣，20 岁进入达姆斯塔特大学学习。德国的地理学特别是城市地理学的知识对克里斯塔勒的影响较大，他除了从事地理学的研究外，还学习了国民经济学。他对韦伯的工业区位论尤其感兴趣。深厚的地理学知识和经济学功底对他创建中心地理论无疑奠定了基础。他从经济学观点来研究城市地理，认为经济活动是城市形成、发展的主要因素。他不仅注意每个具体城市的位置、形成条件，而且对一个区域的城市总体数量、区位、发展和空间结构更加关注，这些早期的研究工作是他形成系统的中心地理论体系的基础。

克里斯塔勒敏锐地发现了这样的问题："人们探索这个原因，为什么城市有大有小？人们相信，城市一定有什么安排它的原则在支配着，仅仅是人们仍然不知道而已！"由此，他开始探索城市的分布规律。通过对德国南部城镇的调查，克里斯塔勒于 1933 年出版了《德国南部的中心地——关于具有城市职能聚落的分布与发展规律的经济地理学研究》(中译本《德国南部中心地原理》)一书，系统地阐明了中心地的数量、规模和分布模式，建立起了中心地理论。克里斯塔勒的中心地理论的最大目的就在于探索"决定城市的数量、规模以及分布的规律是否存在，如果存在，那么又是怎样的规律"这一课题。克里斯塔勒的中心地理论产生同杜能的农业区位论具有类似性，也是在大量的实地调查基础上提出的。他跑遍了德国南部所有城市及中心聚落，获得了大量基础数据和资料。在研究方法上，克里斯塔勒作为地理学者，一反过去传统的归纳法，运用演绎法来研究中心地的空间秩序。提出了聚落分布呈三角形、市场区域呈六边形的空间组织结构；并进一步分析了中心地规模等级、职能类型与人口的关系，以及在此原则基础上形成的中心地空间系统模型。

二、基本概念

(一)中心地、中心商品、中心地职能

中心商品(含服务)是指在少数的地点(中心地)生产、供给，而在多数的地点消费的商品。一般而言，中心商品是在同消费者接触中实现的。故中心商品供应者，如百货商店，一般是在消费者容易到达的交通便利的少数地点布局。中心地职能为供给中心商品的职能。中心地为供给中心商品职能(中心地职能)的布局场所。

(二)中心性

中心性是指就中心地的周围地区而言，中心地的相对重要性。也可理解为中心地发挥中

心职能的程度。中心性一般可用下式表示：

$$C=B_1-B_2 \tag{3-4}$$

其中：C 为中心地的中心性；B_1 为中心地供给中心商品的总量；B_2 为中心地供给中心地自身的中心商品的数量。从式(3－4)可知，中心性即中心地供给自身中心商品后的剩余，也即从中心地供给其周围区域的中心商品的数量。

（三）补充区域

以中心地为中心的区域称为中心地的补充区域，也称市场区域或中心地区域。具体说，是中心地的周围从中心地接受中心商品供给的区域。在中心地，中心商品有剩余，而在中心地的周围区域中心商品不足。中心地中心商品的剩余部分便用于补充周围区域的中心商品的不足部分，当两者（供给和需求）均衡时的区域范围也就成为补充区域的范围。

（四）商品服务范围

商品服务范围有上限与下限两种。商品服务范围上限是由对中心商品的需求所限定的，为中心地的某中心商品能够到达消费者手中的空间边界。从理论上说商品服务范围上限为补充区域的边界。商品服务范围下限是由中心商品的供给角度所规定的边界。中心地为供给某中心商品而必须达到的该商品的最小限度的需要量，叫作门槛值或最小必要需求量。下限为中心地内该最小限度的消费者的空间范围。

（五）中心商品与中心地职能的等级

根据中心商品服务范围的大小可分为高级中心商品和低级中心商品。高级中心商品是指商品服务范围的上限和下限都大的中心商品，比如高档消费品、名牌服装、宝石等；而低级中心商品则是商品服务范围的上限和下限都小的中心商品，如小百货、副食品、蔬菜等。供给高级中心商品的中心地职能为高级中心地职能；反之，为低级中心地职能。比如，专营某名牌服装的专卖店和经营宝石的宝石店是高级中心地职能，而经营小百货的便民商店则是低级中心地职能。

（六）中心地的等级

具有高级中心地职能布局的中心地为高级中心地，反之为低级中心地。比如有宝石店的中心地是高级中心地，而仅有便民商店的中心地是低级中心地。低级中心地数量多、分布广、服务范围小，提供的商品和服务档次低，种类也少；而高级中心地数量少、服务范围广，提供的商品和服务种类也多。在两者之间还存在着一些中级中心地，其供应的商品和服务范围介于两者之间。

中心地的等级性表现在每个高级中心地都附属有几个中级中心地和更多的低级中心地。居民的日常生活用品基本在低级中心地就可满足，但如购买较高级的商品和寻求高档次的服务必须去中级中心地和高级中心地才能满足。不同规模等级的中心地之间的分布秩序和空间结构是中心地理论研究的中心课题。

克里斯塔勒实地调查了德国南部不同等级中心地的数量、服务范围、提供的商品种类和中心地人口等，发现最低等级的村镇级中心地 M 数量最多，达 486 个，服务半径仅 4 千米，提供的商品和服务种类为 40 种，中心地的人口及其服务区人口也较少。随着中心地等级提高，中心地数量也愈来愈少，服务半径却逐渐增大，提供的商品和服务的种类也随之增加。克里斯塔勒的中心地理论最大特征之一是中心地的等级和中心职能是相互对应的。最低等级的中心地具有最低的中心职能，而比其高一级的中心地不仅具有自己固有的职能，同时也兼有最低中心地的中心职能。依次类推，最高级的中心地具备所有等级的中心职能。同时，同一等级的中心地以一定的间隔布局。

（七）经济距离

决定各级中心地商品和服务供给范围大小的重要因子是经济距离。经济距离为用货币价值换算后的地理距离，是主要由费用、时间、劳动力三要素所决定的距离，但消费者的行为也影响经济距离的大小。因此，交通发达程度如何对于中心地的形成与发展意义重大。

三、中心地三原则

克里斯塔勒认为中心地的空间分布形态，受市场因素、交通因素和行政因素的制约，形成不同的中心地系统空间模型。

（一）市场原则与中心地系统

克里斯塔勒认为在市场原则基础上形成的中心地的空间均衡是中心地系统的基础。

市场原则基础上的中心地系统以下列条件为基本前提：

第一，中心地分布的区域为自然条件和资源相同且均质分布的平原。人口均匀地分布，且居民的收入和需求以及消费方式都相同。中心地在区域内的任何地方都可布局。

第二，具有统一的交通系统，且同一规模的所有城市，其交通便利程度一致。运费与距离成正比。

第三，消费者都利用离自己最近的中心地，即就近购买，以减少交通费。

第四，相同的商品和服务在任何一个中心地价格和质量都相同。消费者购买商品和享受服务的实际价格等于销售价格加上交通费。

第五，供给中心商品的职能，尽量布局于少数的中心地，并且满足供给所有的空间（所有居民）的配置形式。

第六，中心地职能在同一的中心地集聚。

在满足上述的前提条件下，初始时某一区域的任何地点的消费者都可接受均匀分布的中心地提供的商品服务半径相同（克里斯塔勒设定为 21 千米）的商品服务。根据前提条件第五条的规定，初始状态的中心地（B 级中心地）分布将呈如图 3－11 所示的六边形结构。

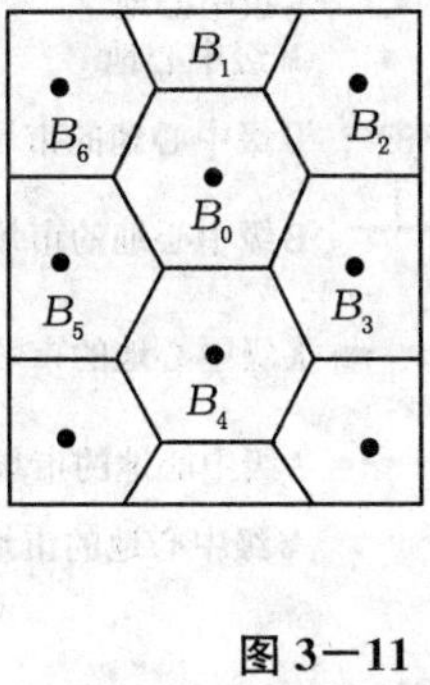

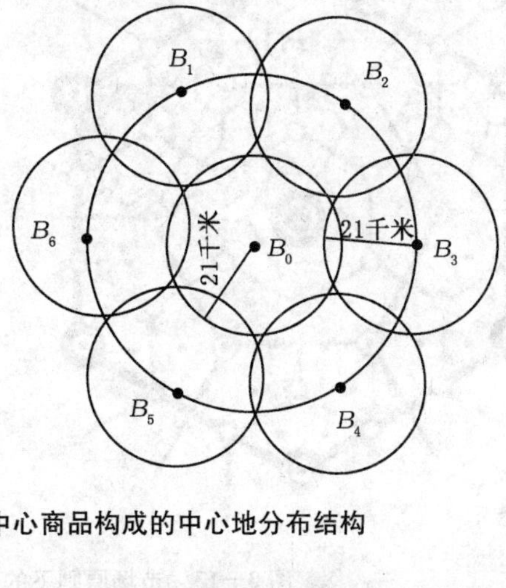

图 3－11　单一中心商品构成的中心地分布结构

六边形结构从数学来看，其面积是仅次于圆的最优结构。但对于中心地区域内的消费者而言，还需要其他商品的服务。比如商品服务半径为 20 千米的商品时，若仍然只靠原有的中心地供应，在每 3 个相邻中心地(B 级中心地)的市场区域之间都将存在着一个空白区(图 3—12 的阴影部分)，空白区得不到该级中心地的服务或者说没有包含在该级中心地的市场区域中。这时就会在空白区出现一个次一级中心地(图 3—12 中的 K 级中心地)，以满足空白区居民的需要。而这个次一级的中心地一定位于这一空白区的中心，也即上级(B 级)中心地市场区域的顶点上。这是因为只有在这点上供应服务范围的运距最短。由 K 级中心地可以供应区域内消费者商品服务半径 20～12 千米的所有商品。但当消费者进一步需求 11 千米的商品时，若仍仅由 K 级中心地供应，则在 K 级中心地中间，也会出现一个空白区，这样比 K 级中心地低一级的 A 中心地就会在此布局。以此类推，不同等级的中心地就逐渐形成。各级中心地从上到下组成一个有规模递减的多级六边形空间模型，此时所有中心地达到了空间均衡(图 3—13)。

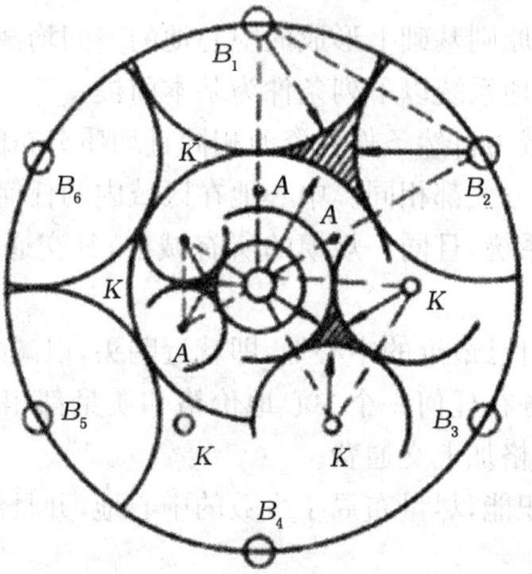

图 3—12　市场原则下的中心地系统形成原理示意图

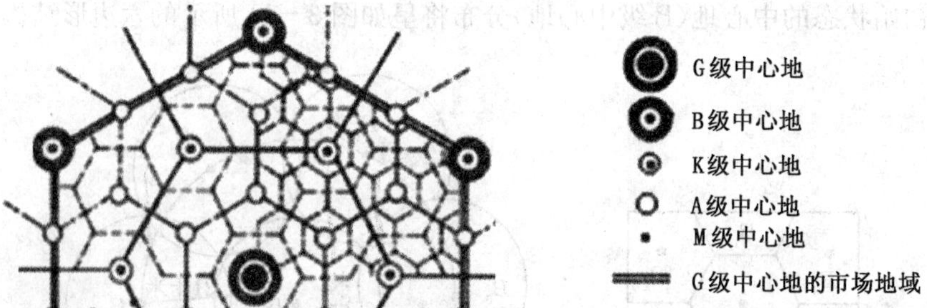

图 3—13　市场原则下的中心地系统

上述分析的中心地系统的均衡就是在市场原则基础上形成的。克里斯塔勒认为，中心地的市场区域规模是按照一定的比例变化的。比如，上述分析的在市场原则下形成的中心地系统(图 3－13)，各中心地的市场区域比其低一级的中心地市场区域大 3 倍。也就是说等级 $m(m>1)$ 中心地的市场区域内包含着 3 个等级 $m-1$ 中心地的市场区域。

如图 3－13 所示，B 级中心地的市场区域，包括 1 个完整的 K 级中心地的市场区域(中心部)，在其周围还有 6 个 K 级中心地的市场区域的 1/3 部分。这样 1 个 B 级中心地的市场区域等于 1＋1/3×6＝3 个 K 级中心地的市场区域。依此类推，可以得出各等级中心地间的区域数量关系。各等级中心地的市场区域数具有如下关系，即：1，3，9，27，81，…从这一数字排列关系可看出，是按 3 的倍数在变化，因此在市场原则基础上形成的中心地系统也称为 $K=3$ 的中心地系统。

(二)交通原则基础上的中心地系统

交通原则基础上形成的中心地系统的特点是：各个中心地布局在两个比自己高一级的中心地的交通线的中点。比如 $m-1(m>1)$ 级中心地是布局在两个 m 级中心地连接线的中点(如图 3－14)。因此，如果同一级的中心地间铺设一条交通线，那么在这条交通线上布局着比它等级低的所有中心地。在交通原则基础上形成的各等级中心地的市场区域具有什么关系呢？如图 3－14 所示，1 个 m 级中心地的市场区域内包含着 1 个完整的 $m-1$ 级中心地和 6 个 1/2(总数为 1＋6×1/2＝4)的 $m-1$ 级中心地的市场区域。各等级中心地的市场区域关系为：1，4，16，64，256，…因此，在交通原则基础上形成的中心地系统也称为 $K=4$ 的中心地系统。

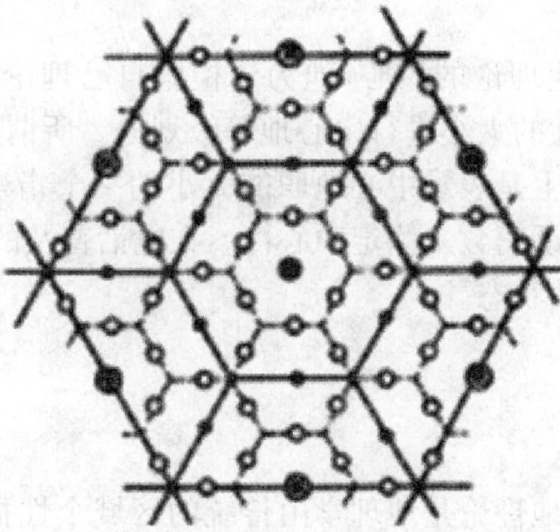

图 3－14　交通原则基础上的中心地系统

在这一条件下，各等级中心地的数量关系又如何呢？由图 3－14 可见，每个 $m-1$ 级中心地(图中黑点加一个圆圈)包含在 2 个等距离的 m 级中心地中，而每个 m 级中心地(大黑点)共包含着 6 个类似的 $m-1$ 级中心地。也就是说，m 级中心地在自己的市场区域内包含着正 1/2×6＝3 个 $m-1$ 级中心地。而且，每个 m 级中心地的市场区域拥有 12 个 $m-2$ 级中心地(小黑点)，及 48 个 $m-3$ 级中心地(小圆圈)。这样，在交通原则基础上形成的中心地系统的中心地的数量关系为：1，3，12，48，192，…

(三)行政原则基础上的中心地系统

行政原则基础上形成的中心地系统不同于市场原则和交通原则作用下的中心地系统，前者的特点是低级中心地从属于一个高级中心地。其原因是，在行政区域划分时，尽量不把低级行政区域分割开，使它完整地属于一个高级行政区域。如图 3－15 所示，m 级中心地的市场区域大致包含了 7 个 $m-1$ 级中心地的市场区域，而且，m 级中心地的市场区域内拥有 $m-1$ 级中心地数量为 6 个。因此，各等级的中心地的市场区域数为：1，7，49，343，…以 7 的倍数增加。因此，在行政原则基础上形成的中心地系统也称作为 $K=7$ 的中心地系统。中心地间的数量关系为：1，6，42，294，2058，…

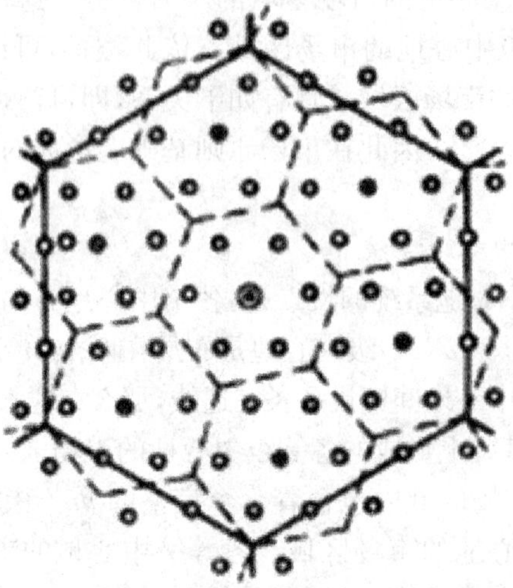

图 3—15　行政原则基础上的中心地系统

上述是克里斯塔勒中心地理论的核心，他为了检验自己理论的正确与否，进行了实际研究。他按照各中心地的中心性的大小进行中心地等级划分。所谓中心性是中心地对周围区域作用的相对意义的总和，实际上是表示中心地职能大小的一个指标。他在德国南部的实证研究中，使用各中心地拥有的电话门数来测定中心性。在电话普及的初期，电话拥有门数某种程度上可反映中心地的经济活动状态。

四、意义和存在的问题

（一）意义

第一，克里斯塔勒的中心地理论是地理学由传统的区域个性描述走向对空间规律和法则探讨的直接推动原因，是现代地理学发展的基础。克里斯塔勒作为地理学者初次把演绎的思维方法引入地理学，研究空间法则和原理，无疑是对地理研究思维方法的一大革命。也正因为这样，他被后人尊称为“理论地理学之父”。

第二，中心地理论是城市地理学和商业地理学的理论基础。具体表现在：一是关于城市等级划分的研究；二是关于都市与农村区域相互作用的研究；三是关于城市内和城市间的社会和经济空间模型的研究；四是关于城市区位和规模以及职能为媒介的城市时空分布的研究；五是关于零售业和服务业的区位布局、规模和空间模型的研究。

第三，中心地理论是区域经济学研究的理论基础之一。中心地与市场区域（也可看作为腹地）间的关系，对研究区域结构具有重要的意义。在区域规划中，按照中心地理论可合理地布局区域的公共服务设施和其他经济和社会职能。在这方面，德国的研究成果和实践经验值得参考。

（二）存在的问题

克里斯塔勒的中心地理论尽管对地理学、城市经济学和区位理论做出了巨大的贡献，但仍然存在一些不足之处，当然这种缺陷是从现在的眼光来看的。

第一，克里斯塔勒只重视商品供给范围的上限分析，即中心地的布局是按照上限大小来决定。虽然他也提出了商品的供给下限，但缺乏详细分析。对各种商品得到怎样程度的超额利润论述也不明确。

第二，在克里斯塔勒的中心地系统中，K 值在一个系统中是固定不变的。事实上，由于区域的各种条件作用，所形成的区域模型各等级的变化用一个固定的 K 值无法概括。

第三，克里斯塔勒把消费者看作为"经济人"，认为消费者首先是利用离自己最近的中心地。但在现实中，消费者的行为是多目标的。因此，消费者更倾向于在高级中心地进行经济或社会行为活动。这样会导致高级中心地的市场区域范围扩大，使中心地系统结构发生变形。

第四，克里斯塔勒忽视了集聚利益。事实上，同一等级或不同等级的设施集中布局会产生出集聚利益。

第五，克里斯塔勒的中心地理论对需求的增加、交通的发展和人口的移动带来的中心地系统的变化没有进行论述。

第五节　其他区位理论

一、廖什的市场区位理论

德国经济学家奥古斯特·廖什（August Losch，1906～1945，也译奥古斯特·勒施）认为大多数工业区位是选择在能够获取最大利润的市场地域。他提出区位的最终目标是寻求最大利润地点。

以韦伯为代表的最小费用区位论，在假定需求给定，且对企业区位选择不产生影响即不考虑需求因子作用的条件下，认为单一企业区位的选择动机是追求费用最小。以哈罗德·霍特林（Harold Hotelling，1895～1973）为代表的区位相互依存学派，假定现状市场上存在着相互竞争的企业，认为能够占有更大的市场地域（销售量）的区位就是最佳区位。与此相反，以廖什为代表的利润最大化区位理论却从需求出发，认为最佳区位不是费用最小点也不是收入最大点，而是收入与费用差的最大点即利润最大点。韦伯假定需求和价格已给定，即把收入看作是一定的，但事实上，需求随着价格的变化和市场地域大小的不同而变化，同时也与选择的生产区位有关。如果各生产区位的生产价格不同，那么，各生产区位所占有的市场地域大小也不同，即总需求不同。总需求的差异将带来收入的不同，最终导致最佳区位的空间变动。总之，价格、需求和区位之间有密切的关系。

廖什市场区位论的特征在于确定理论上能够获取最大收益的地域。他在建立市场区位模型时，进行了如下条件假定：

第一，在均质的平原上，沿任何方向运输条件都相同；进行生产必要的原料充足，且均等分布。

第二，在平原中均等地分布着农业人口，最初他们的生产是自给自足，且消费者的行为相同。

第三，在整个平原中居民都具有相同的技术知识，所有的农民都可能得到生产机会。

第四，除经济方面的作用外，其他因素都可不考虑。

在上述假定条件下，某个农户开始生产啤酒。当他生产的啤酒超出了自己的需要之后，其剩余部分将用来销售。如图 3－16 所示，在生产地 P 处，啤酒的销售量（也即需求量）为 PQ。但随着距生产地距离的增加，必须增加运费，价格自然随之上升，需求量随之减少。到 F 点，需求量为零，也即啤酒生产的市场地域边界。QF 为需求曲线，以 PQ 为轴，将 QF 需求曲线旋转一周，得到一圆锥体，即为廖什的需求圆锥体，也即为该啤酒厂的需求总量，需求圆锥体的底面，即以 P 为圆心，以 PF 为半径的圆形地域就成为啤酒生产的市场地域。

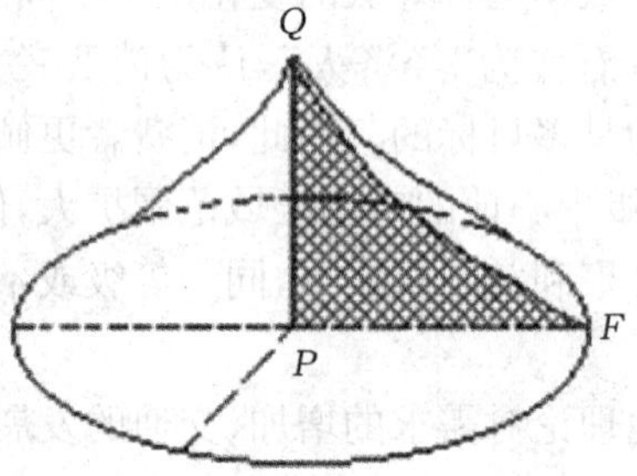

图 3－16　廖什的市场区与需求圆锥体

同上述的农户一样，其他农户也加入到啤酒生产时，在这一平原内形成了其各自连续的圆形市场地域（图 3－17a）。为占有这些市场，各生产厂开始扩大规模，市场地域扩大，导致圆形市场地域相接（图 3－17b）。即使如此，仍然在每 3 个圆形市场中间存在有供给空白区域，各自的市场地域进一步扩大到重叠，从而形成六边形的市场区结构（图 3－17c）。六边形既具有最接近于圆的优点，也具有比三角形和正方形等其他多边形运送距离最短的特点，因此，需求可达到最大化。按照廖什的理论，区位空间达到均衡时，最佳的空间模型是正六边形。

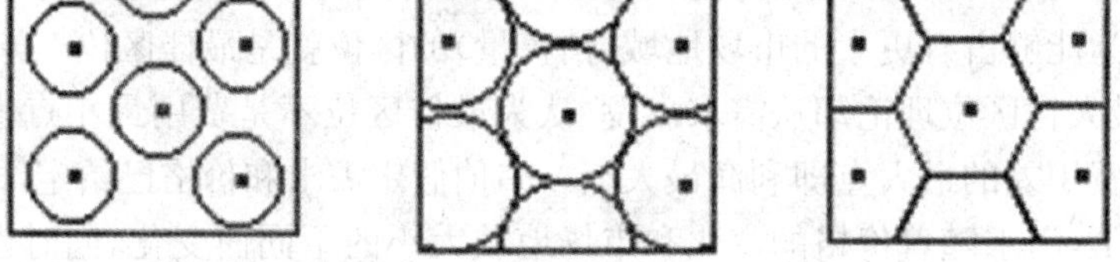

(a)　　(b)　　(c)

图 3－17　廖什的市场区组织的发展过程

廖什最大利润区位论的市场不是韦伯学派的"点状"市场，也不是霍特林学派的"线形"市场，而是蜂窝状的正六边形"面状"市场。廖什的区位论在垄断竞争情况下，首先着眼于确定均衡价格和销售量，即平均生产费用曲线和需求曲线的交点，再通过此来确定市场地域均衡时的面积和形状。

二、帕兰德的区位理论

继韦伯之后，瑞典经济学家帕兰德（Tord Palander）是对区位论做出重要贡献者之一。帕兰德于 1935 年完成学位论文《区位理论研究》，提出了自己的区位理论。在帕兰德的著作中，试图把不完全竞争的概念引入区位论研究中，以价格为变量研究区位空间的均衡；同时他在运费分析上，提出了远距离运费衰减的规律，是对区位论发展做出的一大贡献。

(一)区位与市场地域

帕兰德在构建自己的区位理论时，首先将以下两个基本问题进行了区别：一是在假定原料的价格和分布地以及市场的位置已知的条件下，生产在哪里进行的问题，该问题也是韦伯努力要解决的问题；二是在生产地、竞争条件、工厂费用和运费率已知的情况下，价格如何影响生产者的产品销售地域范围。

关于市场地域大小如何决定的问题，帕兰德是通过自己设计的直线市场这一简单模型来说明的。他研究了在这一直线市场上只有两个生产同样产品的企业其市场地域界线如何划定的问题。

在某地的价格如果等于生产地价格加上到消费地的运费，那么该地方价格(运费与距离成比例时)将随着离生产地的距离增加，在所有的方向都会同样增加。用几何学来说，地方价格的高低呈漏斗状，漏斗的下端就是生产地。在所有的竞争地其地方价格都呈漏斗状。在这些漏斗相交的地点，价格相等，而与购入地无关。这样，等竞争线可看作是两个漏斗相交部在平面上的投影线(图 3－18)。

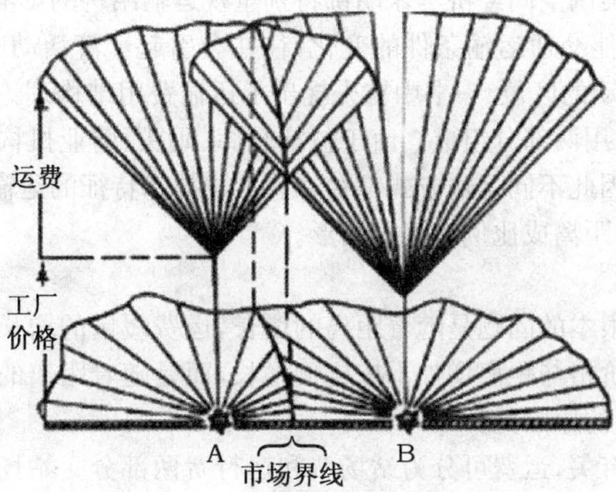

图 3－18　帕兰德的市场地域分割

生产者占有的市场地域大小将对其获得的利润产生影响。在每单位产品的生产费和利润给定时，如果销售量与市场地域的大小有关，那么总利润将是生产地与其销售市场间的距离的函数。任意一生产者的销售地域或利润将会受到其竞争者的区位行为决定或其他行为的影响。

(二)运费与区位理论

帕兰德从空间竞争观点分析了市场地域之后，又研究了在原料的价格、分布地和市场给定时，生产区位在哪里布局的问题。他对这一问题的研究超出了韦伯，尤其是他对运费理论的发展所做出的贡献更是引人注目。

帕兰德为了说明运费对区位的影响，采用了韦伯的等费用线分析方法。但他不仅使用等费用线和等送达价格线，还提出了等距离线(从某一地点开始距离相同的点的连线)、等时间线(从某一地点开始运送时间相同点的连线)、等商品费用线(某商品所需要的费用相同地点的连线)和等运送费线(特定商品的运费相同地点的连线)等概念。

帕兰德对运费率与等费用线间的关系也具有浓厚的兴趣。他在假定运费是运送距离的函数的前提下，认为运费有两种形式，即距离比例运费和远距离递减运费。前者是指运费与距离呈等比例增加；后者是指随着距离的增加，单位距离的运费在递减。在这两种形式下，等运费线的表现形态也不相同。前者的等运费线是围绕给定的某一点呈一定间隔的同心圆状；后者的等运费线间隔会变得越来越宽。为了进一步说明这一问题，他研究了原料地和消费地分别只有一个的简单模型。结果认为，当运费率为均等运费率时，总运费在上述两地点（原料地和消费地）的连线上到处都相同；当运费率为可变运费率时，总运费在原料供给地和市场双方比其两地点中间的任意区位都低。在现实经济活动中运费率一般是可变的，那么，最佳区位选择在原料地或者市场的可能性更大。等费用线的分析方法也适用于多种原料供给地或不同运输手段情况下的复杂模式研究。

帕兰德也认为在区位选择时，运费最小地点当然是最佳的生产地。可是随着生产地的选择，其他所有的费用也在发生变化。因此，生产地的位置就不能只从运费最有利的角度考虑，最佳的生产地应该是生产的所有费用的总和最小。

三、胡佛的运输区位理论

在区位论研究中，美国空间经济学家胡佛特别重视运输结构的影响。他认为运输距离、运输方向、运输量以及其他交通运输条件的变化，往往会引起经济活动区位选择的变化。其在1948年出版的《经济活动的区位》一书中首先提出了运输费用结构理论，将运输费用划分为由装卸费用和线路营运费用两部分组成。由于包括仓库、码头、营业机构、维修等开支的装卸费用不受运行里程影响，因此不同运输方式都存在着不同技术特征的运输费用递减现象，从而修正了韦伯理论中运费与距离成比例的基本图形。

（一）运费率递减律

胡佛认为，运费最根本的问题是随着距离的增长，运费缓慢的增长，每单位产品运输单位距离（吨/千米）的运输价格与距离增加不按比例增长，而是随着距离的增加而递减，即运费率递减律。形成这个规律的原因是：

第一，与运输结构有关，运费可分为站场费和运行费两部分。站场费包括装卸费、保养维修费、经营管理费、仓库码头费等；运行费包括运输工具的折旧、线路的维修与管理、保险费、运行中的职工工资等。这两部分费用中，站场费大小只与托运货物的体积、重量、站场停放时间等有关，与运输距离无关。不论运输距离长短，从站场费看，运输距离越长，每吨公里分摊的站场费越小；运输距离越短，分摊的站场费越高。而运行费的大小与运输距离成正比。因此，每吨公里的运费随着货物运输距离的增加而相对递减。

第二，运行费也不是严格随着运距的增加而成正比例增长的。如铁路运输中，短途运输要用零担列车装载，沿途大量摘车、挂车，运行效率低。较长距离的大量货运，可用直达专列运输，行车效率高，途中费用也相对较低。

第三，许多国家和地区对长距离运输实行优惠政策，对运输距离越长的货物收费越低，使按吨/千米计算的平均运费进一步降低。

（二）发挥各种运输方式的优势

运费率递减律对各种运输方式都适用，但在不同的运输方式中，站场费和运行费所占的比重有很大差别。

胡佛提出：

（1）任何一批货物只要进出站场一次，即使运输距离为零，也要付出同样多的站场费用。

(2)站场费用,水运最大,其次是铁路和公路运输;而运行费用则相反,公路最大,其次是铁路和水运。

(3)每种运输方式都有一定的距离运输优势。公路运输在运输距离短时运费最低,但随着距离的增加,运费增加很快,适合短途运输;铁路适合总长途运输;水运适合长距离的大批量的货物运输。

区域进行交通运输布局时,要根据当地的运输需要建设运输网,充分发挥各种运输方式的优势。

(三)运输区位论的实际应用

胡佛的运输区位论对产业布局的影响较大,许多国家应用胡佛的运费理论指导产业布局,取得显著的经济效益和社会效益。

1. 应用运费率递减律扩大企业规模,提高地区专业化水平

在多数情况下,扩大企业规模,提高地区专业化水平可以降低生产成本,但同时会增加原材料和产品的运输里程,增加运费开支。由于运费率递减律的作用,原料和产品的运距增大后,运输价格不会按同样比例增长,这就为企业扩大规模,提高地区专业化水平提供了有利条件。例如,日本在第二次世界大战后利用大型海运的运费率随运输距离增大而迅速下降的特点,依托先进的钢铁生产技术,在环太平洋沿海地区建立强大的钢铁专业生产区,从海外进口原料和燃料,出口钢铁产品,获得了巨大的经济效益,成为世界主要的钢铁生产国之一。

2. 运输布局尽量避免转运

企业布局时,运距长的区位要优于运距短而有转运的区位,布局时应最大限度地缩减站场费,形成最佳区位。例如,日本在第二次世界大战后,改变了战前的工业布局状况(内地设厂,以海运进口原燃料,转运到工厂),填海造陆,将大工厂设立在沿海地区,工厂与码头相结合,甚至直接用卷扬机将原料运到车间加工,有的运到工厂的原料码头,再用自动传送带运到车间,避免了转运,减少了站场费,降低了运费。这成为世界钢铁工业布局的成功模式之一。20世纪70年代末,我国上海宝山建设大型临海型钢铁厂,但是由于巨轮不能入港,只好改为从浙江省宁波北仑港转运,既延误时间又增加运费,影响了经济效益。

3. 发展集装箱运输以降低站场费用

胡佛认为运输改革的最终目的是降低站场费和运行费。集装箱运输不仅极大地降低了站场费,部分降低运行费,并且可以将各种交通工具组成统一的运输体系,做到门对门的运输。采用集装箱运输,减少了装卸时间,降低了装卸费用。美国的海陆公司,在最初尝试集装箱海运时,每吨货物的装卸费从58美元降到0.15美元,为原装卸费的1/37。现在集装箱已经在水运、公路、铁路、航空等广泛使用。

四、区位相互依存学派

该学派假定生产费一定,市场不是韦伯假定的点状市场,而是在地域中分布的市场(但在理论研究中,假定为线状市场)。企业的送达价格因区位不同而不同,各个企业都尽力以低于竞争企业的价格向消费者销售产品。而送达价格与克服企业与消费者间的距离所支付的运费大小有关。各个企业在选择区位时,都想尽量占有更大的市场地域,这样市场地域的位置和大小受到消费者的行为和其他企业的区位决定行为的影响。某企业如果以低于其他竞争者的价格能够在某市场地域销售产品,那么,该市场就会被该企业所垄断。总之,该学

派认为区位和市场地域间的空间模型产生于需求场所的差异和企业区位间的相互依存关系。

相互依存区位论主要是研究在不完全竞争条件下均衡状态的形成过程，探讨在直线市场条件下，存在两个竞争企业时，区位与市场地域的关系，其中比较有影响的是霍特林模式。

哈罗德·霍特林假定相互竞争的两个冰淇淋销售者向沿海岸均等分布的顾客供给相同的产品，每个顾客每单位时间内购买一个冰淇淋。在这种情况下，他得出的结论是，两个销售者将在海岸的中央部位相对布局，分别占有市场的一半。

他的结论是产生在这样的假定前提下：(1)消费者在空间上均等地分布；(2)对于产品需求是无限的而且是非弹性的；(3)生产费在所有的区位都均等；(4)产品的运费率在所有的区位都相等；(5)生产者按照工厂生产价格销售，从工厂到消费者的运费由消费者支付。在这种条件下，如果只有一个企业A时，在任何区位布局都能占有所有市场。第二个企业B的区位选择同样是自由的，但他考虑到与A的竞争，在市场中央尽量靠近A的地点布局是最有利的。这样，企业A和B分别向市场的左半侧和右半侧供给(图3－19a)。如果B在其他的地点布局(图3－19b)，正如两条送达价格线表示的那样，B在市场的右侧比在市场的中央布局送达价格要低。但需求是无限的而且是非弹性的，买方不论在怎样的价格下，都会购买，因此像这样的区位选择对B来说没有任何利益。而且，离开A的区位选择，意味着A将会通过竞争占有A和B之间的部分市场。总之，尽量接近A，且在市场中央布局是B支配一半市场的唯一区位。这样，各企业能垄断支配属于自己的市场。

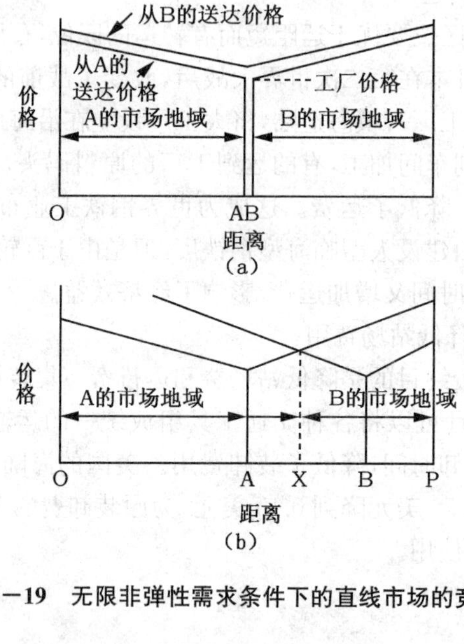

图3－19　无限非弹性需求条件下的直线市场的竞争

然而，若考虑需求的弹性，即价格对销售量有影响时，在送达价格最高的市场末端，降低送达价格非常重要。在这种情况下，两个企业将在直线市场的1/4处布局(如图3－20a)。原因在于，这样可使运费最小，从而达到消费量最大，各企业都能得到一半市场。这种区位选择的运费节约(阴影部分)大于在中央布局的运费节约(方格部分)，并且比其他可能的区位选择也有利(如图3－20b)。

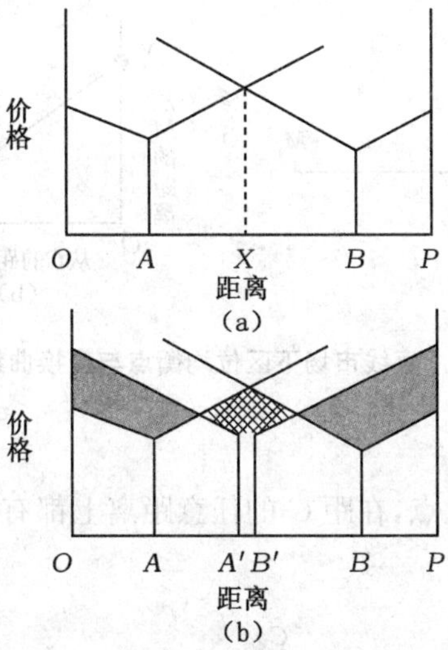

图 3－20 弹性需求条件下的直线市场的竞争

帕兰德和胡佛的理论与区位相互依存学派都研究市场地域，但帕兰德和胡佛研究在区位给定条件下的企业市场地域的大小和形状，而区位相互依存学派则强调需求对区位的影响。

五、艾萨德区位指向理论

艾萨德区位指向理论的特点是运用替代原理分析区位均衡。为了分析经济空间关系，他提出了"输送投入"的概念。所谓输送投入是指单位重量移动每单位距离的必要投入。他认为输送投入与资本、土地、劳动投入及企业经营者能力等生产要素具有类似性，都是按照利润最大化原理投入。但输送投入意味着空间变量的增加，运费是其投入的价格。

艾萨德在研究区位均衡过程时，首先研究了生产活动对消费中心地、运费、原料价格、劳动和其他要素及产品不产生影响，以及其他生产者也不会进行报复情况下的简单空间区位模型。他假定购买企业产品的全部消费者都集中于 C 点，进行生产不可缺少的唯一原料为 M_1，如果有必要使用其他的生产要素，也把它作为"遍在原料"，即对区位不产生影响。在这种条件下，如果 M_1 点的原料如同矿物资源一样，是不可移动的，那么，生产活动必然在 M_1 点进行，即韦伯所说的"原料指向区位"。但是，如果 M_1 点的原料是可移动的，且 C 和 M_1 之间有连接的交通线路时，那么，区位均衡点将在 C 和 M_1 之间的"区位线"(locational line)上(图 3－21a)。

为了进一步说明这个问题，他使用了"变换曲线"(transformation line)。该曲线的含义是：某工厂在 P 点布局时，需要对 M_1 点以一定的输送投入，把原料运到 P 点，这时距离变量为 M_1P。为了把产品运输到 C 点，同样要进行 CP 距离的输送投入。如果企业从 P 点沿 CM_1 线可左右移动的话，很显然 M_1P 和 CP 的值同时发生变化。距离变量的替代同时是输送投入的替代，表示这种替代关系的曲线就称为变换曲线(图 3－21b)。

对于一个市场 C 和两个原料产地 M_1、M_2 的区位三角形中，则有下列三类变换曲线(图 3－22)。

(1)第一类是以 M_1 点为出发点，在距 M_1 的任意距离上都有从 C 和从 M_2 距离变量的不同组合关系的变换曲线(弧 $T'S'$)。

(2)第二类是以 M_2 点为出发点，在距 M_2 的任意距离上都有从 C 和从 M_1 距离变量的不同

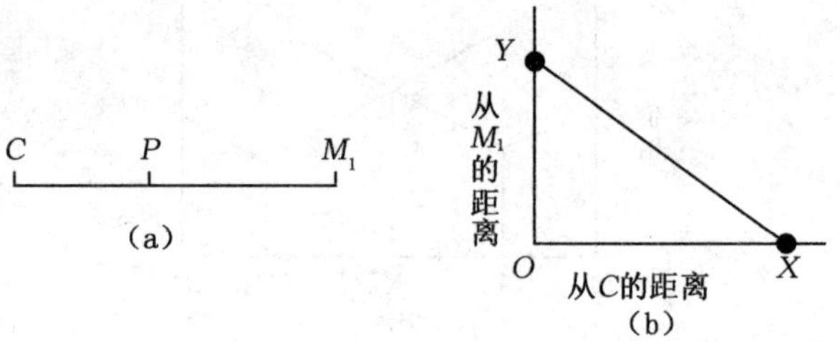

图 3－21 直线市场下区位均衡点与变换曲线示意图

组合关系的变换曲线(弧 $T''S''$)。

(3)第三类是以 C 点为出发点,在距 C 的任意距离上都有从 M_1 和从 M_2 距离变量的不同组合关系的变换曲线(弧 TS)。

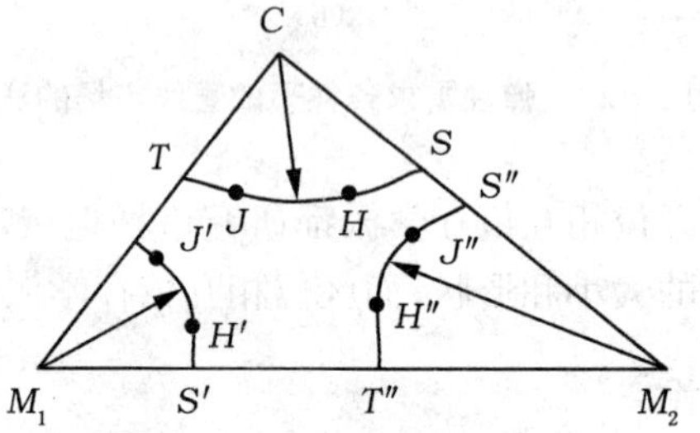

图 3－22 区位三角形中区位均衡

为找出区位均衡点,必须先找出各类的部分区位均衡点。因各类原理相同,在这里仅分析第三类情况,即寻找距市场 C 一定距离处的部分区位均衡点(即部分最佳区位)。如图 3－22 所示,区位均衡点不是一个点,而是被包括在区位三角形中的一条变换曲线(弧线 TS)。但是,该变换曲线是在具有均一费用的运输工具,从所有地点向所有方向呈放射的假定条件下形成的。在现实中,潜在的区位均衡点是有限的,可能仅有 T、J、H 和 S 四个可为选择的区位点。那么,变换曲线实际上将变为连接上述 T、J、H、S 各点的折线。

为了从 S、H、J、T 四点中选择区位均衡点,需要给出等支出线。所谓等支出线,表示在给定总运费支出下,距其他各顶点的距离组合。变换曲线与最低的等支出线相交的点即为部分区位均衡点(部分运费最低点)。每个顶点都存在这种部分区位均衡点,这些部分区位均衡点都一致时,即为完全的区位均衡点即总运费最小点。

艾萨德也论及了劳动费指向。根据运费和劳动费的替代关系,如果最佳区位(变化曲线与最低的等支出线相接的地点)不是运费最小点,则产生区位从运费最小点向劳动力廉价地点转移。艾萨德同时也使用了与韦伯相同的临界等费用线来说明企业区位的集聚指向问题。如果运费指向的多数企业相聚较远,处于分离状态,临界等费用线不相交,相互之间就不会发生集聚;如果区位间相互接近,临界等费用线相交,就会发生集聚。

六、行为区位理论

传统经济区位理论都假定从事经济活动行为的主体——人,是完全掌握了环境的一切信息,并且具有稳定地、正确地选择所有事物的能力的人,即所谓的“经济人”。而在现实中,无论是经济活动的经营者还是经济活动的参与者，都并非是以实现利润最大化或费用最小化为目标。他们往往是在某种满足的情况下行动，是满意的人。经济活动的经营者与其是追求最佳区位，不如说是更多的是按“最小努力原理”，寻找某一个满意的区位。事实上，由于人类不可能完全掌握自己周围环境的知识和信息，同时人类的自身知识也是有限的，表现在现实中的各种区位并不是传统区位理论上的最佳区位。

在区位论中，“经济人”的概念假设存在着逻辑矛盾。比如，把回避竞争者的“经济人”的行为原理应用于不完全竞争条件下的区位行为，作为整体的区位模型就不会是最佳。换言之，行为者相互间的决策和同一行为者的连续决策具有关联时，最终得到最佳区位模型的可能性很小。因此，行为目标不是最佳化，而是最大满足感，“满意人”的概念比“经济人”的概念更现实。

（一）史密斯(D.M.Smith)的收益性空间界限分析

在工业区位论研究中，韦伯引入了空间费用曲线，廖什导入了空间收入曲线，如果把这两条曲线相结合，就能够画出收入的空间界限，通过收入的空间边界分析就可找到“最佳区位”、“接近最佳区位”或者“次最佳区位”，这是史密斯区位理论的核心。史密斯区位理论的基本原理是：“能够得到最大利润的区位是总收入超过总费用金额最大的地点。”他的这一原理是通过空间费用曲线和空间收入曲线来反映的。

对于选择区位的企业生产者来说，费用和收入的空间相互作用是非常重要的。以下就费用和收入的空间相互作用对区位的影响做一介绍。

在空间的任意一点，每生产一单位产品的费用由折线 AC（平均费用）或 TC（总费用）表示，该折线就称空间费用曲线(space cost curve)。费用最小点用 A'表示。而在空间的任意一点每一单位产品的收入是由折线 P（价格）或总收入（TR）表示，该折线就称空间收入曲线(space revenue curve)。收入最大点用 B'表示。Ma 和 Mb 表示平均费用和价格正好相等的区位，Ma、Mb 以内地区收入大于费用，是有盈利的区域，Ma 和 Mb 就表示利润的可能性边界。相反，Ma、Mb 之外的地区则收入低于费用，则为亏损区域。在 Ma、Mb 之间，p 和 AC 间的垂直距离表示生产各单位的平均利润。若把上述的平均费用和价格用总费用和总收入表示的话，总收入 TR 和总费用 TC 间的垂直距离表示总利润。在 A 点的生产费用最低，B 点的收入最大，Ma、Mb 之间表示能够获得利润，但在区位 A 空间收入和空间费用曲线的垂直距离比区位 B 大，即 $A''A'$之间的距离大于 $B''B'$之间的距离，因此 A 是最佳区位（图 3—23）。

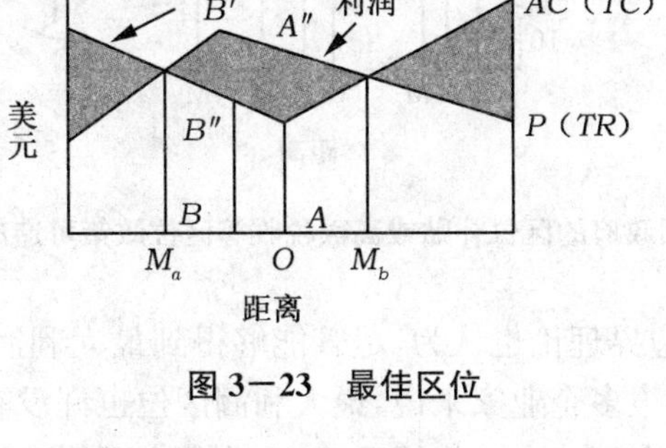

图 3—23　最佳区位

总之，总收入和总费用的空间变化能够形成利润最大的最佳区位。与此同时，也可形成空间界限，即超过此界限就不可能得到利润。在空间界限内如果不是追求利润最大，企业可自由布局。这一点非常重要，它为区位论研究向最佳满意行为区位论发展提供了依据，即为摆脱传统假设提供了经济合理性。

史密斯认为，空间的费用和收入也能够反映工业区位模型的形态，费用曲线或收入曲线的倾斜程度越大(即费用或收入的空间变化大)，工业越集中；相反，则表现出分散的倾向。

企业家的经营手段不同可造成区位模型的变化(图 3－24)。假如企业家的经营能力和水平高，总费用就会降低，否则就上升。图 3－24 中，AC 曲线表示所有企业的平均空间费用曲线，而 ACS 曲线表示经营手段和能力高的企业的空间费用曲线，ACT 曲线是经营手段和能力差的企业。可见，经营手段和能力高的企业获得利润的空间范围要比其他同行企业的范围大。因此，优秀企业家不仅在最佳区位能够获得较大的利润，而且区位空间选择范围也相对大。

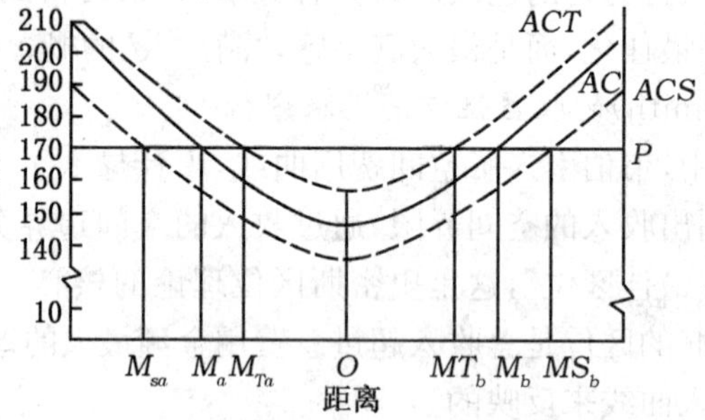

图 3－24 企业家的经营手段不同可造成区位模型的变化

因政府的区位补贴或高额税收等区位政策可造成区位变化(图 3－25)。一般地，国家为了开发落后地区或为了某种政治需要，对在某些指定地区布局的企业给予各种优惠条件以吸引企业的投资；同时也有相反的情况，即为了限制在某地区进一步发展工业，而制定一些区位投资限制政策，来减少工业的集聚。结果出现本来亏损的区位却能够盈利，而应该盈利的区位却亏损的现象。如图 3－25 中的 EF 本应该是亏损区位，却也能得到利润；而 GH 本来利润最高，但如果在此布局必然出现亏损。

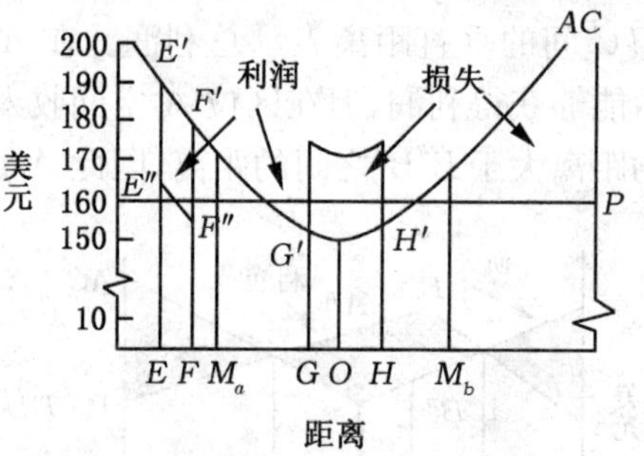

图 3－25 因政府的区位补贴或高额税收等区位政策可造成的区位变化

史密斯的收益性空间边界理论也认为，尽管能够得到最大利润的区位是总收入超过总费用金额最大的地点，但对于很多企业家来说，最大利润区位也许没有他喜欢的娱乐设施和交际场所，如高尔夫球场或夜总会等。在这种情况下，企业家有可能选择接近最佳区位且又能够满足自己行为的空间。因此，企业家在决定工厂区位时，还受到一些非经济因素的作用，如工厂创建者的居住地或出生地，是否具有可利用的空地，政府对工业开发的援助，企业家的模仿行为以及当地政府或国家的财政援助；等等。

（二）普雷德的行为矩阵

经济活动区位是从事经济活动的行为主体——人类的决策结果。区位决策是决策者在占有或多或少信息量的基础上，自身对信息的判断与加工后的决定。那么，进行怎样的区位决策，区位决策是否合理或合理性如何，则取决于在决策时的信息占有量以及决策者的信息利用能力。这是普雷德（A.Pred）行为区位理论的重要思想。

美国地理学家普雷德运用行为矩阵来研究区位论，他重视不完全信息和非最佳化行为对区位选择的作用。行为矩阵由拥有信息水平和利用信息能力构成，各个决策者均可在位于这一行为矩阵中表示出来（图 3－26）。拥有信息水平表示在区位决定时，各个决策者拥有信息的质与量；利用信息能力表示决策者的运用信息的各种能力。在行为矩阵中决策者的位置，越是接近于右下方，采取的行为越与最佳化行为相近。如位于行为矩阵左上角的决策者 Y，很少拥有有关区位的信息，并且利用信息的能力很低，故所选择的区位落在收益性空间界限之外。相反，位于行为矩阵的右下角的决策者 Z，具有全部的有关区位的信息，并且有最高的信息利用能力，故所选择的区位为最佳区位。Y、Z 是两个极端，现实中大多数决策者往往更多地处于图中 A、X 或其他中间位置，因不具有完全的信息以及利用信息能力，即使以最佳区位作为目标，也仅仅能达到其区位在收益性空间界限内或在收益性空间界限外。

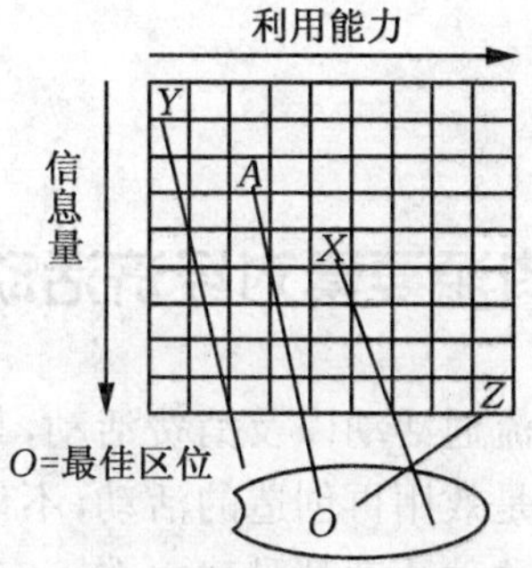

图 3－26　收益性空间界限

复习思考题

1. 简述区位条件与区位因子的区别。
2. 简述杜能的农业区位论的圈层结构。
3. 简述韦伯工业区位论的最小运费原理。
4. 评价韦伯工业区位论的意义。
5. 简述廖什市场区位理论的基本观点。
6. 现在城市周围出现的逆杜能圈现象，其形成原因是什么？
7. 中心地理论对商业活动有什么启示？

第四章

经济活动区位的影响因素

第一节　资源要素对经济活动区位影响

经济活动一般包括生产活动、流通活动以及消费活动，其中生产活动是经济活动的基础。生产活动按边际效用学派的观点，是效用再创造的活动，不仅包括有形物质的创造活动，也包括服务等无形物质的创造活动，而这种活动都是建立在一定的要素投入基础上的。生产活动是人类通过对自然的作用而进行的，同时也需要工具、机械等必要的手段（常称为资本），因此劳动、自然和资本是生产的最基本的要素，在经济学的生产理论中通称为生产的三要素。

要素投入是生产活动得以存在的基础。要素投入和产出（效用再创造的产物）之间是有一定的技术关系的，这种技术关系通常用生产函数来表示：

$$Y=f(X_1, X_2, X_3, \cdots, X_n) \tag{4-1}$$

其中：Y 代表产出；$X_1, X_2, \cdots, X_n$ 分别代表生产要素的投入，即产出是投入的函数。

美国经济学家道格拉斯和数学家柯布，以美国制造工业的产出（P）、雇佣劳动量（L）及固定资本量（C）的数据为基础，导出著名的柯布——道格拉斯生产函数：

$$P=bL^kC^{l-k} \tag{4-2}$$

其中：b、k 为常数，从上述生产函数中，可见劳动和资本的重要性。产出也取决于 b 的大小，b 通常被认为是综合技术进步因素。由于综合技术进步因素在生产活动中的作用日益增大，生产活动的产出已开始不主要取决于资本与劳动的投入，更多地取决于科技投入。在发达国家，科技进步对于总产出（国民生产总值）的贡献已远远超过资本和劳动投入的贡献。对于经济活动中产生影响的生产要素除资本、劳动力以及技术外，还有土地、原材料、能源等。在这些生产要素中，既有初级基本要素也有高级生产要素，前者如土地、原材料、能源、一般金融资本和普通劳动力等；后者则包括现代化信息网络、高科技人才以及高等教育与科研院所的知识生产与传播机构等。

一、土地因子对经济区位影响

任何经济活动都需要以一定的空间作为依托。土地作为经济活动的一个影响因素主要是通过自身的特性以及所处的经济区位决定的。

土地自身的特征更多地表现在其自然特性。土地的自然特性包括土地所处的空间位置(经纬度)、与其他自然环境要素的相互关系(气候、水文条件)、土地的形态(大小、地形、地貌等)以及土地的地表物质构成(如土壤、岩石、植被等)等。

土地的自然特性构成了土地利用的可能性,但并不构成土地利用的可行性。土地利用可行性更多地是由土地所处的经济区位决定的。

由于土地所处的经济区位差异,反映出土地的利用价值不同。同样面积与自然特性相近的土地,在城市和农村的利用价值相差悬殊,通常为几倍、几十倍甚至几百倍;即使在城市内部,不同区域的土地利用价值(反映在土地价格上)也相差很大,一般相差几倍或几十倍。土地一般以两种基本方式参与经济活动。一种是作为劳动对象,如农业生产活动。在这种土地利用形态中,土地的自然特性起着决定性的作用,保持与增加土地的自然产出是农业土地利用历来的课题。另一种是作为作业的空间或活动场所,如工业、交通以及城市建设土地利用等。在这种土地利用形态中,土地所处的经济区位起着决定性的作用,土地利用的空间竞争显得格外显著。由于不同的土地利用方式导致地租差异,城市内部土地利用的圈层分化较显著(图 4—1)。

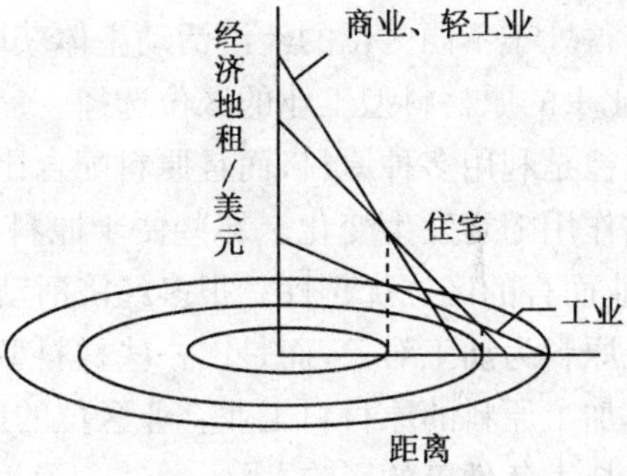

图 4—1　城市的经济地租及其土地利用分化

就农业土地利用而言,土地的自然产出力大小,在很大程度上取决于土壤特性;此外,土地的经济地理位置也影响农业土地利用。在农业区位理论有关章节中论述过,即使农业生产条件包括土地自身特性完全相同,但由于相对于市场(城市)的位置(距离)不同也会导致农业生产方式的空间分异。

就工业土地利用而言,不同的工业类型要求不同的土地条件。大规模工业生产活动尤其是生产工艺与制造工程连续化的钢铁、石油冶炼、车辆制造等都要有地势平坦、面积大而且土地承受压力强的土地;而这些大面积的土地在城市中心部位以及市区很难找到,即使能找到,由于地价昂贵,也很难承担地价成本的压力,因此这样的工业行业一般都放在郊外。

而另一种工业类型,我们通常称之为城市区位型工业,即不需要大量土地和建筑,即使地价比较高,但可以期望高额收入回报,而在城市内部布局的工业,如服装工业、出版、印刷工业等。

如果用图4－2来表示，城市区位型工业是空间收益随着距城市中心的距离增加而急剧下降，只有在距城市中心比较近的区域布局才有可能获取收益的工业类型。

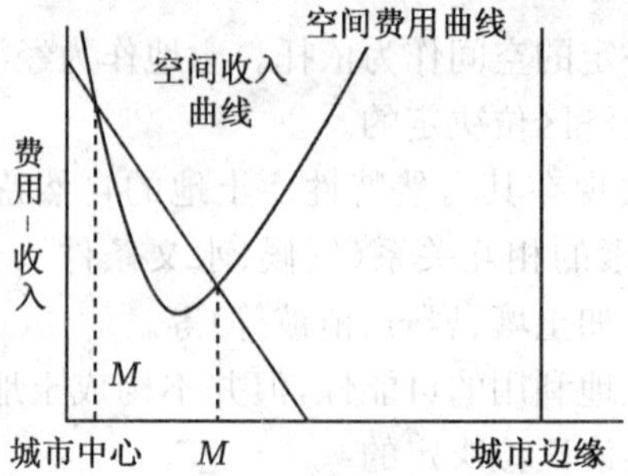

图4－2 城市区位型工业的收益性空间界限

二、原材料因子对经济区位影响

原材料对于经济活动来说极其重要，它是经济活动尤其是生产活动所加工的对象。原材料因子主要是通过运费大小，原材料的可运性、可替代性，以及价值尤其是在产品成本中的构成状况对经济活动区位施加影响。

原材料按来源可分为初级原料和加工原料。初级原料是指从自然界直接获取或经人工培育的原料，如矿物原料以及动植物原料。矿物原料来源于矿产资源。矿产资源分布的不均衡性以及开采成本的差异性，使得处于不同区位的经济活动主体获取它的成本不同，直接影响到原料成本在总成本中占较大比重的原材料型工业的区位选择。

现代大规模工业生产，往往是利用多种原料，而且原料配合比例以及原料本身的价格变动程度不一，因此原料对区位的作用随之发生变化。那些便于原料集散的区位（港口等）越来越显示出其对原材料型工业企业而言的区位优越性。很多经济活动，包括一些机械加工、组装等工业企业，并不是直接以初级原料为加工对象，而是以一些材料型工业企业的产品作为加工原料，因此除在区位上受提供其加工原料的原材料工业企业区位的影响之外，更多地受其加工后产品的市场以及劳动力成本、技术条件等的影响。

现代经济活动，尤其是工业活动，原材料组织的空间范围已经扩展到全球范围，即在全球生产组织体系中寻求既能满足自身需要、又相对价格低廉并且供应有保证的原材料供应商。基于此，在像汽车制造等零部件需求种类繁多，又要求及时供应的厂商周围，形成了一种新的组织原材料供应的地域综合体——供应商园。供应商园一般指围绕某一组装厂而形成的为这一组装厂提供零部件供应的供应商的空间聚集区。通过这种空间聚集，使得组装厂能够在需要的时候及时得到它所需要的零部件供应，从而缩短从制造与组装厂商接到订单到客户手中的时间。其中一个代表的供应商园是瑞典的沃尔沃供应商园。沃尔沃供应商园是针对不断发展的汽车个性化需求（小批量或个体订货）以及压缩从接到订单到将汽车发送到客户手中的时间（压缩到3周以内）而策划与启动的。沃尔沃汽车的零部件除瑞典外，大部分来源于欧洲大陆，因此要求在欧洲范围内建立可靠与高效的运输体系，要求提供沃尔沃零部件的欧洲供应商运输到沃尔沃哥德堡或根特组装厂的时间不超过48小时。通过启动供应商园计划，使得沃尔沃的大部分零部件都来源于供应商园中的8个主要供应商，从而保证了沃尔沃生产的可靠性和即时性。从供应商园的例子可以看出,现代经济活动区位已经不是以前那样被动地接近原材料地,而是通过重新组织原材料地来达到现代社会生产的及时性、可靠性与灵活性的要求。

三、能源因子对经济区位影响

能源是人类社会发展的重要物质基础,能源革命对人类文明给予重大影响。能源一般可分为两类:一类是一次能源,为自然界自身存在、可直接利用的能源;另一类是二次能源,是一次能源经过加工转化后的能源。一次能源中广泛利用的为常规能源,包括可再生的水力、生物能,不可再生的煤炭、石油、天然气、核裂变燃料等;一次能源中尚待推广利用的为新能源,包括可再生的太阳能、风能、潮能、地热能等,不可再生的核聚变燃料。二次能源主要有电力、汽油、煤油、柴油、焦炭、煤气、沼气、余热等。

大量、稳定的能源供应尤其是二次能源中的电力供应对产业活动的发展极为重要。能源是经济活动的重要基础,尤其是大量消耗能源的产业活动,如金属冶炼中的电解铝、铁合金等,要求在区位选择中接近廉价的电力供应地。能源作为产业活动的影响因素还不仅仅局限在提供能源供给,还反映在直接影响到产业经营成本、效率、对环境的影响以及公众对企业发展的态度。稳定的能源供给是产业发展的必备条件,因此区域的能源尤其是电力的供给保证程度是许多企业选择区位的标准之一。由于能源在各地的分布以及蕴藏条件不同,生产成本差异较大,因而带来了能源供应价格的地域差异,也带来了大耗能经济活动的区域差异。在保护环境以及公众参与越来越发展的今天,经济活动利用能源的种类、数量以及形态直接关系到企业形象和公众对经济活动的受纳程度,大量消耗能源的企业在许多地方都成了不受欢迎的角色,因此该类企业的区位选择的空间余地极小。企业形象受损,自然难以吸引优秀人才加盟。因此,对于大耗能工业企业而言,在技术与管理角度加强节能工作,促使所使用的能源类型向高级和可再生能源转化,可以赢得民众对企业的理解,也可以促使企业持续发展。

四、资本因子对经济区位影响

资本不仅仅指金融资本,也包括厂房、设备等固定资本。厂房、设备等固定资本不能轻易移动,因此只能在一处布局(厂房或大型设备),且不管其是否落后于时代潮流,也有可能继续存在一段时间。这就是所说的地理惯性。由于固定资本的地理惯性存在,企业尤其是初创企业为了节省时间以及资本,对于可以作为厂房等利用的原有固定资产沉淀的地区,会对企业构成巨大的吸引力。固定资本的费用,尤其是工业用地费用,因地点不同差异很大。对于大型装置型工业企业,固定资本的费用对区位选择费用起很大的影响作用。资金尤其是融资条件也对经济活动尤其是创始期的小型企业的区位选择带来影响。像国家指定对在某一地区布局的企业给予优先融资等政策性因素,对于解决初期资金供应的意义重大,因此对企业的区位选择产生较大影响。

资本是生产要素中流动性最大的要素,尤其是在 20 世纪 80 年代以来,国际性资本流动极其活跃,跨国公司的对外直接投资达到空前规模,资本不断流向最具创利机会的地区。尽管从全球角度看,全球储蓄可转化为全球投资,但就局部地区而言,储蓄并不一定转化为本地区的投资,本地区的投资也可以大大高于本地区的积累,关键在于是否具有使资本充分获利机会的区域条件。只有满足资本的获利机会,就可能获取用于发展的充分的资本供应。

对于不同的企业而言,对资本的需求是不同的。一般性金融资本仅对成熟性产业与企业给予融资,因此成熟型产业或大型企业一般通过上市筹措资金,或以资产抵押从银行进行商业贷款。然而新兴企业尤其是新兴高科技中小企业，由于企业规模有限，固定资产额低，很难在一般商业银行得到融资支持。尽管新兴高科技企业的期待利润率高，但风险大，企业规模小，无资格上市筹措资金，其发展需要风险资本的支持。因此，风险资本市场完善程度，对于高新技术产业而言，是区位选择的关键。

五、劳动力因子对经济区位影响

劳动力是经济活动区位尤其是生产活动区位中重要的区位因子之一。劳动力无论是在质还是在量上都存在着空间上的差异。劳动力的空间分布差异以及劳动力移动上的摩擦等因素导致劳动成本存在着空间差异。劳动力对经济活动区位的影响依经济活动区位主体性质不同而不同。某些产业活动，劳动费用占总费用的比重很大，比如我们通常所说的劳动密集型产业，劳动成本的空间差异对其区位的影响很大；相反，对于那些大量使用资本而非劳动的资本密集型产业活动，则受劳动力的影响较小。

(一)劳动力特色

劳动力是人口中有劳动能力的一部分人口。一般而言，人口密集地区或都市也是劳动力最密集的地方，特别是大城市地区，有着多种多样的熟练劳动力，对于需要大量劳动力供应的经济活动主体(企业)而言，大城市将比劳动力质、量都受到制约的小城市或农村地带的区位更为有利。我国工业企业尤其是劳动力密集型的电器组装、服装与纺织企业，基本上都集中在东部沿海人口相对稠密地区，这反映了这种类型的经济活动区位受劳动力分布的影响。我国西北部地区人口稀少，劳动力集中供应受限，因此在一定程度上限制了工业经济活动的进入。在发达国家的某些地区，由于可利用廉价女性(特别是家庭已婚女性)劳动力的大量存在，也导致女性劳动力集约型工业企业向这些地区集中，例如英国的南威尔士地区、日本的九州南部地区。

(二)劳动力素质

在劳动力因子中，越来越多的不是取决于劳动力的数量，而是取决于劳动力的质量。现代经济活动由于有高度发达的交通体系和技术体系作为依托，其区位选择的空间尺度大，灵活性强。并且对劳动力的需求数量也由于生产与服务的自动化程度加强而减少，普通劳动力的获取已经越来越容易，对经济活动区位选择的影响越来越小。相反，经济活动对高素质的科技劳动力的需求却越来越大，并且对于任何国家与地区而言，高素质劳动力都是不可多得的稀缺资源。因此，能够获取高素质科技劳动力的区域(主要是教育水平比较高的大城市地区)，成为最适宜现代经济活动发展与布局的区域。

(三)劳动力成本

劳动力在空间上分布不均，移动也受到一定程度上空间摩擦的制约，事实上即使在一国之内也存在着较大差异。这种差异对劳动成本占总成本比重较大的劳动力密集型企业的区位产生较大影响。考虑劳动力成本的空间差异对区位的影响，韦伯在其工业区位论中的劳动费指向论中已有详尽论述，即当工业企业从运费最小地点转移到劳动费最低地点，所增加的运费小于节约的劳动费时，则发生从运费指向到劳动指向。劳动成本(工资)的空间差异，发达国家相对较小，而发展中国家则较大。尽管发达国家较小，但差异还是存在的，例如英国威尔士的造纸、印刷工业的成年男子体力劳动者平均工资低于全国平均水平 10%以上，而日本女子小时工的平均工资最低县份不足最高县份的 70%。我国是典型的发展中国家，地域之间的工资水平(实际收入水平)相差更大，具体数字尚无明确统计，但估计至少在一倍以上。这也是我国劳动力移动的主要诱因。

（四）劳动力移动

劳动力的空间移动在一定程度上受到制约，这主要是由于很多人尤其是中老年人群，不希望远离故里去外地谋生。但是处于工业化与城市化阶段的国家与地区，都在发生较大规模的人口（主要是劳动力）移动。例如，在日本经济高速增长的20世纪50年代中期至70年代初，有大量地方出身的初、高中毕业生以及地方大学的毕业生流入以东京大都市圈为首的三大都市圈，在那里形成庞大的劳动力市场，从而使得企业尤其是工业企业随之向这些地区集中，促进了这些地区的发展，当然也随之带来了人口与经济活动过度密集等产生的环境问题、交通问题、住房问题等社会问题。中国沿海地区改革开放以来的工业发展，尤其是珠江三角洲地区劳动密集型企业的发展，在很大程度上是利用廉价的从临近省份流入的劳动者（务工者），维系成本优势的结果。

第二节 交通及其对经济活动区位影响

交通在社会发展与人类文明史中起着重要的作用。交通是联系地理空间中社会经济活动的纽带，是社会化分工成立的根本保证。交通技术与手段决定空间相互作用深度与广度，交通技术与手段的进步是改变经济活动区位的重要因素之一，古典与现代区位理论都无不是以给定的交通技术与手段为前提。充分把握交通要素对经济活动的影响，对于理解与认识经济现象的空间分布规律意义重大。

一、交通要素及其内涵

交通现象一般可具体表述为：从出发地 A 到目的地 D，通过连接 A、B、C、D 的交通线，使人或物质产生移动（图4－3）。就上述一般的交通现象，可以用以下三个基本要素来概括。

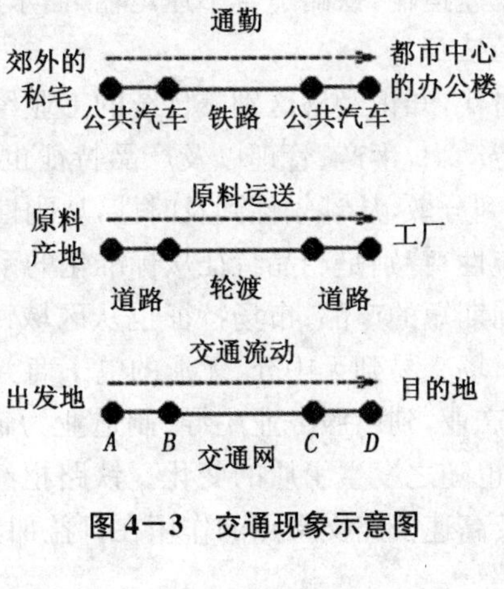

图4－3 交通现象示意图

交通现象的第一个要素是连接 A、B、C、D 的交通线，即我们通称的交通网。交通网由点和线组成。点即通常的汽车站、火车站、道路的交叉点、港口、机场等；而线则是连接点与点的铁路、公路、水路以及空路（航线）等。线具有长、宽维度。长表示点与点之间的空间距离、时间距离以及经济距离等；宽则表示通行强度（运输容量），例如公路有从普通乡间公路到标准的高速公路等。

交通现象的第二个要素则为人和物质的移动，即通常所说的交通流。交通流存在着方向性，即从起点到终点之间存在着方向。交通流可区分为起终点流和区间流。起终点流即为仅考虑起点和终点的流动，在图 4－3 中，包括 AB 间、AC 间、AD 间、BC 间、BD 间、CD 间的 6 种流动，若考虑反方向流动，则有 12 种流动。区间流则不管起点和终点在哪里，仅考虑通过某一区间的交通流。例如，在图 4－3 中 BC 间的区间流则为 BC 间、AC 间、AD 间、BD 间 4 种流动。

交通现象的第三个要素是地域。用交通网和交通流可以描述交通现象，那么为什么会产生交通流，交通网为什么会存在，这些有关交通现象的产生原因、结果以及那些促进与制约交通发展的人口、产业状况等地域条件，也是交通研究的重要因素。

二、交通运输对经济活动区位影响

（一）运费与经济活动区位

生产与消费的空间分离是现代经济活动的一个重要特征。尽管随着交通运输技术与手段的进步，运费在产品成本结构中的比重不断下降，但交通运输仍是影响经济活动空间结构与组织的重要因素之一。运费主要由线路运行费和站场费两大部分组成。线路运行费与运输距离相关，一般可以认为是运输距离的线性函数；而站场费则一般与运输距离无关，仅同装卸、站场设施以及管理维护费有关。减少装卸等站场费和线路运行费均可起到减少运费的作用。正是为了减少由于不必要的转运而引起的站场成本增加，著名区位经济学者胡佛提出了著名的端点区位优于中间区位的原理。

供给地与消费地的空间距离一般很难改变，除非改变供给地或消费地。但连接供给地与消费地的交通方式可以不同。运输方式不同，运费也随之不同。就不同的运输方式而言，站场成本一般是固定的，以水路、铁路、公路运输为例，站场成本一般是水路高于铁路，而铁路则高于公路；但就线路运行成本而言，则公路高于铁路，铁路高于水路。考虑综合运费（站场费＋线路运行费），可得出公路适合短途运输，铁路适合中途运输，而水路则适合远途运输。

（二）航空运输与经济活动区位

我们正在步入知识经济时代，知识经济区别于传统的工业经济，不仅仅是核心生产要素从资本和劳动力到知识与知识劳动力，生产、管理以及产品特征也发生重大变化，主要表现在从规模生产到精益生产，从集中到分散，从计划性到及时性，从刚性生产到柔性生产，从注重成本与质量控制到注重创新与适应性；特别是产品特征从标准化的系列产品到智能化的个性产品，从市场周期长的产品到市场周期短的产品；市场特征也从区域性和相对稳定到全球性和经常变动；流通形式从中介、有形市场交易到无中介、无形的电子商务；而产业特征则从以制造业为主、服务业为辅的资本密集型产业，到以服务业主导、制造业为辅的知识密集产业等。以上的变化，使对于交通运输的要求也随之发生了质的变化。铁路枢纽以及港口的优势已不显得那么重要或突出；相反，机场以及高速公路交叉点的作用在日益加大。

第三节　可进入性对经济活动区位影响

现代经济活动越来越多地受制于相关活动以及内外部环境条件。能够同外界产生便捷联系的场所越来越成为经济活动区位选择的重点。能否同外界产生便捷的联系，取决于该场所的可进入性。可进入性包括地理可进入性、经济可进入性、制度可进入性和社会可进入性。

一、地理可进入性

地理可进入性场所对外交往的地理方便程度，主要决定于地理位置和距离。这里所说的地理位置包括数理地理位置，指场所在三维的地球表面的空间位置，可由经、纬度和海拔高度来精确地表示；还包括相对地理位置，是指场所在地理空间中相对于周围的地理事物的相对的地理位置关系。相对地理位置具有丰富的经济地理内涵，例如大连位于辽东半岛最南端，郑州是京广铁路与陇海铁路的重要枢纽，就含有大连以及郑州的经济发展条件以及交通优势。相对地理位置是变化和发展的，例如在描述九江市的相对地理位置时，在京九铁路开通前，通常说是长江岸边的一个重要城市，现在则一般说是长江与京九铁路上的一个重要城市，这对于九江而言，无疑表明其交通上的重要地位的增强。距离主要是指相对于市场中心等的距离。市场中心有不同的层次，有全球尺度的市场中心，国家尺度的市场中心，也有区域性的市场中心。接近市场中心或便于接近市场中心，则有利于经济活动在该地展开。

二、经济可进入性

经济可进入性场所的对外交往成本高低，取决于运费、通信费。费用越低，表示对外通达性越好，反之则相反。空港、港口、铁路交通枢纽、高速公路出入口等具有比较好的经济可进入性，因此对经济活动有较强的吸引力。反映经济可进入性的运费因交通方式不同差别很大，并且，随着经济活动内容的变化和交通运输技术的进步，各种运输方式的重要性也在发展变化。就一般而言，空港和高速公路出入口的重要性在日益加大，因此，很多经济活动开始向空港和高速公路出入口集聚的倾向明显。现代经济活动不仅需要实物传输（这主要由线路交通手段来实现），也需要非实物的信息传输。信息基础设施建设已成为增进区域对经济活动吸引力的重要措施。

三、制度可进入性

制度可进入性即由制度因素决定的生产要素和商品对外交往的方便程度。一个地区制度越开放、越自由，其制度可进入性越高；反之，制度可进入性越低。在我国，由于长期以来实行计划经济体制，市场发育程度还不完善，制度的进入性还存在着很大的区域差异。在一些开放比较早的沿海城市尤其是经济特区城市，市场发育程度高，开放度大，因此有较好的制度可进入性，成为吸引经济活动在那里集聚的重要条件。

四、社会可进入性

社会可进入性是由社会因素（包括语言、文化等）所决定的场所对外交往的便利程度。在社会可进入性中，语言的作用是非常大的。我国香港和新加坡发展成为区域性世界城市，世界金融以及贸易的中心，与这两个城市普遍使用英语有很大关系。另外，由于语言（方言）相通，香港特区企业对广东的投资很活跃；同样，韩国企业在吉林省延边自治州的发展，更加突显了语言的作用。在科教文化发达的北京、上海、广州等大城市，外语（主要是英语）水平普遍较高，对于以世界市场为主要对象的经济活动具有较强的吸引力。社会可进入性还反映在文化背景方面的差异上。我国沿海尤其是南方沿海地区，商品经济发达，有经商传统，挑剔性地方市场已经形成，有利于经济活动在该地发展。改革开放以来我国南方沿海城市的高速发展，在某些方面属于社会可进入性的反映。

总而言之，经济活动要求具有高度的可进入性，一个地区的可进入性是影响经济活动能否在这个地区持续发展的基本条件之一。

复习思考题

1. 经济活动区位的影响因素主要包括哪些？
2. 资源要素对于经济活动区位的影响主要体现在哪些方面？
3. 简述交通对经济活动区位的影响。
4. 可进入性分别从哪几个方面影响着区位经济活动？
5. 互联网时代经济活动区位选择有什么变化？

第五章

区域空间结构

第一节 区域空间结构概念

区域空间结构是指各种经济活动在区域内的空间分布状态及空间组合形式。区域空间结构是区域经济的一种重要结构。因为区域经济活动是在地理空间上进行的，一方面各种经济活动的产生需要把分散在地理空间上的相关要素组织起来，形成特定的经济活动过程；另一方面各种经济活动之间需要相互联系、相互配合，但是它们的区位指向又不尽相同，于是就需要考虑如何克服地理空间的约束而相互连接起来，形成一个大的经济系统。

一、区域空间结构的基本要素

1977 年地理学家哈格特(P.Haggett)提出了空间结构的六要素论：运动、路径、节点、节点层次、地面、扩散。他假定在一个存在空间差异的社会里存在着相互作用的需求，如 X 地居民与 Y 地居民进行贸易，Z 地的人需要本身不能解决的货物和服务，这样便产生了不同地区之间货物、居民、货币、思想等的运动形式。因此，分析空间结构的第一个要素是运动；由于运动要沿着特定的路径进行，所以空间结构的第二个要素是关于路径或网络的特点；网络有边缘和交点，它们称作节点，即第三个要素；第四个要素是空间节点的层次；第五个要素是地面，在地面上布满了节点和网络，在不同的地面上有不同的土地利用方式；变化会导致空间结构重组，主要原因是发生空间扩散，因此扩散构成空间结构的第六个要素。

一般地，区域空间结构由点、线、网络和域面四个基本要素所组成。

(一)区域空间结构中的点

某些经济活动在地理空间上集聚形成点状分布形态。一般情况下，工业、商业、服务业等部门的组织在空间上因集聚的要求往往呈现出点状，于是就形成了相应的工业点、商业网点、服务网点等。由于这些点在空间上往往是同位的，因而引起人口和社会活动也向它们的集聚地集中。节点是由经济活动的内聚力极化而形成的中心，表现在地图上时，与所在的区域相比，看起来只是一个点状形态，即视为抽象的一个节点，一般表现为城镇，甚至为城镇群。

节点的特征：

(1)节点有明确的地理位置，不同节点的经纬度绝不相同。

(2)节点有等级之分，经济活动在地理空间上的集聚规模有大小之分，相应地，区域空间结构中的点也有规模等级之分。

(3)节点虽小，本身也是一个系统。如由若干个更小的单元组成，以其自身功能形成一个节点区域。

(4)节点与域面有相对的意义。小尺度的区域在大尺度上是节点，在更小尺度上则可以视为域面；在同一个区域内，多个节点又可以组成域面。

区域内各种规模不等的点相互连接在一起就形成了点的等级体系。节点之间空间相互作用关系的类型有从属关系、互补关系、依附关系、排斥关系、松散关系。

(二)区域空间结构中的线

这是指某些经济活动在地理空间上所呈现的线状分布形态。根据经济活动的性质，线包括了交通线(由铁路、公路、水运、航空等组成)、通信线(由各种通信设施组成)、能源供给线(由各种能源设施组成)、给排水线(由各种水利设施组成)，还有由一定数量的城镇作线状分布所形成的线。在线要素中，交通线路系统对空间结构的影响极为重要，因为交通线是空间物质、能量、人口和资金等要素的通道，是建立区域空间结构的重要因素。

由城镇所组成的线是区域空间结构中一种重要的综合性线，在区域经济发展中具有特殊意义，因而往往被称为轴线。线可以根据组成要素的数量、密度、质量及重要性等分成不同的等级。同类但不同等级的线之间往往在功能上是互补的，它们相互连接、相互补充，共同完成某一种经济活动。

(三)区域空间结构中的网络

网络由相关的点和线相互连接所形成的。网络是连接空间结构中点与线的载体，网络的意义在于它能够使连接起来的点和线产生出单个点或线所不能完成的功能。网络可以分为单一性网络和综合性网络。前者是由单一性质的点与线组成，如交通网络、通信网络、能源供给网络等；后者是由不同性质的点与线组成。正是由于网络的存在，才可能产生区域经济发展中的各种商品流、资金流、信息流、人流。

网络系统的分布类型大致有放射状网络、扇形网络、轴带网络、过境网络、环状与一字线网络等(见图5—1)。

(四)区域空间结构中的域面

这是由区域内某些经济活动在地理空间上所表现出的面状分布状态。最常见的有农业空间分布所呈现的域面，各种市场所形成的域面，城市经济辐射力所形成的域面。域面是区域空间结构的基础，没有域面就不会有节点及其要素、线路和网络。同时，域面又是它们的作用和影响在地表上的扩展。域面是区域空间结构的组成要素，但是，与区域又有区别。域面是区域中减去节点和线路网络后剩下的部分，一般称为腹地，通常指广大的农村地区。域面的经济发展水平与节点和线及网络的关系十分密切。如果域面经济发展水平高，则区域空间形成的节点就多且规模大，网络也密，区域空间秩序较好，功能也完善，如江苏苏锡常地区，经济发展水平领先，区域城镇化水平高，形成完善的区域城镇体系和交通体系；反之，如果域面的经济发展

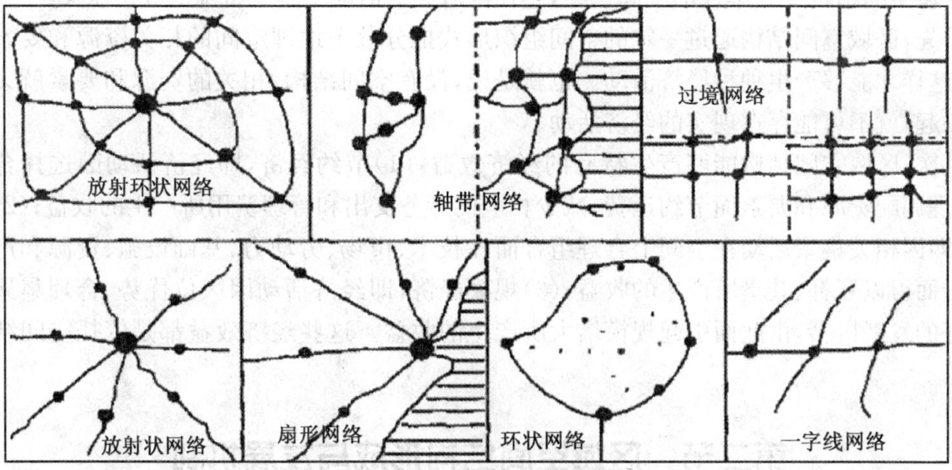

图 5－1　网络系统的分布类型

水平落后，则节点稀疏或形成不了有规模的节点，网络大多不成体系。

由上述分析可知，点、线、网络和域面不是简单的空间形态，它们具有特定的经济内涵和相应的功能。区域空间结构就是由各种点、线、网络和域面相互结合在一起构成的。有学者对点、线、域面之间的组合方式进行了系统的研究，指出有 7 种组合模式，如表 5－1 所示。

表 5－1　空间结构要素的组合模式

要素及其组合	空间子系统	空间组合类型
点一点	节点系统	村镇系统、集镇系统、城市系统
点一线	经济枢纽系统	交通枢纽、工业枢纽
点一面	城市区域系统	城镇聚集区、城市经济区
线一线	网络设施系统	交通通信网络、电子网络、给排水网络
线一面	产业区域系统	作物带、工矿带、工业走廊
面一面	宏观经济地域系统	基本经济区、经济地带
点一线一面	城市空间一体化系统	等级规模体系

资料来源：陆玉麒：《区域发展中的空间结构研究》，南京师范大学出版社 1998 年版。

二、区域空间结构经济意义

区域空间结构一方面能促进或制约区域经济发展，另一方面也受经济发展的制约，所以，它必须与现实经济发展要求相适应。更重要的是，区域经济空间结构具有相对的稳定性，一旦形成，要经过较长的时期才能变动，这样使得区域空间结构的变动相对于经济发展速度存在一定的滞后性。

因此，在区域规划中，不仅要合理规划当地适合的产业结构，而且要重视各产业在地域空间上的排列组合和相互作用关系，使区域空间结构既符合当地发展的客观要求，积极促进当地经济的健康发展，又能与其他经济相互协调、共同进步。区域经济学家对区域空间结构的研究也已经取得了大量的成果，为区域空间结构规划提供有益借鉴。

区域空间结构不是单纯的空间构架，它在区域经济活动中具有特殊的经济意义：

首先，区域空间结构通过一定的空间组织形式把分散于地理空间的相关资源和要素连接起来，这样才能够产生种种经济活动。也就是说，没有空间结构，相关的资源和要素就无法结合在一起，就不可能存在现实的经济活动。

其次，区域空间结构能够产生特有的经济效益：(1)节约经济，即经济活动因选择合适区位、合理调配资源和要素而节约运费、减少相应的劳务支出和管理费用所产生的收益；(2)集聚经济，即因相关集聚活动在空间上合理组合而在技术、市场、劳动力、基础设施、资源和产品利用等方面得以互补、共享所产生的收益；(3)规模经济，即经济活动因区位优势、合理集聚而获得良好的发展机会，由此而引起规模增大所产生的收益。这些经济效益都是依托空间结构而取得的。

第二节　区域空间结构形成与发展机制

区域空间结构是在多种力量的交互作用下形成和发展的。这里，我们从单个经济活动的区位指向、要素和经济活动的集聚与扩散、经济影响的空间近邻效应等方面来分析区域空间结构形成与发展的机制。

一、区位指向

所谓区位指向，是指经济活动在选择区位时所表现出的尽量趋近于特定区位的趋向。通常，经济活动的区位指向可以分为以下几种：

(1)自然条件和自然资源指向。经济活动的区位主要受自然条件和自然资源分布的影响，在空间分布上趋向于相关自然条件和自然资源集中的地方。农业和采矿业基本上是这种指向。

(2)原料地指向。由于在生产过程中需要投入大量的原料，某些经济活动的区位趋向于原料集中供给地，因而表现为原料地指向，如高物耗的钢铁、建材、木材加工、重型机械制造、各种农副产品加工业等基本上都是原料地指向。

(3)燃料动力指向。一些经济活动在生产过程中需要消耗大量的燃料或者需要获得稳定的动力供给，它们在选择区位时趋向于选择在或靠近燃料、动力供给地，如高耗能的火力发电、有色金属冶炼、电冶合金、稀有金属生产、石油化工等都属于燃料动力指向。

(4)劳动力指向。部分经济活动在生产过程中需要大量使用劳动力或对某种类型的劳动力有很大的依赖性，因而在选择区位时趋向于相对劳动力集中的地方，从而表现为劳动力指向。其中又分成两种：一是廉价劳动力指向，如纺织、服装、制鞋、烟草等；二是高素质劳动力指向，如电子、信息、生物工程、新型材料等。

(5)市场指向。有的经济活动在生产和经营过程中产品销售受市场影响大或产品不能长途运输，因此，它们的区位趋向于市场。如服务业、部分食品和饮料工业、部分化学原料工业，以及对市场行情波动敏感的行业。

(6)运输指向。对有的经济活动而言，运输费用在产品成本中占相当大比重，或者是为了方便地从不同的地方获得原材料、向许多地方发送产品，所以，它们在选择区位时通常都趋向于运输费用最低的地方，比如重要的交通枢纽。

二、集聚与扩散机制

（一）集聚机制

集聚是指资源、要素和部分经济活动等在地理空间上的集中趋向与过程。集聚机制的形成源于三个方面：一是经济活动的区位指向。区位指向相同的经济活动往往都趋向于集中在区域内相关资源和要素集中分布的地方。而且，某些区位指向虽然不同，但是在实际中所指示的地方往往是相同的（如运输指向与市场指向），这样就增大了经济活动在少数地方的集聚规模。二是经济活动的内在联系。出于加强相互联系的需要，一些内在联系紧密、相互依赖性大的经济活动往往就趋向于集中在同一个适宜的地方发展。三是经济活动对集聚经济的追求。由于集聚能够产生集聚经济，所以各种经济活动为追求集聚经济也需要在空间上趋于集中。可见，集聚机制的形成是必然的。集聚过程一旦开始，就极易形成循环因果式的促进集聚的力量，从而加速集聚过程。

集聚能够产生集聚引力。在集聚引力的作用下，区域经济在空间上会发生一系列的变化。首先，集聚导致区域的极化现象。在集聚过程中，区域内的资源、要素、企业、经济部门等将不断地向优区位移动，于是就促成了区域经济增长极或增长中心的形成和发展。其次，集聚将加剧经济发展的空间差异与不平衡。在集聚引力的作用下，区域内部会产生中心与边缘的分化过程，产生经济活动在空间分布上的密集与稀疏现象，由此区域内部出现空间差异和不平衡。再次，集聚是促进发达地区、城市、城市密集区、专业化地区、产业密集带等形成和发展的主要力量。最后，集聚还能够引发和加剧经济发达地区与落后地区、城市与农村、专业化地区与一般地区等之间形成发展关系上的“马太效应”，即强者恒强，弱者恒弱。

（二）扩散机制

扩散是指资源、要素和部分经济活动等在地理空间上的分散趋向与过程。扩散机制的形成源于以下几个方面：

1. 避免集聚不经济

所谓集聚不经济，就是当集聚规模超过了一定的限度而发生的集聚经济效益减少、丧失，以及因集聚而带来的外部环境对经济活动的负面约束现象。例如，相关企业、经济部门集聚过度，就会使资源及要素利用方面的相互竞争日趋激烈，从而相互牵制。伴随经济活动的过度集聚，在集聚地区人口就会相对过密，这两者的共同作用就会导致集聚地区的基础设施及社会服务供不应求，生活费用和生产成本大幅度上升，同时环境问题也将日益突出。面对这些问题，部分企业、经济部门就不得不从原来的集聚地区迁移出去。结果，也会引起与它们相关的资源、要素随之向外扩散。

2. 寻求新的发展机会

这方面有以下几种情况：第一，集聚地区的企业、经济部门为寻求进一步的发展，主动到周围地区建立分支机构或新的发展据点，以便扩大自身的影响和势力范围；第二，在集聚地区同行竞争日益激烈、市场渐趋饱和，部分企业和经济部门为了减小竞争压力不得不到其他地区开辟新的市场；第三，集聚地区在进行经济结构转换过程中被淘汰下来的不宜发展的企业和经济部门就只有到经济发展水平低的区域去寻求立足之地；第四，出于保障自身发展，获取原材料、能源，参与区际竞争等方面的需要，集聚地区将主动与其他地区开展合作，从而引起部分资源、要素、企业等向其他地区扩散。

3. 部分经济活动区位指向的作用

从宏观上看，部分经济活动的区位指向呈分散趋势，如日用品工业、原材料工业、农业等受多种因素制约而在空间上呈分散状态，它们在进行区位选择时客观上会向外扩散。

4. 政府的政策作用

地方政府为了解决集聚地区因经济活动过密、人口膨胀而引起的种种经济、社会、环境问题，促进区域内其他地区经济发展，协调区际经济关系，缩小它们之间的经济发展差异，就会制订一系列政策，诱导和鼓励集聚地区的资源、要素、企业和经济部门等向其他地区扩散。

总体而言，扩散机制将促进资源、要素、企业、经济部门在空间分布上趋于相对均衡，有利于逐步缩小区域内部的经济水平差异，促进经济协调发展。

一般来说，扩散机制有就近扩散、跳跃式扩散、等级扩散和随机扩散四种表现形式：

(1)就近扩散，是资源、要素、企业和经济部门由集聚地区向周围地区的扩散。与集聚地区相邻的地区有适宜的区位和较好的外部环境，比偏远地区的发展条件好，并且与集聚地区联系方便，便于获取信息，得到发展上的支持。像这样的地区扩散容易取得较好的集聚效益，及时抓住发展机遇，跟上经济发展的趋势。

(2)跳跃式扩散，是资源、要素、企业和经济部门从集聚地区越过周围的地区而直接扩散到其他地区。导致跳跃式扩散的原因有两个：一是接受扩散的地区虽然与集聚地区在空间上不相邻，但是整体发展水平相对较高，具备接受扩散所需的良好条件，因而就能够对集聚地区的资源、要素、企业、经济部门产生很大的吸引力，吸引它们直接进入到本地区。二是接受扩散的地区存在某些方面的发展机遇或潜力(如有可开发的资源，或有较大的市场，或有优惠的发展环境)，在众多的地区中成为集聚地区进行扩散的优选对象。正是有这两个方面的原因，集聚地区的资源、要素、企业、经济部门就会跳过相邻的地区而扩散到空间距离虽远但各方面更为有利的地区。

(3)等级扩散，是集聚地区的资源、要素、企业和经济部门按照城市等级体系由上至下地进行扩散。一般情况下，大中小城市之间、城市与乡村之间接受扩散的总体条件是大城市优于中等城市，中等城市又优于小城市，城市优于农村。从集聚地区开始的扩散基本上是首先扩散到其他区域的大城市，然后由大城市扩散到中等城市、小城市，并依托这些城市向广大乡村扩散。

(4)随机扩散，是集聚地区资源、要素、企业和经济部门的一种无规律的扩散。产生随机扩散的原因，一是地区之间信息不畅，集聚地区在进行扩散时，已知的可选择范围有限；二是因某些社会因素(如领导意志、亲友关系)和心理因素(如个人偏好)，致使扩散的地区选择偏离经济合理的原则。这种情况在部分资源、要素和企业的扩散中比较常见。

(三)集聚与扩散的关系

集聚与扩散是相互对立和并存的，是制约区域空间结构形成与发展的重要机制。它们之间的关系体现在以下几个方面。

首先，在区域空间结构形成与发展的不同阶段，集聚与扩散机制发生作用的强度不一样。在区域空间结构形成初期，集聚机制起着主导作用，引发区域内部发生空间分异。在区域空间结构发展时期，集聚机制的作用将逐步减缓，扩散机制逐渐发挥作用。当区域空间结构进入成熟期，集聚机制与扩散机制同时作用，其表现形式和程度较为复杂。一般情况是扩散机制的作用强于集聚机制。

其次，集聚机制与扩散机制的作用都存在一定的惯性。也就是说，集聚(或扩散)一旦发生，就将沿着其固有的方向持续下去。在没有人为干预的情况下，只有等到出现集聚不经济(或扩散不经济)时，集聚(或扩散)才会受到遏制，并有可能由集聚为主转化为扩散为主(或由扩散为主而转为集聚为主)。这时,原来的集聚(或扩散)趋势是不会消失的,仍将与扩散(或集聚)同时存在。但是,集聚(或扩散)在内容、规模、层次、速度等方面会发生相应的变化。

虽然,集聚与扩散机制的作用有一定的惯性,但是,其作用也是有限度的。前面已经讲过,集聚机制的作用超过一定的限度,就会产生集聚不经济,从而遏制集聚的进一步进行;同样,扩散机制的作用达到一定的限度也会产生扩散不经济,从而抑制扩散的继续进行。这是因为,扩散过度就会割裂经济活动之间固有的联系,失去发展所必需的外部环境,不能开展合理的分工与协作,由此导致生产与经营的效益下降,甚至连正常的生产或经营过程也难以维持。

第三节 区域空间结构开发模式

从资源空间配置的角度看,区域经济开发的目标大体可分为两类:一是提高资源空间配置的效率,促进经济的高速增长;二是逐步缩小区际差距,实现合理的空间均衡和经济一体化。前者称为效率或增长目标,后者称为均衡目标。一般而言,在经济发展落后或者工业化的初期阶段,采取极点开发模式;在经济发展已有一定基础或者工业化的初中期阶段,采取点轴开发模式;而在经济发展基础较好或者工业化的中后期阶段,则通常采取网络开发模式(魏后凯,2001)。

一、增长极开发模式

(一)增长极开发模式含义

增长极开发模式是增长极理论在区域经济开发实践中的具体应用。在佩鲁(Francois Perroux)增长极理论的基础上,增长极理论演化为产业增长极、区域增长极两大理论流派,强调对特定产业或区域进行优先开发,通过特定产业的发展带动其他相关产业的发展,或通过特定区域的发展带动周边区域的发展。

专栏5-1　弗朗索瓦·佩鲁

弗朗索瓦·佩鲁(Francois Perroux,1903~1987)法国经济学家,教授。曾任教于法国里昂大学、巴黎大学。佩鲁在《经济空间:理论的应用》和《略论增长极的概念》中提出"增长极"理论。这一理论认为,经济发展在时间和空间上都不是均衡分布的。在一个国家的经济空间中,经济发展应当以非总量的方法来安排发展计划。经济增长不是在不同的部门、行业或地区按相同的速度平衡增长;相反,是在不同的部门、行业或 地区按不同速度增长。一些主导部门和具有创新能力的行业集中于一些地区,以较快的速度优先得到发展,形成"增长极",再通过其吸引力和扩散力不断增大自身规模并对所在部门和地区产生支配作用,从而不仅使所在部门和地区迅速发展,也可以带动其他部门和地区的发展。应联合国教科文组织基多"研究综合发展观"专家会议(1979年)要求撰写的《新发展观》一书是经济社会综合发展观的标志性著作。1982年佩鲁提出"新发展观",认为社会要维持可持续发展,提出的为一切人的发展,把人的全面发展作为评价发展尺度和发展目的的观点开启了一个新的时代。他强调发展应该是"整体的"、"综合的"和"内生的",提出发展应以人的价值、人的需要和人的潜力的发挥为中心,旨在满足人的基本需要,促进生活质量的提高和共同体每位成员的全面发展。

佩鲁认为,“增长极”的支配作用主要表现在四个方面:一是技术的创新和扩散;二是资本的集中与输出;三是产生规模经济效益;四是形成“凝聚经济效果”。通过上述可以使具有“增长极”的地区得到优先发展,并进而带动相邻地区的共同发展。当然,并不是每个部门、行业或地区都可以成为“增长极”,要建立“增长极”,必须具备以下3个条件:必须存在有创新能力的企业和企业家群体;必须具有规模经济效益;需要适当的周围环境,如一定的资金、技术、人力、机器设备等硬件环境和熟练的劳动力、良好的投资政策等软环境。“增长极”理论的政策含义是比较明确的,即经济落后的国家或地区要实现工业化和现代化的经济发展,必须建立“增长极”,通过“增长极”带动相邻地区的共同发展。建立“增长极”有两条途径:一种是由市场机制自发调节自动产生“增长极”;另一种则是由政府通过计划经济和重点投资主动建成“增长极”。

增长极开发模式强调集中开发、集中投资、重点建设、集聚发展、政府干预、注重扩散等。但增长极开发模式的应用必须结合具体国情、区情。增长极理论是在西方成熟的市场经济背景下产生的一种经典的经济不平衡增长理论,其在实践中的应用需具备一定的社会经济条件,诸如较为广阔的市场、通畅的运输网络、发达的城市经济、健全的城镇等级体系等。因此,在落后区域实施增长极开发,必须首先构建起当地的产业联系和空间联系,并培育市场环境。

在区域规划实践中,区域增长极开发规划需要特别注意以下问题(崔功豪等,1999、2006):

(二)区域增长极开发规划需要注意的问题

第一,增长极与城镇的关系。不能把增长极与城镇等同起来。增长极一般要依托城市,或在城市附近建立,但并非所有的城镇都是增长极。增长极是指具有推进型产业的产业集聚点,它能在一定的地域范围内起到经济集聚与扩散的作用,同地方经济融合为一体。只有具备推动型或启动型产业的城镇才能称为区域的增长极。

第二,增长极类型与规模的选择。要根据当地的资源、对外经济联系条件、社会经济基础以及市场的变动趋势来选择推进型产业,并确定适合本区域发展的主导部门和发展规模。

第三,选择适宜的地点培植增长极。增长极通常不是布置在具有相当规模的城镇建城区中,而是在原有城镇的附近或边缘,在不发达的较低层次的发展轴线上,这样既可以使增长极有充分的发展余地,又能使一定区域获得增长极带来的社会经济效益。

第四,充分发挥增长极的功能。增长极最主要的功能是发展推动型工业,核心是建立强大的工业系统。但增长极也应该是创新中心、社会交往与信息集聚中心和服务中心。因此,培育增长极既要大力发展推动型工业,也要大力发展满足区域发展多种社会职能的服务设施。

第五,建立增长极体系。要从城镇体系发展的要求出发,考虑增长极的体系问题,应有不同规模、等级的增长极,并考虑增长极的分工与联系。

第六,对增长极要集中投资。要完善增长中心各项基础设施建设,创造有利于增长极发育成长的软环境,以此产生较高的投资效果。

(三)增长极开发的局限性

作为一种区域空间开发模式,增长极开发模式强调通过资源优先配置于某些特定区域,形成集聚经济效应,具有能在短期内促进特定区域经济迅速增长的作用。这为促进不发达区域在短期内实现经济增长提供了一种行之有效的战略选择。但增长极开发也存在着一定的局限性:

第一,增长极开发往往带来区域发展的不平衡。增长极对周围落后区域的推动及经济影响,主要通过极化效应和扩散效应来体现。在发展的初期阶段,极化效应远大于扩散效应,扩散效应被极化效应抵消后的净溢出效应为负值,即增长极的极化效应往往以牺牲外围区域的发展为代价。只有在达到一定的临界点后，扩散效应才会超过极化效应，净溢出效应为正。因此，增长极开发需要正确处理区域发展不平衡带来的相关问题，并在适宜时机从增长极开发向点轴开发过渡。

第二，增长极开发对区域设施和环境配套要求较高。增长极作用的发挥需要有适当的周围环境与配套设施的建立。如果增长极中的主导工业和推进型企业属技术先进的现代化大工业，而周围区域又缺乏与之相适应的产业配套，工业企业只能增加对区外的购买和销售，那么经济“飞地”现象则不可避免。

第三，增长极对区域内就业的贡献不高。增长极一般以现代工业为目标，技术装备和管理方法较为先进，培育增长极并不能解决较多的就业问题。

二、点轴开发模式

（一）点轴开发的含义

点轴开发是增长极开发的延伸，它要求在区域增长极开发的同时，重点对连接各增长极的线状基础设施束（交通、通信干线和能源、水源通道）进行开发。轴线上集中的社会经济设施通过产品、信息、技术、人员、金融等，对附近区域产生扩散作用，最终在基础设施束上形成产业聚集带。具体而言，即在特定区域范围内，确定若干个具有有利发展条件的轴线以及轴线地带的若干个点（城市及城市区域为发展中心）予以重点发展；随着经济实力的不断增强，经济开发的注意力愈来愈多地被放到较低级别的发展轴和发展中心上，并使发展轴线逐步向较不发达地区延伸（包括发达地区内距发展轴和发展中心较远的地区），将以往不作为发展中心的点确定为较低级别的发展中心，即点轴开发模式。

（二）点轴开发的作用效果

点轴开发可以按“点—轴”空间结构系统配置和改善生产力，产生以下五方面效果：

第一，以“点—轴系统”模式发展可顺应社会经济发展及其客体必须在空间上集聚成点、发挥集聚效果的客观要求。在各种不同地域范围内，当确定了合理的工业、农业、第三产业结构及经济活动与区域性基础设施之间的有机结合时，便会产生巨大的空间集聚效果。只有以“点—轴”的模式发展才能充分利用这种效果。

第二，以“点—轴系统”模式发展可充分发挥各级中心城市的作用。城市是区域的核心和统帅，是在区域经济发展中产生的，依靠所影响区域提供的原料、能源、食品、劳动力等发展，以供给工业品、信息、技术、政策等主导其影响区域。要把广大区域发展起来，必须把各级中心城市作为不同等级的开发重点。

第三，以“点—轴系统”模式发展可实现生产布局与线状基础设施之间最佳的空间结合；可使各级范围内重点的交通干线、能源、水源建设线路与重点建设的城镇、工矿区取得必需的一致，避免两者在空间上、时间上的相互脱离。

第四，以“点—轴系统”模式发展有利于城市之间、区域之间、城乡之间便捷地联系，客观上有利于实现地区、城市间的专业化与协作，形成有机的区域经济网络。在信息化和知识经济社会里，这种网络对促进区域经济发展的作用愈来愈强。

第五，全国各级区域范围内重点发展轴线的确定，可使全国战略和地区战略较好地结合起来。点轴系统模式可使区内各地区、各部门有明确统一的地域开发方向，有利于提高基本建设的投资效果和管理组织水平。

(三)重点发展点和发展轴线的选择

实行点轴开发一般需要具备一定的条件:(1)在经过第一阶段的极点开发后,初步形成了启动区域经济发展的增长极;(2)具备一定的物质技术基础和经济实力,能够提供进行大规模带状开发所需要的资金、技术和人才;(3)初步建立了一个高效畅通的交通网络系统,并具备一两条能作为重点开发轴线的主要交通干道;(4)尚不具备这些条件,就应进行前期的准备工作,如培育区域增长极、改善交通条件等。在以上条件基本成熟的情况下,点轴开发的关键是选择重点发展轴和重点发展点。

1. 重点开发轴线的选择

其类型主要包括海岸轴、江河轴、铁路轴以及基于前三者的复合型轴线。一定时期内,区域内的经济发展轴线,尤其是高层次的重点发展轴线不可能很多。当原有的发展轴线还没有完全形成时,除非是选择错误,一般不宜开辟新的轴线。由于区域发展轴线不是一般的交通线,而是产业、城镇、运输和通信等线状基础设施集中成束的地带和走廊,甚至是地理上的一个经济产业带(如我国东部沿海地带和长江沿岸地带),所以,最佳的重点开发轴线是以水陆交通干线为依托的经济核心区域和发达的城市工业带。当然,自然条件优越、建设用地条件好、农业发展水平较高、矿产资源和水资源丰富且有一定开发规模的区域也可。

重点开发轴线有等级之分。国家级开发轴线应是能带动全国经济发展,对区域经济起决定作用的轴线;区域级开发轴线,应根据区域经济发展的现实状况,选取那些能有效布局区域主导产业,特别是有利于优势产业发展的轴线作为重点发展轴线;重点发展轴线的选择需要根据国家和地区的区域发展政策进行适时变动,新轴线的确定应选好时机,不应有所偏废。

2. 重点开发点的选择

点轴开发中的"点"是各级中心城镇。由于开发轴线的确定,重点开发点就必须是轴线上的点或与轴线有密切经济关系的点。由于各级点的层次和主次不同,重点开发点就应当从各城镇发展的条件及其在区域中的地位、职能、发展规模方面进行考虑,选取那些在区域中起着关键增长极作用的城市作为主要开发点,同时加强对资源型城市或有发展潜力的城镇的开发和保护。

点轴开发模式的实施,是从高级轴线向次级轴线、从高级城市向次级城镇逐步展开的过程,因此确定重点发展城镇时,应根据城镇空间分布的现状,在与中心城市相适宜的距离上,选择有较好发展条件的点作为重点发展的城市,使之成为次级发展中心,并形成规模不等的城市群或城市圈。例如,我国的长江轴线上,重庆、武汉、南京、上海是天然的重点开发点,可以围绕以上几个重点城市,选择与之有着紧密经济关系的其他城市作为二级重点开发点。

(四)双核开发与点轴开发的空间耦合

双核开发模式可以看作是点轴开发的一种发展。由于区域中心城市与港口城市具有天然的经济联系,而且两者的经济交流比其他类型的点状联系更具经济效益,能够有效促进两者间轴线和中点城市的发展,故双核开发模式是点轴开发中的一种优化模式。根据双核结构理论,应该在特定区域内,选取两个有一定规模、在产业上互补并且其中一个城市具有良好的对外商品输出通道的城市进行重点开发。双核开发的重点是加强中心城市和港口城市之间的产业联系,疏通两者间的交流渠道,拓展它们之间的合作范围,使其成为区域经济发展的双核。

点轴开发和双核开发在我国国土开发中得到了广泛应用。陆大道(1986)指出:应将海岸沿线和长江沿岸作为全国一级发展轴线,组成国土开发和区域发展的T字形结构;将经过有较大发展潜力的铁路干线附近作为二级发展轴,并确定若干中心城市,组成不同层次重点建设的点轴空间系统。从图 5－2 中可见,点轴开发与双核开发在我国国土开发的应用中存在较强的空间耦合。沿海和沿江两条轴线的发展对带动国家经济发展发挥了巨大的作用,而区域内双核开发的应用,又能更好地提升区域经济水平,加快区域结构调整,带动周边地区的经济发展。

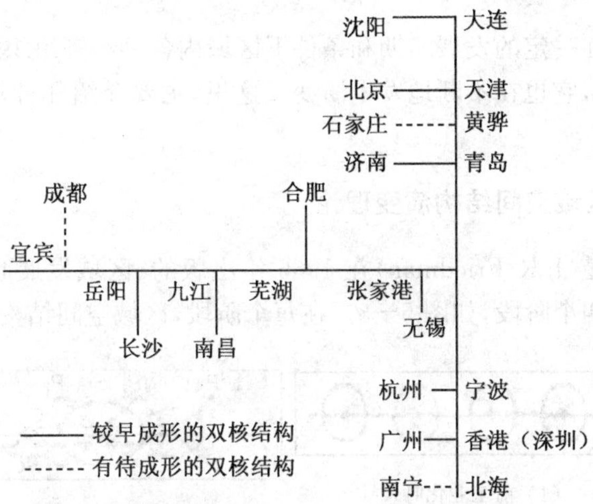

资料来源:陆玉麒．双核型空间结构模式的应用前景[J].地域研究与开发,1999,18(3):10－13。

图 5－2　我国 T 型开发模式中的双核型空间结构

三、网络开发模式

当经过极点开发和点轴开发后,区域经济具备了持续发展的基础和能力,为了促进区域的协调发展,有必要进行网络开发。网络开发模式是点轴模式的延伸,是一种比较完备的区域空间组织模式,是区域经济相对发达条件下的产物。网络开发模式最早由魏后凯(1988)倡导并系统阐述。

在经济发展到一定阶段后,一个区域形成了不同规模等级的增长极(各类中心城镇)和发展轴,增长极和发展轴的影响范围不断扩大,在较大的区域内形成商品、资金、技术、信息、劳动力等生产要素的流动网络以及交通、通信网,区域产业布局形成了相互联系的网络拓扑结构。此时,应以主要节点之间(即主要城市之间)的分工协作为基础,充分发挥各城市的优势,建立具有特色的产业结构,提高区域内生产要素交流的广度和深度,使区域经济向一体化方向发展。这种对区域内经济结构进行整体调整,建立新的增长极,全面开发城镇体系、产业体系以适应区域一体化的开发模式,即为区域网络开发模式。

网络开发可以分为三个阶段。在初期阶段,其首要目标是建立通道与竞争市场,使原有增长极之间建立起紧密的经济联系,为此,加大交通等基础设施投资,完善市场经济体制,是网络开发应采取的重要举措。当网络开发进入第二阶段后,按比较优势与竞争优势原则对区域内城市性质、产业功能进行适当的分工与定位,强化增长极之间的协同性,弱化互损性竞争。网络开发的第三阶段是按照城市网络体系形成与有效运行的要求,寻找网络开发的新发展点、新发展极、新发展轴。

网络开发是点轴开发到一定程度后实行的区域空间开发模式,一般需要一定的前提条件,即:(1)区域面积较大,资源分布及载体质地相对均匀;(2)交通系统已经或容易形成网络状;

(3)已有 3 个及 3 个以上分散的增长极，两条及两条以上的发展轴；(4)区域增长极和发展轴存在较强的扩散效应，新增长极和发展轴具有良好的生长与发展条件。

第四节 区域空间结构演变理论

区域空间结构是在一定的发展时期和条件下区域内各种经济组织进行空间分布与组合的结果，随着时间的推移，它也在不断地发生演变。这里，主要介绍几种较有影响的区域空间结构演变理论。

一、弗里德曼的区域空间结构演变理论

美国学者弗里德曼(J. R. Friedman)在 1966 年出版的《区域发展政策》一书中，把区域空间结构的演变划分为四个阶段，如图 5－3。在每个阶段，区域空间结构表现出特有的形式。

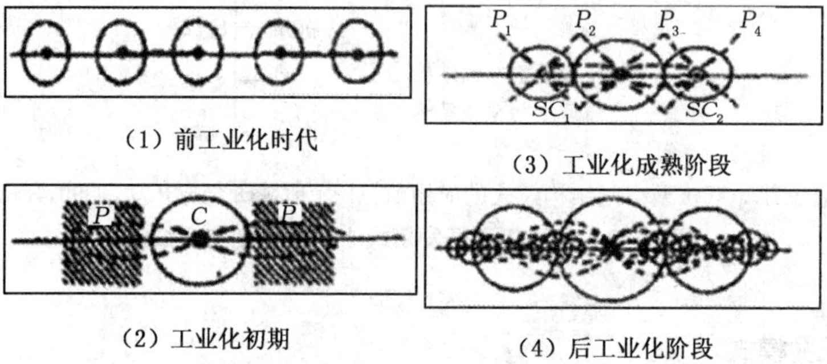

(1) 前工业化时代　(2) 工业化初期　(3) 工业化成熟阶段　(4) 后工业化阶段

图 5－3　弗里德曼的区域空间结构的演变四个阶段

(一)前工业化阶段

这个阶段代表了工业化之前的时期。区域空间结构的基本特征是区域空间均质无序，其中有若干个地方中心存在，但是它们之间没有等级结构分异。由于这个时期区域的生产力水平低下，经济极不发达，总体上处于低水平的均衡状态，对应的区域空间结构是由一些独立的地方中心与广大的农村所组成的。区域内部各地区之间相对封闭，彼此很少联系。

(二)过渡阶段

这个阶段是工业化的初期。在工业化的进程中，某个地方经过长期积累或外部刺激而获得发展的动力，经济快速增长，发展到一定程度就成了区域经济的中心。这个中心的产生就打破了区域空间结构的原始均衡状态。在这个阶段，区域空间结构由单个相对强大的经济中心与落后的外围地区所组成。该中心以其经济发展的优势吸引外围地区的要素不断向它集聚，越来越强大，而外围地区则更趋向落后，从而致使区域空间结构日趋不平衡。

(三)工业化阶段

在工业化阶段，随着经济活动范围的扩展，在区域的其他地方产生了新的经济中心。这些新经济中心与原来的经济中心在发展上和空间上相互联系、组合，就形成了区域的经济中心体系。由于每个经济中心都有与其规模相应的大小不一的外围地区，这样，区域中就出现了若干规模不等的中心—外围结构。这些中心—外围结构依据各自的中心在经济中心体系中的位置及关系相互组合在一起。这个时期，区域空间结构趋向复杂化和有序化，并对区域经济的增长

有着积极的影响。

（四）后工业化阶段

在这个时期，经济发展达到了较高水平，区域内各地区之间的经济交往日趋紧密和广泛；同时，不同层次和规模的经济中心与其外围地区的联系也越来越紧密，它们之间的经济发展水平差异在缩小。因此，区域内逐步形成了功能上一体化的空间结构体系。随着中心与外围地区界线的逐渐消失，区域将最终走向空间一体化。

专栏 5－2　　约翰·弗里德曼

约翰·弗里德曼（John Friedmann），1926 年生于奥地利维也纳，1955 年毕业于芝加哥大学，获规划教育与研究专业哲学博士学位。他是加利福尼亚大学洛杉矶分校（UCLA）建筑与规划研究生院城市规划系的奠基人，并在 1969～1996 年担任该系的系主任。他曾经在麻省理工学院（MIT）、智利天主教大学（PCU）、澳大利亚墨尔本大学（UM）等大学担任教授。弗里德曼博士同时也是联合国、世界银行、福特基金会等机构的规划顾问。其规划思想特别注重以人为本、社区参与、赋权、公民社会、对话与协作等民主和公平主张。由于他对规划学科的贡献，1988 年他被美国规划院校联合会（ACSP）授予杰出规划教育奖，并获得智利天主教大学和德国多特蒙德大学荣誉博士的头衔。1995 年从美国加利福尼亚大学洛杉矶分校退休，目前是加拿大英属哥伦比亚大学（UBC）社区与区域规划学院的荣誉教授。弗里德曼的著作包括 14 本专著、11 本合著，以及 150 多篇论文、文章和评论。其中包括国际规划界认为经典的《“执行规划”理论》（1973）《公共领域的规划》（1988）《为市民的城市：全球化时代中规划与公民社会的兴起》（与 M.道格拉斯合著）《城市的前途》（2002）等。近年来，弗里德曼关注中国的城市化问题。在 2005 年出版的《中国的城市转型》一书中，他对中国城市的发展提出了具有开创性的独特见解。著作大致集中在三个主题：城市和区域规划；规划理论；全球化及世界大城市问题（包括他近年来感兴趣的中国城市发展问题）。在研究城市问题时具有历史观点、哲学观点、文化观点、比较观点以及综合观点。

二、陆大道的区域空间结构演变理论

中国科学院的陆大道先生在 1988 年出版的《区位论及区域研究方法》一书中，总结前人的研究成果，提出了由四个阶段组成的区域空间结构演变过程。

（一）农业占绝对优势的阶段

在此阶段，区域的总体生产力水平低下，社会生产和生活封闭性明显，居民点呈散布状态。随着商品经济发展，城市逐步出现，但它们之间在性质和规模上没有从属或等级关系，是一种低级的居民点体系。城市与乡村之间在人员、物资、信息等方面的交流不多，道路等基础设施水平低，没有形成网络。区域空间结构总体上处于低水平的“平衡状态”，且比较稳定。

（二）过渡阶段

受到内部社会变革和外部条件变化的影响，区域经济开始呈现较快的增长。手工业和采矿业日趋繁荣，原材料工业和制造业逐步兴起，水运、铁路、公路运输开始出现，与之相伴的是商品生产与交换规模的扩大，同时农村人口大量地流入城市，客观上使城市与乡村的联系得到加强。区域经济增长主要发生在城市，因而导致空间不平衡，远离城市的边缘地区仍然处于极不发达状态。

(三)工业化和经济起飞阶段

在技术进步和社会变革的推动下,社会生产力得到进一步的解放,区域经济开始进入强烈动态增长期。从产业发展看,以钢铁、机械、化工、动力、纺织等为主的第二产业及第三产业均发展迅速,交通运输网络深入到区域的各个部分。区域中原有的城市逐渐发展成为大城市,第二和第三级中心也逐步成长起来。在上一阶段形成单一“中心—边缘”结构逐步演变为多核心的结构。城乡之间、城市之间的交流日趋活跃,在这个过程中城市的等级体系开始形成,边缘落后地区也因此而得到一定程度的开发。

(四)技术工业和高消费阶段

在这个时期,区域社会生产力因科学技术的高速发展和广泛应用而得到快速发展,现代交通运输和通信网络形成,各地区之间的不平衡(如就业、收入、消费水平和选择机会等方面的差异)逐步消失。区域内的空间和资源得到更充分合理的利用。城镇居民点、服务设施及其影响范围都已形成了各自的等级体系。区域空间结构中的各组成部分完全融合为一个有机的整体,空间结构在较高的水平上重新达到“平衡”状态。

专栏 5-3　陆大道

陆大道,经济地理学家。1940 年生于安徽桐城,1963 年毕业于北京大学地质地理系,2003 年当选为中国科学院院士。曾任中国科学院地理研究所所长,现任中国科学院地理科学与资源研究所研究员,中国地理学会理事长。长期从事经济地理学和国土开发、区域发展问题研究。他组织了对我国工业布局和工业地理学的学术总结,初步建立了我国工业地理学的理论体系;20 世纪 80 年代中期提出了“点—轴系统”理论,获得学术界广泛引用和推崇。提出我国“T”字形空间结构战略,即以海岸地带和长江沿岸作为今后几十年我国国土开发和经济布局的一级轴线的战略,被国家所采纳。近年来,对我国区域发展、地区差距和大区域可持续发展进行了大量实证性和理论研究。

三、唐富藏的区域空间结构演变理论

我国台湾地区学者唐富藏通过对区域空间结构演变过程的研究,认为区域空间结构的演变一般要经过三个阶段。

(一)早期发展的集中阶段

在产业革命之前,区域中少数地方由于区位条件(如原料地、交通枢纽)比其他地方好,就成了区域内人口的聚集中心。开始产业革命之后,随着经济的快速发展,区域中的人口和产业活动便不断地向这些人口聚集中心聚集,区域的中心城市就因此而产生。其结果是扩大了区域空间结构中的各要素差异程度。

(二)集中后分散阶段

在不断增强的集聚效应的作用下,中心城市的经济力量日益强大。通过产生对外部的需求和向外部扩散技术知识,中心城市将工业化、城市化的影响传递到其他空间点。受其影响,区域中的次级中心兴起。这些次级中心又会通过同样的集聚过程,增强自己的集聚力量,同时也向周围扩散影响,从而刺激更低一级中心的兴起。

(三)分散后地方中心成长阶段

由于受到中心城市的影响和刺激,区域中次级中心的发展达到了所需的最小规模就将进入快速成长时期。次级中心成长速度有可能超过中心城市。中心城市扩张到一定的限度后,

由于市区内的距离相对过大，导致生产和生活的时间成本上升，要素价格上涨，环境开始恶化，出现了集聚不经济现象。这就迫使中心城市的要素和经济活动向外迁移，成长速度逐步减缓，甚至低于次级中心。这时，区域内空间成长的差异将缩小，并趋于空间均衡成长。

四、安虎森、季任钧的空间结构演变理论

安虎森教授与其博士后合作导师季任钧教授认为，区域空间结构的演变可分为四个阶段。

(一)低水平均衡阶段

经济以农业为主体，生产力水平低下。在一定的地域范围内，以若干分散孤立的小城镇(或居住地)为中心，形成小地域范围经济活动的封闭式循环。小城镇之间没有从属或等级关系，且规模小、职能单一、影响范围小。小城镇之间缺乏联系，常以小城镇为中心形成若干地域分割，社会经济发展十分缓慢。由于导致区域差异和空间结构变化的作用因素尚未出现或作用力度较弱，地域结构状态具有较大的稳定性。总之，这个阶段社会经济发展稳定而缓慢，城镇没有形成规模等级体系，区域社会经济的空间组织呈原始状态或较原始状态。

(二)聚集、二元结构形成阶段

由于经济发展的内外条件的变化，该阶段社会经济快速发展。工业化过程通常在少数具有优势区位的经济中心开始聚集，受规模收益递增以及聚集经济效益的影响，这些中心进入极化增长阶段，并逐渐成长为核心区，其他地区成为受其支配的外围区，同时形成城镇的初步等级体系。但是区域经济的基本部门结构和城市经济结构比较简单，城镇之间的联系以不同等级之间的纵向联系为主。总之，在该阶段，经济发展区域之间的不平衡逐渐加剧，区域空间的二元结构已形成，城镇规模等级结构开始出现。

(三)扩散、三元结构形成阶段

该阶段是国民经济进入强烈动态增长时期，科学技术得到快速发展，第三产业开始大量出现，综合交通运输体系已形成，产业部门之间的前后项关联进一步加深，基本部门体系层次更加丰富。城市产业空间聚集的外部不经济以及新的劳动地域分工，高层次的和非标准化的经济活动在向大城市集中的同时，大批量、标准化生产方式的企业以及较低层次的经济活动向城市边缘和外围区扩散，区域的第二级、第三级中心地得到迅速发展。这样，逐渐出现了城乡边缘区，从单一核心结构逐渐变化成为多核心结构，各种核心之间的横向联系日趋密切。总之，这个阶段区域社会经济发展不平衡加剧，核心区功能提升、扩散作用加强，地域结构出现了城乡边缘区和不同等级的核心，各核心之间的横向联系密切；核心、城乡边缘区和外围区之间的经济联系日趋密切，形成了三元结构。

(四)区域空间一体化阶段

该阶段，整个社会进入后工业化阶段，科学技术得到高度发展，社会成员的收入达到很高水平，出现了现代化的交通和通信系统，计算机的广泛应用、信息产业的高度发达，社会经济的各个领域都受到其影响，区域间的社会经济发展不平衡基本消失。区域地域结构上，形成各种核心之间的联系网络，并以区域城市体系为核心，实现地域结构的均衡，地域结构处于稳定阶段。总之，在该阶段，区域发展不平衡消失，地域组织以均衡化、网络化、等级规模合理化为特征，整个区域社会经济处于高水平的均衡状态。

专栏 5－4　　季任钧

季任钧(1936～　),上海市人。南开大学区域经济学教授、博士生导师。1960 年毕业于北京大学地质地理系经济地理专业。1960 年至今在南开大学地质地理系、经济研究所和城市与区域经济研究所工作。南开大学区域经济学的学术带头人,并享受政府特殊津贴,荣获 1999 年天津市“九五”立功先进个人称号。1981～1983 年赴澳大利亚访问考察。1992 年,他赴伦敦政治经济学院做高级访问学者。回国后,多年学术积累和国家经济建设的需要,他率先在国内开展了比较区域经济和城市与区域发展研究,形成了比较的观点、城市与区域有机结合的观点和城乡互动的发展观,并以此为方向开始招收研究生。从教 40 多年,主要精力从事博士生、博士后的培养及指导工作。

第五节　区域空间一体化

一、二元空间结构理论

“中心—外围”(Core-Periphery) 理论,又称“核心—边缘”、“中心—边缘”、“中心—腹地”理论,最早是用以解释发达国家和不发达国家之间不平等关系的理论,由发展经济学家劳尔·普雷维什(Raul Prebisch)1949 年在为联合国拉丁美洲经济委员会起草的经济报告中首倡,用以论述当时国际贸易体系中西方国家与发展中国家的对峙情形。美国区域规划专家弗里德曼(1966)将这一理论模式引入区域经济学领域。

(一)弗里德曼的中心—外围理论

1. 简介

约翰·弗里德曼利用熊彼特的创新思想建立了空间极化理论,他认为,发展可以看作一种由基本创新群最终汇成大规模创新系统的不连续积累过程,而迅速发展的大城市系统,通常具备有利于创新活动的条件。创新往往是从大城市向外围地区进行扩散的。基于此,他创建了核心—外围理论。核心区是具有较高创新变革能力的地域社会组织子系统,外围区则是根据与核心区所处的依附关系,而由核心区决定的地域社会子系统。核心区与外围区已共同组成完整的空间系统,其中核心区在空间系统中居支配地位。他对发展中国家的空间发展规划进行了长期的研究,并提出了一整套有关空间发展规划的理论体系,尤其是他的核心—边缘理论,又称为核心—外围理论,已成为发展中国家研究空间经济的主要分析工具。

2. 基本内容

(1)区域均可分为中心区和外围区。中心区是社会经济活动的聚集区,一般指城市或城市集聚区。这类区域工业发达、技术水平较高、资本集中、人口密集,经济增长速度快。围绕中心区分布并受其影响的区域被称为外围区,包括上过渡区域、下过渡区域和资源前沿区域(见图 5—4)。中心区是创新变革的发源地,在资本、技术和政策上都具有明显的优势,可发展那些受原料区位变化影响较小的服务业和高科技产业。中心区政治机构集中,处于稳定发展和支配地位。由于核心增长区的繁荣大大刺激了相邻区域的发展,投资不断增加,资源利用和农业发展的集约化程度不断提高,人口迁移量不断上升。与外围区域相比,环绕核心区的周围区域显示出经济上升的趋势,形成上过渡区域。而下过渡区域多位于边远的农村,还包括原料枯竭、老工业向衰退方向变动的区域,该区域的农业呈停滞状态,产业结构老化,效率低下,以粗放型经营生产方式为主，人口向外迁移。资源前沿区域是指那些富有待开发的资源，对区域发展有极大潜在价值的区域，一般位于两种过渡区域之间。中心区与外围区之间存在着一种密切的社会经济联系，共同组成一个严整的空间系统，亦即结节性区域。

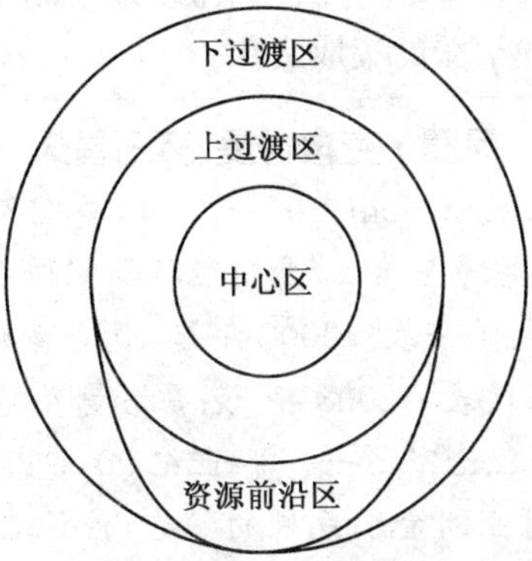

图 5—4 中心外围区域图

(2)中心区和外围区的相互作用。一方面，中心区从外围区吸聚生产要素产生出大量的创新(材料、技术、社会和文化体制)；另一方面，这一创新又源源不断地从中心区向外扩散，引导外围区的经济活动、社会文化结构和聚落类型的转换，从而促进整个空间系统的发展。同时，这两类区域之间还存在着决策的传播、移民的迁徙和投资转移三种基本的空间作用过程，各种空间作用的力度不均衡。中心区对外围区所具有的支配和控制地位可描述为六大反馈效应：从外围区获得资源的支配效应；因各种要素增长、潜在相互作用增强和创新速度提高，给中心区带来的信息效应；因创新机会多且预期成功率高而使创新者向往中心区的心理效应；因转变价值观念、行为方式和组织机构，而有利于创新出现的现代化效应；因一种创新的产生而引致其他创新出现的连锁效应；因扩大规模经济和降低创新成本引致更多创新性产业配置的生产效应。在成功的增长过程中，上下过渡区、中心区和资源前沿区四种空间子系统的边界将发生改变，并使空间关系重新组合，这一过程按照一定的次序进行，直到实现空间经济一体化。

(3)区域经济空间结构演化具有阶段性。区域经济增长的同时，必然伴随着区域经济空间结构的变化，这种变化历经前工业化阶段、农业社会阶段、工业化阶段、后工业化阶段四个阶段。各阶段都反映了中心区域与外围区域关系的变化特点。经过四个阶段的演变，由最初的区域不平衡逐步形成功能各异的城市集群系统。

(二)新经济地理学派的中心—外围理论

1. 简介

弗里德曼的“中心—外围”理论被视为传统的二元空间结构理论，克鲁格曼等构建了新的“中心—外围”模型。克鲁格曼(1991)通过改进迪克西特—斯蒂格利茨(Dixit-Stiglitz)垄断竞争模型，采用柯布—道格拉斯函数形式构造了一个两区域的模型。模型中有两类产品：一类是农业产品，由不变报酬的农业部门生产；另一类是制造品，由分布在两个区域内的报酬递增的工业部门生产。他的分析重点是两个部门企业在两个区域间的均衡分布，讨论分工的条件及其影响因素。其结论主要有：在所设条件下，两个区域的经济最终会内生形成以工业化的区域为中心、农业化的区域为外围的中心—外围构架；中心—外围的形成取决于运输成本、规模经济以及制造业在国民收入中的比重；贸易的产生并不完全源于比较优势的存在，更在于规模经济产生的报酬递增。这一范式称为中心—外围模型。自克鲁格曼提出该模型后，有关垄断竞争、报酬递增下"中心—外围"模型的扩展研究不断深入，涌现出大量有关企业活动空间分布与报酬递增、交易成本和要素转移的研究文献。藤田昌久、克鲁格曼和维纳布尔斯合著的《空间经济学—城市、区域与国际贸易》(1999)一书全面系统地总结了有关的理论观点，对"中心—外围"模型作了拓展，是新经济地理学派的集成之作。

专栏 5－5　　保罗·克鲁格曼、藤田昌久

保罗·克鲁格曼(Paul R. Krugman，1953～　)，美国经济学家，1974 年就读耶鲁大学，1977 年在麻省理工学院取得博士学位，受到经济学家诺德豪斯的注意。毕业后先后于耶鲁大学、麻省理工及斯坦福大学任教。2000 年起，成为普林斯顿大学经济系教授。克鲁格曼是新凯恩斯主义经济学派代表。2008 年，克鲁格曼获得诺贝尔经济学奖。他被誉为当今世界上最令人瞩目的贸易理论家之一。20 世纪 90 年代之后，他在《纽约时报》开始长期担任专栏作家。1994 年他对亚洲金融危机的预言，使他在国际经济舞台上的地位如日中天。1991 年，他成为麻省理工学院经济系获得克拉克经济学奖的第五人。主要研究领域包括国际贸易、国际金融、货币危机与汇率变化理论。他创建的新国际贸易理论，分析解释了收入增长和不完善竞争对国际贸易的影响。克鲁格曼的主要著作有《期望减少的年代》《亚洲奇迹之谜》《萧条经济学的回归》《流行国际主义》《国际经济学》《大破解》《一个自由主义者的良知》等。已在中国出版的著作有：《地理和贸易》(中国人民大学出版社)《汇率的不稳定性》(中国人民大学出版社)《流行的国际主义》(中国人民大学出版社)《战略性贸易政策与国际经济学》(中国人民大学出版社)《克鲁格曼国际贸易新理论》(中国社会科学出版社)《市场结构和对外贸易政策——报酬递增、不完全竞争和国际贸易》(上海三联出版社)。

藤田昌久(Masahisa Fujita)，京都大学经济研究所(KIER)城市和区域经济教授，著名空间经济学家。1972 年获美国宾夕法尼亚大学区域科学博士学位。先后获"Tord Palander 奖""Warer Isard 区域科学奖""Nikkei 奖"和第一届"Alonso 奖"。被经济学界公认为新经济地理学的三位主要开拓者之一。1994 年，宾夕法尼亚大学经济系教授；1995 年至今，京都大学经济研究所特任教授。藤田教授报告的文章——《粘滞创新下的集聚和增长：关于技术工人周期迁移的可能性》，结合经济地理学和新增长理论两大学术前沿，通过一个有两个地区的粘滞创新内生增长模型，解释了为什么全世界几乎所有的技术创新都是由只占 15％的人口创造，从理论上证明了稳态均衡增长路径上技术工人在地区间迁移的现象。将新经济地理学运用于经济增长的研究，可以对知识沿空间的传播进行建模，突破了传统的经济增长理论的范式。

2. 基本内容

中心—外围模型是克鲁格曼在新贸易理论研究基础上发展起来的。克鲁格曼认为，在中心—外围结构的形成过程中，垄断竞争厂商根据其在不同区位的获利能力决定生产区位，而其生产区位的决定将产生三种不同的经济效应(见表 5—2)。

(1)市场通路效应(又称需求关联或后向关联)。一个厂商从其他区域迁往本地将使本地劳动力需求增加，当劳动力可在不同区域流动时，将吸引劳动力人流并使本地需求增加，本地需求的增加将使本地厂商的利润增加，继而又进一步吸引更多厂商进入，进一步产生需求关联。这一过程将循环反复，通过一个循环累积过程实现聚集经济。

(2)生活费用效应(又称为成本关联或前向关联)。一个厂商从其他区域迁往本地使本地厂商数量增加,而在一个厂商数量增多的区域,消费者需要从区外购入的商品种类减少,从而支付的贸易成本下降,这意味着本地生活费用下降和实际工资水平提高。工人受吸引而大量流入,引起劳动力供给增加和本地名义工资下降,使得厂商生产的平均成本和边际成本下降,本地厂商利润增加。厂商利润的增加又进一步吸引更多厂商进入,并进一步引发一个不断自我强化的循环累积过程。

(3)市场挤出效应(又称为竞争效应)。一个厂商从其他区域迁往本地区,使本地厂商需求减少和边际收益下降,这使本地厂商利润减少或亏损,厂商为获得正常利润而降低工人的名义工资。在其他条件不变时,这使本地对工人的吸引力低于其他地区,劳动力从本地流出,产生一个不断自我强化的循环累积过程,从而抑制了集聚。

表 5-2　　三种经济效应的比较

类型	是否能自我强化、循环累计	对集聚的影响
市场通路效应	是	促进
生活费用效益	是	促进
市场挤出效应	是	抑制

资料来源:杨海余、王耀中、刘志忠．新经济地理学视角的中心—外围模型评介[J].经济学动态,2004(7):109-113.

当本区域需求关联和成本关联所产生的向心力大于市场挤出效应所产生的离心力时,经济活动趋向于在本区域集聚,所有制造业厂商被吸引到本区域,本区域发展成富裕的中心区域,而其他区域发展成贫穷的外围区域;当本区域需求关联和成本关联所产生的向心力小于市场挤出效应所产生的离心力时,经济活动趋向于扩散。向心力和离心力都会随着贸易成本下降而减弱,但离心力减弱程度更大,这使中心—外围结构呈现突变特征。当贸易成本较高时,离心力大于向心力,厂商生产区位变化并不能改变两个区域对称的生产结构。但随着贸易成本下降,离心力比向心力减弱得更快。当贸易成本下降到某一临界水平时,向心力超过离心力,集聚发生,所有制造业厂商被吸引到本地,两个区域内生为工业化的中心和非工业化的外围。

古典"中心—外围"理论与新经济地理学派的"中心—外围"理论产生的时代背景不同。前者更多的是借鉴熊彼特的创新理论、佩鲁增长极理论以及刘易斯二元结构理论,在极化空间的理论假设中分析区域经济空间结构的演变,其动力机制是极化和扩散效应,具有空间的接近性、区域性、闭合性特征;而新经济地理学在全球化视角下,利用国家竞争优势理论、空间竞争理论,通过同质空间的假设,构建空间结构和空间组织模型,分析空间结构的演变规律以及其动态平衡与协调发展,具有空间自由性、可分离性、开放性特征。总之,两种分析框架都说明经济发展过程中,在区域结构上必然形成"中心—外围"这一空间结构模式。

(三)关于"中心—外围"理论的一般性研究

中国区域科学协会会长、北京大学教授杨开忠(1992)指出,在中心—外围结构中,两者的增长是不平衡的,但这并不意味着两者差距的拉大。他不赞同弗里德曼关于二元区域空间结构会随着经济进入持续增长阶段而消失的观点,而是认为二元区域空间结构有传统和现代之分。前者以部门—空间分工为基础,后者以等级—空间分工为基础,随着区域经济进入持续增长阶段,传统结构为现代结构所取代,但这并不意味着二元空间结构的消失,而是结构的质的规定性发生了变化。由多中心高增长城市中心区和低增长大都市间的外围地带共同组成的中心—外围结构的不平衡发展已成为工业化乃至后工业化社会主要的经济、社会景观。顾朝林和赵晓斌(1995)在研究区域城市体系空间结构演化过程规律的基础上，指出区域城市体系空间结构的演化分为孤立体系、区域体系、区际体系和大区体系四个阶段，中心和外围结构始终存在。安虎森(1997)认为，中心—外围结构是空间系统最基本的结构单元，“任何一个特定的空间系统可能不止一个核心区，较高级空间系统中的次级核心区也可作为较低级系统中的一级核心区”。包卿和陈雄(2006)强调从空间结构演化的角度而言，“中心—外围”结构始终存在，只是在表现形式、联系机制和强度、耦合机理等方面存在时空差异。

二、三元空间结构理论

区域经济的非均衡发展，在区域空间上形成中心—外围二元结构。随着区域经济的进一步发展和城市化过程的展开，在城市与乡村的相互作用下，中心与外围的中间地带又分化出城乡边缘区，区域空间结构逐渐演化为中心—城乡边缘区—外围三元结构。曾菊新(1996)在分析中国的城乡空间结构时，将中国的城乡结构表述为城—镇—乡三元结构。安虎森(1997)在分析区域二元空间结构演化过程及城乡边缘带演化规律的基础上，提出了城市—城乡边缘带—乡村这一新型区域空间结构三元论理论框架。郝寿义(1999,2004)、安虎森等(2004)在区域经济学教科书中进一步完善了该理论，并将其表述为城市—城乡边缘区—乡村三元结构论。

(一)城乡边缘区的内涵

城市—城乡边缘区—乡村三元空间结构论主张，区域经济空间结构最基本的组织体系由城市、城乡边缘区、乡村三个基本单元组成，尽管三者的功能、特征相异，但又统一在某一区域，组成一个完整的区域空间。其中，城乡边缘区是构成区域经济三元空间结构的关键单元。

关于居于城市—乡村这一中间地带的称谓，学术界至今尚未达成共识，存有“郊区”、“城市边缘带”、“城乡接合部”、“城乡交错带”多种说法。尽管称呼相异，但其本质相同。相比之下，使用“城乡边缘区”更为妥帖。生态学中的边缘区指两种生物群落的交界地。“城乡边缘区”概念揭示了该区域是“城”与“乡”两种“生态”的边缘。“区”有大、小之分及规则、不规则之别，形状多样，可以不连续。而“带”则更多地表现出连续性、细长性的空间特征。由于城市边缘区受城市辐射影响不同，地域大小不一，辐射形状也不一，加之地形等自然条件的影响，可能有不连续性。

“城乡边缘区”的概念可界定为：位于城市和乡村之间，以城市和乡村土地的利用方式相混合为典型特征，人口和社会特征具有城乡过渡性质的一个独特地域(郝寿义等，1999)。

(二)三元空间结构的演化过程

城市、乡村和城乡边缘区三大地域构成单元的相互作用促进了区域经济空间结构的形成。

1. 城市化起步阶段

城市化起步阶段，社会总体经济水平较低，工业化发展所需的社会资本短缺，致使城市化的发展速度比较缓慢，但城市和乡村之间仍存在一定的经济往来，并在过渡地带形成城乡边缘区雏形。此时，城乡边缘区基本以农业为主，因而在空间结构上只表现出城乡二元结构。

2. 城市化集中发展阶段

城市的极化作用进一步加大，工业化水平进一步提高，吸纳大量乡村人口向城市集中，靠近城市的区域基于城市人口的需要，其产业开始由普通农业向城郊型农业过渡，由粮棉作物改为蔬菜、瓜果等农副产品，产品的商业化率提高，形成与乡村不一样的边缘区。城市化高速发展导致城市外延扩大，在紧靠城市的边缘区出现非农用地，且农业用地越来越少。伴随着城市的开发活动，“城市—城乡边缘区—乡村”三元结构基本成形，但农业仍为城乡边缘区的主导产业。

3. 城市化分散型阶段

随着城市经济的进一步发展，城市经济开始向外扩散，呈郊区化趋势。城乡边缘区成为人口、工业和仓储零售业的主要迁入地区。由于城乡边缘区的社会观念、经济结构已初具城市特性，城市过于拥挤的状况使得人口和一些制造业纷纷向地价较为便宜、环境较为优越的边缘区转移，城乡边缘区的景观朝城市靠拢。此时三元结构表现最为明显，即以服务业为主的城市、工业起主导的城乡边缘区、以农业为主的乡村形成较为清晰的界限。

4. 三元结构后期阶段

城乡边缘区越来越朝着城市的方向发展，伴随着城市化的持续发展，它将成为城市的一部分。由于原来边缘区的一部分与城市连成一片，原有的三元结构会逐渐变得模糊，而在更广的范围内，新的三元结构开始形成。

（三）三元空间结构的形成机理

三元空间结构形成阶段是国民经济进入强烈动态增长的时期。这一时期，科学技术得到快速发展，服务业开始大量出现，综合交通运输体系已经形成，产业部门的前后向联系进一步加深，基本部门体系层次更加丰富。由于城市产业空间聚集的外部不经济以及新的劳动地域分工，高层次的和非标准化的经济活动在向大城市集中的同时，大批量、标准化生产方式的企业以及较低层次的经济活动向城市边缘和外围区扩散，区域的第二级、第三级中心地得到迅速发展。此时，城乡边缘区地位开始确定，而单一核心结构也逐渐变化成为多中心结构，各种核心之间的横向联系日趋密切，中心、城乡边缘区和外围区之间的经济联系也日趋密切，形成三元空间结构，如图5—5所示。

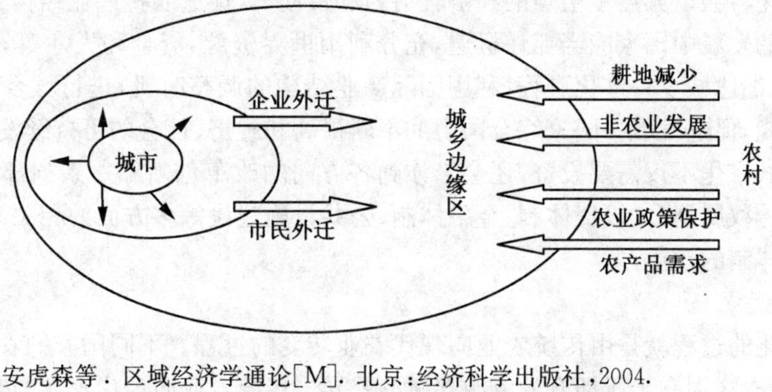

资料来源：安虎森等．区域经济学通论[M]．北京：经济科学出版社，2004.

图5—5　区域经济三元空间结构模式形成机制示意

三、城乡统筹

所谓统筹城乡发展，是指从二元经济走向同质经济的过程中，国家通过体制约束和政策调整，把城乡作为一个发展整体，在物质文明建设和精神文明建设方面使城市和乡村相互兼顾，并对农村有所倾斜的两者协调共进的一种策略选择。世界经济社会发展史，特别是世界发达国家工业化、城市化的进程用事实告诉我们，城乡统筹是经济社会发展的必经之路。

(一)城乡统筹的内涵

城乡统筹是一项巨大的系统工程,其基本含义是要打破现存的城乡二元结构,从制度和机制上把城乡结合起来,将城乡置于同一层次上谋划统一协调发展,其根本目的是消除城乡分割体制,促进城乡生产力的发展,建立市场经济体制下平等和谐的城乡关系,推进城乡协调发展和共同富裕,实现城乡一体化。

城乡统筹的实质是给城乡居民平等的发展机会,通过城乡布局规划、政策调整、国民收入分配等手段,促进城乡各种资源要素的合理流动和优化配置,不断增强城市对农村的带动作用和农村对城市的促进作用,缩小城乡差距、工农差距和地区差距,使城乡经济社会实现均衡、持续、协调发展,促进城乡分割的传统"二元经济社会结构"向城乡一体化的现代"一元经济社会结构"转变。

(二)城乡统筹的主要内容

城乡统筹发展就是通过加快促进农村城市化、农业现代化和农民市民化,实现经济、社会结构的全面转换。要想实现城乡统筹,首先要转变发展战略和发展思路,从城乡分割、差别发展转向城乡互通、协调发展,把工业化、城市化与农业农村现代化紧密结合起来,走生产发展、生活富裕、生态良好的文明发展道路。所谓城乡统筹的发展思路主要是指,树立以民生为本的新的发展观和政绩观,把改善民生作为发展的第一要义,把增加城乡居民收入、提高生活质量和健康水平、改善生态环境作为最重要的政绩,把增进最广大群众的物质利益、政治利益和文化利益作为经济发展的根本出发点和落脚点。城乡统筹的主要内容包括以下四个方面。

1. 农村城市化

农村城市化首先会带来城市化周边的农田地价快速上升,带动个体私营经济、第三产业的发展,也带动房地产业的发展。推进城市化进程,投资的力度也会随之加大,工商资本、境外资本和民间资本都会集聚起来。

农村城市化将会以其逐步增强的经济辐射力和带动力,促进农村产业结构的调整,繁荣农村经济。广大的发展中国家应当抓住机遇,充分利用世界资源、资金和人才等,加快各国的农村城市化步伐,加速城乡一体化进程,利用国际产业结构的调整时机,进行城乡产业结构调整和产业升级换代,促进发展中国家综合国力的不断提高和经济、社会的可持续发展。

推进农村城市化不仅需要投资,还会牵涉到各方向的改革创新和一系列部门利益的重新分配,比如:土地权属划分、投资体制、金融体制、公共设施建设等多方面的相关政策制度改革,以及政府管理体制的改革。

2. 农业现代化

农业现代化的过程就是由传统农业向现代农业转变的过程。不同国家的农业现代化模式不尽相同,其根本区别在于所拥有的资源禀赋的差异。传统农业向现代农业的转化,不是一个孤立的过程,而必须在整个国民经济结构转换和升级的大框架内完成。农业现代化应当具备以下四个特点:(1)农业市场化程度提高。农业生产以市场需求为导向,并按照比较优势原理形成优势互补、分工合理的生产格局。(2)农业产业化和农民组织化程度提高。农业普遍实行市场化运作、专业化生产、产业化经营和企业化管理,农业企业是农业参与市场竞争的主体。(3)农业产业层次提高。农产品加工流通业发达,在农业发展中起着主导作用。(4)农业科技含量提高。现代科技是农业发展的主动力,高科技的种子种苗技术、标准化的生产技术、高附加值的农产品转化技术等已成为农业高效益的支撑。

3. 农民市民化

农民市民化的过程不是简单地将农业人口转移到大中城市或者小城镇的过程，而是在政治权利、社会生活、经济政策等各方面赋予农业人口与城市居民相同的待遇。

第一，改革土地制度。对大多数农村土地而言，发展中国家的土地单产与发达国家相差无几。由于土地用途限制及区位因素，并且农民人口太多，农产品价格没有上升空间。农村土地的经济租金极低，导致土地价格也很低。因此，无论是目前转让使用权还是假设土地产权私有条件下的土地买卖，都不会给农民带来较高收益。所以改革土地制度要更多地关注农民本身的价值实现。改革土地制度应按照现有的分配状况进一步加强使用者的处置权利，降低交易成本，激活土地流转市场，建立土地使用权流转制度，让农民自由地进出农村、农业。

第二，加大农村的教育投资力度。提高农民文化素质，使之能够适应市场经济的优胜劣汰规则，是加速农村剩余劳动力转移的先决条件。因此，应当加大对农村人力资本的投入，构建完善的农村教育体系，造就一支数量庞大、素质过硬、适应现代农业大生产要求的农民队伍。

第三，改革户籍制度。从现实来看，我国的户籍制度对农民来说既不公平又无效率。从本质上看，户籍制度是一种"社会屏蔽"制度，它将社会上一部分人屏蔽在分享城市的社会资源之外，将大多数人口限制在农村，而只有取消户籍制度和逐渐消除城乡之间的差异，才可能实现相对的社会公平。

第四，改革城乡分配制度。城乡统筹中的国民收入分配，要根据经济社会发展阶段的变化，调整收入分配结构，改变收入分配中的城市偏向，加快农村公益事业建设，建立城乡一体的财政支出体制，将农村交通、环保、生态等公益性基础设施建设都列入政府财政支出范围。

第五，完善行政管理体制。行政管理体制改革对农民市民化作用十分明显。要加快建立乡镇社区自治制度，转变职能，精简机构，形成中心城、中心镇、中心村的行政管理体制。应根据城乡发展的实际需要，制定一系列能够为城乡统筹发展、打破城乡二元经济结构保驾护航的法律法规。

总之，实现社会统筹，缩小城乡差距，需要跳出农村建设农村，推进农村城市化；要跳出农业发展农业，推进农业现代化；要跳出农民富裕农民，推进农民市民化。

（三）城乡一体化

第一，城乡空间一体化。实现城乡空间一体化主要从两个层面的工作着手：首先，加强城乡空间布局的总体规划。将城市中心与周围乡镇及乡村居民点作为一个整体，统一编制城乡产业发展、土地利用、城市人口、基础设施、生态环境等专项规划，最终建立一个城乡相互配套衔接、管理有序、落实到位的规划体系。其次，建设快捷畅通的联系渠道和联建共享的基础设施。为此，城乡交通、通信等区域性基础设施必须先行规划和建设，尽快形成内外衔接、城乡互通、方便快捷的交通通信网络，从而保证城乡生产活动联系的密切性、城乡居民远距离就业以及乡村居民生活消费行为的便利性。

第二，城乡市场一体化。市场是生产要素、中间产品和最终消费品流通、配置、交换的主要途径和载体。打破城乡二元体制，实现城乡"经济自由"，重要的一条就是废除旧有的城乡二元化的市场管理手段，统一乡村市场与城市市场，协同运作，自由流通，构建既包括要素市场又包括产品市场、类型齐全、功能完备的市场体系。重点是要消除要素在城乡之间自由流动的各种体制性、政策性障碍，营造城乡一体化的要素市场。

第三，城乡产业结构一体化。根据城市和农村的不同特质要求和发展优势，合理分工，互促共进。从分工角度解决城乡之间产业同构和过度竞争的问题，使城乡之间形成一种相互支撑的经济技术联系。中心城市作为区域的发展极，重点应发展金融、贸易、信息、服务、文化和教育等第三产业；中小城镇以生产性功能为主，成为一般中心城市向农村扩散经济技术能量的中介和农村向城市集聚各种要素的节点；农村以规模化、联片种植的农业生产支撑大中小城市对资源和要素的需求，获取农业经营的规模效益和城市化发展的整体效益。

第四，城乡经济社会发展一体化。调整国民收入分配格局，在财政、金融、税收体制上采取突破性大举措，努力缩小城乡差距、农民与市民的差距。在农村财政政策方面，增加农村财政资金总量，转换运行机制，对农产品和农业生产者给予一定的税收优惠。在农村金融政策方面，通过增加贴息等措施，鼓励金融机构向农民和农业生产经营组织提供贷款。

复习思考题

1. 区域空间结构包括哪些构成要素？
2. 区域空间结构的集聚与扩散机制分别指什么？
3. 试述区域空间结构的三种开发模式及其内在联系。
4. 简述二元空间结构理论和三元结构理论内容。
5. 简述我国区域一体化发展的现状及对策。

第六章

城市与区域发展

第一节 城 市

一、城市形成

关于城市的产生有着不同的看法，有人认为“城市是私有制和阶级社会的产物”，也有人认为“是防御安全的需要”。按照马克思主义的观点，城市是社会生产力发展到一定阶段的产物。经过多年发展，对于城市的研究从经济学、社会学、城市规划等学科不断深入。目前学术界关于城市的定义众说纷纭，其中较有说服力的定义指出，城市是区域的经济中心、政治中心和文化中心。除此之外，列宁认为城市是经济、政治、人民的精神生活中心，是前进的动力。佩鲁、布戴维尔(J. R. Boudeville)从经济增长的角度给出城市的定义，认为城市是区域经济的“增长极”；学者饶会林指出，城市是国民经济的地域支点，是国家连接企业的中间环节，是动态的非平衡状态耗散结构体系。因此，对城市概念的正确把握，要明确考察城市的方法与角度，在排除主观因素影响的前提下，从现象与本质、历史与现实、静态与动态、结构与功能这个立体的时空系统中去概括，才能得出你所需要的真实的城市的含义。

城市是“城”与“市”的组合词。“城”主要是为了防卫，是用城墙等围起来的地域。《管子·度地》说“内为之城，内为之阔”。“市”则指进行交易的场所，“日中为市”。这两者都是城市最原始的形态，严格地说，都不是真正意义上的城市。那么城市的定义究竟是怎么样的呢？

城市的起源从根本上来说，有因“城”而“市”和因“市”而“城”两种类型，因“城”而“市”就是城市的形成先有城而后有市，市是在城的基础上发展起来的，这种类型的城市多见于战略要地和边疆城市，如天津起源于天津卫。而因“市”而“城”则是由于市的发展而形成的城市，即先有市场后有城市的形成，这类城市比较多见，是人类经济发展到一定阶段的产物，本质上是人类的交易中心和聚集中心。城市的形成,无论多么复杂,都不外乎这两种形式。

学术界关于城市的起源有三种说法:一是防御说,即建城郭的目的是为了不受外敌侵犯。二是集市说,认为随着社会生产发展,人们手里有了多余的农产品、畜产品,需要有个集市进行交换。进行交换的地方逐渐固定了,聚集的人多了,就有了市,后来就建起了城。三是社会分工说,认为随着社会生产力不断发展,一个民族内部出现了一部分人专门从事手工业、商业,一部分专门从事农业。从事手工业、商业的人需要有个地方集中起来,进行生产、交换。所以,才有了城市的产生和发展。

对于城市的产生过程,主要遵循两条形成路径:一条是先有市,后有城;另一条是先有城,后有市。

(一)先市后城

先市后城顾名思义就是先有集市,而后出于保护的需要,建立了城,并逐步形成真正意义上的城市。其产生发展过程如图 6－1 所示。

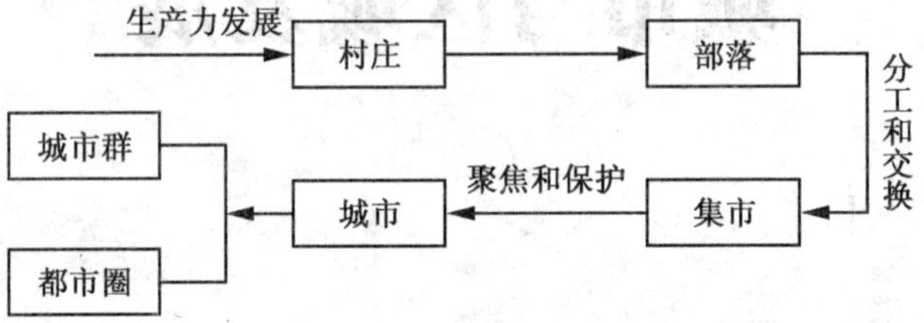

图 6－1 城市先市后城产生发展过程

100 多万年前,地球上就有了人类。最初,因谋生不易而过着成群结队、漂泊不定的生活。后来,随着社会生产力发展,人们谋取生活资料的方式有了很大进步。后来,随着人们利用驯养了的牲畜来耕田并开始使用金属工具,农业生产率有较大提高,农业和畜牧业有了较巩固的基础,人类定居下来的可能性和必要性愈来愈迫切,愈来愈明显。从此,许多萌芽状态的村落逐渐发展成为定型的乡村。

当时,在原始部族制度中,人类虽然定居下来,并形成了乡村,但种植谷物及驯养牲畜的工作是在各个氏族部落内部统一进行的。在各个氏族部落内部,人们共同生产、共同消费,彼此间没有进行交换的基础。各个氏族部落虽有处于萌芽状态的交换发生和发展,但一般带有偶然的性质。随着社会生产力的继续提高,出现了第一次社会大分工,即游牧部落和农业部落分离开了。第一次社会大分工促进了畜牧业和农业的发展,而且在生产力发展的基础上各自都有若干产品剩余,这就为游牧部落和农业部落间开始进行商品交换提供了足够的可能性和必要性,交换从偶然性逐渐变为经常性了。交换一具有经常性,就必然出现固定交换的场所。后来,这些场所逐步演变为市集。

随着社会生产力的进一步发展,原为农人和牧人的副业——织布业、金属加工业、陶器制造业等手工业逐步完善起来,成为许多人的独立职业。这样,手工业又与农业分离开来,形成第二次大分工。"某一民族内部的分工,首先引起商业劳动和农业劳动的分离,从而也引起城乡的分离和城乡利益的对立。"①第二次社会大分工的结果是提高了劳动生产率,扩大了交换

① 马克思恩格斯全集(第 3 卷)[M].北京:人民出版社,2002,24－25.

范围，使得农人、牧人及手工业者彼此都有需要，也有可能去进行愈来愈频繁的交换。交换的扩大导致商品生产的萌芽和发展，交换日益繁荣和扩大，逐渐形成了许多手工业和商业的集中地。市集逐步成为城市。从出现城市至今，已经过了几千年的发展，城市的集聚和发展又促进了城市群和都市圈的出现。

（二）先城后市

城市的产生，还有另一条线索，即先城后市，就是先有城形成，而后处于交换和商业的需要，形成了集市，再形成城市。其产生发展过程如图 6－2 所示。

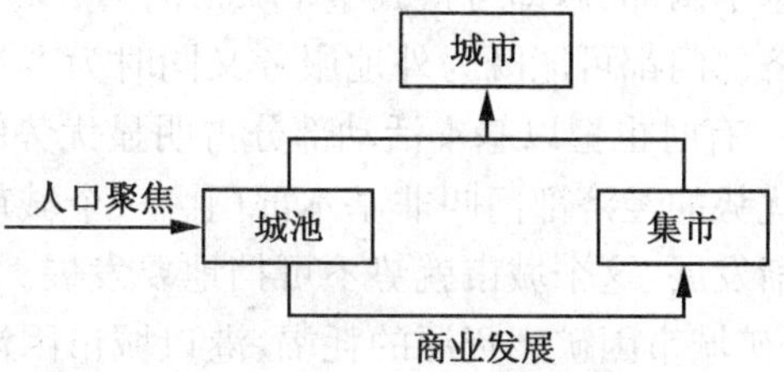

图 6－2　城市先城后市产生发展过程

由图 6－2 可以看出，由于人口的聚集形成了必要的城池，大量人口必然有商业活动，就促进了"市"的形成，在"城"和"市"共同作用下，出现了城市。

先城后市的类型，古今可分为两种。一种为古代多见于战略要地和边疆城市，如天津起源于天津卫。出于战争的需要，军队大量驻扎于战略要地等地区，起初军队的供给由国家负责，不会有商业活动。但是长期以往，大量军人的生活需要难以得到及时有效的保证，商人趋利，集市就此形成。大量人口的聚集导致定居的需求，军人也在当地结婚生子，在军队撤离后，当地已经形成一定规模的城市，并不断发展。另一种为现代一些城市因大型厂矿企业如钢铁企业和钢铁资源而建立，例如马鞍山。在 1954 年设马鞍山镇，隶属于当涂县，1956 年设为马鞍山市，并由安徽省直接管辖。马鞍山市的建立，正是由于资源和生产的需要所导致。在当时全国大炼钢铁的背景下，马钢在马鞍山建立，大量工人聚集于此采矿炼钢。出于生活的需要，大量集市、交通、生活聚居地开始出现，并不断扩大规模，在到达一定规模之后，马鞍山就形成了独立的城市。

二、城市职能

城市职能是城市科学里的专门术语，指某城市在国家或区域中所起的作用，所承担的分工。一个城市的全部经济活动，按其服务对象来分，可分成两部分：一部分是为本城市的需要服务的；另一部分是为本城市以外的需要服务的。为外地服务的部分，是为城市所创造收入的部分，它是城市得以存在和发展的经济基础，这一部分活动称为城市的基本活动部分，它是导致城市发展的主要动力。基本部分的服务对象都在城市以外，细分又有两种情况：一种是离心型的基本活动，例如，城市生产的工业产品或城市发行的书刊报纸运到城市以外销售；另一种是向心型的基本活动，例如，外地人到这个城市来旅游、购物、求学或接受医疗等。满足城市内部需求的经济活动，随着基本部分的发展而发展，它被称为非基本活动部分。细分也有两种：一种是为了满足本市基本部分的生产所派生的需要；另一种是为了满足本市居民正常生活所派生的需要。

虽然基本部分是城市发展的主导力量，但基本和非基本两部分是相互依存的。城市的非基本部分应该和基本部分保持必要的比例，当比例不协调时，就会使城市这架复杂的机器运转不正常。

城市经济活动的基本部分与非基本部分的比例关系叫作基本(B)/非基本(N)比率(简称B/N)。例如，一个城市的钢铁工业，其产品的80%供给外地，20%在本城市消费，则钢铁工业部门在本市的B/N比是1∶0.25，就是100∶25。也可以按该部门产品从外地和从本地获得的收入来求取B/N比。更多情况下是折合成劳动力来表示B/N。如果城市各经济部门把从业职工划分成基本和非基本两部分，即可得到整个城市的B/N。

现代城市的每一个经济部门都可能既为外地服务又同时为本地服务，不过两者的构成状况，即B/N可能很不相同。有时也把以基本活动部分占明显优势的经济部门叫作基本部门，以非基本活动部分占明显优势的经济部门叫非基本部门。一个城市，如果其经济生活中基本活动部分的内容和规模日渐发展，这个城市就势不可挡地要发展。如果城市的基本活动部分由于某种原因而衰落(如采矿城市因矿产资源的耗竭，港口城市因港湾淤塞或腹地丧失，加工工业城市的输出产品失去竞争力等)，同时却没有新的基本活动发展起来，那么这个城市就无可挽回地要趋向衰落。当城市的条件发生变化，促进新的基本部分萌发时，衰落的城市还会复兴。这是理解一切城市成长发展机制的钥匙，这就是城市经济基础理论。

第二节 城市发展基础与动力

一、城市产生的地理基础

(一)区域自然地理条件

自然地理条件如地质、地貌、气候、水文、土壤、植被首先作为人类生存环境，通过影响人口分布而影响城市的形成发展。一般来说，大城市对自然条件的依存关系比非特殊职能的小城镇要紧密得多，因此大城市地域分布上的规律性更典型。世界百万人口以上城市的分布，其平均纬度在20世纪20年代初是44°30′，在50年代初是36°20′，70年代初是34°50′，具有在中纬度范围内向低纬方向缓慢移动的趋势。

大多数城市的分布，既要求气温适中，又要求有适度的降水。我国近60个50万人口以上的大城市只有包头、兰州、西宁、乌鲁木齐4个城市是在年降水不足400毫米的西北部干旱、半干旱地区。美国10万人口以上的城市，绝大多数分布在762～1270毫米降雨量的较湿润地区。

1935年，中国地理学家胡焕庸(1901～1998)提出黑河(爱辉)—腾冲线即“胡焕庸线”，首次揭示了中国人口分布规律。即自黑龙江瑷珲至云南腾冲画一条直线(约为45°)，线东南半壁36%的土地供养了全国96%的人口；西北半壁64%的土地仅供养4%的人口。两者平均人口密度比为42.6∶1。

(二)区域经济地理条件

区域经济地理条件的内容更加丰富多样。矿产资源、淡水资源、水热资源、动植物资源的丰饶度及其组合，基础设施的状况，区域劳动力的数量和质量，经济发展的历史传统，现状经济的发展水平和结构特征，未来的开发潜力等都可以影响区域的城市发展。这些条件有的是自然地理条件的衍生转化，有的是区域经济开发的历史积累，还有的是未来的发展可能性。

城市与区域经济地理条件之间具有密切关系的基础原理就在于城市在任何时候都是一个复杂的开放系统。城市要从区域获取发展所需要的食物、原料、燃料和劳动力，又要为区域提供产品和各种服务，城市和区域之间的这种双向联系无时无刻不在进行。

二、城市发展的内生动力

（一）城市发展的内生动力概念

内生动力概念来源于内生增长理论，其核心思想是认为经济能够不依赖外力推动实现持续增长，内生的技术进步是保证经济持续增长的决定因素。所以说，城市内生动力就是能够促进城市持续发展的内在因素。城市发展不只是外部力量的作用，同时也是内生动力作用下的产物。

城市发展的内生机制是指由城市自身投入要素，形成不断增长的产出的过程。在经济模型的分析中，经济内生增长模型中一些主要的影响因素不是从外部施加于模型中的，而是一种自发演进的结果，这是与整个经济发展过程相一致的。所以，要分析城市的发展，就必须分析城市发展的内在动力，把握其内生要素。

（二）城市发展的内生基本动力

城市发展的内生基本动力，来自于城市经济的社会化分工，社会化分工推动城市持续发展。亚当·斯密（Adam Smith）在《国富论》中首次提出劳动分工论。劳动分工可以使工人重复完成单项操作，从而提高劳动熟练程度，提高劳动效率，可以减少由于变换工作而损失的时间，同时可以使劳动简化，使劳动者的注意力集中在一种特定的对象上，有利于创造新工具和改进设备；这种社会化劳动分工，极大地推动了城市的发展进步。但法国犹太裔社会学家、人类学家埃米尔·迪尔凯姆（émile Durkheim）的立场是反对单一的功利主义思维，他指出社会是多元的，是由多种矛盾组成的；为适应相互矛盾的需要，必须有一种限定与平衡，劳动分工并不是纯粹经济现象；他强调了社会化劳动分工是促进城市发展的基本动力，但不能盲目地追求功利主义的社会化劳动分工，也必须考虑社会发展的其他多方面的因素。

第三节　中心城市在区域中的价值

一、中心城市

（一）中心城市概念

所谓中心城市，是指在特定区域内，在经济上有着重要地位，具有强大的辐射力、吸引力和综合服务能力的城市，并且是具有综合性、多功能的经济中心作用的大城市。一般城市只在一个或几个方面起中心作用，而不具备综合的功能。

（二）中心城市的分类

早在2000年，全球GDP的90%就已由城镇生产。而这90%中，又有50%以上由国家中心级别城市生产。在城市化与全球化时代，一个国家的地位，正是由中心城市的地位所决定的。中心城市的城市性质以多职能综合性为主，除包括生产、服务、金融和流通等作用外，大多是政治和行政管理中心、交通运输中心、信息与科技中心和人才密集之地。按其影响范围大小，分为全国性、区域性和地方性等不同等级。

现实中对城市划分，往往依据人口规模和经济发达城市等指标，把城市划分为大中小城市或一二三四五线城市。2014 年 11 月 20 日,国务院发布国发〔2014〕第 51 号文件《关于调整城市规模划分标准的通知》,新标准将城市划分为五类七档。超大城市:城区常住人口 1 000 万以上。特大城市:城区常住人口 500 至1 000万。大城市:城区常住人口 100 至 500 万,其中 300 万以上 500 万以下的城市为Ⅰ型大城市;100 万以上 300 万以下的城市为Ⅱ型大城市。中等城市:城区常住人口 50 至 100 万。小城市:城区常住人口 50 万以下,其中 20 万以上 50 万以下的城市为Ⅰ型小城市;20 万以下的城市为Ⅱ型小城市。2013 年《第一财经周刊》对除传统一线城市之外的 300 个地级及以上城市和 100 个百强县共 400 个城市进行了详尽调查,评出 15 个"新"一线城市,36 个二线城市,75 个三线城市,70 个四线城市以及 200 多个五线城市。

专栏 6-1　　城市分类

一线城市:北京、上海、广州、深圳。新一线城市(不包含港澳台):天津、重庆、西安、南京、武汉、成都、沈阳、大连、杭州、宁波、青岛、济南、厦门、福州、长沙 15 个。

二线城市:哈尔滨、长春、大庆、无锡、苏州、昆明、合肥、郑州、佛山、南昌、贵阳、南宁、石家庄、太原、温州、烟台、珠海、常州、南通、扬州、徐州、东莞、威海、淮安、呼和浩特、镇江、潍坊、中山、临沂、咸阳、包头、嘉兴、惠州、泉州、秦皇岛、洛阳 36 个。

三线城市:海口、兰州、西宁、银川、乌鲁木齐、齐齐哈尔、鞍山、昆山、三亚、廊坊、芜湖、抚顺、德阳、鄂尔多斯、金华、江阴、营口、唐山、保定、邢台、桂林、吉林、九江、锦州、安庆、邯郸、赣州、泰安、柳州、榆林、新乡、舟山、慈溪、南阳、聊城、东营、淄博、漳州、沧州、丹东、宜兴、绍兴、湖州、衡阳、郴州、泰州、普宁、义乌、汕头、揭阳、宜昌、大同、湘潭、盐城、马鞍山、介休、襄阳、长治、日照、常熟、肇庆、滨州、台州、株洲、绵阳、双流、平顶山、龙岩、晋江、连云港、张家港、岳阳、济宁、江门、运城等 75 个。

四线城市:拉萨、赤峰、牡丹江、湛江、辽源、四平、通辽、荆门、丽水、娄底、乐山、宜宾、阜阳、韶关、太仓、莆田、黄山、泸州、阳江、延吉、滕州、临汾、张家口、余姚、诸暨、长乐、南平、曲靖、延边、上饶、攀枝花、楚雄、清远、黄石、滁州、邵阳、益阳、阳泉、眉山、增城、温岭、宿迁、晋城、内江、淮南、常德、宁德、延安、桐乡、南充、朔州、梅州、三明、德州、上虞、景德镇、许昌、渭南、枣庄、海宁、焦作、葫芦岛、孝感、资阳、遵义、乌海、丹阳、石狮、怀化、通化等 70 个。

五线城市:除以上城市外,其余均为五线城市,共 200 多个。五线城市多数都是中西部地区的地级市,经济基础较差,交通不够便利,成规模的企业数量有限,辖区内农业人口仍占大多数,各自正在探求工业化的发展方向。

二、中心城市的区域功能与作用

(一)中心城市的功能

中心城市作为区域经济、文化、政治的中心,其对于所在区域具有集聚功能、扩散功能和创新功能。

1. 集聚功能

一区域的增长极在物质形态上即为这一城市经济圈的中心城市。中心城市依据自身的区位特点和政治、经济等资源优势而成为城市圈"增长中心"。根据佩鲁的增长极理论,中心城市作为区域的"中心"和"增长极",不断通过支配效应、乘数效应、集聚与扩散效应而对区域经济活动产生组织作用。在这些作用下,各种生产要素优势从城市圈其他区域向中心城市聚集,形成相对完备的基础设施、相对雄厚的资本和科技力量、相对集中的消费市场等。

2. 扩散功能

与集聚效应相对应，扩散效应是指增长极向周围地区进行要素和经济活动输出，赫希曼(Albert Otto Hirschman)称之为“消滴效应”，即各生产要素从中心城市区域沿“轴”向城市圈“外围”区域流动，并不断呈“梯度”在城市圈域扩展。扩散效应是推动都市圈整体发展的有力杠杆，主要出现于城市圈发展较为成熟的时期。

3. 创新功能

美国学者弗里德曼在其“核心—边缘”理论中认为，区域核心区发展与其创新功能有密切关系。在中心存在着对创新的潜在需求，使创新不断在中心出现。创新增强了核心区的发展能力和活力。城市圈内中心城市集聚功能为其创新功能的实现提供了条件，人才、科技、资金等资源的聚集都为中心城市营造了创新环境。同时，中心城市的扩散功能的发挥对中心城市提出了创新要求，只有中心城市在制度、科技等多领域的不断创新才能使中心城市在向城市圈外围区域产生扩散效应的过程中加强其核心区的主导地位。

(二)中心城市的作用

与一般的城市相比，中心城市的聚集程度要高一些，社会分工更发达，科学技术更先进，交通运输更便捷。中心城市在区域发展中的作用表现在三个方面:强大的经济聚集作用;巨大的经济辐射作用;持续的创新作用。中心城市的这三个方面的作用是相互联系、相互影响和相互制约的。中心城市之所以有这些作用，是因为:

1. 中心城市具有现代市场经济的内生优势

中心城市在市场经济中作用的大小，在很大程度上取决于它是否拥有竞争力很强的企业群体和富于竞争精神的企业家队伍。中心城市企业集聚的特征决定了它具有产生现代市场经济所要求的高效率、高效益的内生机制，有利于市场体系的发育，实现市场的规模化、社会化、专业化、现代化和国际化。

2. 中心城市具有开发适应市场需求的新产品的巨大潜力

中心城市是先进生产大集聚的地域，是科技人才荟萃之地。因此，中心城市是开发新技术、研制和生产新产品的重要基地。中心城市高科技的优势，是市场经济发达的根源所在，也是我国实现现代化和外向化的“生长极核”。与此同时，中心城市在引进国外先进技术和向国内扩散中起着承外启内、合理嫁接、消化创新的“转化器”作用。这对带动区域内的技术进步、产品更新换代具有不可替代的重要意义。

3. 中心城市具有开拓国内国际市场的扩张力

中心城市一般已经形成有外向型的出口创汇主导产业和产品，在带动全国参与国际交换和合作中发挥着重要的作用。中心城市中日益发展的外向型产业，已使中心城市成为带领整个国家的经济进入世界经济的重要枢纽。中心城市的产业规模大、技术先进，对经济诸要素的输入和输出、流向和流量具有很大的调节作用。

4. 中心城市具有成为大流通枢纽的有利条件

中心城市的主导产业主要是输出产业，其产品主要是向城外销售，因此中心城市对组织大市场、大流通具有很大的影响力。中心城市所具有的较好的基础设施和较健全的经济管理机构，有利于完善市场经济调节系统，有利于市场体系的发展和逐步规范化、制度化和法制化。中心城市还拥有一系列市场经济的调节机构，只要能有效地发挥这些部门和调节机构的功能，中心城市在组织大市场、大流通中就有可能取得更大的成效。

5. 中心城市是精神产品的生产流通中心

由于经济和政治发展的需要，脑力劳动者和体力劳动者中的优秀部分必然向中心城市集中，政府机关、各类科研机构、文化事业单位、高等院校等也必然集中在中心城市设置。这样，中心城市也就成了知识最密集的地方和精神产品生产机构最集中的场所。中心城市不仅集中了现代大工业生产、流通的先进设备和高新技术，而且集中了各种精神产品生产和流通的高新技术，从而为精神产品的大规模、多品种、高质量、高速度的生产和流通提供了可能。随着中心城市的规模和容量的不断扩大，中心城市精神产品生产的设施和基础条件将越来越先进，中心城市在社会精神产品的生产和流通中的作用将会越来越大。

6. 中心城市是创新产品的创造基地

由于中心城市本身所具有的独特优势，区域内的各种有利资源必然会向中心城市集聚，加之本身的经济、环境、政策等，这些为创新提供了孵化的温床。创新的发展必将促进中心城市的不断发展，进一步巩固其中心地位。创新并会在区域中由中心城市向外扩散，带动区域共同发展。

第四节　城市体系结构

一、城市体系结构

（一）城市体系结构概念

所谓城市体系，就是一定区域内具有紧密联系的不同规模、种类、职能城市所构成的城市群系统。《现代地理学辞典》认为，城市体系是一定地域范围内，相互关联、起各种职能作用的不同等级城镇的空间布局总况。此概念形成于 20 世纪 20～60 年代，由于世界城市化发展到较高程度，城市间的相互影响增强，故它们间的联系和协调发展成为重要的研究内容，以便有效地按地域系统组织生产和进行行政管理，获取最大经济效益和最佳社会效果。城市体系是衡量一个国家发达程度的重要标志。

城市体系结构包括职能结构、规模结构和地域结构（布局），其研究的中心内容是城市与区域的关系。不同类型区域对城市体系建设有不同要求。例如，在大城市行政区，其主城建设既要在全国或大区域城市职能分工的基础上，充分发挥中心城市的作用，又要采取控制其人口规模的布局措施，有计划地建设卫星城和发展周围其他城镇，适当分散主城的职能。在综合经济区，要根据国家或全区劳动地域分工，使其中心城市与区内其他中、小城镇共同构成既有专业化特点，又相对完整、能独立存在的生产基地体系。

（二）城市体系结构的特点

（1）整体性。城市体系由城市、联系区域、联系通道、联系流等多种要素按一定规律组合而成的有机整体。

（2）动态性。城市体系形成之后并不是固定不变的，城市体系组成要素和外界环境的变化，都会通过交互作用和反馈，使城市体系的形态、规模和结构发生变化。

（3）开放性。城市体系不是一个封闭的组织体系，而是一个频繁与外界进行物质、能量、信息交换的开放系统。

（4）层次性。城市体系有大有小，根据所在经济区的规模和层次而定；城市体系内部的城市有大有小，大的城市成为城市体系的核心，小的城市充当城市体系的基层。

（5）重叠性。一个城市可以成为不同层级城市体系的成员，并充当不同的角色。

二、城市体系的类型

(一)金字塔形

它是以一个大城市或特大城市为核心,周围的中小城市以不同距离围绕大城市或特大城市呈环状集中分布,它们的发展和职能特点依赖于大城市和特大城市的发展。这种城市体系的发展着重要解决的首要问题是控制大城市和特大城市市区的规模,发展副中心以分散大城市和特大城市的功能。

(二)多核形

多核形城市体系的特点是区域内的核心城市有多个,它们的规模、引力和影响范围相当,共同对区域内的其他中小城市发挥空间作用;区域内的城市间的关系比较松散,相互之间没有严格的依从关系;区域内城市的空间分布相对比较分散,间距较远。

(三)网络形

网络形城市体系是指区域内核心城市的性质和规模相近,彼此作用难分高低;核心城市之间以及核心城市与其他城市之间的联系密切。

(四)带状形

带状形城市体系是指在交通干线、江河流域的沿线地区形成的,在空间上一字排列、首尾衔接的带状结构城市体系。

三、城市体系结构分析

(一)城市首位度分析

这是马克·杰斐逊(M. Jefferson)早在 1939 年对国家城市规模分布规律的一种概括。他提出这一概念是基于观察到一种普遍存在的现象,即一个国家的"首位城市"总要比这个国家的第二位城市(更不用说其他城市)大得异乎寻常。杰斐逊认为这种现象已经构成了一种规律性的关系,并把这种在规模上与第二位城市保持巨大差距,吸引了全国城市人口的很大部分,在国家政治、经济、社会、文化生活中占据明显优势的城市定义为首位城市。杰斐逊解释道,一个国家在它的城市发展早期,无论什么原因而产生的一个规模最大的城市,都有着一种强大的自身继续发展的动力。它作为经济机会的中心而出现,把有力量的个人或活动从国家的其他部分吸引到这里,逐渐变成一个国家、一个民族的象征,在很多情况下,就成为首都。

杰斐逊的观察和发展对现代城市地理学做出了巨大的贡献。首位城市的概念已经被普遍使用,一国最大城市与第二位城市人口的比值,即首位度,已成为衡量城市规模分布状况的一种常用指标,首位度大的城市规模分布,就叫首位分布。

首位度一定程度上代表了城市体系中的城市人口在最大城市的集中程度,这不免以偏概全。为了改进首位度两城市指数的简单化,又有人提出 4 城市指数和 11 城市指数。

4 城市指数:

$$S=P_1/(P_2+P_3+P_4) \qquad (6-1)$$

11 城市指数:

$$S=2P_1/(P_2+P_3+\cdots+P_{11}) \qquad (6-2)$$

$P_1,P_2,\cdots,P_{11}$为城市按规模从大到小排序后,某位序城市的人口规模。按照位序—规模的原理,所谓正常的 4 城市指数和 11 城市指数都应该是 1,而两城市指数应该是 2。显然,4 城市指数和 11 城市指数比只考虑两个城市更能全面地反映城市规模分布的特点。

首位度高，一般说明该国家或地区人口过分集中在金字塔顶部的中心城市，而金字塔底部的中小城市很不发达，如墨西哥国家城市规模分布就是这样一种典型的分布类型。造成城市规模呈首位分布的原因很多，但主要有自然地理、社会经济因素等。法国城市的首位分布特征比德国明显，这表明国家行政结构及行政区域体系对城市规模分布形态也会产生很大影响。

城市首位分布有利于知识与资本积累、创新、规模与集聚效益，益于城市的长期发展；但容易引致寄生、空间低效等不良后果。

(二)位序—规模分布分析

所谓序位分布，指城市体系中，大中小城市均有，城市数目随城市规模大小而呈现有规律的数量变化。城市规模越大，城市数目越少；反之，城市规模越小，城市数目越多。整个城市体系，构成一个由规模序位构成的金字塔形结构。

早在 1913 年，奥尔巴克(F. Auerbach)就发现 5 个欧洲国家和美国的城市人口资料符合下式的关系：

$$P_iR_i=K \tag{6—3}$$

其中：P_i 是一国城市按人口规模从大到小排序后第 i 位城市的人口数；R_i 是第 i 为位城市的位序；K 是常数。

1925 年罗特卡(A. J. Lotka)发现美国符合：

$$P_iR_i^{0.93}=5\ 000\ 000 \tag{6—4}$$

他给出了一个奥尔巴克的约束性方程能更好地拟合美国 1920 年的 100 个最大城市的模式。罗特卡的贡献在于位序变量允许一个指数。

1936 年，在辛格(H. W. Singer)的研究中才出现一般转换公式：

$$\lg R_i=\lg K-q\lg P_i \tag{6—5}$$

式(6—5)相当于：

$$R_iP_i^q=K \tag{6—6}$$

1949 年，捷夫(G. K. Zipf)提出在经济发达国家里，一体化的城市体系的城市规模分布可用简单的公式表达：

$$P_r=P_1/R \tag{6—7}$$

其中：P_r 是第 R 位城市的人口，P_1 是最大城市的人口，R 是 P_r 城市的位序。

这样，一个国家的第二位城市的人口是最大城市人口的一半，第三位城市是最大城市人口的 1/3，依次类推。这样的位序—规模分布的图解点，表示在双对数坐标图上时，就成为一条直线。假如一个国家有很强的首位度，则城市规模分布曲线就明显偏离位序—规模法则，在强大的首位城市以下缺少中间等级的城市。

捷夫的模式并不具有普遍意义，但作为一种理想状态，已被很多人接受。现在被广泛使用的公式实际上是罗特卡模式的一般化：

$$P_i=P_1/R_i^q \text{ 或 } P_i=P_1/R_i^{-q} \tag{6—8}$$

其中：P_r 是第 i 位城市的人口；P_1 是规模最大的城市人口；R_i 是第 i 位城市的位序；q 是常数。

城市序位分布有利于促进区域经济均衡、城乡协调，进而推动整个区域经济持续发展；但是，这种城市规模分布影响城市初期发展效率，延缓了城市经济的快速发展。

第五节　城市化

一、城市化的含义

城市化是社会经济发展的必然结果，它是指人口向城市聚集、城市规模扩大以及由此引起一系列社会经济变化的过程。城市化的实质就是经济、社会和空间结构的变迁过程。从经济结构变迁看，城市化过程也就是农业活动逐步向非农业活动转化和产业结构升级的过程；从社会结构变迁看，城市化是农村人口逐步转变为城市人口以及城市文化、生活方式和价值观念向农村扩散的过程；从空间结构变迁看，城市化是各种生产要素和产业活动向城市地区聚集以及聚集后的再分散过程。

从人本主义的角度看，这种转变过程主要包括两个方面：一是人口从乡村向城市的流动，并在城市中从事非农工作，城市人口比重不断增加；二是乡村生活方式向城市生活方式的转变，包括价值观、态度和行为方式等方面的转变。因此，从历史过程与发展动因来看，城市化是指产业革命以来，由于非农产业的迅速发展所引起的社会生产与生活地域空间组织的变迁过程。

城市化的概念是不断发展的。刘志军(2004)对城市化的定义进行了系统的梳理和评论，他认为中国学术界对城市化的界定大致经历了从传统型定义到现代型定义，再发展到后现代型定义的过程。城市化概念的嬗变，反映了城市化发展本身的变化，也反映了人们从关注经济的发展到重视生活方式的转变和文明的变迁，从强调城区的集中建设到主张都市带的协调发展，从强调城市工业文明取代乡村农业文明到主张城乡文明相融合等思路的历程。

最近，学术界又提出了新型城市化的概念。新型城市化是与新型工业化相适应的城市化战略。它具有以下几个特点：一是确立新的城市生态观，强调城市的可持续发展，建设环境友好型的绿色城市；二是突出城市的特色，包括城市文化、建筑风格和产业发展等方面的特色，走特色城市化的道路；三是重视城市效率，着眼于资源配置效率的提高，建立资源节约型社会；四是坚持城乡统筹的理念，促进城乡经济社会协调发展，实现城乡一体化；五是重视城市空间结构的改善，强调生产、生活和生态协调发展，建设一个良好的人居环境。新型城市化是一种以科学发展观为指导，强调以人为本的全新的城市化战略，其核心是提高城市化的质量，促进城市化健康发展。

二、城市化的规律

产业革命与资本主义的发展，导致了人类生产与生活方式的革命，人口城市化成为人类社会发展的一个新亮点。根据饶会林的归纳，世界城市化过程大体具有以下特点。

(一)城市化过程的“S”形变化规律

综观世界城市化的过程，大体可分为启动、加速和高位波动三个阶段。西方发达国家从工业革命开始到1875年以前为城市化的启动期。这个时期，城市化水平低，城市化增长速率低，但城市化水平开始缓慢上升，城市化增长速率也开始缓慢提高，呈现“两慢”特征。

1875～1925年为城市化加速期。这个时期，城市化增长速率迅速上升，在城市化增长速率的带动下，城市化水平增长加速，城市化增长速率和城市化水平呈现“双快”特征。

1925年以后，为城市化推进的高位波动期。这时发达国家城市化水平已达到50%以上，年城市化增长速率已达到0.5～0.6个百分点。由于城市化增长速率处于高位，城市化水平仍然保持快速增长态势，但城市化增长速率在高位波动，总体上不再增长。城市化水平与城市化增长速率变动呈现“双缓”特征。三个阶段合在一起，有点像“S”形，所以城市化过程的三阶段规律又称城市化过程的“S”形变化规律（见图6－3）。

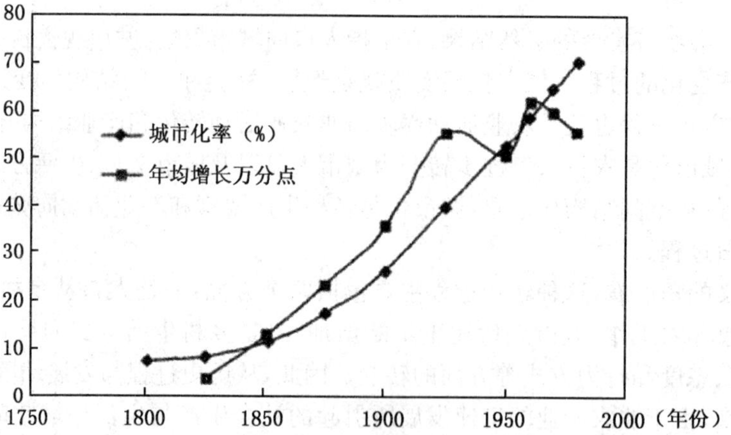

图6－3 发达国家城市化率及其发展速度

（二）城市化扩散遵循时空梯度规律

世界各地城市化过程并不同步，最早起步于西欧，然后向北美扩散。与经济发展和技术扩散过程一样，城市化扩散遵循同样的时空梯度规律。所谓空间梯度，就是在同一时点，世界各地之间，发达国家与欠发达国家之间，一国内部各地区之间所存在的经济、技术、文化发展水平和城市化水平等方面的差异。所谓城市化扩散的空间梯度规律，是指某一城市化过程和城市化水平总是从世界经济最发达的地方开始，然后沿着经济、技术和文化梯度，随着经济、技术和文化的扩散而转移。

城市化扩散的时间梯度规律表现在经济发达地区的某一城市化阶段和城市化水平总是比经济落后地区先行一步，经济落后地区的某一城市化阶段和城市化水平总是与经济发达地区保持一定的时差。据预测，在未来25年里，欧美的城市化速度将降低，而拉美、加勒比海地区、亚洲、非洲的城市人口比例将翻一番。到2025年，中国的城市化率将达到55％左右，城市人口将增加到8.3亿～8.7亿人，比1999年翻一番以上。

（三）后发地区的城市化率增长速度后来居上

英、美、日三个发达国家在城市化启动阶段，即在城市化率10％～20％的阶段，彼此相差70～80年，但城市化水平达到70％以上阶段时，日本却赶在美国的前面。英国的城市化率由1800年的26％发展到1900年的75％，增长49个百分点，用了整整100年；而日本由1920年的18％发展到1980年的75％，增长57个百分点，只用了60年（见图6－4）。

发展中国家的情况也是如此。欠发达国家由于起步晚，由1900年的6.5％提高到1970年的25.82％，即增加19.32个百分点，只用了70年。由此可见，后发地区的城市化率增长速度有后来居上的趋势，城市化推进过程缩短。

三、城市化的类型

地理事物的类型划分，是为了理清各种地理现象之间的状态差异和内在联系。划分时，要

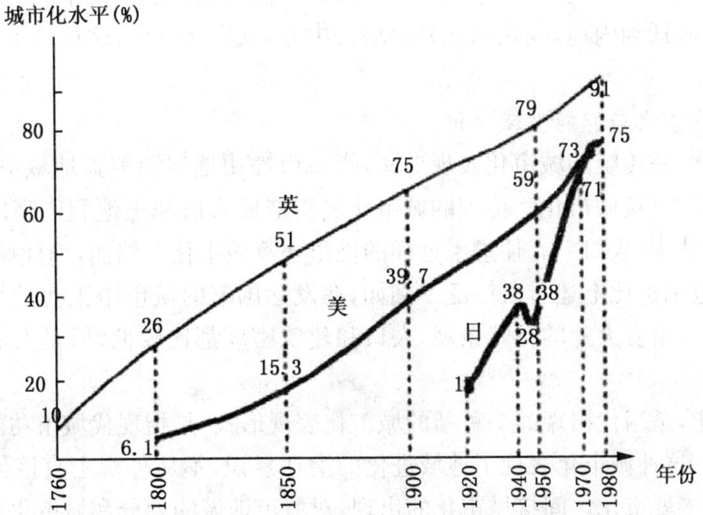

图 6—4　英国、美国和日本的城市化过程

么依据时间背景，要么偏重空间条件。现代城市化在短短的几十年间出现了纷繁复杂的情况和规模宏大的局面，除了依据时间背景划分之外，如从空间系列和发生根源上去观察，可以发现许多种不同的表现形式。

(一)向心型城市化与离心型城市化

以大城市为中心来考察城市化现象，即会发现存在着向心与离心两种类型的城市化。城市中的商业服务设施以及政府部门、企事业公司的总部、银行、报社等脑力劳动机关，都有不断向城市中心集聚的特性，这就是向心型城市化，也称集中型城市化。向城市中心集聚的这些部门，或者是决策部门，或者需要与服务对象进行直接交流，或者需要以稠密的人流作为经营对象。这些部门的职能特点，要求它们向城市中心运动，密集分布。

与上述部门相反，有些城市设施和部门则自城市中心向外缘移动扩散，这被称为离心型城市化，也称扩散型城市化。这些具有离心倾向的部门有的需要宽敞用地，如大型企业、自来水厂等；有的需要防止灾害和污染，如煤气厂、垃圾处理厂等；有的需要安静环境，如精神病院、传染病院等；有的具有特殊使命，需要离开市区，如兵营、监狱、火葬场等。

向心型城市化促使城市中心土地利用密度升高，向立体发展，形成中心商业事务区；离心型城市化导致城市外围农村地域变质、城市平面扩大。

(二)外延型城市化与飞地型城市化

按照城市离心扩散形式的不同，还可分出外延型和飞地型两种类型的城市化。如果城市的离心扩展，一直保持与建成区接壤，连续渐次地向外推进，这种扩展方式称为外延型城市化。如果在推进过程中，出现了空间上与建成区断开，职能上与中心城市保持联系的城市扩展方式，则称为飞地型城市化。

外延型城市化是最为常见的一种城市化类型，在大中小各级城市的边缘地带都可以看到这种外延现象，这一正在进行外延型城市化的边缘地带被称为城乡接合部。飞地型城市化一般要在大城市的环境下才会出现。因为大城市的人口、用地规模已十分庞大，各类城市问题较多，如果继续采取外延型的发展方式，将使各种矛盾更为尖锐。在此情况下，通常采取跳出中心城市现有边界，到条件适宜的地理位置上去发展，用以分散中心城市的压力，有的则形成大城市郊区的卫星城镇。在一些发展中国家，为了改变经济过分集中于沿海地区和发展内地经济的目的，将首都搬迁到内地，或在内地开辟增长中心，从广义上讲，这也是飞地型城市化的一种表现形式。

（三）景观型城市化与职能型城市化

景观型城市化，是传统的城市化表现形式，指城市性用地逐渐覆盖地域空间的过程，直接创造市区，所以也称直接城市化。传统的城市化进程造成人口和土地利用高度密集的城市景观，使人们习惯上认为，人口只有住进了这样的城里才算城市化。然而，当代城市化的多样性，使城市化的概念范围远比上述看法广泛。例如，在发达国家的城市中正在进行的郊区城市化和逆城市化地带内，留有大片的自然景观，人口和建筑密度都比较低，但是人们的生活水平却比城里人高。

职能型城市化，是当代出现的一种新的城市化表现形式，是指现代城市功能在地域系列中发挥效用的过程。这种城市化表现了地域进化的潜在意识，不从外观上直接创造密集的市区景观，所以也称间接城市化。间接城市化的出现，对城市地域的划分和城市化水平的衡量有重要影响。目前，国外普遍采用城市功能区来替代城市行政区作为城市的地域范围，并以城市功能区的人口作为城市总人口。这种探讨是值得我们借鉴的。

（四）积极型城市化和消极型城市化

这两种类型的城市化同样是由于城市化的复杂性所造成的。一般认为，一个国家或地区城市化的水平，体现着该国家或地区经济发展的水平，这就是城市化的表征性能。但是，在发展中国家，却存在着与经济发展不同步的城市化。在拉丁美洲有些国家中，城市化水平与最发达的资本主义国家相似，但经济发展水平远低于后者。还有很多发展中国家，首都人口规模急剧膨胀，但却存在着大片没有城市基础设施的贫民区。

因此，与经济发展同步的城市化称为积极型城市化；反之，先于经济发展水平的城市化，为消极型城市化，也称假城市化或过度城市化。消极型城市化的产生是由于农村经济的破产和城市经济的发展缓慢所造成的。由于农民在乡村里失去了赖以生存的经济条件（如人口激增、灾害、战争等），只好向城市迁居。尽管实际上城里生活条件丝毫不优于乡村，但给人们以某种希望。随着农村人口源源不断地涌入城市，贫民窟、失业、犯罪、饥饿、传染病等各种城市病症开始蔓延。显然，要消除消极城市化现象，除了发展经济之外，还要实行社会制度等方面的变革。

（五）自上而下型城市化和自下而上型城市化

所谓自上而下型城市化是指国家投资于城市经济部门，随着经济发展产生的劳动力需求而引起的城市化，具体表现为原有城市发展和新兴工矿业城市产生两个方面。所谓自下而上型城市化是指农村地区通过自筹资金发展以乡镇企业为主体的非农业生产活动，首先实现农村人口职业转化，进而通过发展小城市（集镇），实现人口居住地的空间转化。

产生这两种类型城市化的根源是由我国国情所决定的。我国的生产要素构成中，除劳动力资源十分丰富外，按人均计算的资源并不丰富，资金更为有限。如果单靠国家投资进行经济建设，所吸收的农业剩余劳动力有一定限度，如1978～1988年，城镇招工中来自农村的数量仅为1 110万。如果在农村发展各类乡镇企业，实现产业结构转换，就可吸收更多的农业剩余劳动力，如1989年我国农村从事非农业生产的人数已达9 000多万人。可见，发展乡镇企业，走自下而上的城市化道路是我国实现城市化的重要途径。

复习思考题

1. 城市的起源特征是什么？
2. 城市经济发展的基本动力是什么？
3. 中心城市在区域经济发展中有什么作用？请举例说明。
4. 城市体系结构类型有哪几种？并举例说明。
5. 试比较发达国家与发展中国家城市化进程的异同点。

第七章

区域经济增长理论

第一节 区域经济要素

区域经济增长是多种影响因素相互作用的过程。对区域经济增长要素的分析，是研究区域经济增长的起点(郝寿义、安虎森等，1999，2004)。区域经济增长要素理论主要涉及区域经济增长的影响要素、区域经济增长要素的分类标准等内容。

一、区域经济增长影响要素

区域经济增长因素对区域经济增长的作用各不相同，但又相互联系。如何区分各因素对区域经济增长的贡献，是一个重要而又困难的论题。区域经济增长理论一般侧重分析主要要素对区域经济增长的影响作用。

(一)自然条件和自然资源要素

广义的自然条件包括自然资源，狭义的自然条件即指自然地理位置、地质条件、水文条件、气候条件等，它作为环境因素，间接对区域经济增长产生作用。自然条件和自然资源作为区域经济增长的物质基础，是影响区域经济增长的基本要素，具体体现在对劳动生产率的影响、对区域产业结构的影响、对区域初始资本积累的影响等方面，亦即首先影响区域经济的投入结构，进而影响区域产出结构。

(二)劳动力资源要素

劳动力资源即指区域内人口总体中所具有的劳动能力的总和，是存在于人的生命体中的一种经济资源。劳动力资源的数量、质量是决定区域经济增长的重要因素。区域劳动力资源丰富，即为该区域经济增长提供了最基本的条件；劳动力资源缺乏，则直接影响区域经济增长所需人力资源的供给。劳动力投入量的增加，可提高区域经济的产出水平，并影响生产要素投入的结构。

(三)资本要素

资本是一种相对稀缺的生产要素,资本形成对经济增长具有决定性影响。资本存量的多寡,特别是资本增量形成的快慢,往往成为促进或阻碍区域经济增长的基本要素。资本的主要形成路径为:储蓄(私人、企业、政府储蓄)转化投资,进而形成物质资本(机器、设备、厂房、基础设施等)。区域经济增长并非单纯取决于储蓄和可投资资源的供给,而是主要取决于这些资源的合理利用。

(四)技术要素

技术是指解决生产、生活实际问题的手段、方法的总和,既包括知识、经验等软技术,又包括工具、装备等硬技术。技术要素已成为经济增长的重要内生变量,技术进步对区域经济增长的影响日趋跃居主导地位,区域的技术能力已成为区域经济增长的核心要素。技术进步对区域经济增长的影响主要表现在:不同的技术条件决定了各种要素在经济活动中的结合方式;技术进步不断改变劳动手段(主要表现为生产工具,尤其是机器设备)和劳动对象;技术进步能促进劳动力素质的提升;技术进步能促进产业结构的优化升级。

(五)区际贸易因素

基于区域外部需求的区际贸易有广义和狭义之分。广义的区际贸易既包括一国范围内区域间的国内贸易,也包括区域跨国界的国际贸易;既包括区际商品贸易(商品输入和输出),也包括区际服务贸易(如旅游业等)。区际贸易也是影响区域经济增长的重要因素,对区域经济增长具有乘数效应。

(六)结构要素

区域内企业组织结构调整、产业结构优化配置及产业组织结构优化、空间结构的合理有序等,都是促进区域资源优化配置的重要途径,是促进区域经济增长的重要因素,影响区域经济的稳定增长。

(七)制度安排

政府通过正式制度安排(体制、政策、法规、组织、规划)可改变区域的要素供给特征和要素配置效率,影响区域经济增长速度。区域非正式制度安排(道德、伦理、观念、风俗习惯或文化传统、企业家精神)的差异引致区域制度创新能力的差异,进而影响区域经济增长速度和质量。

二、区域经济增长要素分类

基于不同的视角,采用不同的分类标准,国内学者将区域经济增长要素分类方法归结为以下三类:

(一)基于各种要素性质、特征和作用的差异视角的分类

根据区域经济增长诸要素的性质、特征和作用的不同,将其分为区域性因素和一般性因素两类(见表7—1)。一般性因素是国家和区域共有的增长因素,反映区域经济增长的共性特征;区域性因素是区域特有的增长因素,反映区域经济增长的个性特征。

按此分类标准,也可将区域经济增长诸要素分为供给面因素(生产要素)、需求面因素和作用于供、求方面的因素三类(陈秀山、张可云,2003)。供给面因素包括劳动、资本和土地等;需求面因素包括私人的消费需求和公共的消费需求、私人的投资需求和公共的投资需求;作用于供、求方面的因素包括技术进步、空间结构、产业结构、基础设施体系、国家产业政策和区域政策、政治体制、社会体制、法律、意识形态、文化历史传统等。

表 7—1 区域经济增长的一般性因素和区域性因素

学者(年份)	一般性因素	区域性因素
程必定(1989) 陈栋生(1993)	劳动投入量、资金投入量和技术进步	两种表述： 1. 区域资源配置的改善(区域产业结构优化)；区域经济中心的发展(经济中心经济聚集能力和辐射能力)；区域经济的组织与管理的改进(企业等微观组织与管理的改进、区域经济宏观组织与管理的改进、国家的区域政策) 2. 城市化水平、资源禀赋与配置、国家投资的区位偏好等

资料来源：程必定等．区域经济学[M]．合肥：安徽人民出版社，1989：301－317；陈栋生等.区域经济学[M]．郑州：河南人民出版社，1993：37－38。

按此分类标准，还可将区域经济增长诸要素表述为六类(郝寿义、安虎森等，1999，2004)：自然条件和自然资源(恒常要素)、劳动力要素(资源)、资本(物质资本)、技术条件(技术进步、创新)、结构变化(产业结构变化、就业结构变化、企业组织结构变化)、制度安排(区域经济政策、体制、政策和法规、道德、伦理、观念和习惯等)。

(二)基于各种要素的区域来源视角的分类

根据区域经济增长要素的区域来源，将其分为内部因素和外部因素两类(表 7－2)。内部因素反映区域经济增长的潜力和自我发展能力；外部因素反映外部环境条件对区域经济增长的影响。

表 7—2 区域经济增长的内部因素和外部因素

学者(年份)	内部因素	外部因素
于宗先等 (1986)	·供给面因素(生产要素的供给)：劳动、资本、技术 ·需求面要素(消费与投资) ·区域空间结构	·区域间要素迁移(流动)：劳动的迁移、资本的流动、技术知识的传播 ·区域间贸易：区域间贸易障碍(区域间距离、区域间运输成本)、区域间需求(区域外部对本区域财货之需求)
陈栋生等 (1993)	区内生产要素的供给、消费和投资需求、区域的空间结构	区际要素流动、区际商品贸易、区域外部需求、国家区域政策

资料来源：于宗先等．空间经济学[M]．台北：联经出版事业公司，1986：140－142；陈栋生等．区域经济学[M]．郑州：河南人民出版社，1989：37。

(三)基于各种因素与社会生产过程的相关程度视角的分类

根据区域经济增长诸要素与社会生产过程的相关程度，将其分为直接影响因素和间接影响因素两类(陈栋生等，1993)。

直接影响因素即生产的因素，是指直接参与社会生产过程的因素，包括劳动力、资本和技术。直接影响因素对区域经济增长起着决定性的作用。间接影响因素即指通过直接影响因素对社会生产过程间接发生作用的因素，包括自然条件和自然资源、人口、科技、教育、经营管理、产业结构、对外贸易、经济技术协作、经济体制和经济政策等。间接影响因素一般通过改善生产条件、劳动力和生产资料的质量来影响区域经济的增长。

总之，影响区域经济增长的要素是多元的。区域经济增长要素分析应重点关注以下三大内容：

(1)生产要素分析。即分析劳动力、资本、技术等生产要素对区域经济增长的决定性影响作用。

(2)制度要素分析。制度分析是新制度经济学倡导的一种具有相当强解释力的分析方法;对一个区域而言,制度可分为正式制度和非正式制度。制度供给的有效性是影响区域经济增长速度及质量的重要因素。

(3)结构要素分析。西方区域经济增长理论研究的侧重点是区域经济增长的动力机制及其区际差异问题,产业结构及空间结构一般被置于其理论框架之内,作为影响区域经济增长过程的一个变量(魏后凯,1990)。区域经济学尤其应重视分析区域产业—空间结构要素对区域经济增长速度和质量的影响作用。

第二节 经济增长理论

一、区域输出基础理论

1955 年,道格拉斯·诺斯(Douglas North)在论文《区位理论与区域经济增长》中,批评了艾萨德的区位理论和胡佛的增长阶段理论,认为他们没有解释区域增长的动力,并且关于区位的模型和关于增长的描述也存在问题(North,1955)。诺斯从经济史的角度出发,认为区域增长的阶段论中的阶段序列与经济史是断裂的,该理论是建立在中世纪欧洲封建自给自足型经济的假设之上的,近代美国的经济发展与区域增长的阶段论序列不相符合。诺斯认为,区域经济增长的动力来自于外部需求的拉动,区域外部需求的增加是区域增长最为关键的初始决定因素(North,1955)。诺斯的思想后经蒂伯特(Tiebout,1956)等人的发展而逐步得到完善,成为解释区域增长的输出基础理论(export base theory)。

(一)输出基础理论的思想内核

在输出基础理论中,经济被划分为两个部门:一是输出的基础部门(basic sectors),包括所有的区域外部需求导向的产业活动;二是非基础部门(non-basic sectors),包括所有的区域内部需求导向的产业活动。输出基础理论的思想内核是,一个区域经济的增长取决于输出的基础部门的增长,区域外部需求的扩大是区域经济增长的基本动力;因而增加区域的输出基础即区域所有的输出部门,将启动一个乘数过程,其乘数数值等于区域总的收入或就业量与输出部门的收入或就业量之比。

用基础乘数 BM(base multiplier)代表这一乘数数值,该乘数就等于第 t 个年度的总产出或就业与输出部门的产出或就业之比:

$$BM=B_t/E_{et} \tag{7—1}$$

其中:B_t 为该区域第 t 个年度的总产出或就业;E_{et} 为该区域第 t 个年度输出部门的产出或就业。

输出基础理论认为:一个区域对外输出(包括产品和服务)的总额越大,其输出部门的收入就越多,这部分收入除了补偿输出部门的生产费用外,可以用于满足区域内需求的产品的生产和服务业,以及用于扩大输出。同时,输出部门的生产活动需要许多区域非输出部门的配合和协作。这样,输出部门越大,区域内的生产和服务业就越会得到更大程度的发展。因此,输出生产和输出总额越大,区域经济的规模和相应的收入就越大。

（二）输出基础理论的特点

(1)它显然是凯恩斯的收入理论在开放的区域和长期分析中的应用。输出作为总需求的唯一外生影响因素，被提升到了核心的地位，其他可能的影响因素（消费函数、国内投资或政府支出水平的变化）被降低到了微不足道的位置。

(2)该理论不关心出口需求增长的来源，将整个世界经济仅分为两个组成部分：区域和世界其他地区。出口的增加是源于邻近区域还是源于世界的其他地区都没有什么差别。

(3)输出基础理论在分析区域增长时把各国需求的变化模式置于核心的位置。它强调，为了理解区域增长的机制，不能孤立地对一个区域进行研究。一个区域能否快速增长，不可能完全在它的边界内部决定。

输出基础理论的倡导者也认识到区域内部政府的较高支出水平将促进区域增长；非经济因素引起的迁移也会在不改变输出基础的情况下推动当地经济活动的扩张；进口替代型的当地活动的增加也会促进区域经济发展。此外，当地产业（例如为输出产业提供投入的那些产业）的效率改进能够通过提高输出基础部门的竞争力，而对区域活动产生显著影响。这一区域增长理论，有助于我们对特定国家某区域历史发展的重要特征形成一个简洁的描述。但它存在着诸多缺陷，因此难以成为区域增长的一般理论。

（三）输出基础理论的缺陷

首先，输出基础理论简单地将各区域分为本区域和其他地区，这就掩盖了在增长过程中区域相互之间可能产生的重要作用。其次，作为区域增长预测的方法，输出基础理论的价值也是令人怀疑的。我们不大可能根据输出基础部门的变化，来估计它对区域增长的净效应。例如，从区域漏出的收入有多少再次以进口的形式输入，将取决于输出增长的确切形式和来源。这一理论的缺陷还包括：

(1)过度简化了输出基础部门的影响。在一个由许多商品组成的世界里，当地活动的影响经常显著地从一个输出行业变动到另一个输出行业。输出基础不同组成部分的扩张，对区域增长具有相当不同的作用。

(2)输出基础理论忽略了内部增长驱动力有可能是区域增长的关键因素的事实。从长期看，单纯强调输出是非常狭隘的，我们还需要考虑其他外生变量（政府公共支出措施、区域内的技术进步、生产函数或消费函数的变动等）的水平，它们在某些情形下对增长的作用较输出基础更为重要。

(3)我们所研究的区域越大，这种忽略所引起的问题就越严重。随着所分析区域规模的扩大，输出的相对重要性将越来越小，增长的其他影响因素的重要性将相应地增大。另外，对于较大的区域来说，乘数的反馈作用可能更为显著，这就要求一种立足于区域间的分析方法。

(4)在某些情形下，当地活动可能是区域收入增加的关键因素。例如，将资源配置到当地活动也许比配置到输出部门更有效率（比如，由于前者具有更高的技术进步率）。在这种情况下，输出活动的下降会促进区域收入的增加。

(5)如果一个区域的贸易条件有显著的改进，那么即使其输出基础的规模没有提高，该区域也能够实现增长。

(6)当我们涉及具有复杂的输出部门（其市场从有限制的区域到国家甚至整个世界）的多样化的区域经济时，输出基础这个概念的价值就会大打折扣。

二、新古典区域经济增长理论

1956年，美国经济学家索洛(Solow，1956)发表了《对经济增长理论的一个贡献》的论文，成为经济增长研究历史上的一个里程碑。索洛成功地将新古典经济理论和凯恩斯经济理论结合在一起。对新古典模型做出贡献的还有英国经济学家拉姆齐(F. Ramsey)和澳大利亚经济学家斯旺(T. Swan)。由于索洛模型是新古典经济增长模型的最重要代表，我们常常把索洛模型与新古典模型作为同义词使用。新古典模型被广泛应用于各国区域经济增长分析中，一些学者还试图将空间因素引入新古典增长模型。例如，理查森把区域空间结构的变动对区域增长的影响引入新古典增长理论的标准增长方程式，提出了一个融合空间维的区域增长模型(Richardson，1973)。

新古典模型中的生产函数包含四个变量：产量Y、资本K、劳动L和技术水平或称为劳动的有效性A。在任一时间中，经济中一定量的资本、劳动和技术结合起来生产产品，其生产函数的形式为：

$$Y(t)=F[K(t),A(t)L(t)] \tag{7-2}$$

其中：t表示时间。

该生产函数有三个特点：第一，这是一个单部门的生产函数，其中产出是一种既可被消费$C(t)$，也可被投资$I(t)$以创造新的物质资本$K(t)$的同质产品。第二，时间并不直接进入生产函数，只是通过K、L和A进入。具体而言，仅在生产投入变化时，产量才随时间变化。第三，A和L是以相乘的形式进入生产函数，AL被称为有效劳动，而此种形式引入的技术进步被称为劳动增进型或哈罗德(Harrod)中性。

关于新古典生产函数，还有四个关键的假设条件：

(1)规模报酬不变。该假设意味着生产函数对于两个自变量，即资本和有效劳动是规模报酬不变的。

(2)忽略土地和其他资源对产出的作用。该假设认为资本、劳动和技术知识以外的投入是相对不重要的。

(3)要素投入为正，且呈边际报酬递减。

(4)生产函数满足稻田条件(Inada conditions)。稻田条件是指随着资本或劳动趋于零，资本或劳动的边际产品趋于无穷大；当资本或劳动趋于无穷大，资本和劳动的边际产品趋于零。

三、凯恩斯区域乘数理论

乘数效应(multiplier effect)是一种宏观的经济效应，也是一种宏观经济控制手段，是指经济活动中某一变量的增减所引起的经济总量变化的连锁反应程度。在区域经济发展中它的概念是指通过产业关联和区域关联对周围地区发生示范、组织、带动作用，通过循环和因果积累这种作用不断强化放大、不断扩大影响。凯恩斯区域乘数由标准凯恩斯国民收入—支出乘数模型改造而来(见图7—1)。

区域经济在某种程度上与国民经济不同，有自己独特的性质，导致凯恩斯区域乘数也在一定程度上与标准凯恩斯国民经济乘数有所不同。标准的凯恩斯收入—总需求表达式应用于一个区域的情况下，可以表示为：

$$Y_r=C_r+I_r+G_r+X_r-M_r \tag{7-3}$$

其中：Y_r代表区域收入，C_r代表区域消费，I_r是区域投资，G_r是区域政府支出，X_r是区

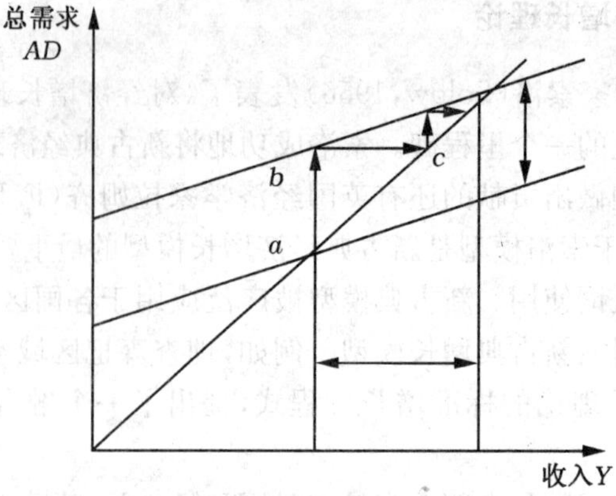

图 7—1 凯恩斯收入—支出乘数模型

域出口，而 M_r 是区域进口。

由式(7—3)第一个调整是一个标准的线性消费函数。在这个函数中，区域的消费水平 C_r 部分地外生于区域收入 Y_r，而且部分地是区域收入的一个函数。可以表示为：

$$C_r=\overline{C}+cY_r \quad (7-4)$$

其中：$\overline{C}$ 是外生的区域消费，c 是区域边际消费倾向。

由式(7—3)第二个调整是由标准的线性进口—支出函数变换而来的。在这个函数中，区域的进口水平 M_r 部分地外生于区域收入 Y_r，部分地是区域收入的一个函数。表示为：

$$M_r=\overline{M}+mY_r \quad (7-5)$$

其中：$\overline{M}$ 是外生的区域进口，m 是区域边际进口倾向。

区域乘数模型与国民收入—支出乘数模型的首要区别是，区域进口的定义是从该区域外，包括从国外购买的任何物品支出，这要比国家进口的定义更加宽泛。

在式(7—4)和式(7—5)中的收入项目 Y_r 被定义为税后可支配收入。合并全部的区域税收漏出 T_r，以一种简单的形式表示为：

$$T_r=tY_r \quad (7-6)$$

这里，t 是区域的平均税率，这样税后可支配收入可以表示为 $Y_r(1-t)$。可以得出：

$$Y_r=\overline{C}+cY_r(1-t)+I_r+G_r+X_r-\overline{M}-mY_r(1-t) \quad (7-7)$$

该式可以重新写作：

$$Y_r-cY_r(1-t)+mY_r(1-t)=\overline{C}+I_r+G_r+X_r-\overline{M} \quad (7-8)$$

重新整理为：

$$Y_r=\frac{\overline{C}+I_r+G_r+X_r-\overline{M}}{1-(c-m)(1-t)} \quad (7-9)$$

这样，区域收入 Y_r 可以表示成总需求的外生成分的和乘以区域乘数 k_r，即：

$$Y_r=k_r(\overline{C}+I_r+G_r+X_r-\overline{M}) \quad (7-10)$$

其中：

$$k_r=\frac{1}{1-(c-m)(1-t)} \quad (7-11)$$

在乘数的框架下，如果考虑总需求中任一成分的增加所带来的影响，可以得出：

$$\Delta Y_r=\frac{\Delta(\overline{C}+I_r+G_r+X_r-\overline{M})}{1-(c-m)(1-t)} \tag{7-12}$$

区域乘数模型与国民收入—支出乘数模型的第二个区别是，在标准的国民收入模型中投资被认为是外生的，不是主要取决于国民收入水平。而区域乘数模型中认为投资水平部分是外生的，决定于国民经济的情况，同时也部分地取决于本地的区域收入水平，因此可以把投资收入写作：

$$I_r=\overline{I}+iY_r(1-t) \tag{7-13}$$

区域乘数模型与国民收入—支出乘数模型的第三个区别是，在标准的国民收入模型中政府支出被认为是收入外生，取决于政治因素。而区域乘数模型中认为政府支出部分地取决于区域收入水平，公共支出一定程度上是当地区域收入的反函数，这样可以把政府的区域收入—支出函数重新写作：

$$G_r=\overline{G}-gY_r(1-t) \tag{7-14}$$

其中：负的 g 代表当区域收入增加时，政府支出从当地经济中退出的边际倾向。

把式(7－4)、式(7－5)、式(7－6)、式(7－13)和式(7－14)代入式(7－3)，得到：

$$Y_r=\overline{C}+cY_r(1-t)+\overline{I}+iY_r(1-t)+\overline{G}-gY_r(1-t)+X_r-\overline{M}-mY_r(1-t) \tag{7-15}$$

整理可得：

$$Y_r=\frac{\overline{C}+I_r+G_r+X_r-\overline{M}}{1-[(c-m)+(i-g)](1-t)} \tag{7-16}$$

这里：

$$k_r=\frac{1}{1-[(c-m)+(i-g)](1-t)} \tag{7-17}$$

考虑到福利支付收入的转出和公共设施投资的影响，式(7－14)可调整为：

$$G_r=\overline{G}+(g'-g'')Y_r(1-t) \tag{7-18}$$

其中：$(g'-g'')$代表区域收入随着区域人口的增加呈线性增长时，政府在公共设施上投资的边际倾向的增长，代表对于任意给定的区域人口水平，随着区域的收入增加，政府支出撤出的边际倾向。

从区域乘数效应的角度研究和运用投资宏观调控决策体系，就是在已有凯恩斯投资乘数理论的基础上，基于经济体不同区域的社会边际消费倾向往往不相同的现实，结合空间区域细分概念，研究投资对经济体各相关区域经济发展乘数拉动效果的计量与最佳化问题，并应用到投资宏观调控的实践之中。显然，从区域乘数效应的角度就投资的宏观调控决策体系进行研究具有突出的理论意义和现实价值。

第三节　区域经济增长阶段

区域经济由不发达到发达是一个漫长的演化过程。在这一过程中，区域要素供给、产业结构、空间结构乃至资源配置方式均具有明显的阶段特征。区域经济增长(发展)阶段理论即通过对区域资源要素配置、经济增长、产业结构及空间结构演化等方面作用机制的分析，探究区域经济由低级到高级、由贫穷到繁荣的阶段性规律。基于所分析的区域类型特点，区域经济增长(发展)阶段理论可分为罗斯托(Walt Whitman Rostow)的经济成长阶段论、一般区域经济增长(发展)阶段理论、特殊区域生命周期理论和约翰·弗里德曼的区域空间成长阶段理论四大类。

一、罗斯托的经济成长阶段论

罗斯托(2001)在《经济成长的阶段》一书中,将人类社会发展划分为六个经济成长阶段。

(一)传统社会阶段

在这一阶段,社会生产力水平低下,产业结构单一,经济活动主要局限于传统的农业活动,其他产业不发达,区域经济增长缓慢。

(二)为起飞创造前提阶段

罗斯托认为,起飞指突破经济传统的停滞状态。区域经济要想实现起飞,必须具备以下3个条件:一是具有较高的资本积累能力,资本积累占国民收入的10%以上。可通过3个途径实现:私人储蓄;政府发行债券、征税和出让公有土地;国外(或区外)资本输入。二是建立起飞的主导部门。该主导部门发展速度快,既能带动其他部门,又能赚取外汇,以便引进技术和购买外国产品。三是要有制度上的改革,即建立一种能保证起飞的制度。以上3个条件之所以是区域经济实现起飞的前提,罗斯托认为主要基于以下几个原因:第一,较高比例的资本积累可确保经济增长的资本需求。第二,主导部门的建立和发展带来的外汇收入,可用来引进先进技术;同时,保障投资利益的制度变革的实行有利于外国直接投资建厂,带来新技术。第三,主导部门的建立会产生"连锁"效应,即主导部门的建立可带动其他部门的发展,从而引起区域经济的变化,为经济发展所需要的原料生产、交通运输、劳动力供给提供保证。

(三)起飞阶段

罗斯托认为,在人类社会经济成长的六个阶段中,起飞阶段相当于工业化初期,即一个具有决定性意义的转折时期。在这一阶段,基本经济结构和生产方式将发生剧烈变化,意味着技术的吸收并产生扩散性结果。罗斯托认为,经济的起飞主要是因为主导部门采用了先进技术,扩大了市场,增加了资本积累,从而带动整个国民经济的发展。但经过一段时间后,当初的先进技术及其影响已经扩散到整个经济部门中,必然会导致工业部门技术改造的缓慢,主导部门的"减速趋势"不可避免。因此,一个社会要想保持较高的平均增长率,必须不断地采用新技术,产生新的主导部门。新主导部门通过技术扩散和利润的再投资可带动其他部门的发展,从而实现经济的另一次起飞。

(四)成熟阶段

罗斯托认为,经济实现起飞后,经过较长时间的持续成长,才能达到成熟阶段。在这一阶段,经济中已经吸收了先进的技术成果并推广到其他部门,工业向多样化发展,主导部门为铁路、钢铁工业、通用机械、电力工业和造船工业等重型工业和制造业综合体系。从起飞阶段到成熟阶段,经济成长主要依靠对工业设备部门的投资,这种投资虽然能带动工业部门的增长,但也具有一定的局限性。这种局限性主要体现在:以对工业部门投资为基础的这种经济成长,在先进技术已被充分吸收并被应用于大多数生产部门之后,将不可避免地出现"减速趋势",为了终止这种趋势,必须向更高级的新的成长阶段过渡。罗斯托认为,这种新成长阶段的出现并不是偶然的,在这一过渡过程当中,成熟阶段具有一定的诱导作用:一是经济的成熟带来了新型产品——汽车的出现;二是经济的成熟引起了劳动力结构的变化,城市居民人数和人们的收入均有所增加;三是随着收入的增加,人们对高档消费品的需求也随之增加,这促使社会必须投入更多的资源以满足人们需求的变化。在这些诱导作用的影响下,以汽车为主导部门的"高额群众消费阶段”必然形成。

（五）高额群众消费阶段

在这一阶段，工业高度发达，主导部门为汽车工业部门综合体系。该体系不仅包括汽车本身，还包括与汽车工业具有回顾效应的钢铁工业、橡胶轮胎工业、石油精炼工业等部门以及与汽车工业具有旁侧效应的私人住宅建筑、高速公路建设等部门。罗斯托认为，在高额群众消费阶段，必须保持相当高的消费者需求水平，否则耐用消费品生产部门和各相关部门将会开工不足，从而缩减投资利益，经济成长将不能得到保证。

（六）追求生活质量阶段

罗斯托认为，由于存在主导部门的减速趋势，高额群众消费阶段同样也会被新的成长阶段所代替，这一新的成长阶段即为追求生活质量阶段。这一阶段的主导部门为教育、卫生保健、住宅建筑、城市和郊区的现代化建设、社会福利等提高人们生活质量的有关部门。

罗斯托经济成长阶段理论对发展中国家选择发展战略、重点和模式，揭示主导部门带动经济增长的作用及资本积累的重要性具有一定的指导意义。罗斯托所采用的部门总量分析方法是其起飞理论的核心和支柱，是他对发展经济学的一个重大创新和贡献。他用了大量篇幅来讨论主导部门的形成、扩散、更迭、持续增长与反减速等问题。他关于划分经济发展阶段的基本根据是资本积累率水平的研究以及关于技术创新的研究，对于分析和划分区域增长阶段具有很好的参考价值，对研究发展中国家的经济发展有很大的启示作用。

罗斯托关于起飞、主导部门以及经济成长阶段交替机制的研究，对分析和判断区域成长阶段具有一定的合理性，但该理论也存在一定的局限性：该理论是在分析发达国家经济演变的过程中实现的，尤其是在美国的经济历史过程中形成的，他所描述的经济成长是一个直线形的概念，认为所有国家都遵循同样的发展路径，都选择同样的经济发展模式。但事实上，各国的历史、文化、制度和经济发展水平都存在着很大的差异，不可能选择完全相同的发展道路。它是否适应于发展中国家，还有待历史的检验。此外，罗斯托理论的基本研究单位是国家，在进行区域经济演变历程的研究时，不能完全照搬，还要根据区域经济发展的特点进行研究。例如，对于基础薄弱的区域而言，虽然其积累率很高，但其发展水平仍可能处于传统阶段；从主导产业来看，由于各地区存在较大差异，各区域主导产业的更替也会存在较大差异。因此，对区域成长阶段进行判断时，没有统一模式，要根据区域发展的实际情况进行具体分析。

综上所述，可以总结一下罗斯托的经济成长阶段论的优缺点。

其优点：罗斯托的经济成长阶段论是在考察了世界经济发展的历史后提出的，它正确地强调了国际贸易对一国经济发展的重要性，对落后国家追赶先进国家具有重要的指导意义，所以是一种重要的现代化理论。一些国家在现代化进程中曾经自觉地实践了罗斯托的理论并取得了巨大的成功。

其局限性：一方面，罗斯托的经济成长论是一种线性的发展理论，不具备周期理论的预见性。人们注意到，罗斯托的理论中最初只包含了 5 个阶段，后来被他扩展成 6 个阶段，那么只要人类社会不灭亡，肯定就还会存在第 7 个阶段。这第 7 个阶段是什么？有什么特征？根据罗斯托的理论，人们无从知晓。所以，罗斯托的理论虽然对落后国家的发展具有重要的指导意义，但对发达国家的发展却没有多大参考价值。另一方面，罗斯托的理论忽略了多种经济发展模式存在的可能性。实际上，小的经济体，如新加坡这样的城市国家，完全可能以其他的路径实现现代化，或者实现跳跃性的发展。

针对罗斯托的经济发展阶段理论对发达国家的发展没有多大参考价值的弱点，从 20 世纪

70年代开始，美国产生了一批思考美国以及人类未来的著作，如托夫勒的《未来冲击》(1970)《第三次浪潮》(1980)《大趋势》(1990)以及奈比斯特的《大趋势——改变人们生活的10个新方向》(1982)等。这些对世界产生了广泛影响的著作都涉及到了信息革命或者信息社会的问题，在一定程度上弥补了罗斯托理论的欠缺。

专栏7－1　　华尔特·惠特曼·罗斯托

华尔特·惠特曼·罗斯托(Walt Whitman Rostow，1916～2003)，美国经济史学家。发展经济学先驱之一。生于纽约。1938年获牛津大学巴利奥尔学院文学硕士学位，1939年获耶鲁大学哲学博士学位。从1940年开始，先后在哥伦比亚大学、牛津大学、剑桥大学、麻省理工学院、奥斯汀得克萨斯大学任教授，讲授经济史、经济学与历史。先后担任欧洲共同体执行秘书助理、总统国家安全事务特别助理帮办、国务院政策计划委员会顾问和主席、总统国家安全事务特别助理等。罗斯托在学术上最重要的研究成果是提出经济成长阶段的理论。他试图用经济理论解释经济历史的进程，并用这种理论代替马克思对人类社会历史发展阶段的划分。他确信他的理论解释了西方各国已经历过的工业化过程，提示了一个国家在经济成长过程中所要遇到的一系列战略抉择问题。代表著作：《经济增长过程》《经济成长阶段——非共产主义宣言》《政治和成长阶段》《这一切是怎样开始的：近代经济的起源》《世界经济：历史与展望》《1868～1896年英国贸易的波动》等。

二、一般区域的经济增长阶段

(一)胡佛—费雪的区域经济增长五阶段论

美国区域经济学家胡佛和费雪(J.Fisher)在《区域经济增长研究》(1949)一文中最早倡导区域经济增长阶段论。

该理论认为，任何区域的经济增长都存在着“标准阶段次序”，具体包括5个阶段：

(1)自给自足经济阶段。此为区域经济增长的初始阶段。其特征表现为：区域产业几乎全为农业，区域人口绝大部分为农业人口；区域经济呈明显的封闭性，区域间经济联系甚少；经济活动均随农业资源呈均匀分布。

(2)乡村工业兴起阶段。随着交通运输业以及贸易的发展，乡村工业崛起并在区域经济发展中发挥重要作用。

(3)农村生产结构转换阶段。随着区际贸易的扩大，区域农业生产方式逐渐发生变化，由粗放型农业向集约型、专业化农业转变，由畜牧养殖转向果蔬、乳酪、园艺生产。

(4)工业化阶段。随着人口的增长、农业生产发展到相当规模后引致规模报酬的递减、采掘工业生产效益的下降，区域被迫谋求工业化。

(5)服务业输出阶段(成熟阶段)。此为区域经济增长最后阶段，区域实现了为出口服务的服务业专业化生产，向区外输出资本、熟练技术人员和为欠发达区域提供专业化服务，专业性服务的输出逐渐成为区域经济增长的驱动力。

胡佛—费雪的区域经济增长阶段理论是对传统经济区位理论的一种扩展，是对大多数欧洲国家区域经济发展历史过程的经验总结，所揭示的是在技术变化条件下区域产业结构变化的一般规律。该理论强调，任何区域的经济发展都必须经历两个相辅相成的成长过程，即：一方面，区域经济必须经历由自给自足的封闭型经济向开发型的商品经济转变的历史过程，在这一转变过程中，运输成本下降起着关键作用，区际贸易发挥着重要作用；另一方面，区域经济必须完成由第一产业向第二产业到第三产业的过渡，实施区域工业化战略是完成这一转变的关键，由农业、采掘业等初级产业向以制造业为中心的次级产业过渡，是维持区域经济持续发展的唯一途径。

胡佛—费雪的区域经济增长阶段理论也存在着明显的缺陷：该理论只是对区域经济发展的状态描述，没有涉及对区域经济发展的动力机制及其原因的解释；在理论的应用层面上，也并非每一个区域的经济发展都必须经历这样的"标准阶段次序"。

专栏 7－2　**埃德加·M.胡佛**

埃德加·M.胡佛(Edgar Malone Hoover)是美国区域经济学家，早在 1937 年，他就发表了《区位理论与靴鞋和皮革工业》，从历史的角度叙述了不同经济发展阶段的区位结构(local patterns)。《区域经济学导论》是胡佛的又一重要著作。

胡佛在 20 世纪 30 年代论证了不同产业的区位结构之后，将规模经济区分为三个不同的层次。他认为，就任何一种产业来说，都有：(1)单个区位单位(工厂、商店等)的规模决定的经济；(2)单个公司(即联合企业体)的规模决定的经济；(3)该产业在某个区位的集聚体的规模决定的经济。而这些经济各自得以达到最大值的规模，则可以分别看作是区位单位最佳规模、公司最佳规模和集聚体最佳规模。

(二)陈栋生、魏后凯的区域经济成长(增长)四阶段论

陈栋生、魏后凯等在《区域经济学》(陈栋生等，1993)《西部经济崛起之路》(陈栋生等，1996)《现代区域经济学》(魏后凯等，2006)等书籍中均倡导区域经济成长(增长)四阶段论。该理论认为，区域经济的成长(增长)是一个渐进的过程，可分为待开发(不发育)、成长、成熟(发达)、衰退四个阶段(见图 7－2)。

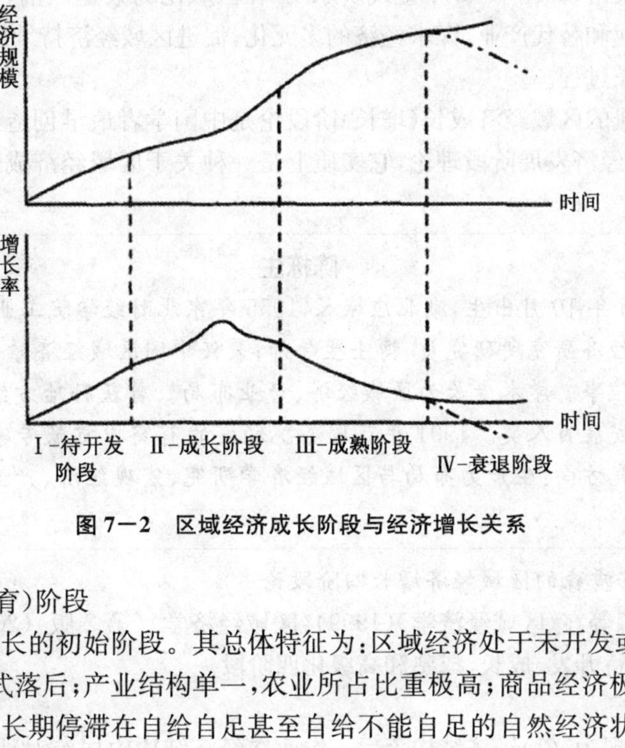

图 7－2　区域经济成长阶段与经济增长关系

1. 待开发(不发育)阶段

此为区域经济增长的初始阶段。其总体特征为：区域经济处于未开发或不发育状态，生产力水平低下，生产方式落后；产业结构单一，农业所占比重极高；商品经济极不发达，市场规模狭小，经济增长缓慢，长期停滞在自给自足甚至自给不能自足的自然经济状态中；自我资金积

累能力低下，缺乏自我发展能力；各种经济活动在空间上呈散布状态。处于这一阶段的区域经济发展途径为：将外部资金、人才、技术输入和区域内条件有机结合，形成自我发展能力，启动区域经济增长。

2. 成长阶段

当区域经济跨过工业化的起点且呈较强增长势头时，标志着区域经济发展进入成长阶段。其总体特征为：区域经济高速增长，经济总量规模迅速扩大；产业结构急剧变动，工业逐渐超过农业成为区域经济的主导部门；商品经济发育成长，市场规模不断扩大，区域专业化分工迅速发展，优势产业已形成或处于形成中；人口和产业活动迅速向城市集聚，形成启动区域经济发展的增长极或增长中心；伴随区域经济总量增长和结构性变化，区域社会文化观念也相应嬗变。促进区域经济发展从不发育阶段进入成长阶段的实现途径有外部推动型、国家投入型、自身积累型和边贸启动型。

3. 成熟(发达)阶段

区域经济经过成长阶段的高速增长后逐步进入成熟(发达)阶段。其总体特征为：区域经济增长速度趋缓，并渐趋稳定；工业化达到较高水平，服务业较发达，基础设施完善，交通运输、信息已形成网络；生产部门齐全，专业化分工程度高；区内资本积累能力强，人力资本丰富。处于这一阶段的区域通常是国家经济中心区所在。

4. 衰退阶段

由于运输地理位置的变更、产业布局指向的变化、资源的枯竭、技术和需求的变化，部分区域在经历成熟阶段后，有可能转入衰退阶段。其总体特征为：经济增长缓慢，原有的增长中心和主导产业发展势头丧失；传统的衰退产业所占比重大，区域主导产业链条在时序上缺乏有机连接，导致区域经济的结构性衰退，若结构调整滞缓，缺乏新兴替代产业，则区域经济将出现绝对衰退，逐步走向衰落(如图7－2中虚线所示)。在区域沦为衰退区前，应适时调整区域产业结构，扶持新兴产业和替代产业，谋求经济的多元化，促进区域经济持续发展，进入新的成长阶段，开始新一轮成长过程。

陈栋生、魏后凯的区域经济成长(增长)阶段论是中国学者最早创造性地倡导的一种具有一定代表性的区域经济发展阶段理论，它实质上是一种关于区域经济成长阶段的定性分析和描述。

专栏7－3　陈栋生

陈栋生，1935年10月出生，湖北应城人，1955年东北财经学院工业经济系毕业。中国社会科学院工业经济研究所研究员、博士生导师；兼任中国区域经济学会副会长、全国经济地理研究会常务理事。学术专长为区域经济、产业布局。曾获孙冶方经济科学著作奖，第二届(2005)中国发展百人奖。1991年获国务院颁发的有突出贡献专家证书，享受政府特殊津贴。主要研究方向：生产力布局与区域经济学研究、宏观经济、产业经济学、环境经济学等。

(三)郝寿义、安虎森的区域经济增长四阶段论

郝寿义、安虎森等在《区域经济学》(1999)《区域经济学》(第2版)(2004)等书中将一般区域的经济增长分为待开发、成长、成熟和高级化四阶段。

1. 待开发阶段

其整体特征表现为：(1)经济结构落后。农业在经济结构中居绝对地位，以粮食生产为主

的种植业是最主要的经济活动内容；工业所占比重极低；第三产业不发达。(2)要素配置不合理。区域储蓄能力弱，资本形成不足，资本稀缺是区域经济增长最主要的制约因素；区域劳动力充裕，后备劳动力资源极为丰富，但素质低下；经济活动对自然的依赖性强，劳动生产率低。(3)经济活动处于自给自足的封闭状态，与区外经济联系微弱。(4)经济增长缓慢，经济发展水平低下。

2. 成长阶段

其总体特征表现为：(1)区域工业化开始启动，经济结构明显改善。农业所占比重明显下降，农业内部结构不断调整；工业成为区域经济的主导部门，资源密集型产业和劳动密集型产业占主体地位，资本密集型产业呈良好发展势头；服务业发展迅速。(2)要素配置更为有效。区域人均收入水平明显提高，居民储蓄能力增加，促进了资本形成及区域资本供给能力提高；农业劳动力逐步向工业和其他产业转移，劳动力素质不断提高。(3)劳动生产率不断提高，经济增长速度较快。

3. 成熟阶段

其总体特征表现为：(1)区域经济基本实现现代化，第三产业的增长速度高于工业、农业等物质生产部门的增长速度，劳动力由物质生产部门向第三产业转移。(2)推动区域经济增长的因素已由要素投入数量的增加转变为要素配置效率的提高和技术创新能力的增强。(3)劳动密集型产业逐渐被资本、技术密集型产业取代，促使区域产业结构高级化。(4)农业全面实现机械化，工业基本实现自动化，金融、保险、咨询、技术服务等新兴第三产业发展迅速。(5)由于要素供给质量明显提高，技术创新能力增强、产业结构不断升级，区域经济快速增长。

4. 高级化阶段

其总体特征表现为：(1)区域经济完全实现现代化，推动区域经济增长的主导因素已由要素投入的增加转变为技术和组织创新。(2)大型企业集团迅速成长、扩张，日益成为区域经济发展的主导力量。(3)区域和外部的经济联系更为密切，向外输出技术含量高的物质产品以及技术、资本和其他服务；经济联系范围更加广阔，国际市场对区域产品的需求状况以及区域产品在国际市场的竞争能力，对区域经济增长影响甚大。(4)消费结构发展根本性变化，物质消费退居次要地位，追求精神享受成为主流，服务于这一消费结构变化的第三产业快速发展，成为推进经济增长与发展的重要力量之一。

郝寿义、安虎森的区域经济增长阶段论基本上是一种区域经济增长阶段的定性描述，未涉及区域经济增长“衰退”现象、区域经济空间结构变化等内容。

(四)蒋清海的区域经济发展四阶段论

蒋清海(1996)在综合比较分析中外区域经济发展阶段的划分标准及理论内涵的基础上，提出划分区域经济发展阶段的四大标准，即：制度因素是划分区域经济发展阶段的背景性标准；产业结构是判别区域经济发展阶段的生产力标准；空间结构是标示区域经济发展阶段不同于其他经济发展阶段划分的标准；总量水平是测量经济发展高度的标准。

他根据制度因素标准将区域经济发展的四个阶段标示并命名为传统经济阶段(包括原始经济和农业经济时期)、工业化初期阶段(工业化兴起时期)、全面工业化阶段(工业化中兴时期、工业化成熟阶段)、后工业化阶段(信息经济阶段)，各阶段呈现明显的不同特征(见表7—3)。

表 7—3 区域经济发展阶段的一般特征

发展阶段	产业结构		空间结构	总量水平	
	三次产业比重	主导产业		消费结构	收入
传统经济阶段	Ⅰ＞Ⅱ＞Ⅲ	农业	混沌无序均衡状态	饮食支出比重大	极低
工业化初期阶段	Ⅱ＞Ⅰ＞Ⅲ	纺织工业、食品工业	从分散、均衡的无序状态逐渐演变为局部集聚不平衡的低级有序状态，呈极核发展	饮食支出比重减少，对消费工业品的需求增加	有所提高
全面工业化阶段	Ⅱ＞Ⅲ＞Ⅰ	电力、化学、钢铁等重化工业，汽车、机电等机械制造业	城市化速度加快，城市数量增加，空间分布不平衡，城市规模呈首位分布模式	消费结构重心转向耐用消费品和劳务服务并呈多样性和多变性特点	大幅提高
后工业化阶段	Ⅲ＞Ⅱ＞Ⅰ	高新技术和第三产业	城市空间分布平衡化，城市规模呈序列分布	消费结构重心从耐用消费品、劳务服务转向文化娱乐享受	很高

注：表中Ⅰ、Ⅱ、Ⅲ分别表示第一、第二、第三产业。

资料来源：刘再兴等．区域经济理论与方法[M]．北京：中国物价出版社，1996：81—87。

三、区域空间成长阶段理论

美国著名城市与区域规划学家约翰·弗里德曼的区域空间成长阶段理论以“空间规划”理论闻名于世界。他通过对发达国家及不发达国家的空间发展规划的长期研究，在考虑区际不平衡较长期的演变趋势的基础上，将经济系统空间结构划分为核心和边缘两部分。在 1966 年出版的《区域发展政策——委内瑞拉案例研究》一书中，他首次提出了核心—边缘论，并在 1967 年发表的《极化发展的一般理论》一文中得到完善和升华，逐步发展成为一种普遍适用于发达国家与不发达国家空间规划基础的一般理论。

弗里德曼认为核心与边缘空间不平衡程度更多地与一个国家或地区的经济、社会和政治发展水平相关。在构建核心—边缘理论的基础上，弗里德曼以空间结构、产业特征和制度背景为标准，将区域经济发展分为四个主要阶段：

（一）工业化过程以前资源配置时期

这一阶段区域生产力水平低下，农业经济占绝对优势，城市规模较小，腹地之间的联系几乎没有或极其微弱，空间结构呈原始状态。

（二）核心边缘区时期

随着社会分工的不断深化，区域贸易的日益频繁，区位条件好、资源优势突出、交通便捷的区域发展成为城市，即核心区，而广大的农村则成为边缘区。核心区由于发展条件较好，经济效益高而处于支配地位；而边缘区由于发展条件较差，经济效益低而受制于且依附于核心区，处于被支配地位，空间二元结构十分明显，核心区与边缘区的经济发展不平衡加剧。

（三）工业化成熟时期

随着经济的发展，核心区发展加快，核心区与边缘区的差距进一步加大。权力分配、资金流动、技术创新、人口迁移等都进一步向核心区集聚。

（四）空间经济一体化时期

当经济进入持续发展阶段，随着政府干预的加强、区际人口的转移、市场的扩大、交通运输的改善和城市层次的扩散等，核心区与边缘区的界限会逐渐消失，区域空间走向一体化。

弗里德曼的区域经济阶段论对区域非均衡发展理论研究的拓展有着重要影响，它反映20世纪70年代初区域理论研究将政治、文化等社会因素引入区域空间系统，打破了城市和区域发展的研究仅限于经济范围的束缚，揭示了经济发展的不平等性必然会在地区间及地区内经济中心和其他地区形成空间不平等关系。这种不平等不仅意味着人均收入和社会方式等发展水平上的差距，更重要的是造成了区域间竞争机会和竞争能力的不平等。这种不平等是处理地区关系所必须正视的重要问题，对区域发展理论的研究有着积极的意义。但是，弗里德曼的“核心—边缘”理论因其涉及因素较多而限制了实证研究。

第四节　区域趋同与趋异

自20世纪80年代中期以来，趋同（convergence）的概念已成为经济增长理论中的核心概念。从英文语义的渊源看，该词源于数学，含义是一个数列收敛于某一个值。而在经济分析中，趋同是指地区间或国家间的收入差距随着时间的推移存在着减少的趋势；当然，还存在与趋同相对应的概念——趋异（divergence），即对于不同的地区间或国家间存在着贫者愈贫、富者愈富的现象。

对趋同问题的解答，实质也就是对经济增长理论学者所面临的基本问题的回答，比如：为什么说一些地区变得富裕，而另一些地区却依然贫穷？贫穷的地区能追赶上富裕的地区吗，还是被远远地抛在了后面？未来地区间的收入分布将会是怎样的？

一、四种趋同概念

（一）绝对β趋同

该趋同的含义是贫穷的区域往往比富裕的区域有更高的增长率，换句话讲，经济增长率和经济发展水平之间存在着负相关。并且，随着时间的推移，所有的区域将收敛于相同的人均收入水平。不过，绝对β趋同内含一个严格的条件，该条件假定各经济（区域）尽管彼此相互隔绝、封闭，但却具有完全相同的基本经济特征，包括投资率、人口增长率、资本折旧率和生产函数，从而也具有完全相同的增长路径和稳态。

（二）条件β趋同

条件β趋同放弃了各个地区具有完全相同的基本经济特征的假定，从而意味着不同的地区也具有不同的稳态。按照新古典增长理论，每个地区都收敛于自身的稳态，离自身的稳态越远，其增长速度也就越快。由于许多的外生变量对不同的地区产生了不同的作用，不同的地区也就具有异质的特征，亦即不同的增长路径和稳态。所以，条件β趋同所考察的是，如果这些外生变量保持不变，初始收入水平与增长率是否成负相关。这是一个富有重要现实意义的概念。

（三）δ趋同

δ趋同是指各国或地区的人均收入水平随着时间的推移而趋于减少，一般用区域间的人均收入或产出的标准差、基尼系数或泰尔指数来衡量。这一概念最接近于现实中我们对趋同的直观理解。

（四）俱乐部趋同

俱乐部趋同或群体趋同（club convergence）是指结构特征相似且初始收入水平也相同的区域，它们的人均收入在长期中相互趋同。人们根据各地区经济增长的截面数据进行聚类分析，将那些基本经济特征和初始条件类似的地区划分在一个样本或群体中，比如中国的东部沿海地区或西部内陆地区，以此描述它们的群体趋同特征。实证分析表明，中国自 20 世纪 90 年代以来存在群体趋同的倾向，即东部地区向更高的收入水平趋近，而西部内陆地区的收入水平也逐步接近（邓翔，2002）。

以上四种趋同既有区别又有着紧密的联系。首先，β 趋同意味着落后区域的经济增长速度快于发达区域，即增长率趋同；而 δ 趋同则意味着各地区的人均收入水平的绝对趋同，即收入水平趋同。其次，β 趋同是 δ 趋同存在的必要条件，因为若不存在着 β 趋同，那么富裕地区将比贫困地区增长得更快，区域间的收入差距将会无限地增加；然而，β 趋同不是 δ 趋同的充分条件，因为在收入水平差距减少的过程中，常常受到新的随机因素的冲击。再次，从数理统计的角度来看，β 趋同相当于不同地区的增长率向期望值的回归，该期望值就是由技术进步决定的长期均衡增长率；而 δ 趋同描述的即是人均收入的离差的衰减。所以说，β 趋同表现了总体收入在不同国家和地区之间分配的变动，δ 趋同表现了总体收入在地区中分布格局的变化。

两种类型的 β 趋同也有一定的区别。绝对 β 趋同意味着最初贫穷的地区将增长得更快，直到它们追赶上富裕的地区为止。对于条件 β 趋同，各个地区仅仅收敛于自身的稳态，它们的稳态可能彼此不同。因此，即便在长期中，不平等仍然可能会持续，不同地区的相对稳态也会存在下去。换句话说，富裕的地区将仍然保持富裕，而贫困地区将依然贫困。

另外，条件 β 趋同的假说与每个地区只有唯一的稳态的观点契合，而群体趋同却与每个地区存在着多重均衡点的假定相联系。现实中，由于经济个体的差异性，往往会产生多重均衡增长路径，因此，即便结构特征相同的区域也不一定收敛于同一稳态，最后的增长结果还部分决定于初始条件。只有结构特征相同、初始条件相似的国家才最终收敛于同一稳态。结构特征和历史因素共同决定了经济增长的结果。与条件趋同一样，群体趋同也是同样富有说服力的概念。

二、影响趋同和趋异的因素和机制

在什么条件下，是什么因素，导致了区域经济发展的差距趋于缩小或者扩大？我们将在已有的理论基础上探讨影响趋同和趋异的因素和机制。

（一）区域间专业化分工的合理性

经济发展的过程实质上就是专业化和分工发展的过程。在产权界定基础上，专业化生产与人们消费上的多样化偏好导致经济主体之间的交易行为，人们通过交易享受到了专业化和分工带来的好处。因此，交易是市场存在的前提和基础；而专业化程度越深，专业化种类越多，分工结构越发达，经济主体之间的贸易量就会越大，市场也就越发达，从而经济发展的程度就越高。亚当·斯密指出，分工是经济增长的源泉，而分工取决于市场的大小，市场的大小又取决于运输的条件。市场与分工发展相互决定，互为因果，成为经济增长的源泉。

（二）市场发育的完善程度

虽然专业化与分工发展将促使市场的发展，但市场的完善与个人、企业和政府等主体的参与程度和参与过程有关。如果在合理的分工基础上，地区之间通过自由贸易，参与各方都能获得最大的比较利益，那么，各方就都有积极性深化分工并参与分工格局下的市场交易，从而促进市场不断发育和完善。但是，如果情况相反，由于地区之间经济发展存在差距，发达地区凭借分工优势，在市场机制自发作用下进行有损于落后地区发展的不公平贸易，那么，地方保护主义就必然抬头，并强化这种自我保护机制，最终导致市场分割。而地方保护主义虽然短期来说对地区经济发展有利，但从长期看，不仅不利于缩小差距，而且有可能落入贫困化陷阱。

(三)基础设施条件

一般而言，基础设施对区域经济的趋同和趋异的影响主要体现在以下四个方面:第一，促进中心城市和腹地的形成与发展。一般情况下，交通运输网络、通信网络的扩展多是围绕并以大的中心城市为核心展开的。随着基础设施网络的不断扩展，引起生产规模、成本与效益三者之间相互转变，促使城市的覆盖范围越来越广，中心城市的腹地也越来越大，从而为其发展提供进一步条件。第二，刺激新的经济增长点的增长。交通运输等基础设施网络的不断扩展，必定会产生诸多交汇地点，这些地点，尤其是支线与干线交汇的地点，地域的通达性和吸引范围便得到改善，为其经济发展提供了必要条件，使得其产业发展的条件优于其他地区，成为产业发展的优越区位。第三，增强大都市的扩散能力。当中心城市发展到一定阶段，其经济能量和产业将逐步向外扩散，一般情况下趋向于交通条件较优越的地域扩散，如临近干线等交通便利的地区。这种扩散，一方面加速交通产业带的形成，另一方面又反过来刺激区域基础设施束和网络的强化。第四，区域创新理论认为，良好的基础设施体系，尤其是良好的通信网络，对创新在区域之间的扩散起到了十分重要的作用。

(四)制度条件

根据制度理论，制度条件主要是通过以下机制对趋同和趋异发挥作用:第一，无论是聚集还是扩散，都跟分工的深化和扩展分不开。但是，分工的深化和扩展必将增加交易费用，而制度的一个基本功能就是提高交易效率，降低交易费用。因此，腹地和外围地区的制度改进，有助于中心地区主导产业群的分工体系在其腹地和外围的形成。同时，当增长中心的影响向外扩散时，交易费用的降低，也有利于生产要素和经济活动流入到周围地区，从而带动其他地区的经济发展。第二，制度能提供激励机制。世界许多地区的经验表明，贫困地区的资源条件并不差，但为什么难以增长。除去基础设施条件外，主要是制度因素，也就是说，缺乏一种能把各种资源(物质的和人力的、有形的和无形的)吸引到有效率的经济活动中去的激励制度，也因此，扩散因素就难以在这类地区发挥效应。第三，制度有助于人们在经济活动中形成合理的预期。这有利于人们从事长期的投资，而非短期行为。显然，无论区域趋同或趋异，良好的制度所形成的合理预期将改变人们的经济行为，从而有利于缩小地区之间的差距。

复习思考题

1. 区域经济增长的影响因素是什么?
2. 简述区域经济的增长理论。
3. 诺斯的“输出基础”理论是什么?
4. 凯恩斯区域乘数与标准凯恩斯国民经济乘数有哪些不同?
5. 区域经济有哪些经济增长阶段理论?
6. 基于区域经济差距变动的新视角简要分析区域经济趋同或趋异的原因。

第八章

区域经济发展战略

第一节 区域平衡发展理论

平衡发展或平衡增长是区域经济发展的一种方式。区域平衡发展理论主要认为经济是有比例、相互制约和相互支持发展的。新古典区域均衡发展理论是区域均衡理论的代表之一，是建立在自动平衡倾向的新古典假设基础上的。根据该理论，市场机制是一只“看不见的手”，人们普遍坚信，只要在完全竞争市场条件下，价格机制和竞争机制会促使社会资源的最优配置。这一理论包括莱宾斯坦（Harvey Leibenstein）的临界最小努力理论、纳尔逊（Richard R. Nelson）的低水平均衡陷阱理论、纳克斯（Ragnar Nurkse）的贫困恶性循环理论和罗森斯坦・罗丹（Paul Rosenstein-Rodan）的大推进理论等。

这一理论是建立在一系列严格假设条件之上的。这些假设条件包括：(1)生产中有资本和劳动力两种要素，并且可以相互替代；(2)完全的市场竞争模型；(3)生产要素可以自由流动，并且是无成本的；(4)区域规模报酬不变和技术条件一定；(5)发达地区资本密集度高、资本边际收益率低、不发达地区劳动密集度高、工资低。该理论认为，区域经济增长取决于资本、劳动力和技术 3 个要素的投入状况，而各个要素的报酬取决于其边际生产力。在自由市场竞争机制下，生产要素为实现其最高边际报酬率而流动。在市场经济条件下，资本、劳动力与技术等生产要素的自由流动，将导致区域发展的均衡。因此，尽管各区域存在着要素禀赋和发展程度的差异，劳动力总是从低工资的欠发达地区向高工资的发达地区流动，以取得更多的劳动报酬。同理，资本从高工资的发达地区向低工资的欠发达地区流动，以取得更多的资本收益。要素的自由流动，最后将导致各要素收益平均化，从而达到各地区经济平衡发展的结果。

一、莱宾斯坦的临界最小努力理论

莱宾斯坦在《经济落后和经济增长》一书中提出了临界最小努力理论，主张发展中国家应努力使经济达到一定水平，冲破低水平均衡状态，以取得长期持续的经济增长。莱宾斯坦认为，如果经济发展的努力达到一定的水平，但是提高人均收入的刺激小于临界规模，那么，就不能克服经济发展的障碍、冲破低水平均衡状态。为了使一国经济从落后状态向比较发达状态转变，取得长期持续的增长，这个经济必须在一定时期受到大于临界最小规模的增长刺激。

莱宾斯坦的命题建立在这样一个经验证据上面，即人口增长率是人均收入水平的一个函数。从长期来看，发展中国家推动人均收入上升的刺激力量一般小于人均收入上升时所遇到的阻力。因此人均收入始终保持在仅能维持生存的均衡点上，引起一个反复轮回的所谓恶性循环。但是，如果外来的刺激力量十分巨大，使人均收入持续地大幅度上升，这时即使消费水平因收入的增加而提高，也不至于把增加的收入全部用于消费，同时诱发的人口增长也为经济发展提供了条件。在这种情况下，发展中国家就会有力量摆脱其恶性循环，迈向持久性的成长。也就是说，一国的经济从落后状态向比较发达状态转变，就必须在一定的时期受到大于临界最小规模的增长刺激。

专栏 8-1　　哈维·莱宾斯坦

哈维·莱宾斯坦(Harvey Leibenstein，1922～1994)，生于俄国的美国经济学家。1967～1989 年，他出版了在经济理论方面最有名的一部著作《超越经济人》(*Beyond Economic Man*)。在此书中，莱宾斯坦将传统的生产要素扩展到包括管理技能和劳工关系的层面上。莱宾斯坦还是一位人口经济学家，他的成本效用理论，即运用西方微观经济学的成本效用分析来研究家庭生育决策的一种理论，在西方人口经济学界有广泛的影响。该理论认为，随社会经济发展，对于大多数家庭来说，每户人均收入的提高，家庭期望的孩子人数减少；因而，经济发展会导致较低的意愿生育率，即预期生育率较低。同时，莱宾斯坦也是 X 效率这一概念的创始人。从 60 年代开始，莱宾斯坦开始研究 X 效率理论。X 效率实质是指一种组织或动机的(低)效率。莱宾斯坦则认为与 X 低效率相比，配置的低效率仅仅是一个小问题。主要著作有：《配置效率与 X 效率》(1966)《通货膨胀、收入分配和 X 效率理论》(1980)等。

二、纳尔逊的低水平均衡陷阱理论

低水平均衡陷阱理论是在莱宾斯坦提出的“准安定均衡”理论的基础上，由发展经济学家纳尔逊进一步提出和完善的。

该理论假设当人均收入超过维持生命的水平时，人口就要迅速增长，但当人口增长率达到“自然的上限”以后，收入的增长使人口下降。其理论的主要内容是：不发达经济的痼疾表现为人均实际收入处于仅够糊口或接近于维持生命的低水平均衡状态，很低的居民收入使居民储蓄和投资受到极大的限制。如果以增加国民收入来提高储蓄和投资，通常亦导致人口的增加，从而又将人均收入推回到低水平稳定均衡状态之中。这是不发达经济难以逾越的一个陷阱。

该理论主要涉及人均资本与人均收入增长、人口增长与人均收入增长、产出的增长与人均收入增长三方面的关系。纳尔逊认为发展中国家人口的过快增长是阻碍人均收入迅速提高的陷阱，必须进行大规模的资本投资，使投资和产出的增长超过人口的增长，才能冲出陷阱，实现人均收入的大幅度提高和经济增长。

纳尔逊认为，形成低水平均衡陷阱的四个经济技术条件是：首先，人均收入水平和人口增长率的高度相关性；其次，人口基数过大和人均收入过低，使得任何投入的额外追加都难以提高人均收入，进而使储蓄和人均投资的增加亦十分困难；再次，耕作制度的落后，使发展中国家最为看重的资源之一——土地严重短缺；最后，所采用的生产方法缺乏效率。除此之外，若干非经济因素和经济活动中只改变收益分配格局而不增大国民收入总量的"零和效应"，也会阻碍经济的发展。另外，发展中国家还存在种种阻碍进步和发展的社会、文化方面的惰性。

持续的经济增长要求打破低水平均衡陷阱，在现有经济资源不变和没有外部刺激的情况下，要走出陷阱，就必须使人均收入增长率越过人口增长率。因此，必须多管齐下，综合治理。其主要措施有六种：第一，从制度上创造有利于经济发展的政治氛围和社会环境；第二，出台计划，缩小家庭规模，改变社会结构，鼓励节俭消费，倡导居民储蓄，培养企业家精神；第三，改变收入分配格局，避免公平伦理观念影响效率原则，并促使财富向投资者集中；第四，依靠国家综合投资以及国民经济发展计划和规划的确定，加大突破陷阱的力量；第五，吸引外资以增投资和收入；第六，通过技术进步来提高现有资源的使用效率。

专栏 8－2 **理查德 · R.纳尔逊**

理查德 · R.纳尔逊(Richard R.Nelson)，哥伦比亚大学经济学教授。纳尔逊是一位不断经受实践的经济学家。在他的职业生涯中，他曾任教于奥伯林学院、卡内基—梅隆大学、耶鲁大学、哥伦比亚大学等多所高校。他是乔治 · 布卢门撒尔国际和公共事务教授，曾在兰德公司担任研究经济学家和分析师，并在总统经济顾问委员会任职。1982 年，纳尔逊和悉尼 · G.温特(Sideny G.Winter)合作撰写的《经济变迁的深化理论》问世，标志着企业进化论的基本理论框架已趋完整。纳尔逊和温特认为，企业的成长是通过类似生物进化的三种核心机制，即多样性、遗传性和自然选择性来完成的。组织、创新和路径依赖等进化对企业成长的影响至深，市场环境提供企业成长的界限，这一界限与企业存活能力和增长率有密切关系。

三、纳克斯的贫困恶性循环理论

1953 年，美国经济学家拉格纳 · 纳克斯出版了《不发达国家的资本形成问题》一书。在书中他提出了著名的贫困恶性循环理论，认为资本稀缺是阻碍发展中国家经济增长的决定性因素。

纳克斯以穷人为例来说明这一问题：穷人之所以穷，是因为他们的收入少；他们的收入之所以少，是因为他们的工作效率很低；他们的工作效率之所以低，是因为他们吃不饱而身体很差；他们的身体之所以差，是因为他们的收入很少，即非常贫穷。起点是贫穷，终点也是贫穷，形成了一种恶性循环。

纳克斯认为，对一个人来说如此，对一个地区或国家来说也是如此，这就是所谓"越穷就越差，越差就越穷"的"马太效应"。纳克斯认为，现实经济活动中存在着由于收入低而造成的两个"恶性循环"(见图 8－1、图 8－2)。

图 8－1、图 8－2 是从资本供给和资本需求两个角度来描述恶性循环的。从供给角度看，由于收入水平低，导致储蓄少，储蓄少又造成资本供给不足，资本短缺造成生产率难以提高，而生产率低下又造成收入水平低下。这样，收入低下、储蓄越少、资本缺乏三者互为因果，形成一个恶性循环。从需求角度看，由于收入水平低，造成市场购买力低，使投资引诱力减小，资本有效需求不足同样导致生产率低下，从而也导致收入水平低下。这样，收入低下、购买力萎缩、投资不足三者互为因果，又形成一个恶性循环。

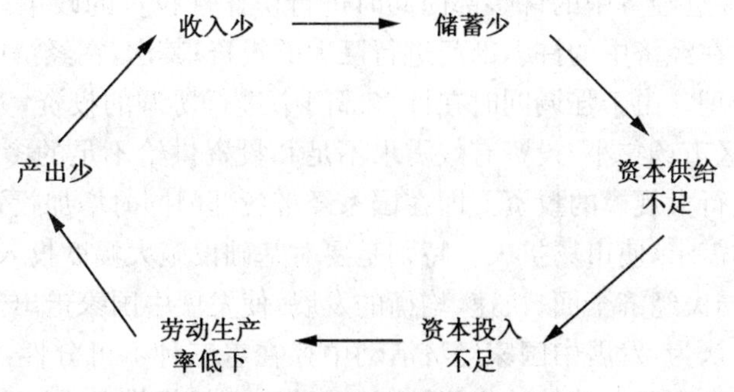

图 8－1　资本供给角度的恶性循环

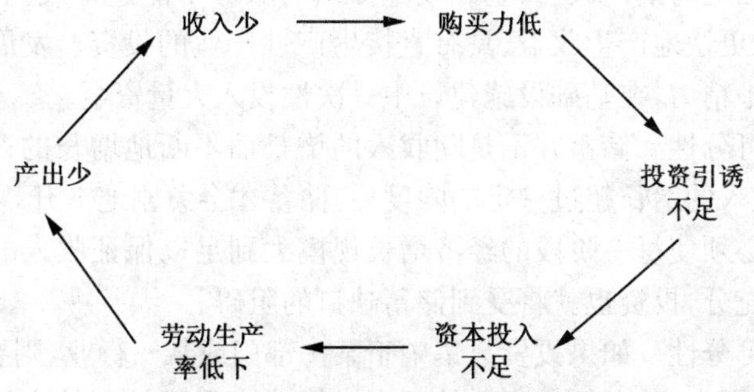

图 8－2　资本需求角度的恶性循环

纳克斯还认为，上述两个恶性循环相互制约、相互加强，任何一个循环都无法自行突破，转为良性循环。如果想要增加储蓄，以便增加投资，那么由于储蓄增加而引起购买力缩减，也会降低投资引诱力；若想提高购买力，以便增加投资引诱力，那就势必会减少储蓄；即使投资引诱力增大，也会因储蓄减少而难以继续扩大投资。

因此，纳克斯得出结论，由于两个循环相互影响，使经济状况无法好转，经济增长难以实现，所以发展中国家长期贫困、经济停滞的局面难以改变。

> **专栏 8－3　　拉格纳·纳克斯**
>
> 拉格纳·纳克斯(Ragnar Narkse，1907～1959)出生于爱沙尼亚。20 世纪 30 年代早期全家移居加拿大，曾在爱丁堡大学和维也纳大学学习。作为国际联盟的一名职员，他发表了几篇关于国际经济学方面的非常著名的研究论文。第二次世界大战之后，他接受了哥伦比亚大学的教授职位并且一直待在那儿，直到他在日内瓦度假时过早地去世。
>
> 纳克斯重新强调了外部经济的重要性：所进行的投资越多，每项投资也就变得更加可行。因此，低收入经济要求一个宽广层面上的进步，与此同时伴随着相互支持并能增加成功机会的产业扩张。巨大的困难在于这些国家的贫困限制了他们的资本形成。他还提出了“贫困恶性循环论”。

四、罗森斯坦·罗丹的大推进理论

美国经济学家保罗·罗森斯坦·罗丹提出了著名的大推进理论，主张发展中国家在投资上以一定的速度和规模持续作用于众多产业，从而冲破发展瓶颈。罗森斯坦·罗丹提出了大推进的思路，即旨在促进经济中的许多部门同时进行协作性投资的政策。这一思路有两个特征：首先，它需要同时在经济中的许多部门进行巨大的投资；其次，在经济中的许多部门的投资在数量分配上必须合理。由于强调同时在许多部门中进行协调的投资，大推进理论的中心思想是，要克服由于地区市场狭小、投资有效需求不足和投资供给不足的多重发展障碍，发展中国家就必须全面地进行大规模的投资。即在国家经济各部门同时增加投资，并合理分配投资，增加和满足各方面的需求，使市场扩大。特别是要对基础设施大幅度投入，以给经济一次大的推动，从而推动整个国民经济全面、快速、均衡的发展，使发展中国家走出贫困的恶性循环。

罗森斯坦·罗丹认为，发展中国家经济活动中存在着三种不可分性：其一，基础设施的不可分性。基础设施存在配置上的初始集聚性，基础设施项目规模宏大、配套性强，必须同时建成才能发挥作用。因而，一开始就需要有大量的投资；与直接生产部门比较，基础设施建设周期长，投资资金难以在短时期内收回；基础设施提供的服务不能进口或购买，基础设施产业投资必须优先于那些能更快地产生收益、具有直接生产性产业的投资。发展中国家在国民经济发展的初期，必须集中精力，在基础设施建设中一次性投入大量资金。

其二，储蓄的不可分性。储蓄并不是随收入的增长而不断地增长的；相反，它的增长是有阶段性的。只有当收入的增长超过一定的限度后，储蓄才会急剧地上升，才会使更大规模的投资成为可能。因此，必须使每一阶段的经济增长规模大到足以保证收入的增长超过一定的限度，否则储蓄将不够充分，投资也就将受到储蓄缺口的阻碍。

其三，需求的不可分性。如果投资只集中于某一部门或某一行业，则要使这一部门或这一行业的产出有相应的提高，就必须有充分的国内市场或有保证的国外市场。如果产品不能出口，再加上这一部门或行业以外的人口又处于失业或就业不足的状态，那么，这一部门或行业的产出，除一小部分被该部门或行业的投资所创造的收入吸收外，大部分将无力购买，从而使这笔投资以失败而告终。

因此，要形成广大的市场，使多种多样的商品都各有所需，就必须广泛地、大规模地在各个部门和各个行业中同时进行必要的投资。相反，如果不采用大推进办法，而是进行孤立的、小规模的投资，经济只能缓慢增长，不能迅速改变落后国家的经济面貌，也无助于缩小发展中国家与发达国家之间的差距。

然而，罗森斯坦·罗丹的大推进理论只做了理论上的阐述，没有建立具体的模型。到1989年，墨菲(Murphy)、施莱佛(Shleifer)和维什尼(Vishny)对大推进理论做了正式的模型表述。

专栏8-4　保罗·罗森斯坦·罗丹

保罗·罗森斯坦·罗丹(Paul Rosentein-Rodan，1902～1985)，英籍奥地利著名经济学家，发展经济学先驱人物之一，平衡增长理论的先驱。他早期的经济学贡献主要是在纯经济理论方面，如边际效用、经济互补性、不同层次需求和奥地利经济发展的时间序列。1943年，罗丹在《东欧和东南欧国家工业化的若干问题》一文中提出了著名的大推进理论。他将不发达的经济体比喻为一架停留在跑道上的飞机，飞机只有获得足够的推动力才能起飞。同样，一个经济体如若想要沿着亚当·斯密的自由市场规则发展，就必须获得由规划带来的大规模投资刺激。该理论的核心是在发展中地区或国家，对国民经济的各个部门同时进行大规模投资，以促进这些部门的平均增长，从而推动整个国民经济的高速增长和全面发展。

五、评述

新古典主义区域均衡发展理论提出以后，在一些欠发达地区和国家的区域开发中受到了一定程度的重视。对工业化过程中片面强调工业化，忽视地区之间、部门之间的均衡协调发展的倾向有所影响。强调均衡、大规模投资和有效配置稀缺资源的重要性以及市场机制的局限性，实行宏观经济计划的必要性，为欠发达地区和国家的工业化和区域开发提供了一种理论模式，产生了一些积极的作用。然而，该理论是建立在一系列与现实相去甚远的假设条件之上的，不但把技术进步视作外生因素，没有纳入其分析框架之中，而且丢掉了区域（空间）的一个重要特征，即克服空间距离会发生运输费用。所有这一切，都与新古典主义所讲的前提条件相矛盾。

新古典区域均衡理论从纯粹供给的角度，认为区域长期增长取决于资本、劳动力和技术三个要素，各个要素报酬取决于其边际生产力。然而，其没有考虑区域空间特征，生产要素的流动并不像设想的那样灵活：(1)从资本的流动性看，由于大部分资本是固定资本，资产专用性使其转移存在巨大转移成本；(2)从资本的流动方向看，投资者不仅要考虑利润最大化，更要看投资环境的综合条件，发达地区对投资者的吸引力可能更大；(3)劳动力并非完全流动，其迁移受信息非对称及制度与非制度因素的影响和制约。

平衡发展理论的缺陷：(1)忽略了一个基本的事实，即对于一般区域特别是不发达区域来说，不可能具备推动所有产业和区域均衡发展的资本和其他资源，在经济发展初期很难做到均衡发展。(2)忽略了规模效应和技术进步因素，似乎完全竞争市场中的供求关系就能决定劳动和资本的流动，就能决定工资报酬率和资本收益率的高低。但事实上，市场力量的作用通常趋向于增加而不是减少区域间的差异。发达区域由于具有更好的基础设施、服务和更大的市场，必然对资本和劳动具有更强的吸引力，从而产生极化效应，形成规模经济。虽然也有发达区域向周围区域的扩展效应，但在完全市场中，极化效应往往超过扩展效应，使区际差异加大。另外，技术条件不同也会使资本收益率大不相同，此时的资本要素流动会造成不发达区域资本要素更加稀缺，经济发展更加困难。

区域平衡发展理论遭到以赫希曼、缪尔达尔等为代表的一些发展经济学家的反对和批判。他们认为，发展中国家不具备全面增长的资本和其他资源，平衡增长是不可能的。投资只能有选择地在若干部门和区域进行，其他部门或区域通过利用这些部门或区域的投资带来的外部经济而逐步发展起来。

区域平衡发展理论显然是从理性观念出发，采用静态分析方法，把问题过分简单化了，与发展中国家的客观现实距离甚远，无法解释现实的经济增长过程，无法为区域发展问题找到出路。在经济发展的初级阶段，非均衡发展理论对发展中国家更有合理的和现实的指导意义。

第二节 区域不平衡发展理论

区域经济差异一直是区域经济学研究的核心问题之一，也是世界各国经济发展过程中的一个普遍性问题，其中的非均衡发展理论，最初是发展中国家实现经济发展目标的一种理论选择。由于区域与国家在许多地方的相似性，使得该理论与均衡发展理论在做区域开发与规划时，经常被借鉴和引用，作为区域经济发展战略选择的理论基础。

不平衡增长理论的基本观点可概括为以下几个方面：(1)落后地区真正缺乏的不是资源本

身而是把资源投入使用的方法与能力,应该优先考虑那些能最大限度地引致投资的项目。(2)经济发展初期,由于资源约束,应该首先发展带头产业,从而推动其他部门的发展。当经济发展到高级阶段,国民经济各部门发展需要一定的协调以维持稳定、全面的增长时,平衡增长便成为必然。在赫希曼看来,经济发展道路上充满了技术、设备和产品短缺的障碍和瓶颈,因此只能以踩跷板的方式前进。所谓平衡的恢复不是压力、刺激和强制的结果,不平衡才是常态。(3)平衡增长与不平衡增长是从不同角度、不同时期、不同阶段考虑的。强调不平衡增长的目的是实现更高层次的平衡增长。平衡增长是目标,不平衡增长是手段。

不平衡发展理论遵循了经济非均衡发展的规律,突出了重点产业和重点地区,有利于提高资源配置的效率。由于发展中国家一般处于资本稀缺的经济发展的初级阶段,相对于平衡增长而言,不平衡增长理论更具有吸引力。这也是几十年来,区域不平衡发展理论在发展中国家日益受到广泛关注和普遍采纳的原因。

一、赫希曼的不平衡增长理论

不平衡增长理论是由著名的经济学家赫希曼在《经济发展的战略》(1958)一书中提出的。该理论主张发展中国家的投资应有选择地在某些部门进行,其他部门通过其外部经济作用而逐步得到发展的经济战略。

赫希曼认为,发展中国家主要稀缺的资源是资本,若实行一揽子投资,则资本稀缺这一瓶颈将无法突破,从而也就无法实现平衡增长。他指出,发展的路程好比一条"不均衡的链条",从主导部门通向其他部门,从一个企业通向另一个企业,从一个产业通向另一个产业。经济发展通常采取跷跷板的推进形式,从一种不平衡走向新的不平衡。因此,发展政策的任务不是取消而是要维持紧张,即维护不成比例或者不均衡,使不均衡的链条保持活力。不发达经济取得经济增长的最有效选择是采取精心设计的不平衡增长战略。首先选择若干战略部门进行投资,当这些部门的投资创造出新的投资机会时,就能带动整个经济的发展。赫希曼指出,一般来说,新的投资工程上马时,它总要利用以前的工程创造的外部经济,同时它自己也创造能被以后的工程所利用的新的外部经济。投资工程可以划分为两大类:一类是对外部经济利用多而创造少,具有收敛级数性质的投资;另一类是对外部经济利用少而创造多,具有发散级数性质的投资。发展政策当然要鼓励、促进利用少而创造多的发散性投资,但实际状况往往是两类投资交叉进行。

赫希曼是首先提出产业之间的前向联系和后向联系概念的经济学家。前向联系产业一般是制造品或最终产品生产部门;后向联系产业一般是农产品、初级产品生产部门。赫希曼进而认为,应该根据联系效应理论,把投资重点放在中间的基本工业上,会引起前向联系效应和后向联系效应,带动整个地区经济的发展。在项目选择上,应该优先选择那些能产生最大引致投资的直接生产性部门(主导部门),以其优先增长来带动其他部门的发展。即一个国家在选择适当的投资项目进行优先发展时,应当选择具有显著的前向联系效应和后向联系效应的产业,而联系效应最大的产业就是产品需求收入弹性和价格弹性最大的产业,在发展中国家通常为进口替代工业。可见,不平衡增长理论是从资源有效配置的角度,考虑如何把有限的资源分配于最有生产潜力即联系效应最大的产业,通过这些产业的优先发展以解决经济发展的瓶颈问题,并带动其他产业发展。这就是赫希曼不平衡增长理论的核心。

专栏 8－5　　阿尔伯特·赫希曼

阿尔伯特·赫希曼(A. O. Hirschman),1915 年出生。1956 年以后,正式开始他的职业科学研究生涯。他是 16 所世界知名学府的名誉学位获得者,曾先后赴 20 多所大学讲学,是美国国家科学等学术团体的会员,曾任普林斯顿高级研究院社会学教授,美国经济学会杰出研究员。其著作有《欲望与利益》《经济发展的战略》等。早年沉迷于黑格尔和马克思等大陆哲学,后辗转英、美学习经济学,直到 1964 年进入哈佛大学工作。赫希曼是一位著名的发展经济学家。赫希曼的逻辑起点是,由于技术进步和劳动生产率的提高,人类的生产活动会创造出一定的剩余,从而使各类组织都不同程度地具备了承载低效运行的能力。因而,绩效衰减(deterioration)迟早会发生,经济"松弛"(slack)会不期而至。所谓的"松弛"就像一只稍许泄气的氢球,要想使氢球恢复往日的"雄风",就要再注入些气体,使之再度滚圆而飞舞起来。如此这般的瘪圆往复,就是赫希曼所称的"衰减与恢复"、"松弛与紧张"。这种思想其实也是赫希曼"不平衡发展"战略的一个延伸和体现。

二、缪尔达尔的循环累积因果理论

经济学家冈纳·缪尔达尔(Karl Gunnar Myrdal)于 1944 年在其《美国的两难处境》中提出循环累积因果理论。他认为,社会经济的变动并不如新古典主义者所说的那样,是由单一的或少数的因素决定的,而是由技术进步、社会、经济、政治、文化和传统等多种因素决定的。

把社会经济制度看成是一个不断演进的过程,认为导致这种演进的技术、社会、经济、政治、文化等多方面的因素是相互联系、相互影响和互为因果的。如果这些因素中的其中一个发生了变化,就会引起另一个相关因素也发生变化,后者的变化反过来又推动最初的那个因素继续变化,从而使社会经济沿着最初的那个变化所确定的轨迹方向发展。可见,社会经济的各个因素之间的关系并不守恒或者趋于均衡,而是以循环的方式在运动,而且这种循环不是简单的循环,它具有积累的效果。比如,贫困人口的收入增加了,就会改善他们的营养状况;营养状况的改善,能够使他们的劳动生产率提高;劳动生产率的提高,反过来又可以增加他们的收入。这样,从贫困人口最初的收入到他们收入的进一步增加就是一个循环,其特点是在循环中各因素的变化具有因果积累性,而且是上升的。当然,如果贫困人口的最初收入的变化是减少的,那么,循环过程就会导致其收入进一步减少和下降。所以,各因素之间关系的变化存在着上升或下降两种循环的可能。总体来看,循环累积因果理论重点强调了社会经济过程中存在的三个环节,即最初的变化,接着是一系列传递式的相关的变化,最后是又作用于最初的变化,并产生使其上升或下降的进一步变化,从而构成循环。

缪尔达尔的循环累积因果理论强调以下几个环节:起始的变化、第二级的强化运动、最后的上升或下降过程。他认为,这个原理是反映了社会经济因素变化的客观运动,既是对现实世界的正确描述,又是制定政策的可靠依据。由于缪尔达尔的理论分析运用了"整体性"方法,强调经济同社会其他因素的互补性,他的理论也被认为是西方经济学的重大发展。

专栏 8-6 冈纳·缪尔达尔

冈纳·缪尔达尔(Karl Gunnar Myrdal,1898～1987),出生于瑞典卡尔卡利亚省,是瑞典学派和新制度学派以及发展经济学的主要代表人物之一。1974 年,冈纳·缪尔达尔与弗里德里希·奥古斯特·冯·哈耶克(Friedrich Von Hayek)同获瑞典皇家科学院颁发的该年度诺贝尔经济学奖。获得此项殊荣的原因是“他们在货币和经济波动理论中的先驱工作,以及他们对经济、社会和制度现象的相互依赖关系的深刻分析”。由于缪尔达尔在研究中突出强调政治、制度、人口、历史、文化等非经济因素对社会经济发展的重大作用,并提出了社会经济动态运行序列中,诸多因素互相影响、互为因果的循环变动的著名论点,重视发展中国家贫困问题的研究,他既被看作是新制度学派的代表人物之一,又被视作当代经济学的先驱。

三、威廉姆森的倒 U 形理论

1965 年美国经济学家威廉姆森(Jeffery G. Williamson)发表了《区域不平衡与国家发展过程》一文,通过对 20 世纪 50 年代 24 个国家有关区域差异的国际性数据进行横向比较研究后,威廉姆森发现这些国家的区域差异格局在时间上呈现倒 U 形。其中贫穷的发展中国家如巴西、哥伦比亚、菲律宾与波多黎各等国的区域差异呈扩大的趋势,而发达国家如美国、加拿大、法国和意大利等国的区域经济差异却在持续缩小。

与此同时,威廉姆森又进行了单个国家区域收入差异变化的分析,并提出:在经济发展的早期阶段,区域差异逐渐扩大;但在经济发展的成熟阶段,这一差异趋于收敛。据此,威廉姆森认为区域差异遵循“全国增长轨迹上的倒 U 形曲线”。威廉姆森的倒 U 形理论表明,在到达拐点之前的相当长一段时期内,区域发展差异是不断扩大且难以消除,而且根据发达国家的发展经验,即便旧的差异缩小了,新的差异又会出现。积极活动的空间集中式极化是国家经济发展初期不可避免的现象,由此产生的区域差异将随着经济发展的成熟而最终消失。倒 U 形理论的内在含义是经济发展与区域差异之间的相互作用和相互依赖性。具体地说,在经济发展的初期阶段,区域差异的扩大是经济增长的必要前提。因为用于国家经济发展的资源在此阶段是有限的,只有将有限的经济资源集中在较少的区域使用,才能实现最迅速的经济进步,否则将导致经济效率的损失。在经济发展的后期阶段,可供支配利用的经济资源比较充裕,进而鼓励新增长点出现的可能性增大;新的增长点的出现不仅可以缩小区域差异,进而还能促进国家整体经济发展水平的进一步提高。

专栏 8-7 威廉姆森

威廉姆森(Jeffery G. Williamson),1932 年出生于美国威斯康星州的苏必利尔镇。威廉姆森早期的研究领域是工业组织和价格应用理论。比如,他的第一篇论文《管理权限和企业行为》(1963)。1977～1978 年,威廉姆森在行为科学高等研究中心工作时,密切注意法学界关于合同法的最新研究成果,并由此发表了重要论文《交易费用经济学:契约关系的管理》。2009 年度诺贝尔经济学奖授予了威廉姆森,以表彰“他对经济治理的贡献,特别是对公司的经济治理边界的分析”。威廉姆森的主要著作有:《自由裁量行为的经济学》《公司控制与企业行为》《治理机制》等。

四、诺斯的输出基础理论

1955 年，道格拉斯·诺斯在一篇题为《区位理论与区域经济增长》的论文中，批评了艾萨德的区位理论和胡佛的增长阶段理论，认为他们没有解释区域增长的动力，并且关于区位的模型和增长的描述也存在着问题。

诺斯认为，区域经济增长的动力来自于外部需求的拉动，区域外部需求的增加是区域增长最为关键的初始决定因素。诺斯从经济史的角度出发，认为区域增长的阶段论中的阶段序列与经济史是断裂的，该理论是建立在中世纪欧洲封建自给自足型经济的假设之上的。近代美国的经济发展与区域增长的阶段论的阶段序列不相符合，美国从一开始，其区域的经济活动（资源开采、生产和贸易）就是直接联系世界市场的。以美国大西北出口历史为例，在 1860～1920 年，其面粉和木材出口就占该区域制造业出口的 40%～60%，市场从英国到日本和澳大利亚，绵延几万公里。区域的增长并非线性地从一般地区向运费最低的地区集中。诺斯的思想后经蒂伯特等人的发展而逐步得到完善，成为解释区域增长的输出基础理论。

输出基础模型将经济部门划分为两个部分：输出基础部门和自给性部门。在这种模型中，通常假定自给性部门不具备自发增长的能力。但是，随着外部需求的扩大，输出基础部门不断扩张并为地方经济带来额外收入时，这些自给性部门也会随之相应扩张。道格拉斯·诺斯用输出基础模型来预测区域经济的长期变化趋势，从而形成了区域经济发展的输出基础理论。诺斯在其 1995 年发表的《区位理论与区域经济增长》一文中，把太平洋西北岸作为实证研究的基地而得出结论：区域对木材、毛皮、面粉、小麦等产品需求的扩大，不仅会影响那里的绝对收入水平，而且也会影响那里诸如辅助性产业的特征、人口的分布、城市化模式以及收入与就业波动范围等。他进一步指出，对区域输出需求的增加会对区域经济产生乘数效应，这不仅会导致输出产业投资的增长，也会导致对其他经济活动投资的增长。因此，按照诺斯的观点，一个区域能否求得发展，关键在于能否在该区域建立起输出基础产业；而特定区域能否成功地建立起输出基础产业，又将根据它在生产和销售成本等方面对其他区域所拥有的比较利益而定。

输出基础理论的特点及其缺陷在第七章第二节已作分析，兹不赘述。

专栏 8－8　　**道格拉斯·诺斯**

道格拉斯·诺斯（Douglass C. North），1920 年生于美国马萨诸塞州。诺斯是新经济史的先驱者、开拓者和抗议者，他开创性地运用新古典经济学和经济计量学来研究经济史问题。他对经济学的贡献主要包括三个方面：用制度经济学的方法来解释历史上的经济增长；重新论证了包括产权制度在内的制度的作用；引入了新古典经济学中所没有涉及的内容——制度，极大地发展了制度变迁理论。主要著作有《1790～1860 年的美国经济增长》《美国过去的增长与福利：新经济史》《经济史中的结构与变迁》等。鉴于他建立了包括产权理论、国家理论和意识形态理论在内的“制度变迁理论”，使其成为新制度经济学的创始人。

五、评述

上述非均衡增长理论存在着两个基本问题：

第一，增长对非均衡的依赖性是否存在某种客观限制，即并非区域发展差异越大，区域经济增长速度一定越快。这些理论都没有涉及这个问题。如果我们把考察的焦点放在一国经济发展的初级阶段，他们都把经济增长建立在拉开距离的基础上，而究竟这个差距是否有个客观的合理的界限并没有做出阐明。但根据实际经验，即使在经济发展初期，过大的区际收入差异也会阻滞一国的经济发展。

第二，这几种非均衡发展理论都没有阐述非均衡发展的合理界限问题。也就是说，对一个社会而言，是否存在一个最优的非均衡增长的“度”。显然，这些理论均忽略了区域成长过程中，区域差异扩大可能会付出因社会矛盾激化所导致的经济停滞的高昂代价。我们应当考虑这样一个问题，在区域发展的整个过程中，是否非均衡发展都具有比均衡发展更高的效率。显然，这样的问题涉及价值判断，不可能要求注重实证分析的发展理论做出回答，但在区域经济发展实践中，对它的回答却很重要。

区域经济非均衡增长理论，指出了不同区域间经济增长的差异，但不能因此而断定区际差异必然会不可逆转地扩大。他们片面地强调了累积优势的作用，忽视了空间距离、社会行为和社会经济结构的意义。缪尔达尔和赫希曼的理论动摇了市场机制能自动缩小区域经济差异的传统观念，并引起一场关于经济发展趋同或趋异的论战。但是在威廉姆森的倒U形假说提出之前，论战缺乏实证基础。它的研究使讨论向实证化方向迈出了有力的一步。

不论增长所处的发展阶段如何，是否都存在对非均衡的依赖性，在这一问题上，缪尔达尔的累积循环因果论、佩鲁的增长极理论、赫希曼的非均衡增长理论和弗里德曼的中心—外围理论，均倾向于认为无论经济发展程度处在何种水平，进一步的增长总是要打破原有的平衡。而威廉姆森的倒U形假说则强调经济发展程度较高时期增长对均衡的依赖。在对政府和市场作用认识的问题上，这几种非均衡增长理论的认识是不一样的。赫希曼和缪尔达尔的理论主张政府的积极干预，但在缩小区域差异问题上，赫希曼和缪尔达尔的观点又不同。赫希曼认为，经济增长的聚集将首先加大地区间的经济差异，但长期的地理渗透效应将足以减少这种差异。赫希曼对渗透效应能减少地区差异的乐观估计是建立在依靠国家干预的基础之上的。倒U形理论在区域差异缩小的过程中，忽视了政府行为，只强调经济发展的内在规律和市场的作用。从诸多国家的经验来看，区域差异的变动一般受经济发展的内在规律性、市场作用和政府干预三种力量的影响，是三者综合作用的结果，片面强调哪一方的作用，都是不恰当的。

第三节　中国区域发展战略演变

一、中国区域发展战略的四大阶段

(一)国家安全导向的区域均衡发展战略

从1953年的“一五”规划开始到1978年，国内外局势复杂。考虑到中国的地理位置可能给沿海地区带来战争威胁，以毛泽东为首的第一代党中央领导集体从国家安全角度出发制定了以国家安全为目标的“区域均衡发展战略”。毛泽东指出：“好好地利用和发展沿海工业和老底子，可以使我们更有力量来发展和支持内地工业，如果采取消极的态度，就会妨碍内地工业的迅速发展。”在这种思路的指引下，从1953年的“一五”规划开始，中国政府便坚持以均衡布局为中心，着手对沿海和内陆两大区域的产业布局进行调整。

虽然党和国家领导人在“一五”规划中提到了要实现区域的均衡发展，但在实际的区域经济发展过程中，无论是从统计数据还是从实际情况而言，区域的非均衡发展更为明显。国家的政策和投资对内陆地区的倾向十分明显，经济建设的重点也明显在中西部地区而非沿海地区。

（二）效率导向的区域非均衡发展战略

1978 年 12 月 31 日，邓小平同志在《解放思想，实事求是，团结一致向前看》的重要讲话中，概括了新中国成立以来我国区域经济发展的历史经验，对区域发展战略的内涵进行了符合我国实际情况的全面阐述。他指出："让一部分人、一部分地区先富起来，大原则是共同富裕。一部分地区发展快一点，带动大部分地区，这是加速发展、达到共同富裕的捷径。"这是对区域发展战略内涵的重新概括，标志着我国区域经济发展战略从均衡发展到非均衡发展的方向性转变。

效率导向下的非均衡发展战略，使我国在 20 世纪 80 年代逐步形成了"经济特区—沿海开放城市—沿海经济开放区—沿江经济区—内地中心城市—铁路公路交通沿线和沿边地带"这样一个多层次、有重点的、全方位立体交叉的对外开放新格局，为我国经济融入世界经济、提高国际市场上的竞争力奠定了基础。同时，在非均衡发展战略的影响下，无论是沿海开放地区还是内陆地区，都对各自区域的比较优势、主导产业和发展方向有了更加充分的认识，这对区域经济发展和总体经济发展具有深远的影响。

（三）缩小差距的区域协调发展战略

进入 20 世纪 90 年代，非均衡发展战略下出现的东西差距日益扩大的现象逐渐引起学术界和决策层的普遍关注。社会各界逐渐形成了经济社会发展过程中效率与公平兼顾的目标取向。1996 年 3 月，八届全国人大四次会议和《"九五"计划和 2010 年远景目标纲要》中，首次将地区间协调发展作为国民经济和社会发展的指导方针之一。随后几年，党和政府开始相继实施西部大开发、振兴东北老工业基地、中部崛起等旨在加快落后地区发展、缩小区域间差距的战略。

"要用历史的、辩证的观点，认识和处理地区差距问题，一是要看到各个地区发展不平衡是一个长期的历史现象。二是要高度重视和采取有效措施正确解决地区差距问题。三是解决地区差距问题需要一个过程。"区域协调发展战略的基本出发点，就是要处理好东部与中西部地区之间的关系。针对东、中、西部经济发展的实际情况，处理好这种关系实质上包含两个方面的内容：一方面是加快中西部地区经济发展的速度，另一方面是加强对中西部地区支持的力度。而这一切都必须在保持东部地区经济和总体国民经济较快发展的前提下进行。

（四）以科学发展观为指导的区域统筹发展战略

党的十六大以来，党中央从社会主义初级阶段基本国情出发，提出了科学发展观的重大战略思想。党的十六届三中全会又进一步提出了"五个统筹"的根本方法，其中统筹区域发展在"五个统筹"中占有重要的地位。以科学发展观为指导的统筹区域发展战略的提出，标志着我国区域经济发展战略的又一次重大转变。

以科学发展观为指导的统筹区域发展直接形成了西部大开发、东北振兴、中部崛起、东部率先发展的"四轮驱动"格局。在中国区域经济四轮驱动整体格局下，进入"十一五"时期后，根据资源环境承载能力、现有开发密度和发展潜力，统筹考虑未来我国人口分布、经济布局、国土利用和城镇化格局等因素，从区域功能定位的角度进行区域划分成为我国区域经济发展过程中的一大革命性创新。

以科学发展观为指导的区域统筹发展战略继承了非均衡发展战略和协调发展战略的最具有价值的内涵，是对非均衡发展战略特别是对协调发展战略的进一步完善。虽然，区域统筹发展战略在我国的具体实施仍然处于开始阶段，但是这种新的区域发展战略，已经初步在实践中表现出了巨大的作用。

（五）不同阶段区域发展战略的总结

纵观我国区域经济发展战略的演变，基本上经历了均衡发展战略—非均衡发展战略—协调发展战略—统筹发展战略四个阶段。不同演变阶段，既体现了作为发展战略必须具有的继承关系，也体现了随经济社会发展的实际情况对发展战略所做出的必要调整和完善。

在计划经济体制下，出于重工业发展和国防安全的需要，我国的区域发展战略有较明显的均衡特征，但其忽略了各区域自身的发展优势，导致各区域经济活力不足、效率低下、整体发展速度迟缓等一系列问题。所以，改革开放以后，在提高经济效率的大背景下，我国从根本上改变了计划经济体制下的均衡发展战略，实行了非均衡的区域发展战略。国家将发展的重点向东部沿海地区及重点开放地区倾斜，促进了我国总体经济的快速增长。但随着非均衡发展战略的全面实施，以及市场自发作用的逐步增强，区域发展的差距凸显并日益严重。社会各界对该战略进行反思，并催生了以处理好东部与中西部发展关系为核心的区域协调发展战略。同时，结合改革和发展过程中所出现的社会、资源、生态、环境等方面的问题，统筹处理改革过程中的各种关系，包括区域之间的关系，以科学发展观为指导的区域统筹发展战略应运而生。

区域经济发展战略的演变，反映了社会各界特别是决策层不断总结区域发展的经验教训，对区域发展的内在规律认识的不断深入，对中国特色社会主义的不断探索。从四个阶段的区域发展战略的内容看，它们的战略理念、战略重点等方面存在明显的差异。但它们都是以实现我国经济健康、持续、快速发展为基本目标。虽然不同阶段的侧重点不同，但都坚持了一个基本准则，即以发挥地区比较优势的产业来促进区域整体经济实力的提升。

二、我国区域发展战略的展望

区域经济均衡发展不仅是共同富裕思想的重要体现，同样也是我国未来经济持续健康发展的动力，中西部地区将是我国未来发展最大的回旋余地充分论证了区域均衡发展的重要性。而为了很好地实现这一目标，未来我国区域发展战略应该从以下三方面着手。

（一）加强新经济带和城市群等区域经济增长极的培育

依靠区域增长极带动整体区域发展是中国过去区域发展过程中取得的重要经验。而广东、上海、北京等地的迅猛发展也确实带动了周边区域的发展，珠三角、长三角以及京津冀地区已经成为我国区域经济中心。由于我国目前区域经济发展水平总体不高而且存在比较严重的结构型差距，未来的区域发展战略还必须坚持培育新的区域增长极，依靠新的增长极带动整个区域的经济发展。而就目前我国发展实际情况而言，城市群和经济带是未来最有可能成为区域增长极的经济发展类型。因此，必须加快培育新的城市群，如山东半岛城市群、长江中游城市群和关中城市群等以及新经济带，如长江上游成渝经济带、长江中下游经济带、海上丝绸之路经济带等。

（二）加强不同级别区域的合作

随着全球化进程的推进，产业链分工进一步细化和深化，国家之间、地区之间的联系愈加密切。与此同时，地区专业化程度的不断提高会使区域自身的风险抵抗力下降。在这种背景下，必须加强不同层次区域的合作，不仅要加强国之间的合作，国内区域也应该加强相关合作。加强产业和各自要素的流动，形成合理的区域分工格局，增强区域经济发展的协调性，提高风险抵抗力。除了要加强区域间合作外，还必须加强次级区域间的合作，包括省之间的合作、市之间的合作，甚至还包括县之间的合作。这种微观区域层面上的合作相对于宏观层面的区域合作更能够充分释放参与经济活动主体的活力，从而最大程度地促进经济增长，提高区域政策效果。

（三）加强区域战略与城镇化、产业升级等不同类型战略的协同推进

目前，我国处于一个关键的改革深化时期，经济发展、社会结构、产业结构、人口结构都处于急剧变化的过程中，所面临的困难将会越来越多。如果将不同的政策如城镇化战略、产业转型升级战略、区域发展战略完全割裂开，不仅会浪费大量的人力财力资源，同时不同战略间还有可能产生冲突，影响宏观经济的健康发展。区域战略作用对象的特殊性使得区域战略在一定程度上包含经济发展、产业转型升级、城镇化等战略，因此在未来区域战略的实施过程中必须注意不同政策的配合，不能将这些政策孤立使用，而应该以区域政策为纲，在实际过程中将解决不同类型问题的战略进行整合，以保证我国的改革顺利进行。

复习思考题

1. 区域不平衡发展理论有哪些？其基本观点是什么？
2. 区域平衡发展理论有哪些？其基本观点是什么？
3. 简述新中国成立后我国区域发展战略的变化。
4. 未来我国区域发展战略应该如何发展？

第九章

区域产业结构

第一节　产业与产业结构

一、产业

产业是历史范畴，是伴随生产力和社会分工的深化而产生和不断扩展的，是国民经济各部门各行业的总称。产业作为经济单位，介于宏观经济与微观经济之间，是企业与区域经济整体之间的一种中观经济层次。它既是国民经济的组成部分，又是同类企业的集合。但是，由于产业的内容十分复杂，至今尚无统一的严谨的定义。从不同的研究目的与角度出发，人们采取了多种多样的产业分类法。下面是几种常见的产业分类法。

(一)三次产业分类法

三次产业的划分是英国著名的经济学家科林·克拉克(Colin Clark)1940年在他发表的著名经济学著作《经济进步的条件》中提出来的。克拉克关于三次产业的理论总结了伴随经济发展的产业结构的演变规律，从而开创了产业结构理论，成为分析国家和地区产业发展的有力工具。

克拉克将产业部门归并为三类。

第一产业：取自于自然物的生产，包括种植业、畜牧业、林业和狩猎业等。

第二产业：加工于自然物的生产，包括采矿业、制造业、建筑业、煤气、电力、供水等；

第三产业：繁衍于自然物之上的无形财富的生产，包括商业、金融及保险业、运输业、服务业、其他公益事业和其他各项事业。

这种分类法从经济学理论上来看并非很严密，其中采矿业、煤气、电力、供水、其他公益事业等行业的产业归属问题也有争议，但从应用经济分析上看，它是研究伴随经济发展的资源分配结构变化趋势的一种有用工具。

专栏 9-1　**第四、五、六产业**

目前，对第四、五、六产业划分的方法、指标、范围等，还没有形成统一认识，还处在理论研究探索阶段，离经济统计等实际应用还有较大距离。

第四产业。1977 年，波拉特提出了产业划分的四分法，即把数字业从服务业中独立出来，整个国民经济由工业、农业、服务业和数字业组成，数字业即人们所说的第四产业。陕西中际国际城市发展研究院院长王超提出了定义第四产业为数字产业，包含网络经济产业，通信产业、卫星产业等都该属于该产业范畴。

第五产业。在 20 世纪 70～80 年代，日下公人等经济学家又主张将第三、第四产业中满足心理需要的文化服务和创造活动独立出来，称为第五产业。第五次产业一般是指以精神享受、娱乐消遣、心理刺激为中心的服务业，其范畴大致包括娱乐业、趣味业、时装业、美容业、旅游业等。丹麦未来学家沃尔夫·伦森指出，人类在经历狩猎社会、农业社会、工业社会和信息社会之后，将进入一个以关注梦想、历险、精神及情感生活为特征的梦想社会，人们消费的注意力将主要转移到精神需要。国内最早倡导系统研究智慧产业的学者庄一召先生及其追随者把智慧产业称为第五产业。他们认为，第四产业也不是指信息产业，而是指简单服务业和技术服务业。第五产业又称文化产业，它是按照工业标准生产、再生产、存储以及分配文化产品和服务的一系列活动统称。第五产业属于智慧产业范畴，包括咨询、策划、广告、文艺、科学、教育等，它是直接获取和利用人自身的智慧资源，满足人或机构在知识、文化、技术等方面的需要。

第六产业。20 世纪 90 年代，日本东京大学名誉教授、农业专家今村奈良臣，针对日本农业面临的发展窘境，首先提出了第六产业概念。就是通过鼓励农户搞多种经营，即不仅种植农作物(第一产业)，而且从事农产品加工(第二产业)与销售农产品及其加工产品(第三产业)，以获得更多的增值价值，为农业和农村的可持续发展开辟光明前景。因为按行业分类，农林水产业属于第一产业，加工制造业则是第二产业，销售、服务等为第三产业。“1＋2＋3”等于 6，“1×2×3”也等于 6。这就是第六产业的内涵。第六产业是大农业大食品的概念，是从田间到餐桌的大贯通大整合，代表着农业产业化企业未来先进的发展方向。

(二)国际标准产业分类法

为了统一各国的产业分类，联合国于 1971 年颁布了《全部经济活动的国际标准产业分类索引》。这一分类法将全部经济活动分为 10 大项：农业、狩猎业、林业和渔业；矿业和采石业；制造业；电力、煤气、供水业；建筑业；批发与零售业、餐馆与旅店业；运输业、仓储业和邮电业；金融业、不动产业、保险业及商业性服务业；社会团体、社会及个人服务；不能分类的其他活动。国际标准产业分类与三次产业分类之间存在很强的对应关系。这种分类比较规范，便于进行国际或区际比较。

(三)两大部类和农轻重分类法

两大部类和农轻重分类法是把社会总产品从实物形态上按其最终使用方向划分为生产资料部类和生活资料部类，并相应地把生产这些产品的部门也划分为两大部类，即生产生产资料部类和生产生活资料部类。

马克思曾用这种分类法说明社会再生产的实现条件和社会经济需要的满足过程。这种产业分类法是产业结构理论的基本来源之一，是投入产出表的基础。其局限性是覆盖面窄、实际应用困难。两大部类分类方法未能将一切物质生产领域和非物质生产领域包括进去，从分类界限来看，有些产品难以确定为两大部类中的生产资料或消费资料。

在具体的应用中，两大部类和农轻重分类法将社会生产划分为农业、轻工业和重工业三大部门。一般属于重工业的工业部门有冶金工业、建材工业、机械工业、化学工业、煤炭工业、石油工业等；轻工业的工业部门一般有食品工业、纺织工业、造纸工业等。两大部类和农轻重分类法由于没有包括对服务业的分类，今天已经很少使用。

(四)要素密集度分类法

根据各类生产要素的密集程度，经济活动一般可分为：资源密集型产业、劳动密集型产业、资本密集型产业与技术密集型产业。这种分类有利于揭示区域要素禀赋构成与生产优势，研究区域分工与要素密集程度差异对区域经济发展与区际经济关系的影响。

要素密集度分类法产业划分的特征：它存在于将各个产业使用的各种资源的组合在产业之间进行的比较中，因此它是一种相对的划分，不存在绝对的划分标准。一般而言，像钢铁工业、石油化学工业等被认为是资本密集型产业，采矿业等被认为是资源密集型产业，纺织工业等被认为是劳动密集型产业，而像电子计算机工业等则既是技术密集型产业又是劳动密集型产业。

生产要素密集程度分类法可以说明区域产业结构的素质，揭示区域产业结构的发展趋势，并在区域产业结构规划中发挥重要作用。

(五)区域产业功能分类法

根据产业在区域经济发展中所发挥的功能作用，各类区域经济活动可分为三类：主导产业、辅助产业与基础产业。

主导产业又称专业化产业，是决定区域在区域分工格局中所处地位与作用的、对区域整体发展具有决定意义的产业。

辅助产业是围绕主导产业发展起来的产业，主要是为主导产业的发展进行配套的产业以及主导产业产前和产后的延伸产业。

基础产业是为保证区域主导产业与辅助产业发展与生活需要而形成的产业，主要包括基础设施产业和服务业。

在一个区域中，主导产业是其经济核心，主导产业的兴衰决定区域经济的兴衰。辅助产业与主导产业之间存在着前向联系和后向联系，在很大程度上取决于主导产业的构成与规模。基础产业主要面向区内，受区内生产与生活需求的量与结构影响较大。区域产业功能分类一般用于研究区域主导产业选择与区域规划，是最常用的区域产业分类法之一。

二、产业结构

产业结构是指区域经济中各类产业之间的内在联系和比例关系(陈栋生等，1993)。对产业结构概念的理解应把握如下几个方面：第一，产业结构是在社会再生产过程中形成的。第二，产业结构是以国民经济为整体，即以某种标志将国民经济划分成若干个产业。第三，产业之间的生产技术经济联系主要反映产业间相互依赖、相互制约的程度和方式。

区域产业结构是全国经济空间布局在特定区域的组合的结果。在某特定区域内，之所以拥有某种类型的产业结构，是由该特定区域的优势和全国经济空间布局的总体要求所决定的。区域经济学的理论认为，区域经济的本质是充分发挥区域优势，在空间市场一体化的条件下，实现区域间的合理分工，以最大限度地获取空间经济的整体效益。区域优势主要包括资源优势、区位优势和发展阶段优势(反映了区域优势的动态性和阶段性)。另外,由于我国特殊的国情,各地政策体制不统一,因此,区域体制在一些地区也是一种区域优势。发挥区域优势的关键就在于建立能充分体现区域优势的区域产业结构。

区域经济发展的实践证明:建立区域产业结构必须遵循“有所为、有所不为,但求所在、不求所有,但求所有、不求所在”等市场经济体制条件下的区域经济运行原则。为贯彻以上原则,在某地区经济发展的成果评价上,应改变目前以 GDP(属地原则)为指标的做法为以 GNP(要素收入原则)为指标的做法。

(一)区域产业结构分类的原则

区域产业结构分类要遵循以下三个原则:

第一,区域产业结构分类要以区域优势为基础。区域产业结构是围绕区域优势建立起来的,区域优势不同的地区,产业结构也不相同。在分类中要突出能发挥区域优势的产业,包括具有绝对优势的产业和具有相对优势的产业。

第二,区域产业结构分类应反映区域分工的要求。区域分工是区域产业结构分类存在的基础。没有区域分工,各地产业结构都一样,那就无所谓产业结构分类。区域分工反映了“区域”在经济活动中的意义:在全国统一市场条件下,各区域之间彼此分工,任何一个区域都为其他所有区域服务,其他所有的区域反过来也为该区域服务。国土面积越大,“区域”数目越多,区域分工的深度和意义越大,彼此互利的作用越大。

第三,区域产业结构分类应相对完整,应具有较紧密的关联性和动态性。区域经济的平稳发展既依赖于具有优势的专门化产业的快速发展,又需要与专门化产业相配套的一般产业的多元化综合发展。不同功能的产业相互关联与互补,形成完整的区域产业结构。专门化产业的功能是“发展”,一般产业的功能是“稳定”,缺乏任何一个环节的功能产业都可能影响区域经济的健康发展。因此,区域内各种形式的专门化产业应与一般产业的发展有机地结合起来。

(二)区域产业结构分类体系

按照以上原则可以把区域产业作如下功能性分类:

1. 区域专门化产业

区域专门化产业是指那些能发挥区域优势的、具有区域分工意义的、主要为区外服务的产业。区域专门化的程度称为专门化率,是指专门化产业在区域产业结构中所占比重与该产业在全国产业结构中所占比重之比,一般有两种表达方式:

一是劳动力专门化率(又称区位熵),其计算公式为:

$$SL_{ij}=(L_{ij}/L_i)\div(L_j/L) \quad (9-1)$$

其中:SL_{ij} 为劳动力专门化率(区位熵);L_{ij} 为 i 区域 j 部门的劳动力人数;L_i 为 i 区域劳动力总人数;L_j 为全国 j 部门的劳动力人数;L 为全国劳动力总人数。

如果 $SL_{ij}>1$,说明 j 部门是 i 区域的专门化产业。SL_{ij} 值越大,说明该产业的专门化程度越高;反之亦然。

二是增加值专门化率,其计算公式为:

$$SV_{ij}=(V_{ij}/V_i)\div(V_j/V) \quad (9-2)$$

其中,SV_{ij} 为增加值专门化率;V_{ij} 为 i 区域 j 部门的增加值;V_i 为 i 区域增加值总额;V_j 为全国 j 部门的增加值;V 为全国增加值总额。

同样,当 $SV_{ij}>1$,说明 j 部门是 i 区域的专门化产业。SV_{ij} 值越大,说明该产业的专门化程度越高;反之亦然。

在区域各专门化产业中，根据专门化程度的大小及其与区域经济发展阶段的适应程度，又可分为主导专门化产业和一般专门化产业。

(1)主导专门化产业，又称地区主导产业，是指在区域经济发展的各阶段处于支配地位的地区专门化产业(或产业群)。它具有参加区际服务分工和带动区内其他产业发展的双重功能。地区主导产业必须具备以下三个条件：一是具有较高的劳动力专门化率，SL_{ij}值应在2以上，显示较强的区域外向性；二是有较高的区内增加值比重，能主导区域经济发展的方向和水平；三是有较高的产业关联度，能强有力地带动区内其他产业的发展。

(2)一般专门化产业。即除主导产业外的地区专门化产业，包括前一发展阶段退下来的主导产业、处于形成中的未来的主导产业(潜导产业)、其他一般性专门化产业。根据区域动态比较优势原理，在重视主导专门化产业发展的同时，也不应忽视一般专门化产业的发展，以形成相互联系的替代链，使区域经济始终拥有起带头作用的产业，以促使经济持续、稳定、健康的发展。

2. 辅助配套产业

为地区专门化产业提供产中、产前、产后辅助配套的产业，其功能是确保专门化产业的顺利健康发展。从产业的关联性来看，辅助产业与主导产业有着最直接、最密切的纵向和横向的联系，完全是为主导产业服务的。在建设规模、速度及顺序上，辅助产业都应当按照主导产业发展的要求去做。区域主导产业不同，辅助配套产业也就不一样。

3. 非专门化产业

非专门化产业是指专门化率小于1或略大于1的、主要满足区内需求的自给性产业，包括区内基础设施、生活服务产业和需求量大、不宜运输、发展要求不高的所谓普适性产业。区内基础设施主要有交通通信网、电力网、农田水利、城市基础设施等。生活服务产业包括商贸行业、餐饮、旅馆、仓储、社区服务、家政服务等。普适性产业涉及日常蔬菜、鲜活食品、奶制品、体积庞大的易碎物品及砂土、砖石类建材等。

区域产业结构分类既突出了区域产业的重点——主导产业，又兼顾了非专门化产业，组成了区域产业结构的完整体系；既强调了区域经济的专门化发展，又兼顾了综合发展；同时还清楚地反映了主导产业替代演进的区域产业结构发展规律。

(三)区域产业结构的类型

按上述区域产业结构分类，根据各地区主导专门化产业、一般专门化产业、辅助配套产业及非专门化产业的具体实体产业的状况及比例关系，可将区域产业结构划分为若干类型。当然，分析问题的角度不同，所得出的区域产业结构的类型也不同。在此，从资源加工程度的角度，以我国为例划分区域产业结构的类型如下：

(1)以采掘工业为主的资源区，如晋、内蒙古、黑、赣、豫、青、宁等省份①。

(2)以原材料工业为主的资源区，如冀、皖、湘、藏、甘等省份。

(3)以重加工为主的加工区，如京、津、沪、苏、陕等省份。

(4)以轻加工为主的加工区，如浙、闽、粤、桂、渝、川、新等省份。

(5)资源与加工并举区，如辽、吉、黔、鲁、鄂、琼、滇等省份。

① 省、自治区、直辖市统称为省份。下同。

第二节　产业结构的演进

按照一定的分类而形成的产业之间的比例，就是产业结构。随着经济的发展，区域产业结构会发生相应的转换和演变。所谓产业结构的演进是指区域产业结构依据经济发展的历史和逻辑顺序演变，不断达到更新阶段和更高层次的过程，即产业结构的高级化或高度化过程。这种结构变化不是随意的，而往往表现出一定的规律性。

一、产业结构演进理论

(一)配第—克拉克定理

早在17世纪，英国经济学家威廉·配第(William Petty)在他的名著《政治算术》中就指出：制造业比农业，进而商业比制造业能够得到更多的收入。在经济发展中，这种不同产业之间相对收入上的差异，会促使劳动力向能够获得更高收入的部门移动。

20世纪50年代，科林·克拉克就此问题作了进一步研究。克拉克搜集和整理了若干国家按照年代的推移，劳动力在三次产业之间移动的统计资料，得出如下结论：随着经济的发展，即随着人均国民收入水平的提高，劳动力首先由第一产业向第二产业移动，当人均国民收入水平进一步提高时，劳动力便向第三产业移动。劳动力在产业间的分布状况是，第一次产业将减少，第二次、第三次产业将增加。这就是所谓的配第—克拉克定理。

配第—克拉克定理不仅可以从一个国家经济发展的时间系列中得到印证，而且还可以从处于不同发展水平的国家在同一时点上的横断面的比较中得到类似结论。也就是说，人均国民收入水平越高的国家，农业劳动力在全部劳动力中的比重相对越小，而第二次、第二次产业的劳动力所占的比重相对越大；反之，人均国民收入水平越低的国家，农业劳动力所占比重相对越大，而第二次、第三次产业的劳动力所占的比重相对越小。

(二)库兹涅茨法则

俄裔美国著名经济学家库兹涅茨(Simon Smith Kuznets)在他的著作《各国的经济增长》一书中，从国民收入和劳动力这两个方面，对伴随经济发展而出现的产业结构演变规律作了分析研究，得出结论如下：

第一，随着国民经济的发展，区域内第一产业实现的国民收入在整个国民收入中的比重与第一产业劳动力在全部劳动力中的比重一样，处于不断下降之中。

第二，在工业化阶段，第二产业创造国民收入的比重及占用劳动力的比重都会提高，其中前者上升的速度会快于后者。在工业化后期特别是后工业化时期，第二产业的国民收入比重和劳动力比重会不同程度地下降。

第三，第三产业创造国民收入的比重及占用劳动力的比重会持续地处于上升状态，其中在工业化中、前期阶段，占用劳动力比重的上升速度会快于创造国民收入的比重。

这样，在整个工业化时期，产业结构的转换就表现为第一产业创造财富和吸收就业的份额逐渐转移到第二产业和第三产业中去。其中，在工业化中期，第二产业逐渐成为财富的主要创造者，而第三产业则是吸收劳动力的主要场所；到工业化后期以后，第二产业创造财富的比重也开始下降，第三产业则成为经济发展的主体，既是财富的主要创造者，也是吸收劳动力的主要场所。

因此，在工业化过程中，三次产业的发展是相辅相成的。如果第二产业总量增长很快，而第三产业发展滞后，那么必然表现为第二产业在GDP总额中的比重得到很快增加，但是劳动力转移过程受阻，大量的劳动力滞留于低效率的第一产业，城市化水平难以提高。

(三)霍夫曼定理

德国经济学家霍夫曼(Hoffman)对工业化过程中的工业结构演变规律作了开创性研究。其研究的重点是制造业中消费资料工业和资本资料工业在工业化的不同阶段的比例关系的变动趋势。他将制造业划分为消费资料工业、资本资料工业和其他工业三种。消费资料工业的净产值和资本资料工业的净产值的比值，就是所谓的霍夫曼比例，也称霍夫曼系数，用公式表示如下：

霍夫曼系数＝消费资料工业的净产值/资本资料工业的净产值

霍夫曼在《工业化的阶段和类型》一书中将工业化过程分为四个阶段：第一阶段，消费资料工业在制造业中占统治地位，资本资料工业不发达，霍夫曼系数为5左右；第二阶段资本资料工业的增长速度高于消费资料工业，但消费资料工业在制造业总产值中所占的比重仍大于资本资料工业比重，霍夫曼系数为2.5左右；第三阶段，消费资料工业所占比重与资本资料工业所占比重大致相似，霍夫曼系数约为1；第四阶段，资本资料工业所占比重大于消费资料工业，霍夫曼系数小于1。如表9－1。

表9－1　　四个工业化阶段霍夫曼指数

工业化阶段	霍夫曼系数	工业结构演变规律
第一阶段工业化初期	6～4	消费资料工业占主导地位
第二阶段重化工业阶段	3.5～1.5	资本资料工业上升很快
第三阶段深加工化阶段	1.5～0.5	消费品工业与资本品工业规模大致相当，工业结构的重工业化
第四阶段技术集约化阶段	＜1	资本资料工业占主导地位

一般讲，资本资料生产属于重工业，消费资料生产属于轻工业。重工业在工业生产中的比重增大是工业化过程中的必然趋势。当工业化达到一定的程度之后，重工业的比重将大体上处于一个稳定的状态。从区域的角度出发来分析轻重工业的比例，必须注意区域经济的特殊性。由于各区域并不要求形成完整的工业体系，且各区域都有自己的区域优势，加之无限制的区域贸易的存在，在各个国家内部将形成重工业区域与轻工业区域的区别，所以，用霍夫曼比例衡量区域经济结构的变化，有一定的局限性。

(四)雁行模式理论

雁行模式理论是1932年日本学者赤松要(Kaname Akamatsu)在他的题为《我国经济发展的综合原理》的文章中提出的。赤松要认为日本的工业化遵循着雁形模式发展，即日本作为一个经济落后的国家，受国内的资源与市场的约束，主要依靠对外贸易向工业国输出消费性商品，自工业国输入工业设备，然后建立自己的工厂进行替代性生产，以满足国内需要，并进一步带动国内相关产业的发展。上述过程绘成图像，犹如雁群列阵飞行，故称雁形模式。该理论认为，在需求与供给相互作用、相互制约下，落后国家的产业结构要经历三个阶段的变化：一是进口阶段，即在对某些产品的需求增加，而国内生产困难时，靠进口满足需求；二是国内替代阶段，即在国内生产该种商品的条件成熟后，以国内产品满足需求，替代进口产品；三是出口阶段，即随着国内生产条件日益改善，该种产品生产成本大大降低，市场竞争力加强，产品转而进入国际市场。后进国家应遵循进口—国内生产—出口的雁形发展形态。

（五）动态比较费用理论

日本经济学家筱原三代平(1955)从动态的、长期的观点出发，将传统的比较优势理论动态化。他认为每个国家的经济发展过程都是一个动态过程，在这一过程中包括生产要素禀赋在内的一切经济因素都会发生变化，而生产要素变化的程度和速度在各个国家和地区之间会有很大差异，由此引起一国经济在世界经济中相对地位发生变化。对后进国家来说，如果某些产业的产品在生产要素禀赋变化的基础上由比较劣势转化为比较优势，将极大地改变其在国际分工中的地位，从而获得动态的比较利益。因此，他强调一国应借助各种手段，实现产业结构升级和比较优势转换。其主要观点如下：(1)一国在经济发展过程中的比较优势或劣势是可以变化的，经济的发展不仅取决于资源的丰裕程度，在很大程度上还取决于政府的支持；(2)一国的国际贸易优势应与合理的产业结构保持一致；(3)动态比较优势的形成要借助国家的干预力量，政府应以增强国际竞争力为目的，扶植和促进国内重点产业的发展。其核心思想在于强调后起国的幼稚产业经过扶持，可以由劣势转化为优势，即形成动态比较优势。该理论成为第二次世界大战后日本产业结构理论研究的起点，为日本的"贸易立国"思想提供了理论依据。

（六）产品循环说

美国学者雷蒙德·弗农(Raymond Vernon)提出的产品循环说是讨论国际贸易对于发达工业国家产业结构的影响。他认为发达国家特定产业的演化过程经过四个过程：第一，国内新产品问世、市场扩大直至饱和；第二，产品将出口国外，开拓国外市场；第三，随着国外市场的形成，便会有资本和技术的出口，这是资本与技术和输入国的廉价劳动力及其他资源相结合的过程；第四，国外生产能力的形成，又会使这种产品以更低的价格打回本国市场，这就使先发工业国不得不放弃该产品的生产而去开发新产品。这四个过程的连续化进行就形成了所谓的产品循环，即新产品开发—国内市场形成—出口—资本和技术出口—进口—开发新产品。

（七）钱纳里标准结构

钱纳里(H.Chenery)与塞尔昆(M.Syrquin)在《发展的型式：1950～1970》一书中对 101 个国家 1950～1970 年的统计资料进行分析后，构造出世界发展模型，由发展模型整理出经济发展结构模型，即经济发展不同阶段产业结构的标准数值(表 9—2)。钱纳里认为，在经济发展的不同阶段，存在着不同的经济结构与之相对应；如果不对应，则说明该国结构存在偏差。

表 9—2　　钱纳里标准产业结构

<table>
<tr><th colspan="2">工业化衡量指标</th><th>初级阶段</th><th>中级阶段</th><th>高级阶段</th></tr>
<tr><td colspan="2">人均经济总量
（人均 GDP，以 1970 年美元衡量）</td><td>280～560 美元</td><td>560～1 120 美元</td><td>1 120～2 100 美元</td></tr>
<tr><td colspan="2">产业结构
（三次产业比例）</td><td>二产比重
超过一产</td><td>一产比重低于 20%，
二产比重超过三产</td><td>一产比重低于 10%，
二产比重达到最高水平</td></tr>
<tr><td colspan="2">就业结构
（农业劳动力占全社会从业人员比重）</td><td>50%以上</td><td>30%</td><td>20%以下</td></tr>
<tr><td rowspan="2">工业内部结构</td><td>制造业增加值占总商品增加值比重</td><td>20%～40%</td><td>40%～60%</td><td>60%以上</td></tr>
<tr><td>机械工业增加值占制造业增加值比重</td><td>5%</td><td>20%</td><td>30%</td></tr>
<tr><td colspan="2">贸易结构
（机电产品出口额占总出口额比重）</td><td>1%</td><td>10%</td><td>30%</td></tr>
<tr><td colspan="2">城乡结构
（城镇人口占总人口比重，即城市化率）</td><td>20%以下</td><td>50%</td><td>70%以上</td></tr>
</table>

钱纳里根据1950～1970年的统计资料，又提出了大国产业结构模型。即在人均国民收入基本相同的条件下，大国工业产值在国民生产总值中所占比重要比小国高，平均高出5～6个百分点；大国积累率也高于小国，净投资可高出15个百分点。在外贸方面，大国进口的比例相对要大些，净出口的比例不如小国。

钱纳里和塞尔昆还发现，当人均收入处于较低水平时，初级产业（农业）产出在国内生产总值中的比重大，随着人均收入的增加，初级产业产出份额持续下降，工业和服务业产出份额持续上升。当人均收入为100美元时，初级产业产出份额为45%，工业为15%；当人均收入为500美元时，初级产业产出份额下降到20%，工业增加到28%。

（八）罗斯托产业发展阶段论

1960年，美国经济学家罗斯托应用归纳现代史的方法，对已经工业化的国家的经济增长经验进行了总结，将国家和区域经济的增长划分为6个阶段（见表9—3），之后又提出每个阶段的主导产业（群）处于不断转换之中。

表9—3　罗斯托的产业结构转换阶段

经济发展阶段	主导产业（群）
1. 传统社会阶段	手工制造业
2. 为起飞创造前提条件阶段	食品、砖瓦
3. 起飞阶段	纺织、钢铁、电力
4. 向成熟推进阶段	钢铁、机械、化工
5. 高额消费时代阶段	汽车、航空、耐用消费品
6. 追求生活质量阶段	教育、文化、卫生、住宅、旅游、社会福利

自20世纪50年代起，日本经济的高速成长证实了上述阶段的正确性，即经历了三次大的结构转换过程：由50年代以前较为轻型结构转向以重化工业为主体的重型结构；70年代又从重型结构向高加工度化方向发展；70年代后期开始由资本密集型向技术密集型的产业结构转变。

二、产业结构演进趋势

（一）高服务化

从整个国民经济角度来看，产业结构由最初的第一次产业占优势向第二次产业占优势，再向第三次产业占优势的方向发展，这一趋势简称为高服务化。

从英国、法国、美国、日本的产值来看（见表9—4），随着工业化的发展，首先是农业产值所占份额大幅度下降；然后是工业产值份额大幅度上升，并在产业结构中占有优势比重；进入工业化后期，工业产值份额下降，服务业产值份额持续上升，并最终占有优势比重。

表 9—4 国民生产总值中部门份额长期变动趋势 单位:%

国别	年代	农业	工业	服务业	国别	年代	农业	工业	服务业
英国	1811～1901	34.6	22.1	43.1	美国	1839	44.6	24.2	31.2
	1907	6.4	38.9	54.7		1919～1929	11.2	41.3	47.5
	1924	4.2	53.2	42.6		1953	4.3	45.3	50.4
	1965	3.4	44.1	52.5		1975	3.5	31.9	64.6
	1985	2.0	36.0	62.0		1985	2.0	31.0	67.0
法国	1886	25.0	46.2	28.8	日本	1879—1883	65.5	34.4	
	1963	8.4	51.0	40.6		1924～1933	23.3	76.3	
	1974	5.1	43.3	51.1		1951～1954	16.1	83.9	
	1985	4.0	34.0	62.0		1965	11.2	35.8	53.0
						1985	3.0	41.0	56.0

资料来源:[美]库兹涅茨．各国的经济增长.1999;[日]日本博皓．现代产业经济论的发展;世界银行.1985、1986 年世界发展报告。

(二)知识技术集约化

从资源利用的角度看,产业结构由劳动密集型产业为重心逐渐向资本密集型产业为重心,再向知识技术密集型产业为重心的方向发展,这一趋势称为知识技术集约化。这意味着劳动力、资本、技术等资源要素在经济活动中的地位和作用将随工业化发展而发生变化。

在工农业化初期,轻工业特别是纺织工业在工业结构中处于重要地位。在这一时期中,工农业资源结构中的劳动力居于最突出的地位,产业结构以劳动密集型为主。随着工业结构重工业化的进展,重工业中的原材料工业的地位将不断上升,而这些部门的发展,首要的条件是投入大量的资本,用于购买庞大的生产设备,像钢铁、石油、化工、有色冶金、煤炭及其他加工工业等,不进行大规模的投资是难以取得发展的。在工业化的这一阶段中,工业资源结构中的资本因素就显得更为重要,产业结构以资本密集型产业为主。进入工业化中后期,随着高加工度化的发展,技术又将取代资本的地位,成为对经济增长贡献最大的资源要素,这一阶段的产业结构以知识技术密集型产业为主。

(三)产业结构高度化

产业结构高度化也称产业结构高级化,是指一国经济发展重点或产业结构重心由第一产业向第二产业和第三产业逐次转移的过程,标志着一国经济发展水平的高低和发展阶段、方向。

从产业结构的结构比例看,高度化有三个方面的内容:(1)在整个产业结构中,由第一次产业占优势比重逐级向第二次、第三次产业占优势比重演进,即产业重点依次转移;(2)产业结构中由劳动密集型产业占优势比重逐级向资金密集型、技术知识密集型占优势比重演进,即向各种要素密集度依次转移;(3)产业结构中由制造初级产品的产业占优势比重逐级向制造中间产品、最终产品的产业占优势比重演进,即向产品形态依次转移。

从产业结构高度化的程度看,高度化有四个方面的内容:(1)产业高附加值化,即产品价值中所含剩余价值比例大,具有较高的绝对剩余价值率和超额利润,是企业技术密集程度不断提高的过程;(2)产业高技术化,即在产业中普遍应用高技术(包括新技术与传统技术复合);

(3)产业高集约化，即产业组织合理化，有较高的规模经济效益；(4)产业高加工度化，即加工深度化，有较高的劳动生产率。

第三节　区域产业结构优化

区域产业结构优化就是区域产业结构趋向合理，对不合理的区域产业结构不断调整的过程。从本质上来说，产业结构的协调，就是指产业间有机联系的聚合质量，即产业之间相互作用所产生的一种不同于各产业能力之和的整体能力。

一、区域产业结构影响因素

总体上，产业结构是由生产力水平决定的。影响区域产业结构的因素主要有以下五个方面。

(一)区域资源状况

自然资源对产业结构的影响是显而易见的。自然资源的种类、数量、质量不同，其经济价值不同，对区域产业结构的影响程度也不同。例如，铁矿或石油资源储量大、质量好，则经济价值高，开发后对区域经济的带动影响大，就有可能形成以这两种资源开发利用为主的产业结构。

(二)区域产业结构基础与传统

区域原有产业结构基础和生产传统，对产业结构也有影响。一个区域现有的产业结构是从过去产业结构基础上发展演化来的，产业结构的演化并不是要对原有的产业结构基础进行摒弃、清除，而是要对其逐步改良、更新。因此，一个区域原有的产业结构基础与传统对现在、将来的产业结构有着不可忽视的影响。

(三)区域联系与区域分工

商业流通、资金融通、人才和劳动力的流动，以及技术的转移、信息的传递等，都是区域产业结构变动的重要影响因素。区域劳动分工对产业结构的影响也很重要。在市场经济条件下，劳动地域分工体现着协作、竞争和利益，它们可以使其他因素对产业结构的影响增强或减弱。

(四)技术进步

技术进步是产业结构变动的决定力量。技术进步除了一般意义上指生产领域各生产要素质量的提高及工艺流程、操作技巧等的改进外，还包括微观与宏观层面上的组织管理技术的改进与提高。技术进步影响产业结构变动的方式体现在：一方面，技术进步直接促进产业结构的成长；另一方面，技术进步通过扩大需求、改善供给、协调市场结构、提高政策决策水平这些一般因素，间接地推动产业结构的演进。技术进步促进经济增长的作用过程，实际上是指技术进步促进产业结构本身功能的不断优化而带来的经济增长量的扩大过程。可以这样认为，主要是技术进步在市场竞争的状态下通过市场需求，刺激产业进行有规则的扩张或收缩，从而促进产业结构的合理变动。

(五)需求结构

需求结构对产业结构的演变具有拉动作用。需求结构是反映人类生理特征有关的需要等级的先后次序的构成。它一般分为三个层次：以生理性需求为主导的需求；追求便利和机能的需求；追求时尚和个性的需求。需求结构的一个基本特征，是它对各类商品供给的丰裕程度具有不同的反应。因此，随着人均收入水平的不断提高，需求重点便会逐步向高层次转移。支出结构由购买吃穿为主，转向大量购买耐用消费品和服务。需求结构这一特征对产业结构演变有直接的拉动作用。

二、区域产业结构优化判断标准

区域产业结构优化有非常严格的衡量标准。合理的区域产业结构标准是由产业结构的特性决定的，而产业结构是一个相互制约、相互促进的有机整体。所以，要评价一个区域的产业结构是否优化必须采取相互联系的指标体系，进行综合性、系统性的分析。判断区域产业结构是否优化主要有以下标准：

（一）是否充分合理地利用了自然资源

自然资源是产业的物质基础。产业的形成和发展都不可能脱离物质基础，只有充分合理地利用自然资源，才能取得最佳的经济效益。自然资源一般都具有多用性，合理的产业结构就能充分利用这一特点，生产多种产品。自然资源有三类：第一类是流失性资源，如太阳能、风能、潮汐能等；第二类是可更新资源；第三类是不可更新资源。流失性资源不管人们使用与否，都照样流失，因此应努力地开发利用。可更新资源利用得好，能保持其再生能力，做到循环使用，这是一种合理的利用。但是如果对可更新资源的利用是毁灭性的，使其丧失了再生能力的条件，那可更新资源也会枯竭。对于不可更新资源应选择好的时机，提高投入产出比，尽可能高效利用，使地区优势充分发挥，从而取得最佳经济效益。

（二）各产业发展是否协调，是否存在“瓶颈”产业

对于合理的区域产业结构来说，各产业之间应该是协调发展的，具有结构的整体性。各产业在发展中能相互创造条件，形成良性的经济互补关系，推动各产业在生产、分配、交换、消费各个环节间的和谐运动。各产业部门之间，在质上相互依存、相互制约；在量上按一定的比例组成，形成产业有机整体。合理的产业结构不能存在“瓶颈”产业与过剩产业。

（三）是否能及时提供社会所需要的产品和服务

合理的产业结构应能及时提供社会所需要的产品和服务，具有应变能力，能最大限度地满足社会需求。产业结构的应变能力是指各产业根据经济发展和市场变化具有的一种自我调节能力。合理的产业结构应能适应社会需要，因为任何社会生产都要受到社会消费需要的制约。社会需要不是静止的，而是变动的，它会随着劳动生产率的提高、人民收入水平的增长而不断变化。因此，合理的产业结构也需要随着社会需求的变化而调整。为了适应这一变化，要有多层次的反应灵敏的信息网络，及时预测市场需求的变化。

（四）是否取得了最佳经济效益

合理的产业结构应能获得较好的经济效益，调整产业结构的目的就是为了提高经济效益。因此，取得最佳的经济效益是产业结构合理化的重要标志。在一定的条件下，如果经济效益不好，产业结构肯定不合理。最佳经济效益就是要注意劳动耗费与有效成果的比较，争取用最少的劳动耗费，取得最大的有用成果。合理的产业结构与经济效益的提高是互为因果、相互影响的，即产业结构的合理化会促进经济效益的提高；反过来，经济效益的提高也有助于产业结构的合理化。合理的产业结构能较好地发挥自然资源、经济资源的优势，做到人力、物力、财力、自然资源、科学技术等因素充分而合理地使用，避免由于失调而造成巨大浪费和损失；而经济效益的提高会节约劳动时间，为产业结构趋向合理创造条件。经济效益应是宏观效益与微观效益的统一，是长期效益与短期效益的统一，那种只顾微观效益和短期效益的做法，会危害产

业结构的合理化。

(五)国内外的成熟技术是否得到了合理开发与利用

合理化的区域产业结构应该能够合理开发和利用国内外的成熟技术,能够充分吸收当代最新科学技术成果,改善人类的劳动与生活环境条件。人类劳动的最终目的是为了人类自身的生存,科学技术是人类利用自然、改造自然的强大力量。只有充分利用科学技术成果,才能使人类的生活环境与劳动条件获得最大的改善。如果一种产出结构对人类已取得的科学技术成果没有充分利用,则说明这种产业结构是低级落后的,当然也是不合理的。

(六)能否充分开展区域间的分工合作

随着经济全球化的发展,充分合理利用区域间的分工合作是提高劳动生产率、促进经济发展的一条捷径。因此,合理的产业结构应该与合理的外贸结构结合起来,充分发挥区内优势、充分利用区外市场,不断扩大输出、出口。

(七)生态环境是否能够得到保护

合理的产业结构应该是可持续发展的,对生态环境没有破坏作用或对生态环境的保护有利。那种只顾经济效益、不顾生态环境的发展方式会极大地恶化人类的生存环境,应该予以警惕和制止。人类社会要想延续下去,使子孙后代也得到发展的机会,产业结构就必须不损害生态环境。

三、区域产业结构与优化实质

优化区域产业结构是区域经济发展进程中一个永恒的重要话题。所谓区域产业结构优化,是指利用各种方法尽可能使区域产业结构趋向最优配置的过程。区域产业结构优化过程的实质表现为四大方面:

第一,准确选择区域的主导产业,合理确定其发展规模和速度,协调主导产业与非主导产业的关系。

第二,建立以主导产业为核心的、各产业协调配套及高效运作的区域产业体系。

第三,对外突出区域主导产业的发展优势,提高与区外经济的互补性;对内提高区域各产业间的关联度与协调性,形成区内区外经济发展的良性循环。

第四,把握区域产业结构的内在变化,积极扶持潜在主导产业,促进产业结构顺利适时地转换,使区域产业结构最优化。

四、区域产业结构优化策略

在战略和策略上,区域产业结构优化应从以下三大方面入手:

(一)准确选择、优先发展主导产业

区域主导产业的选择准确与否,是事关整个区域经济发展成败的重大决策。主导产业一经确定,即应力保其在投入、政策上得到优先重点发展,使之超前启动,有效地担负起在全国地域分工中的重任,并增强其带动经济发展的辐射力。

(二)协调主导产业与非主导产业的关系

与主导产业关系最密切、最直接的辅助产业在发展上应尽可能地与主导产业形成配套;在建设时序上应尽可能地与主导产业相衔接;在建设规模上应尽可能地与主导产业相适应。基础性产业是区域生产、生活和社会正常运行的基本条件,应积极创造条件,力争在区域内达到平衡,以形成对区域主导产业和辅助产业的强有力支持。

（三）积极扶持潜在主导产业，促进区域产业结构及时合理转换

区域产业结构优化是一个动态概念。潜在主导产业（简称潜导产业）代表了区域产业未来的发展希望。应结合区域的具体经济发展状况与条件，选择有巨大发展前景的新兴产业作为潜导产业，在资金、技术、人才诸方面大力支持，促进其壮大发展。在原有主导产业不合时宜、进入衰退期后，潜导产业应及时接替，成为新的主导产业，建立起新的、合理的区域产业结构。

复习思考题

1. 区域产业结构分类方法有哪些？
2. 如何选择地区主导产业？
3. 试述几种区域产业结构演进理论的基本内容。
4. 如何优化区域产业结构？
5. 通过本章的学习，试述长三角产业结构优化路径。

第十章

区域产业布局

第一节　产业布局指向

一、产业布局指向的内涵

产业布局指向给出了一个产业区位选择的趋向，是地区对某一或某类产业布局的吸引。有些地区发展生产的条件比较优越，如资源集中，环境容量大，供电、供水及交通等基础设施均较好，可能对多种产业的布局都是理想的地点。特别是这个地区如果能够集市场与原燃料地于一体，那么各类指向型企业都可能向此地集中。例如，一个大城市，本身就是一个巨大的市场，如果在它周围矿藏丰富且能源密集，又拥有发达的交通网络和大型的港口，那么它无疑将成为很多企业布局的理想之地。但是，更多的情况是，一个地区的布局条件往往存在一些不利的或者限制性的因素，有些地区，限制性的条件可能成为主要的制约因素。例如，某一地区的各类布局条件当中，水资源是最主要的限制条件，而克服这种限制条件，又不是一个企业短期内所能做到的。那么，那些耗水较高的企业，就很难在此布局。我国西北干旱地区，在布局大型耗水工业时，就必须认真考虑这一因素。但只要不是不可克服的因素，我们往往倾向于利用一个地区布局的最有利条件，这样可以使在此布局的企业，获得生产成本上的节约而超过克服不利条件带来的成本增加。

二、产业布局指向的类型

(一)能源指向

在这类部门中，燃料、动力的耗费在生产成本中占有很高的比重，一般在 35%～60%。能源的供应量、价格和潜在的保证程度是决定布局的重要因素，如火电站，铝、镁、铜等有色金属冶炼，电冶合金，稀有金属生产，合成橡胶以及石油化工等。

（二）原料地指向

原料地指向型产业大多是物耗高的产业部门，一般要考虑资源的数量、质量和开采的年限，还要考虑运输的能力等，如采掘工业部门；原料用量大或可运性小的部门，如原料开采、化纤、人造树脂、塑料、水力发电、钢铁、建材、森林工业、机械制造（部分），以及轻纺工业的制糖、罐头、肉类加工、水产加工和茶业、棉花、毛皮等的粗加工业。

（三）消费地指向

布局的要点是考虑产品本身的特性、产品就近销售的比重，以及消费地所能够提供的产业间的协作规模。主要包括为当地消费服务的部门，以及产品易腐变质、不耐用、不易储存的部门，如重型机械、大型机械和特种机械的制造，建筑构件制造，面包、糖果、缝纫以及各类副食品生产部门。

（四）劳动力指向

在这一类部门中，劳动力费用的支出在产品成本构成中占有很大的比重，超过其他费用项目的支出，如仪器制造、纺织、缝纫、制鞋、制药、塑料制品以及工艺美术品等。劳动密集型产业的布局，往往考虑地区劳动力的供应情况。

（五）交通运输枢纽指向

交通运输枢纽兼有原料地和消费地指向的优点，因此，对布局条件要求不甚严格的那些部门，其布局指向将移向交通运输枢纽。另外，产品耐运性较强、运费在产品成本中所占比重很高的部门，也属于此列。

（六）高科技指向

高新技术产业要求运用最先进的科技成果、研发能力强、设备先进、劳动力素质高，多布局在科研单位和大学聚集区附近，如电子计算机、生物工程、航天工业、机器人工业、新材料、新能源等。

三、产业布局新变化

（一）科学技术发展

科技因素决定了企业的技术特性和规模特性，同时科技技术进步，使这些特性处于不断变化的过程之中。由于科技因素在产品形成中的作用日益明显，企业的布局指向也就随着科技的进步而不断改变。

（二）市场竞争的变化

市场竞争对企业布局的影响很复杂。在产品无差异的情况下，竞争将使布局的空间上趋向分散；在产品有差异的情况下，竞争将使布局在空间上趋向集中，以便更有效地利用资源和市场条件。

（三）交通因素的变化

社会交通网络的密集化、便利化、信息化，使得产业布局发生了重大变化，出现了逆杜能圈的现象，从而影响了产业区位选择。

第二节 地理集中

一、基本概念与类型

（一）集中、集聚与专业化

在考察经济活动的空间分布时，我们经常要使用集中、集聚与专业化概念，这三个概念既有联系又有区别。布雷克曼（Steven Brakman）等人（2004）对这三个概念进行了区分。与专业化不同，集中和集聚两者是指经济活动的某一部分，如一个具体的工业或制造业，作为一个整体在空间上是如何分布的。集中考察的是少数明确划分的部门（尤其是一些工业）的空间位置，而集聚考察的是经济活动的更大部分的空间位置。在图 10－1b 中，有两个工业的集中，即工业Ⅰ集中在 A 国，而工业Ⅱ集中在 B 国；在图 10－1d 中，有工业活动的集聚，几乎所有的工业Ⅰ和工业Ⅱ都在 A 国。显然，前者属于"没有集聚的集中"，工业部门在空间上几乎呈均匀分布；后者既有集聚又有集中。这说明，集聚与集中可以是两个大不相同的概念。没有集聚也可能有区域或地理集中，而没有区域集中的集聚却是无法想象的。

从理论上讲，专业化是指某一地区专门生产某一产业或产品。当然，这是一种比较理想的情况。在实证分析中，专业化主要是考察一个地区在特定行业如飞机制造或服装生产中所占的份额与其他地区相比是否相对大一些的问题。在图 10－1a 中，A 国和 B 国都不是专业化生产的；而在图 10－1b 中，A 国专业化生产工业Ⅰ，B 国专业化生产工业Ⅱ。事实上，在图 10－1b中，专业化和集中是重叠的，这是因为假定两国面积相同。图 10－1e 说明了集中和专业化不一定重叠的情况。从某种程度上讲，集中是考察产业的空间分布，而专业化则是考察各地区的产业部门构成，两者既有区别又有联系。

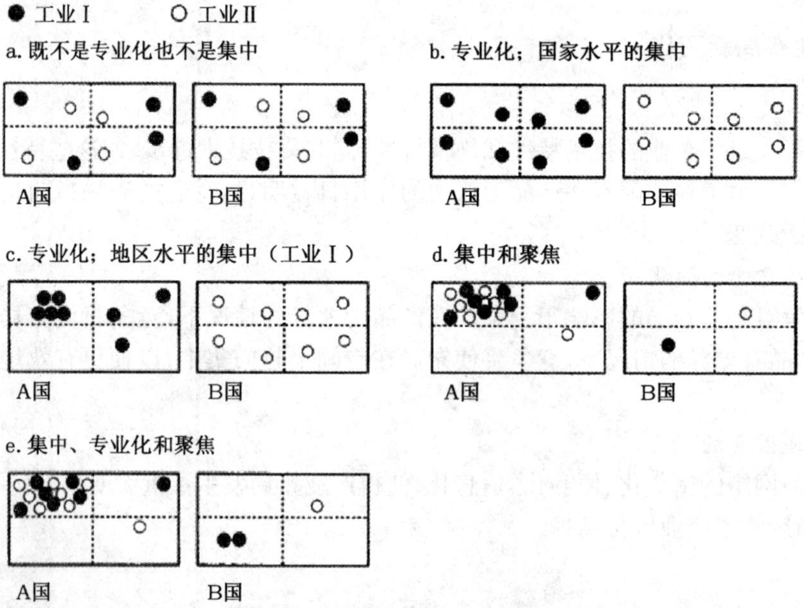

资料来源：布雷克曼、盖瑞森与马勒惠克，2004，第 164 页。

图 10－1 集中、集聚与专业化

在实证分析中，众多学者在探讨地理集中与专业化的问题时发现单纯的专业化分析并没有反映专业化部门的重要性。某些地区尽管有些部门的专业化指数较高，但这些产业在全国并非很重要，其在全国所占的比重可能微不足道。因此，建议在区域经济研究中，专业化分析最好与地理集中指标结合起来使用。同样，在考察产业的地理集中状态时，还必须同时分析该产业的空间集聚情况。

（二）产业集中、产业集聚与产业地理集中

产业的空间集聚是一个世界性的经济现象。无论是发达国家还是发展中国家，那些具有竞争优势的产业大多集中在某些特定的地区，例如，美国的娱乐业集中在好莱坞、赌博业集中在拉斯维加斯、广告业的圣地是纽约麦迪逊大道；日本的大公司总部大部分集中在东京和大阪；等等。所以，所谓的产业集聚(industrial agglomeration)，就是某些产业在特定地域范围聚集现象，如现代服务业在中心城区的聚集、制造业在工业园区和交通干线附近的聚集。而产业集中(geographic concentration)则是指某些产业在少数几个地区范围内的聚集现象。它是从产业的区位角度来考察其空间分布特点。在大多数情况下，人们通常使用的产业集聚概念与产业地理集中在内涵上基本是一致的，都是指产业在某一特定区域的集聚，两者在一定意义上可以通用。但是，由于受到资料的限制，人们在考察产业地理集中时，往往把所考察的地域单元看成一个整体，并不考虑其内部的空间结构差异。因此，相比较而言，产业集聚是一个更为宽泛的概念。

产业地理集中也不同于产业集中(industrial concentration)的概念。产业集中，从广义上讲，是指在特定产业内，生产要素投入和产出被少数大企业所控制的程度，它不仅包括市场支配力或市场份额的集中，也包括劳动力、资本、技术、产量、利润的集中；从狭义上讲，产业集中是指在特定产业内，市场销售额控制在少数大企业手中的程度。产业集中和分散是市场垄断程度高低的反映。产业地理集中与产业集中程度并不是正相关的，产业集中度较低的部门，企业却往往在地理集中上集聚成群，形成较高的地理集中度。

（三）产业地理集中的形式

产业地理集中的形式通常是根据产业经济活动所表现出来的地理单元集中程度划分的。也就是说，产业经济活动地理单元的范围决定了产业地理集中的形式。从这个意义上，可以把产业地理集中区分为绝对地理集中和相对地理集中。绝对地理集中是指在不考虑规模大小的情况下，少数地区集中了一个产业经济活动的很大份额(Midelfart-Knarvik，K.H.，H.G.Overman，and A.J.Ven ables，2000)。而相对地理集中则是指某些产业经济活动的空间分布不同于整个制造业活动的空间分布形式。由此可见，绝对地理集中受到较大地理单元的影响，而相对地理集中则排除了地理单元大小的影响。

根据各产业集中程度的动态变化趋势，可以将产业地理集中分为以下四种类型(Iulia Traistaru and Christian Volpe Martincus，2003)：(1)递增型地理集中，即在各个考察期产业集中度趋于不断上升的产业。(2)递减型地理集中，即在初始阶段集中度较高，随着时间推移而逐渐下降的产业。(3)U形地理集中，即在初始时期集中度较高，随着时间推移而逐渐下降，在到达一定的时点以后又逐渐上升的产业。(4)倒U形地理集中，即在初始时期产业集中度较低，随着时间的推移而逐渐上升，在到达一定时点以后又逐渐下降的产业。这种分类可以采用两种时间概念进行描述：一种是采用基期和当期的布局方法；另一种是采用连续的时间序列方法。

如果将当期产业集中度与基期进行比较，并分别将基期与当期集中度指标进行排序，然后分为高中低三类,可以将产业地理集中分为五个部分:集中型企业,即基期处于高集中类,到当期仍留在高集中类的产业;集中—分散型企业,即基期处于高集中类,到当期处于低集中类的产业;分散型企业,即基期处于低集中类,到当期仍处于低集中类的产业;分散—集中型企业,即基期处于低集中类,到当期处于高集中类的产业;其他类,即不属于以上四种情况的企业。

二、地理集中的衡量方法

目前,国内外学术界对产业集聚与地理集中的衡量主要是建立在对经济活动的区域分布进行考察的基础上,主要方法有标准差系数、集中率、集中指数、地理联系率、区位基尼系数、绝对集中率、相对集中率、空间分散度指数、熵指数、产业集聚指数等。这里,主要对前面 5 种指数进行阐述。

(一)标准差系数

该系数表示各地区某产业所占份额对平均分布的偏离。采用各地区产业份额(S_i^k)的标准差除以平均份额(1/N)计算,这里 N 为地区个数。用公式表示:

$$VCO_K=\frac{STD_K}{1/N} \tag{10—1}$$

$$STD_K=\sqrt{\frac{N\sum\ (S_i^k)^2-\left(\sum S_i^k\right)^2}{N(N-1)}} \tag{10—2}$$

$$S_i^k=\frac{x_{ik}}{\sum\limits_{i=1}^{n}x_{ik}} \tag{10—3}$$

其中:VCO_k 为标准差系数;STD_k 为各地区 k 产业份额的标准差;S_i^k 为 i 地区 k 产业在全国所占的份额,x_{ik} 为 i 地区 k 产业的总产值、增加值或就业数。

该指标反映了某产业的地区分布对平均分布的偏差,取值范围在 0～+∞之间,偏差值越大,说明产业分布越集中;偏差值越小,说明产业分布越分散。其优点是计算方便,指标含义比较直观;缺点是只对某一指标的分布偏差进行衡量,不能反映造成这种偏差的深层原因。

(二)集中率

集中率(concentration ratio)表示规模最大的前几个地区某产业在全国所占的总份额。计算公式为:

$$CR_{n,k}=\sum_{i=1}^{n}S_i^k \quad (n=1,3\text{ 或 }5) \tag{10—4}$$

其中:n 为地区数,一般取 1、3、5,或者 10%和 20%的地区。该指标是借用产业集中分析中的市场集中率来分析地理集中现象,其取值在 0～1 之间,取值越大,表示该行业越集中。它的最大特点是直接指出了规模最大的一个或几个地区某产业所占的比重,由此可以看出产业的地理集中程度。其优点是计算简便,含义较直观,把产业的集中度指向具体的地区;缺点是没有考虑影响产业地理集中的因素,而且当 n 取不同的值时会得出不同的结论。

(三)集中指数

集中指数(index of concentration)主要用于衡量某项经济活动在地域上的集中程度,既可以用于经济总量分析,也可以用于产业活动分析。计算公式为:

$$C_1=\left(1-\frac{H}{T}\right)\times 100 \tag{10—5}$$

其中：C_1 为集中指数；H 为达到该经济活动总量一半时的各地区人口数量之和；T 为全国或高一级区域的总人口。

该数值在 50～100 之间变动。其值越大，说明集中程度越高；反之，说明比较分散。如果该数值为 50，表示高度分散（这时生产分布与人口分布完全一致）；该指数值在 50～60 为比较均衡；70～80 为相对集中；大于 90 为高度集中（刘再兴，1996）。

（四）地理联系率

地理联系率（coefficient of geographical association）反映了两个经济要素在地理分布上的联系情况。如果两个要素在地理分布上比较匹配，地理联系率就高，说明生产的地理集中度较低，分布比较均匀，反之说明生产的地理集中度较高。计算公式为：

$$G_A = 100 - \frac{1}{2}\sum_{i=1}^{m}|Q_i - P_i| \tag{10-6}$$

其中：G_A 为地理联系率；Q_i 为 i 地区第一要素占全国总量的比重；P_i 为 i 地区第二要素（人口或土地面积）占全国总量的比重。显然，地理联系率是以人口分布或土地面积为参照的。由于地理联系率与集中度的方向刚好相反，因此，对上式进行变化，可以得到一个地理集中指数：

$$C_2 = 100 - G_A = \frac{1}{2}\sum_{i=1}^{n}|Q_i - P_i| \tag{10-7}$$

该指数值越大，说明地理集中度越高；反之，说明地理集中程度低。

（五）区位基尼系数

基尼系数是衡量收入分配不平等的重要指标。基布尔等人（Keeble 等，1976）最早将基尼系数用于衡量产业的空间分布。之后，有不少学者采用该系数来研究产业地理集中问题（克鲁格曼，2000）。其计算方法为：首先计算 i 地区 k 部门的就业占全国该部门就业的比重 S_i^k 和 i 地区制造业就业占全国制造业就业的比重（S_i）；再计算各个地区这两个比重的比值，即$\frac{S_i^k}{S_i}$；然后对该比值径向由大到小的排序，按照排序的结果计算累积的部门就业比重和累积的制造业的就业比重，由此画出基尼系数，计算基尼系数（图 10－2 中 $oabc$ 面积）。根据实际情况，可以使用产值、增加值或贸易额等指标代替就业。用公式表示为：

$$G_A = \frac{1}{2n^2 S_k}\sum_{i=1}^{n}\sum_{j=1}^{n}|S_i^k - S_j^k| \tag{10-8}$$

其中：G_A 为区位基尼系数；S_i^k 为 i 地区 k 产业所占的份额；S_j^k 为 j 地区 k 产业所占的份额，n 为地区的数量；S_k 为全国产业 k 的平均份额。

区位基尼系数值在 0～1 之间变化。若取值为 0，表示该地区分布完全均等；若取值为 1，则表示该产业所有的生产活动集中在一个地区。区位基尼系数是衡量产业地理集中的常用指标，它描述了产业额地理分布的不均衡性，如图 10－2 所示。

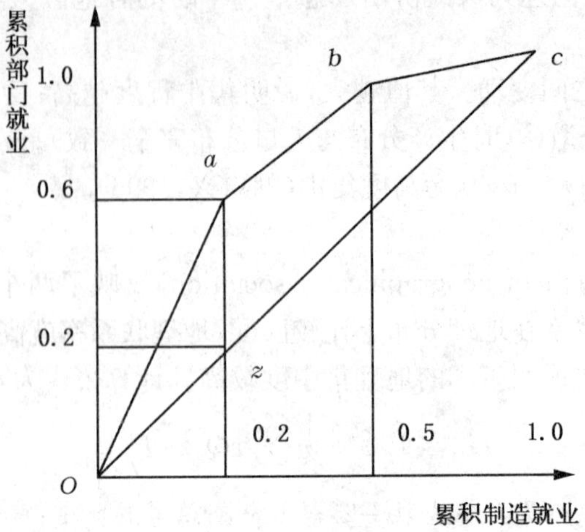

图 10—2 基尼曲线和基尼系数

第三节 地区专业化与多样性

一、地区专业化内涵

所谓地区专业化(regional specialization),就是“各个地区专门生产某种产品,有时是某一类产品甚至是产品的某一部分”。这种地区专业化是生产专业化的空间表现形式,是劳动地域分工不断深化的结果。各地区按照各自的自然禀赋和市场需求进行专业化生产,可以带来明显的经济效益。一方面,由于各地区的自然、技术和经济等条件存在着差异,因而在不同地区生产同一产品或同一地区生产不同产品,其经济效果也不尽相同,如美国伊利诺伊州玉米的单位面积产量是亚拉巴马州的 3 倍多。另一方面,地区专业化有利于发挥机械化的效力,便于加强经营管理,提高劳动技能和劳动素质,广泛开展资源综合利用,充分利用规模经济和集聚经济,从而为最大限度地提高劳动生产效率提供了可能(魏后凯,1995)。

如前所述,地区专业化与产业地理集中是相互联系的,它是产业集中在空间上的特殊表现,是产业活动在空间上的分离过程。因此,地区专业化也可以看成是某些产业在特定地区的集中程度。如果这些产业在特定地区的集中程度相当高,我们就说该地区的专业化特征明显。但是,在统计上,地区专业化与产业地理集中是有差别的。地区专业化衡量的是特定地区中产业的分布情况,即以产业作为自变量;而产业地理集中考察的是一个产业在空间上的分布情况,是以区域作为自变量的。

对比工业生产专业化,地区专业化可分为部门专业化、零部件专业化和阶段专业化三种形式。例如,汽车工业是由整车、零部件和车身三个专业化部门组成的。整车是大型专业化工厂,是发展汽车的先导部门;坯件、零部件生产多为中小企业,是汽车工业的基础部门;车身,由于它不具备独立性,从属于整车业和销售业。表现在地区专业化上,有些地区主要从事汽车整车生产,有些地区则主要从事汽车的零部件生产。

从发展趋势看,地区产业分工和专业化的演变大体经历了三个阶段。各个阶段地区分工与专业化的类型和特点如表 10—1 所示。

表 10－1　　地区分工与专业化的类型与特点

分工类型	传统区域分工	新型区域分工	
	部门间分工	部门内分工	产业链分工
专业化形式	部门专业化	产品专业化	功能专业化
分工特点	在不同产业之间进行	在同一产业不同产品之间进行	按产业链的不同环节、工序、模块进行
产业边界	清晰	渐清晰	弱化
分工模式	以垂直分工为主	以水平分工为主	混合分工
空间分异	不同产业在空间上的分离	同一产业不同产品在空间上的分离	价值链的不同环节、工序、模块在空间上的分离
形成机理	地区比较优势或资源禀赋差异	产品差别；消费者偏好差异；需求的重叠；规模经济	资源禀赋和技术水平差异；规模经济；产业关联经济

二、地区专业化度量

地区专业化具有多重均衡和不稳定的特征，其度量是一项十分复杂的工作。由于统计数据的限制，加上人们对专业化的认识还不一致，因此，到目前为止，国内外学术界并没有一个公认的权威测算方法。归纳起来，目前学术界常用的方法主要有以下几个：

（一）衡量专业化的传统指标

衡量地区专业化的传统指标大体分为贸易指标和生产指标两类。国家和地区的专业化最终是通过贸易表达的，所以贸易指标是研究专业化的最理想的指标。然而，由于统计资料的限制，国内地区之间往往缺乏贸易方面的统计，一般多采用生产指标。从生产指标来看，主要有总值比重、人均产出等指标；从贸易指标来看，常用的主要有区域商品率和市场占有率等指标。

1. 生产总值比重

它是某地区的生产总量（如总产量、总产值、增加值、销售额等）占全国甚至世界的比重。该指标既可用于产业部门分析，也可用于产品分析，它比较适合于地理分工比较明显、专业化比较突出的部门。其缺点是受地域规模的影响较大。

2. 人均产出指标

人均产出指标如人均产量、人均产值、人均增加值等。该项指标可以消除地区规模大小的影响。其假定前提是，各地区的消费需求是一致的。然而，由于经济结构和生活习惯的差异，有许多产品在不同地区的消费需求并非是一样的。

3. 区域商品率

它是指地区某种产品的净输出量占其生产总量的比重。该指标可以较好地反映产品的专业化程度，但它不能反映该产品在全国和地区经济中的地位。为此，在分析中，可以采用地区某产品输出量占全国该产品总输出量的比重和占本地区该产品输出总量的比重两个指标作为补充。区域商品率指标的最大缺陷，就是它与地域规模大小有关。一般来讲，地域规模越小，其商品率越高。还需要指出的是，由于在商品贸易中存在着品种调剂的情况，因而在计算区域商品率时，必须使用净输出量，以剔除品种调剂的影响。

4. 市场占有率

指地区某种产品的销售量或销售额占全国该产品销售总量或总额的比重。一般来讲，地域规模越大，其市场占有率就越大。该指标是衡量产品专业化和竞争力的重要指标，其缺点是受地域规模的影响较大。为了消除地域规模的影响，可以采用绝对市场占有率除以其人口份额，计算相对市场占有率指标。

（二）区位熵与集中系数

区位熵亦称专业化率，是长期以来得到广泛应用的衡量地区专业化的重要指标。它是某地区某工业部门在全国该工业部门的比重与该地区整个工业占全国工业比重之比。该指标既可用于产品分析，也可用于行业分析。在应用领域上，目前区位熵分析已由工业部门扩展到农业和第三产业，由传统的专业化分析扩展到产业竞争力分析，而且其应用范围还在不断拓展。区位熵的计算公式为：

$$LQ_{ij}=\frac{L_{ij}}{L_i}/\frac{L_j}{L}=\frac{L_{ij}}{L_j}/\frac{L_i}{L} \tag{10-9}$$

其中：LQ_{ij} 为区位熵或专业化率；L_{ij} 为 i 地区 j 部门的就业人数；L_i 为 i 地区的总就业人数；L_j 为全国 j 部门的就业人数；L 为全国的总就业人数。

一般认为，如果 $L_{ij}>1$，表明该部门的产品除区内消费外，还可以向外输出，属于专业化部门；若 $L_{ij}<1$，表明该部门的产品不能满足区内需要，需要从区外调入，属于非专业化部门；若 $L_{ij}=1$，表明该部门产品供需平衡。所以，只有 LQ_{ij} 值大于 1 的部门才能构成地区的专业化部门。LQ_{ij} 值越大，说明该部门的专业化程度越高；反之亦然。

如果对区位熵进行适当的变换，以人口分布作为参照，就可以得到集中系数。该系数是区域某产业的人均产出与全国相应产业的人均产出之比。其计算公式为：

$$CC_{ij}=\frac{Q_{ij}/P_i}{Q_j/P}=\frac{Q_{ij}/Q_j}{P_i/P} \tag{10-10}$$

其中：CC_{ij} 为 i 地区 j 产业的集中系数；Q_{ij} 为 i 地区 j 产业的产出，P_i 为 i 地区的人口；Q_j 为全国 j 产业的产出；P 为全国总人口。如果系数值大于 1，说明该产业比较集中，属于专业化部门。

显然，无论是区位熵还是集中系数，都是一个相对指标，不能反映该产业在全国和地区经济中的地位。同时，该指标的重要假定前提是，各地区具有大体一致的消费需求结构。如果不是，则我们就不能以 1（也许是 1.1 或 1.2）作为判断专业化的标准。

（三）产业集中度指标

借用产业组织理论中的集中度指标考察地区的总体专业化程度，主要有 SCR_n 指数和 $SHHI$ 指数两个指标。

1. SCR_n 指数

这主要是借用产业集中率指标来衡量地区前几位产业所占的份额大小。其计算公式为：

$$SCR_n=\sum_{k=1}^{n}S_k \quad n=1、4 \text{或} 8 \tag{10-11}$$

其中：SCR_n 为前 n 个产业所占的就业份额；S_k 为某地区 k 产业的就业数占地区总就业数的比重；n 为按从高到低排列的前几位产业数，一般取值 1、4 或 8。如果将各产业的就业份额从大到小排列，SCR_n 表示前 n 位产业的就业份额之和。若 SCR_n 数值较大，则表示地区的总体生产专业化程度较高，该地区就业岗位的提供主要来源于少数几个产业。该方法计算较为简便，但它不能确定哪些产业属于专业化部门，而且其数值因 n 取值的不同而不同。

2. $SHHI$ 指数

该指标来源于赫芬达尔指数，主要用于衡量地区产业的总体专业化程度。其计算公式为：

$$SHHI = \sum_{i=1}^{n} S_k^2 \tag{10—12}$$

其中：n 为地区的全部产业数。$SHHI$ 值在$\frac{1}{n}$～1 之间变动。若 $SHHI$ 值为$\frac{1}{n}$，表示地区产业高度多样化；若 $SHHI$ 值为 1，表示地区产业集中在一个部门。其值越大，表示地区的产业结构越不均衡，地区专业化程度越高。但是，$SHHI$ 值并没有确切的含义，只能衡量地区的相对专业化程度。

（四）部门内贸易指数

该指数是衡量部门内分工和专业化的重要指标，既可用于分析国家之间的专业化，也可以用于分析国内地区之间的专业化。其计算公式为：

$$A_i = 1 - \frac{|X_i - M_i|}{\sum_{i=1}^{n} X_i + \sum_{i=1}^{n} M_i} \tag{10—13}$$

其中：X_i 为某地区 i 产品的输出额；M_i 为该地区 i 产品的输入额，A_i 为 i 产品的部门内贸易指数。A_i 在 0～1 之间变动。A_i 值越大，表明部门内分工和专业化越深，部门内贸易越发达；反之，则越不发达。从一个地区的角度看，部门内贸易指数可由各种产品的部门内贸易指数加权平均求得，其计算公式为：

$$A = 1 - \frac{\sum_{i=1}^{n} |X_i - M_i|}{\sum_{n=1}^{n} X_i + \sum_{n=1}^{n} M_i} \tag{10—14}$$

其中：n 为地区产品的种类。由于缺乏统计数据，目前采用该方法来研究地区专业化还比较困难。

（五）地区结构差异指标

自克鲁格曼(2000)采用两个地区之间的结构差异指数衡量地区分工和专业化程度以来，这种方法得到了广泛应用。概括起来，近年来流行的方法主要有克鲁格曼专业化指数、地区专业化系数和专业化偏差系数 3 个指标。

1. 克鲁格曼专业化指数

由克鲁格曼(2000)在《地理与贸易》一书中首次提出，主要是考察两个地区之间的结构差异性程度。其计算公式为：

$$GSI = \sum_{k=1}^{n} |S_{ik} - S_{jk}| \tag{10—15}$$

其中：GSI 为克鲁格曼专业化指数；S_{ik} 让为 i 地区 k 产业在所有制造业就业中的份额；S_{jk} 为 j 地区 k 产业在所有制造业就业中的份额；n 为全部制造业部门数。

在分析中，我们可以将 S_{jk} 换成 S_k，即全国产业 k 在所有制造业就业中的份额，由此可以考察地区与全国平均之间的结构差异性。其计算公式为：

$$GSI_1 = \sum_{i=1}^{n} |S_{ik} - S_k| \tag{10—16}$$

GSI_1 在 0～2 之间变动。如果两个地区有相同的行业结构，GSI_1 值为 0；如果两个地区的行业结构完全不一致，GSI_1 值为 2。因此，该指数可以衡量地区结构差异，进而衡量地区分工和专业化的程度。GSI_1 值越大，说明地区专业化程度越高。

2. 地区专业化系数

这是从区位熵方法中衍生出来的一种专业化指数，目前应用较为广泛。该指数实际上是由克鲁格曼专业化指数除以 2 得到的。其计算公式为：

$$CS = \frac{1}{2}\sum_{i=1}^{n} |S_{ik} - S_k| \qquad (10-17)$$

CS 值在 0～1 之间变动。在分析中，既可以采用就业数据，也可以采用总产值、增加值或销售额数据。

3. 专业化偏差指数

沿着克鲁格曼的思路，有的学者将所有地区分成两组，即所考察的地区和其他地区。其他地区也称为风险分担组(risk sharing group)，它是所考察地区的竞争对手。由此可以构筑一个专业化偏差指数，包括平方偏差指数(square deviations index)和绝对离(偏)差指数(absolute deviations index)。

$$SDI = \sum_{k=1}^{N}\left(\frac{VA_i^k}{VA_i} - \frac{1}{J-1}\sum_{j\neq i}\frac{VA_j^k}{VA_j}\right)^2 \qquad (10-18)$$

$$ADI = \sum_{k=1}^{N}\left|\frac{VA_i^k}{VA_i} - \frac{1}{J-1}\sum_{j\neq i}\frac{VA_j^k}{VA_j}\right| \qquad (10-19)$$

其中：N 为制造业部门数量；J 为其他地区的数量；VA_i^k 为 i 地区 k 部门的增加值；VA_i 为 i 地区的全部制造业增加值；VA_j^k 为 j 其他地区 k 部门的增加值；VA_j 为 j 其他地区的全部制造业增加值；SDI 为平方偏差指数；ADI 为绝对离(偏)差指数。

三、结构趋同与专业化

产业结构趋同是近年来中国学术界研究的热点问题。所谓产业结构趋同，从动态的角度看，是指各地区产业结构的相似性程度呈现出不断提高的趋势。目前，国内学术界衡量产业结构的相似性主要采用联合国工业发展组织(1980)提出的结构相似性系数。其计算公式为：

$$S_{ij} = \frac{\sum_k x_{ik}x_{jk}}{\sqrt{\sum_k x_{ik}^2 \sum_k x_{jk}^2}} \qquad (10-20)$$

其中：S_{ij} 为 i 地区与 j 地区之间产业结构的相似系数；x_{ik}、x_{jk} 分别为 i 地区和 j 地区 k 产业某经济指标(如产值、增加值、销售收入、就业等)占全部工业的比重。

S_{ij} 值在 0～1 之间变动。其值为 0，表示两地区的产业结构完全不同；其值为 1，表示两地区的产业结构完全一致。如果两地区各产业部门的构成越接近，则相似系数越大；反之，相似系数越小。可见，相似系数同样是衡量地区产业结构的差异性。因此，采用一些专业化指标，同样可以衡量地区产业结构的相似性程度，只不过其经济含义恰好相反。

显然，按上述相似系数判断的产业结构趋同是一种行业结构趋同。一般来说，随着社会经济的不断发展，不同地区产业结构的相似系数将日益提高，区域产业结构趋同将不可避免。从某种程度上说，行业结构的趋同是社会经济发展的必然趋势，至少从较大的地域范围和大的行业分类看是如此。以中国的省和两位数行业为例，过去西部落后省份工业化严重滞后，工业部门主要集中在采掘和少数原料工业，而加工工业甚至原料工业都高度集中在沿海一些发达省份。在这种不合理的分工格局下，各地区工业行业的相似系数很低。随着西部工业化的不断推进，一些落后的省份同样发展了冶金、化工、机械、汽车、轻纺等产业，这样就必然导致行业结构相似系数的提高。事实上，这种行业结构趋同是区域协调发展的表现，它符合科学发展观的思想。

国内外的经验已经表明，产业结构的趋同并非意味着地区间分工和专业化的弱化。近年来，随着经济全球化的推进和科学技术的迅猛发展，地区间产业分工出现了一些新的特点和趋势，即由传统的部门间分工逐步发展为部门内的产品间分工，进而又开始向产业链分工方向发展。这种产业链分工是一种更为细致和发达的产业分工形态。在这种新型分工格局下，一方面出现产业结构趋同的趋势，另一方面区域产业分工和专业化却在不断深化。也就是说，产业结构趋同并非一定意味着区域产业分工的弱化；恰恰相反，产业结构趋同与区域分工深化可以并存。

四、地区多样化

地区多样化（regional diversification）是与地区专业化相对应的概念，通常是指地区产业发展的多样性程度。一个具有产业多样性的地区，其经济发展将不依赖于少数几个产业部门。一般来说，衡量专业化的许多指标都可直接用于衡量地区多样化。地区专业化程度越低，就说明其多样化程度越高。目前，学术界衡量地区多样化的指标较多，常用的主要有：

一是吉布斯—马丁多样化指数，简称 GM 指数。其计算公式为：

$$GM=1-\sum_{k=1}^{n}x_k^2/\left(\sum_{k=1}^{n}x_k\right)^2 \tag{10—21}$$

其中：x_k 为某地区 k 部门的就业人员（产值、增加值、销售额等）或所占比重；n 为地区全部部门数。这里，$0\leqslant GM\leqslant 1$。其值越大，说明地区部门分布越均衡，多样化程度越高；反之，则多样化程度越低。

二是赫芬达尔多样化指数。为赫芬达尔指数的倒数，是衡量绝对多样化程度的重要指标。其计算公式为：

$$HDI=1/\sum_{k=1}^{n}S_k^2 \tag{10—22}$$

这里，$1\leqslant HDI\leqslant n$。其值越大，说明地区多样化程度越高。若地区产业集中在一个部门，则 HDI 值为 1；若所有部门均衡发展，则 HDI 值为 n。

三是相对多样化指数。为克鲁格曼差异指数的倒数，主要是衡量地区相对多样化程度。其计算公式为：

$$RDI=1/\sum_{k=1}^{n}\left|S_{ik}-S_k\right| \tag{10—23}$$

这里，$RDI\geqslant 1/2$。其值越大，说明相对于全国平均而言，其多样化程度越高。

一般来讲，地区产业的多样化可以获取范围经济，促进地区经济增长，并减少经济增长的波动性。一些经验研究表明，在就业增长、失业率、收入水平以及经济稳定性等方面，地区经济多样化可以改善地区经济绩效（Trendle 和 Shorney，2004）。事实上，采用区位熵方法和经济学相关理论，可以证明区域乘数大小是区域多样化水平的线性函数（Boisier，1981）。用公式表示为：

$$R=1/\sum_{k=1}^{n}(S_{ik}-S_k) \tag{10—24}$$

这说明，区域多样化水平越高，区域乘数也就越大。在一个产业多样化的区域中，建立新的专业化部门比较容易，由此产生的影响也较大。因此，在地区经济发展中，一般需要把专业化与多样化有机结合起来。

第四节　产业集群

一、产业集群内涵与分类

（一）产业集群内涵

按照美国哈佛大学迈克尔·波特（Michael E. Porter）的观点，产业集群是指在某一特定领域中（通常以一个主导产业为核心），大量产业联系密切的企业以及相关支撑机构在空间上集聚，并形成强劲、持续竞争优势的现象。然而，在《国家竞争优势》一书中，波特（2002）把产业集群的概念扩展到了国家层面，并运用钻石模式和集群方法分析美国、英国、德国、意大利、瑞士、瑞典、日本和韩国等国家某些产业的竞争优势。在波特的带动下，一些国家也开展了国家层面的产业集群研究。显然，这种扩展把产业集群概念与过去我们所讲的主导产业概念混淆了起来，容易在理论上和实践中产生误导。显然，特定产业的空间集聚是产业集群形成和发展的基础，但并非任何产业集聚都一定能发展成为一个产业集群。

（二）产业集群分类

1. 按照集群的产业性质，一般可以将产业集群分为三种类型

一是传统产业集群。它以传统的手工业或劳动密集型的传统工业部门为主，如发展纺织、服装、制鞋、家具、五金制品等行业，大量的中小企业在空间上相互集中，形成一个有机联系的市场组织网络。在这种产业集群内，劳动分工比较精细，专业化程度较高，市场组织网络发达。典型的案例是意大利的特色产业区。

二是高新技术产业集群。它主要依托当地的科研力量，如著名大学和科研机构，发展高新技术产业，企业间相互密切合作，具有强烈的创新氛围。美国的硅谷和印度的班加罗尔软件产业集群是这方面的典型代表。

三是资本与技术结合型产业集群。如日本的大田、德国南部的巴登—符腾堡等。

一般来说，由于存在着不确定性以及研发与生产的日益分离，高新技术企业比传统产业企业更倾向于集聚。目前，世界各地的高新技术产业集群如雨后春笋般涌现，各国政府也往往对这种基于知识或创新的高新技术产业集群给予大力支持。

2. 从产业组织结构看，大体可以把产业集群分为两种类型

一是大中小企业共生型，是指不同规模企业形成的综合体，既有一些规模较大、创新和竞争能力较强、与外界联系较广的大企业，也有一大批进行专业化生产和配套服务的中小企业，两者有机形成一个大中小企业共生互助、协调发展的产业群落。

二是小企业群生型，是由众多的中小企业按照专业化分工和产业联系，共同形成一个互动互补、竞争力较强的有机的产业群落。

3. 从集群形成的驱动力来源看，可将产业集群分为原发型和嵌入型

原发型集群往往与某些历史积淀的产业知识、特殊的人力资本等要素密切相关，主要依靠当地自发经济力量的内生推动；嵌入型集群往往是由于外来产业的引进，在专业化分工及报酬递增的推进下发展壮大起来。

4．依据集群的形成方式是“由下而上”还是“由上而下”，可以把产业集群分为自发型、引导性自发型和强制性培育型。

自发型集群是在市场机制作用下，企业自发集聚成群的；引导性自发型集群是企业在市场机制调节下出现自发集聚，政府以服务协调的身份介入培育和引导集聚演进成集群；强制性培育型集群是政府通过规划等形式促进企业集聚，人为地创造和培育产业集群。

此外，从集群的功能角度，有的学者还将产业集群分为三种基本模式：传统的纯集聚模式；产业综合体模式；社会网络(俱乐部)模式(Gordon 和 McCann，2000)。

各种模式的基本特征如表 10－2 所示。显然，这种分类是对产业集群的广义理解。它把学术界过去所探讨的产业集聚和地域生产综合体概念整合到了当今流行的产业集群理论中，扩大产业集群理论的内涵。从理论研究的角度看，这种分类的意义是深远的。因为它使我们意识到了以意大利产业区为代表的社会网络型集群，仅仅是产业集群的一种类型，而不是它的全部。产业集群的模式应该是多样化的。

表 10－2　　三种产业集群模式的基本特征

产业集群模式	传统的纯集群模式	产业综合体模式	社会网络模式
企业规模	小企业型的	有些是大企业	变化的
关系特征	不可识别的 缺乏联系的 不稳定的	可识别的 稳定的商业联系	信任 忠诚 联合游说或疏通关系 合资经营 非机会主义的
成员	开放的 支付租金	封闭的 内部投资	部分开放的 历史的
集群接近性	特定区位需要	特定区位需要	经验 特定区位需要，但非充分条件
空间影响	租金上涨	对租金没有影响	对租金有部分影响 资本化
空间范围	城市	地方而非城市	地方而非城市
典型实例	竞争的城市经济	钢铁或化学生产综合体	新产业区
分析方法	纯集群模式	区位—生产理论 投入—产出分析	社会网络理论

资料来源：Gordon 和 McCann(2005)。

由于前两种模式早就存在，并进行了较多的理论探讨，为了区别的需要，学术界通常把近年来出现的社会网络型模式称为新产业集群。这种新型产业集群具有三个主要特点：一是同业和相关产业的很多企业在地理上集聚；二是有支撑的制度结构；三是企业在地方网络中密集地交易、交流和互动。在这种集群中，通过市场网络联结起来的专业化中小企业起到了主导作用。这与产业综合体模式刚好相反。在产业综合体中，一般拥有一个或多个规模较大、竞争和创新能力较强的大企业，起着支配性或主导作用。

二、产业集群演化过程

产业集群作为一个有机的具有生命力的产业群落，它的出现、增长和发展，也是一个逐步演进的渐进过程。一般来说，当产业集群形成时，一个国家或地区无论在最终产品、生产设备、上游供应及售后服务等方面都会有国际竞争的实力（波特，2002）。可以认为，是否具有较强的国际竞争力，这是判断一个产业集群形成与否的重要标志。这种集群竞争力不仅反映在其市场占有率上，而且也体现在规模增长、结构转换和创新能力上。当然，一个产业集群从出现到最终形成，需要一个漫长的过程。阿霍坎加斯等人（Ahokangas，Hyry&Risanen，1999）曾提出一个演化模型，将产业集群的发展过程分为三个阶段。

（一）起源和出现阶段（origination and emergence）

在产业集群演进的起始阶段，具有创新精神的创业者最初利用其独特的私人关系和接触，加强与现有网络的联系，从而引发了一批快速增长的新企业的建立，并在某一地点相互集聚。这些新的创业活动大多是市场导向型的，需要加强与外部的合作，以便能够充分利用各种外部可用资源。随着各种新企业不断进入集群，大量企业的集群将可以获得集聚经济效益。同时，企业集聚的增加将导致企业家阶层和各类人才市场的形成。此外，随着市场竞争的不断加剧，区内将出现一些为相同消费者提供服务的活动，供应商也将逐步发展起来。

（二）增长和趋同阶段（growth and convergence）

一旦这些新出现的企业集聚起来之后，就会通过企业自发、国家引导或是国家采取强制性的措施使其合法化、社会化，如设立相关产业园区和组织机构等，集群将进入实质性增长阶段。在这一阶段，创业的成功将取决于以迅速增长和变化为特色的外部环境的完善能力。这样，就需要有一个广泛的、高质量的、松散联结的网络，以及更差别化的企业经营战略。这种社会网络和差别化战略，对集群中的小企业能否取得成功是至关重要的。大量企业在空间上相互接近，将导致各种思想、技术和信息传播的加快，由此促使企业经营活动出现模仿和同构化（Pouder 和 St. John，1996；Low 和 Abrahamson，1997）。随着这种相互模仿和同构化的持续，集群将进入趋同阶段：新进入集群的企业数量和企业增长率都将出现下降。

（三）成熟和调整阶段（maturity and reorientation）

在成熟的集群环境中，迅速增加的资源竞争将导致成本增加，出现集聚不经济，由此带来集聚经济的丧失。同时，在现有集群中，各种创业活动变得更加保守，也更带有模仿性（Low 和 Abrahamson，1997）。如果这种集聚不经济持续下去，随着模仿和同构化的增加，集群内企业的数量将出现下降，创业和创新开始出现在现有集群以外的地区。显然，如果这种模仿不能向创新方向转化，甚至发展成为仿冒、造假，将会产生类似"劣币驱逐良币"的效应，由此导致整个集群出现衰败，严重时甚至会走向毁灭。

为了使集群能够持续下去，就需要适时进行战略调整和再定位，如及时调整结构、促进产业升级、鼓励并强化创新、营造良好的创新氛围、完善市场组织网络、对造假行为进行制裁，等等。这样，通过战略调整和再定位，将促使集群重新进入快速增长的轨道，并保持较强的竞争力和创新能力。这说明，并非任何一个产业集群都是可持续的，只有那些能够成功地进行战略调整的集群，才能始终保持较高的竞争力，实现可持续发展。对于这些产业集群来说，具备一个完善的自调整机制，这是它们最终能够取得成功的关键所在。

三、产业集群形成的理论解释

近年来，随着世界范围内产业集聚的加快，各种形式的产业集群大量涌现，集群理论和集群战略已经成为经济学、管理学和经济地理学等诸多学科的研究热点。其实,早在 20 世纪 20 年代,韦伯和马歇尔就对产业集聚问题给予了高度关注,由此开辟了一个新的研究领域。目前,国内外有关这方面的著作不断涌现,学术论文更是不计其数,尤其是在产业集群的产生及其形成机制方面,许多学者从不同角度进行了研究。从总体上看,这些研究大多是从经济地理观点、组织观点和战略观点的角度展开的(Meijboom 和 Rongen,1995)。

(一)经济地理观点

这种观点特别强调企业所面临的地理和功能环境特点对集群形成的影响,其主要代表人物是新经济地理的倡导人克鲁格曼和劳克(J. E. Rauch)。克鲁格曼认为,集群的兴起和最初的分布是由历史即初始条件、偶然或者预期即"自我完善的预言"(self-ful filling prophecies)决定的。这与贝克尔(G. S. Becker)和诺斯提出的路径依赖和内生增长思想有些相似。按照克鲁格曼的观点,产业集群的形成和增长将取决于报酬递增、运输成本和需求的交互作用。由于存在路径依赖和规模报酬递增,产业集群一旦建立起来,将倾向于自我延续下去。在他看来,产业集群将可以在任何区位出现,但为了降低运输成本,企业一般选择在具有较大当地需求的地点(克鲁格曼,2000)。

劳克在对城市产业区位的案例研究中,也特别强调历史因素在决定企业区位选择中的重要作用。他认为,潜在的集群经济表现在工业园区的土地价格上,而通过差别化的土地价格将可以克服开发中存在的无效率,由此形成一个有效的集群分布。即使由于某些方面的原因,企业没有选择在最有效率的区位,也可以采用土地价格政策促使企业进行区位调整。这样,通过在现有区位无效率带来的成本增加和新区位投资成本之间进行权衡,一些企业将迁移到新的区位,而其他企业则保留在现有地点。因此,在劳克看来,无论是现有集群的维持还是新集群的兴起,都是这种区位抉择的结果(Rauch,1993)。

(二)组织观点

与经济地理观点不同,组织观点强调单个企业的空间行为是由其内部和功能环境决定的。斯科特(A. J. Scott)和哈里森(B. Harrison)是这方面的典型代表。斯科特将交易成本方法运用到区位分析中,认为集群的兴起和增长是在内部和外部交易成本之间抉择的结果。他认为,集群是企业垂直分解(vertical disintegration)的空间结果。当企业垂直分解时,经济中外部交易活动的水平将增加,由此将促使那些具有强烈愿望和经济联系的生产企业相互向集群集中。反过来,大量生产企业的集聚将极大地降低外部交易的空间成本。在这种情况下,将会产生两方面的效果:一是搜寻和续约成本(recontracting costs)的下降,将进一步加剧企业的垂直分解;二是投入需求的高度非标准化以及生产企业需要面对面的接触,也加剧了垂直分解的趋势。因此,"垂直分解强化了集聚,而集聚又进一步加剧垂直分解"(Scott,1986)。

哈里森对产业集聚的分析是建立在社会经济理论基础之上的,他认为,在产业集聚的形成过程中,人际关系和结构如企业间联系的网络,应被看成是一个重要的因素,产业集聚的出现是来自人际接触的需要。在他看来,具有灵活性的小企业集群是理想的集群类型。在这种集群中,大量小企业在生产过程的某一个或多个阶段实行专业化,相互密切合作,共同分享设备、信息甚至技术人员,由此形成一个联系的网络。在这种企业间联系的网络中,信任起着重要的作用,而企业间联系的重建(包括企业再区位)将有助于增进这种信任。因此,集群的出现是由于存在"信任最大化"的结果(Harrison,1992)。

最近,符正平引入网络外部化理论解释产业集群的形成过程。他认为,产业集群的形成过程,其实质也是一个网络外部化(网络效应)的过程。由于存在网络外部化即网络效应,产业集群将在最先进驻企业的区位出现，最先进驻的企业将扮演庄家或孵化器的角色，因为他们的表现和势力将影响后续企业的区位预期形成。网络效应不但在吸引新企业进入集群过程中起作用，而且在集群孵化形成过程中也很重要。集群要获得自我持续成长能力，集群企业的数量必须达到某种最低临界规模。过了临界规模之后，新企业进入集群的速度将加快，集群将进入起飞阶段并很快达到饱和。

（三）战略观点

战略观点主要是从战略的角度探讨集群的形成原因和影响因素。其主要代表人物是竞争战略专家波特和斯托珀(Storper)。波特特别强调创新的重要性，认为竞争力主要取决于创新和升级的能力，而这种创新主要来自于支持性、本地的相关产业和竞争性产业。他认为，高竞争力产业集群可以刺激创新，只有创新才能创造并维持集群所必需的竞争优势。因此，通过加入具有竞争力的产业集群，企业可以提升他们的竞争力。一方面，在产业集群中，各产业间存在一种互动关系，一个有竞争力的产业通常会提升另一个产业的竞争；另一方面，由于存在竞争压力和挑战，企业将可以获得对抗其竞争对手的优势。同时，竞争者的存在也迫使企业不断创新(波特，2002)。与波特的观点不同，斯托珀认为灵活生产系统而不是创新本身是集群成功的关键。在他看来，企业只有在转换成本(switch cost)较低的情况下才具有竞争力。也就是说，企业能够迅速从一种生产技术转换到另一种生产技术而没有导致生产成本的较大提高，只有当各种企业被组成一个生产网络(即一批按照集体组织方式行动的专业化小企业)时，才有可能实现这种“技术活力”(technological dynamism)。由此，他认为产业集群是一种有效的空间组织形式，它是在技术灵活性、成本最小化与更新过时的技能和知识之间抉择的结果(Storper，1992)。

表10—3列示了集群产生区位与原因的比较。

表10—3　　集群产生区位与原因比较

	集群的区位	集群产生的原因
克鲁格曼(2000)	集群一般可以在任何区位出现	集群是由于历史、偶然或者“自我完善的预言”而产生的
	现有集群将增长和维持下去	集群的增长取决于报酬递增、运输成本和需求的交互作用
劳克 Rauch(1993)	集群一般可以在任何区位出现	集群是偶然出现的；工业开发商可以纠正无效率
	有些企业仍保留在现有集群，其他的则转移到新兴起的集群	企业的区位选择取决于在投资成本和更高生产成本之间的抉择
Scott(1986)	现有集群将发展成为小的专业化小企业群聚地	集群会加剧企业的垂直分解，而垂直分解又将加剧群聚
Harrison(1992)	现有“和睦规矩的”集群将发展成为专业化小企业的群聚地	小企业集群有利于人际接触和“信任”最大化
符正平(2002)	集群将在最先进驻企业的区位出现，最先进驻的企业扮演庄家或孵化器角色	企业集聚的形成过程是一个网络外部化的过程
波特(2002)	由于新竞争者的进入，高竞争力产业集群将维持下来，并保持增长	高竞争力产业集群可以刺激创新，只有创新才能创造并维持集群所必需的竞争优势
Storper(1992)	集群将出现在高度创新地区，在这种集群内，存在一批专业化、灵活的小企业	集群是在技术灵活性、成本最小化与更新过时的技能和知识之间抉择的结果

资料来源：Meijboom 和 Rongen(1995)；符正平(2002)。

四、产业集群竞争优势的来源

产业集群之所以能引起人们的高度关注，关键就在于它具有较强的持续竞争力。这种持续竞争力主要表现在增长速度、市场占有率和生产率等方面。研究表明，在意大利，集群内企业的经营状况，一般要比集群外的同类企业表现得更为良好。在我国广东省，东莞生产的许多IT产品都在全球市场占有相当大的份额，其中：电脑磁头、电脑机箱占40％，敷铜板、电脑驱动器占30％，电容器、行输出变压器占25％，扫描仪、微型马达占25％，电脑键盘占16％，电脑主板占15％。

显然，产业集群较强的持续竞争力在于其所拥有的竞争优势。这种竞争优势主要体现在两个方面：一方面，通过集群内企业间的合作与竞争以及群体协同效应，可以获得诸多经济方面的竞争优势，如生产成本优势、基于质量基础的产品差别化优势、区域营销优势和市场竞争优势；另一方面，通过支撑机构和企业间的相互作用，将形成一个区域创新系统，提升整个集群的创新能力（魏守华、石碧华，2002）。产业集群竞争优势的来源应该是多方面的，在集群竞争优势的形成过程中，地理集中（集聚经济）、灵活专业化（社会网络）、创新环境、合作竞争和路径依赖等都发挥着重要的作用。其中，集聚经济、灵活专业化以及创新带来的知识溢出效应，都是外部经济的重要组成部分。因此，可以认为，外部经济是创造和保持集群竞争优势的最重要源泉。当然，各产业集群由于类型和特点的不同，其竞争优势的来源也具有较大的差异，如美国硅谷的竞争优势主要得益于它的创新环境，而意大利产业区的竞争优势在于它的灵活专业化形成的社会网络。相对于美国硅谷而言，意大利产业区缺乏创新能力，以至于意大利学者把它称为“没有技术的网络”（Chiarvesio、Micelli，2001）。而集聚经济、合作竞争和路径依赖等，对各产业集群的竞争优势都有着重要影响。

（一）集聚经济

产业集群的最重要特点之一，就是它的地理集中性，即大量的相关产业相互集中在特定的地域范围内。这种产业地理集中将能够产生广泛的集聚经济效益：共同利用各种基础设施、服务设施、公共信息资源和市场网络；共同利用某些辅助企业，包括提供零部件或中间产品、加工下脚料或废料以及提供生产性服务的辅助企业；减少能源和原料损耗，缩短原料和产品运输距离，从而节约生产和运输成本；可以面对面地交谈，减少信息搜寻和交易成本；可以增加本地市场需求，提供更多的发展机会；可以促进技术创新，加快观念、思想和知识的扩散；等等。广义地讲，集聚经济源于各种相关的经济活动的集中而带来的效益（Smith、Florida，1994）。这种集聚经济是外部规模经济的重要组成部分。对产业集群来说，它不仅可以充分利用“地方化经济”，而且可以享受“城市化”带来的好处。因此，可以认为，因地理集中而带来的集聚经济效益，是集群创造和保持经济优势的重要源泉之一。

（二）灵活专业化

产业集群的另一个最重要特征，就是灵活专业化。一般来说，在产业集群内，大量的中小企业相互集中在一起，企业间形成密切而灵活的专业化分工协作。比如，在乐清柳市低压电器集群中，有大型企业10多家、中型企业近百家、小型企业上千家以及数以千计的家庭作坊式的小工厂，大企业集团往往由下属众多的协作企业供应原材料和零配件，然后完成总装。各企业间分工明确，形成了启动器、熔断器、电阻器、断路器、调压器、互感器、配电箱等众多生产配件厂商。在东莞IT产业集群，电脑装配所需零部件的95％以上都可以在东莞配齐。

这种灵活专业化，其本质就是企业内部分工的外部化或社会化。通过这种企业内部分工的外部化，可以使更多的功能操作实现内部规模经济，而且由于集群企业的联合需求可形成规模性专业化的生产和服务，又为每个企业提供了丰富的外部规模经济(金祥荣，2000)。一般来说，灵活专业化可分为两种类型，分别以产业专有资产和企业专有资产为特征。前者是对产业专有资产的不同组合而实现灵活专业化，后者是通过企业的创新以及大中小企业之间的合作而实现灵活专业化，这实际上是大企业主导型的灵活专业化模式(姚先国、朱海就，2002)。

由于存在着这种灵活专业化，在产业集群内，大中小企业与服务单位和政府机构群聚在一起，共同构成一个机构完善、功能齐全的生产、销售、服务、信息网络，也就是社会化的市场组织网络或地方产业配套体系。通过这种地方配套网络体系，企业能及时、便捷地获得所需的原材料和零部件，并及时将自己的产品供给客户。显然，这种完善的地方产业配套体系，对减少不确定性，降低信息搜寻和交易成本，提高生产效率，都是至关重要的。

(三)创新环境

企业的创新需要有一个适当的周围环境。如前所述，产业集中本身就可以刺激创新，并形成一种积极向上的创新文化氛围。在产业集群中，由于地理接近，企业间密切合作，可以面对面打交道，这样将有利于各种新思想、新观念、新技术和新知识的传播，由此形成知识的溢出效应，获取"学习经济"(learning economies)，增强企业的研究和创新能力。调查表明，对中小企业而言，有两类知识是十分重要的：一是当地供给方面的知识溢出，主要来自供应商、合作者、教育和研究机构等；二是需求方面的国家和国际知识转移，主要来自客户、消费者以及国际分销商等(Simmie，2002)。对以中小企业为主体的产业集群来说，这两类知识都是十分重要的，它不仅可以强化当地知识的溢出效应，而且可以通过各种渠道加快国际知识转移。此外，集群还可以为企业提供一个交换非编码知识和信息的机制，通过个人接触和交往，集群内企业可以获得一些隐含、难以编码的知识。在迅速变化的全球经济环境中，这种隐含的知识越来越重要，而且它只有通过个人交往才能获得。

(四)合作竞争

在产业集群内，大量企业相互集中在一起，既展开激烈的市场竞争，又进行多种形式的合作，如联合开发新产品、开拓新市场、建立生产供应链，由此形成一种既有竞争又有合作的合作竞争机制。这种合作竞争机制的根本特征是互动互助、集体行动。它在意大利产业区特别盛行，是建立在信任和家庭联系基础之上的。通过这种合作方式，中小企业可以在培训、金融、技术开发、产品设计、市场营销、出口、分配等方面，实现高效的网络化的互动和合作，以克服其内部规模经济的劣势，从而能够与比自己强大的竞争对手相抗衡。这种集体行动的互动机制的形成，将可以顺畅信息的流通，加快观念、知识和技术的传播，缓和由经济利益引发的冲突，减少交易的困难，从而获取集体效率(collective efficiency)。此外，采取合作竞争的方式，也有助于企业建立战略联盟和伙伴关系，实行灵活的专业化生产。

(五)路径依赖

所谓路径依赖(path dependent)，是指技术发展或制度变迁受到其初始选择的影响和制约，人们一旦确定了某种选择，就会对这种选择产生依赖性，这种选择本身也具有发展的惯性，具有自我加强的放大效应，从而不断强化这种初始选择。由于技术发展和制度变迁具有路径依赖性，因此，产业集群发展的轨迹也具有路径依赖性。按照新增长理论，由于偶然、机会、历史事件、自然资源禀赋以及其他方面原因，导致一些产业最初在某些地区集聚，形成一定的比较优势，这样在外部规模经济的作用下，各种要素将进一步向该地区集中，从而使这种集群优势进一步强化。正如波特所指出的:一旦一个集群开始形成,一种自我强化的过程会促进它的成长(Porter,1998)。一些集群发展的经验表明,成为“先入者”将是集群发展成功的关键所在。事实上,这种路径依赖性与区域发展中的极化效应(polarization effect)或者累积因果效应(cumulative causation effect)具有较大的相似性。

五、产业集群对竞争力的影响

一般来说,当产业集群形成后,将可以通过多种途径,如降低成本、刺激创新、提高效率、加剧竞争等,提升整个区域的竞争能力,并形成一种集群竞争力。这种新的竞争力是非集群和集群内企业所无法拥有的。因为“集群不仅仅降低交易成本、提高效率,而且改进激励方式,创造出信息、专业化制度、名声等集体财富,更重要的是,集群能够改善创新的条件,加速生产率的成长,也更有利于新企业的形成”(波特,2002)。

(一)提高生产率

由于存在外部经济,产业集群的形成可以降低生产和交易成本,从而提高以地区为基础的企业生产率。在产业集群内,各种相关企业相互集中在一起,进行灵活的专业化分工,不仅可以降低原料和产品的运输成本、节约生产时间,还能减少能源和原料消耗、减少库存量,从而降低生产成本。同时,由于存在信息溢出效应、专业化供应商、熟练劳动力市场以及社会化的市场组织网络,各种企业的地理集中也能够降低信息搜寻和交易成本。企业的地理集中以及建立在信任和规范基础上的分工合作关系,也有利于降低企业之间的合作成本,尤其是合同谈判和执行成本。在广东东莞 IT 产业集群,企业之间还形成了一种功能明确的分包加工体系,共同接单、协作生产,采用订单和出厂核销单代替各种生产协议。这种特殊的组织形式将有利于降低企业间的交易成本(杨建梅、冯广森,2002)。

产业集群的形成还可以减少资源获取和转换的障碍,获取诸多方面的“集群”效能。首先,在寻求改变的过程中,组织会付出一定的转换成本(switch cost),而集群的出现将可以降低这种转换成本;其次,通过在“干中学”以及存在“学习效应”,企业利用资源的能力和适应性都将增强,从而集群作为一个整体将比以前获得更高的“集群”效能;再次,集群内企业间长期形成的紧密的网络关系,将有助于提高“集体效率”。前者是偶然的、无意识中产生的,只要企业集聚在一起,这种集体效率一般都会存在;但后者却需要一定的条件,即有意识的合作(姚先国、朱海就,2002)。

(二)刺激企业创新

集群不仅有利于提高生产率,也有利于促进企业的创新。这种创新具体体现在观念、管理、技术、制度和环境等诸多方面。一般来讲,集群对创新的影响主要集中在三个方面:一是集群能够为企业提供一种良好的创新氛围。由于存在着竞争压力和挑战,集群内企业需要在产品设计、开发、包装、技术和管理等方面,不断进行创新和改进,以适应迅速变化的市场需要。二是集群有利于促进知识和技术的转移扩散。各种企业的相互集中以及顺畅的市场组织网络,将有利于信息和知识尤其是隐含经验类知识的传播,从而产生知识“溢出”效应,促进知识和技术的转移扩散,为企业创新创造条件,并提供学习的机会。三是集群可以降低企业创新的成本。由于存在着“学习曲线”(learning curve),使集群内专业化小企业学习新技术变得容易和低成本。同时,建立在相互信任基础上的竞争合作机制,也有助于加强企业间进行技术创新的合作,从而降低新产品开发和技术创新的成本。

（三）促进企业增长

集群对新企业的进入和企业增长都有着重要的影响。一方面，良好的创新氛围、激烈的竞争环境以及完善的地方配套体系，使集群在吸引新企业进入方面具有竞争优势；另一方面，地理集中性和良好的外部环境，不仅鼓励产业新手的出现，也有利于现有企业的增长和规模扩张。意大利银行发现，即使在经济衰退时期，意大利产业区所创造的工作机会、实际工资水平和投资回报都比其他地方高（王缉慈，2002）。更重要的是，在产业集群形成后，不仅吸引来的工厂会根植于本地，还会有很多新企业在本地繁殖和成长，因为集群内长期形成的完整产业链体系，促使企业在集群内"落地生根"，除非整个产业链出现转移，企业才会考虑迁移到其他地区。

（四）增强竞争性

竞争是创造竞争力的重要源泉，只有通过竞争才能创造现实的竞争力。在产业集群内，由于各种竞争对手相互集中在一起，面对面地进行竞争，由此形成了一种独特的竞争环境，产业信息交流、透视敌手及互动强化的机会不断出现。因此，企业的集聚必然加剧企业间的竞争程度，而这种竞争程度的加剧，反过来又将促使企业进行创新、降低成本、提高产品和服务质量，从而增强整个集群的竞争优势。正如波特所说，"合适的竞争对手能够有助于企业增加持久的竞争优势以及改善所处产业的结构"。同时，在产业集群内，一个有竞争力的产业的出现，将会通过多种渠道和机制，提升另一个相关产业的竞争力。这说明，在一个激烈竞争的环境中，各相关产业的竞争力是相互影响的。在各产业之间，竞争力的提升同样存在着"波及效应"。

（五）形成区域品牌

在产业集群内，大量生产企业的集聚是区域品牌形成的基础。由于产业领域比较集中，各产业集群所生产的一些主要产品，一般都在全国甚至世界市场上具有较强的竞争力，占有较高的市场份额，享有相当的知名度，如美国好莱坞制造的影片、硅谷生产的IT产品，印度班加罗尔设计的软件，中国温州生产的打火机等，都在世界上具有较好的声誉。随着产业集群的成功，集群所依托的产业和产品不断走向世界，自然就形成了一种世界性的区域品牌。区域品牌与单个企业品牌相比，更形象、更直接，是众多企业品牌精华的浓缩和提炼，更具有广泛的、持续的品牌效应，它是一种珍贵的无形资产。这种区域品牌是由企业共同的生产区位产生的，一旦形成之后，就可以为区内的所有企业所享受。因此，区域品牌同样具有外部效应。这种区域品牌效应，不仅有利于企业对外交往，开拓国内外市场，确定合适的销售价格，也有利于提升整个区域的形象，为招商引资和未来发展创造有利条件。

大量相关企业的地理集中、以灵活专业化为核心的社会网络、积极向上的良好创新氛围、建立在合作竞争基础上的互动机制以及路径依赖性，这是产业集群获得成功并形成和保持竞争优势的基础。一旦产业集群形成并走向成熟后，将在全国甚至世界市场上具有较强的竞争优势，占有较高的市场份额，形成知名的区域品牌效应。在市场制度完善的条件下，产业集群将通过多种途径和机制，对企业、产业乃至区域的竞争力产生重要的影响。但是，在引导产业集群合理有序发展，创造一个有利于创新的良好外部环境以及防止产业集群退化甚至走向衰退等方面，政府政策的作用十分重要。当然，无论是中央政府还是各级地方政府，对产业集群的这种"干预"必须建立在市场经济体制的基础之上，而不能取市场机制而代之，这样只能会起到相反的效果。

目前，我国各地建有大量的开发区、高新区以及各类工业区，工业特别是制造业的园区化进程推进很快，基本上起到了获取集聚经济的效果。但是，这些园区大多产业门类混杂，缺乏专业化分工协作和密切的经济联系，更没有形成一个建立在合作竞争基础上的互动机制和完善的社会化市场组织网络，离真正的产业集群的要求还有很大的差距。因此，在继续推进园区化的基础上，积极推进产业集群化的步伐，对于提升我国产业的国际竞争力，打造未来世界制造业中心地位，具有十分重要的战略意义。为此，需要按照集群化的思路，调整现有的国家产业政策和区域政策，制定全国性的产业集群发展战略，实行新的基于产业集群的国家产业政策和区域政策。

复习思考题

1. 产业集中度的衡量指标主要有哪些？
2. 什么是产业结构趋同？
3. 简述产业集聚发展成产业集群的过程。
4. 产业集群形成的标志是什么？
5. 简述产业集群对集群内企业竞争力的影响。

第十一章

区际分工与联系

第一节 区域分工与比较优势

区域经济发展的条件差别巨大，所以需要根据不同区域的发展条件进行分工。区域分工是形成区域比较优势的前提。

一、区域分工理论

区域分工理论的起源，一般可以追溯到现代经济学之父亚当·斯密提出的绝对利益理论。从绝对利益和比较利益理论到新兴古典分工理论，区域分工理论经历了一个漫长的发展沿革过程。

(一)绝对利益与区域分工

1. 绝对利益学说

绝对利益或绝对成本的概念，最早是由亚当·斯密在1876年出版的《国富论》一书中提出的。亚当·斯密从一般制造业工厂内部的分工入手，进而分析了国家之间的分工，认为各国可以利用再生产某种产品的绝对优势来进行专业化生产，并以此专业化产品来同其他国家进行贸易。亚当·斯密的国际分工原则，是建立在生产商品的成本差异的基础之上的，而这种成本差异是绝对的。

一个国家购买其他国家的某种产品而不自己生产，是因为该国不具有生产这种产品的绝对优势，也就是相对于购买其他国家生产的该产品而言，本国生产的成本太高。与之相对应，一个国家之所以能够向其他国家卖出某种产品，是因为该国具有生产这种产品的绝对优势。亚当·斯密进一步认为，各国生产成本的差异可以归结为生产效率的差异，而之所以会形成生产效率的国际差异，主要是因为各国所拥有的优势不同。他把这种优势分为两类：自然优势和可获得性优势。前者指超乎人力范围之外的气候、土地、矿产和其他相对固定状态的优势;后者指工业发展所取得的经济条件,如资金、技术等。一个国家在生产和输出某种商品上具有自然或可获得性优势,也就具有成本优势。

虽然斯密的分工理论是针对国际分工和贸易领域提出的,但同样也适用于区域分工。也就是说,任何区域都具有其绝对有利的生产条件,并且各区域的专业化生产能够提高生产效率。各区域按照绝对有利的生产条件进行分工,生产成本最低的产品,然后在区域之间进行交换,能够使各区域的资源和生产要素都得到最有效的利用,从而提高区域劳动生产率,增进区域经济利益。但是,绝对优势理论也存在一个明显的缺陷,它没有说明不具有任何绝对优势的区域如何参与区域分工并且从中获利的问题。

2. 绝对利益的获得

根据绝对利益学说的解释,我们用数据表示绝对利益的获得,见表 11－1。

表 11－1　　绝对利益与区域分工

		A产品			B产品			投入总量(元)
		需求量(吨)	生产量(吨)	单位产品投入量(元/吨)	需求量(吨)	生产量(吨)	单位产品投入量(元/吨)	
地区自给自足时	甲地区	50	50	2	100	100	3	100＋300＝400
	乙地区	100	100	3	50	50	2	300＋100＝400
	甲、乙两地总投入量							800
地区分工协作时	甲地区	50	150	2	100	—	—	300
	乙地区	100	—	—	50	150	2	300
	甲、乙两地总投入							600
	甲、乙两地区区际商品交换中的投入量							50
地区分工毛效益(800－600)								200
地区分工净效益(800－600－50)								150

资料来源:陈栋生.区域经济学[M].郑州:河南人民出版社,1993。

假设甲、乙两个地区,每个地区都需要也有条件生产 A、B 两种产品,但是由于自然条件和经济条件的不同,A 产品的单位投入量(包括劳动耗费和资金占用)甲地区低于乙地区,B 产品的单位投入量乙地区低于甲地区。如果甲、乙两地都采取自给自足的办法,为满足 A、B 两种产品的需求,总共需投入相当于 800 元的劳动耗费;而采取区际分工协作时,由于充分地利用了地区分工效益,满足同样需求,只需投入 600 元,节约的 200 元称为地区分工的毛效益。假设地区之间产品流通的劳动耗费为 50 元,那么地区分工的净效益即为 150 元。总之,一些地区在某些产业或某类产品的生产效益上占优势,另一些地区在另外一些产业和产品上占有优势,不同地区各自着重发展自己具有优势的产业和产品,相互交换,即形成所谓的绝对利益。

(二)比较利益与区域分工

1. 比较利益学说

李嘉图在 1817 年出版的《政治经济学及赋税原理》一书中,以劳动价值论为基础,利用两个国家、两种产品模型,论证了比较利益的存在以及在国际贸易理论中的应用,从而奠定了比较利益学说的基础。

按照比较利益学说，即使不具有任何绝对优势的区域，也能参与区域分工，并且从中获利，从而弥补了绝对利益学说的缺陷。李嘉图列举了一个著名的酒和毛呢的例子来说明这个问题。假如葡萄牙生产一定单位的葡萄酒要耗费 80 个工人一年的劳动，生产一定单位的毛呢需要耗费 90 个工人一年的劳动，而英国生产同样数量的葡萄酒和毛呢则分别需要耗费 120 个工人和 100 个工人一年的劳动。不难看出，葡萄牙在生产这两种商品上都具有绝对优势，而英国在生产这两种商品上则都处于相对劣势地位。那么按照绝对利益学说，葡萄酒和毛呢都应该集中在葡萄牙生产，这样一来葡萄牙和英国在这两种产品的生产上就不存在分工问题了。但是，按照比较利益的原则，两国之间在这两种产品之间的分工不仅是可行的，而且是更有效率的。就葡萄牙而言，其从事葡萄酒生产比从事毛呢生产具有优势，因此应该集中于生产葡萄酒；反之，对于英国而言，其从事毛呢生产比从事葡萄酒生产具有优势，因此应该集中于生产毛呢。这样一来，两个国家在这两种商品上的分工不仅能得以实现，而且还节约了劳动，增加了产出。

2. 比较利益的获得

虽然李嘉图的比较利益学说是针对国际分工与贸易提出的，但同样也适用于区域层面。下面我们用一个单一生产要素下两区域的两部门模型来进行说明，见表 11－2。假设存在 A、B 两个区域，每个区域都只有同一种生产要素——劳动，生产 X 和 Y 两种产品，并且这两个区域对这两种产品都有需求。假设 A 区域生产两种产品的单位成本均低于 B 区域，即 $Ca_x < Cb_x$，$Ca_y < Cb_y$，那么按照绝对利益原理，两种生产都应该集中在 A 区域生产，A、B 之间的区域分工是不存在的。但是，按照比较利益原理，两区域之间的分工，还取决于各自从事不同产品生产的相对劳动生产率。在此，我们不妨假设：$Ca_x/Ca_y < Cb_x/Cb_y$。对于 A 区域而言，生产 X 产品比生产 Y 产品的相对成本更低，即 A 区域生产 X 产品的相对劳动生产率更高，因此 A 区域生产 X 产品具有比较优势；相反，对于 B 区域而言，生产 Y 产品比生产 X 产品的相对成本更低，即 B 区域生产 Y 产品的相对劳动生产率更高，因此 B 区域生产 Y 产品具有比较优势。实际上，按照比较优势原理，区域分工的决定性因素是区域机会成本。

表 11－2　　比较利益与区域分工

		X产品			Y产品			投入总量（元）
		需求量（吨）	生产量（吨）	单位产品投入量（元/吨）	需求量（吨）	生产量（吨）	单位产品投入量（元/吨）	
地区自给自足时	A地区	50	50	2	100	100	3	100＋300＝400
	B地区	100	100	4	50	50	4.5	400＋225＝625
	A、B两地总投入量							1025
地区分工协作时	A地区	50	150	2	100	50	3	450
	B地区	100	—	4	50	100	4.5	450
	A、B两地总投入							900
	A、B两地区区际商品交换中的投入量							50
地区分工毛效益（1 025－900）								125
地区分工净效益（1 025－900－50）								75

资料来源：陈栋生.区域经济学[M].郑州：河南人民出版社，1993。

(三)要素禀赋理论

要素禀赋理论也称赫克歇尔—俄林模型(简称 H-O 模型),最早由瑞典经济学家赫克歇尔(E. Heckscher)于 1919 年在一篇文章中提出,后为他的学生俄林所继承和阐释,并在 1933 年出版《地区间贸易和国际贸易》一书中,形成了比较全面系统的要素禀赋理论。俄林也因此获得了 1977 年的诺贝尔经济学奖。

H-O 模型突破了古典经济学劳动价值论的观点,以新古典经济学作为区域分工和国际贸易理论的基础,用生产要素禀赋差异导致的价格差异代替李嘉图的生产成本差异来进行研究,认为区域分工以及国际贸易产生的主要原因是各地区生产要素的丰裕程度,并由此决定了生产要素相对价格和劳动生产率的差异。俄林假定,商品在区域间可以自由移动(无运费),而生产要素不能自由移动。不同区域的生产要素禀赋不同,也就是生产要素的供应丰裕程度不同,会引起两区域生产要素相对价格比例不同。

根据生产费用理论,生产要素价格比例不同,会影响到两区域生产出的商品相对成本比例不同,从而在孤立的状态下会影响到两区域商品相对价格不同。而且,正是由于两区域商品相对价格不同,才会导致区域贸易的发生。一个区域输出那些含有区内供应丰裕而价廉的生产要素的商品,输入那些含有本国供应稀缺而价高的生产要素的商品。通过这样的自由贸易,地区间可以获得比较利益,而且在生产要素自由流动的条件下,贸易的结果可以使商品价格均等化,某种程度上也可以使生产要素价格均等化。若要用一句话概括 H-O 模型的实质,那就是生产要素的丰裕程度决定了商品相对价格和贸易格局。

俄林的价格差异是指相对价格差异,假定只存在资本和劳动力两种生产要素,并且生产每一种产品都需要使用这两种要素的情况下,各国和地区将出口那些较多使用本国和本地区富裕的生产要素的产品,即资本富裕的国家和地区出口资本密集型产品,而劳动力富裕的国家和地区将出口劳动密集型产品。也正因为如此,H-O 模型也被称为资源禀赋学说。

H-O 模型以相对价格差异学说补充了斯密和李嘉图的以劳动价值论为基础的区域分工论,并且首先将一般均衡的分析方法运用于国际和区际贸易理论,影响巨大。

(四)区域分工理论的进一步发展

20 世纪 60 年代以来,产业组织理论、博弈论等相关经济学基础理论的发展,为发展新的区域分工理论提供了重要的分析工具,区域分工理论得到进一步继承和发扬,涌现出了许多有代表性的学说和理论。

1. 相似偏好理论

古典和新古典的劳动分工理论都是从供给和成本的角度来分析国际和区域分工与贸易,由于假设需求不变,因此很难解释收入水平相近、资源禀赋相似的国家或地区产生大规模贸易的现实。

针对这一问题和现象,瑞典经济学家林德(S. B. Linder)在《论贸易和转变》一书中提出了相似偏好理论,从需求结构的角度研究国际和区域分工与贸易。林德认为,H－O 模型重视供给方面的作用,这比较适用于对初级产品出口问题的研究,而对工业品的国际贸易格局却缺乏说服力。因为工业品要成为潜在的出口产品,首先必须在国内形成消费需求,即产品出口的可能性取决于它的国内需求,因为只有国内产品需求趋于饱和时,产品才有可能出口。他认为,之所以发生国际贸易,主要是因为贸易国之间存在着重叠需求,而且两个国家的需求结构越相似,那么它们之间形成的贸易量可能就越大。因为商品需求取决于消费者的偏好,进而又取决于购买力和收入水平,因此两个国家或地区的发展水平越相近,则意味着它们的购买力和收入水平就越相近，由此导致的需求结构和需求偏好也越相近，在它们之间也就越容易形成贸易，贸易量也越大。

林德的偏好相似理论为解释“里昂惕夫之谜”提供了一个很好的思路，也说明了工业结构相同的国家之间工业品贸易为何最大等一些传统国际贸易和分工理论所无法解释的问题。

2. 协议性区域分工理论

协议性区域分工理论最早是由日本学者小岛清（K. Kojima）提出的。林德的相似偏好理论主要是从需求角度论述了发展水平相近的国家和地区之间形成较大量贸易的原因，而小岛清的协议性区域分工理论则是从规模经济收益递增的角度来解答“里昂惕夫之谜”。协议性区域分工理论认为，即使在生产要素禀赋比率差异不存在的情况下，区域分工还是可能发生。他指出，即使在消除了比较优势差距，也就是市场力量不能决定专业化的基本方向的极端情况下，仍然存在为了向以较优技术水平的生产函数转移的分工，或者是存在为了相互获得规模经济的分工。

此外，小岛清还认为，对于要素禀赋相同地区间形成的分工，虽然可以通过市场机制的作用来加以调节，但这要以资源的浪费和不合理使用为代价，并有可能引发地方保护或恶性竞争。相对于市场调节，小岛清认为由中央政府和有关政府出面，通过协商进行分工更有效率。正因为如此，他也把这种分工称为协议性区域分工。

3. 相似条件下的地域分工理论

以克鲁格曼、赫尔普曼（Helpman）、格罗斯曼（Grossman）等为代表的一些经济学家将产业组织理论和递增的规模报酬系统地引入国际贸易理论，从而推动了新贸易理论的形成和发展。在新贸易理论中，对区域分工理论的发展贡献最大的要数克鲁格曼的相似条件下的地域分工理论。

克鲁格曼认为，国际分工与贸易的形成，特别是要素供给结构相似的国家之间形成的同类产品的贸易，是这些国家按照规模收益递增原理而发展专业化的结果，与国家之间生产要素禀赋差异关系不大。与小岛清相似，克鲁格曼同样认为规模收益递增是要素供给相似国家或地区之间形成分工和贸易的原因，但与之不同的是，克鲁格曼认为“历史和偶然”具有重要作用，是空间分工和差异的基础，而规模收益递增则不断强化这种既定的分工贸易格局。也就是说，国家和地区之间的分工和贸易格局，具有很强的路径依赖性。相似条件下的地域分工理论将规模经济作为一个重要的因素来研究国际贸易问题，能够更好地解释资源禀赋相近国家之间的分工和贸易问题，具有更广泛的解释能力。

4. 新兴古典专业化区域分工理论

20 世纪 90 年代以后，杨小凯运用超边际的分析方法，对传统的古典经济学理论发起了强有力的挑战，从而也掀起了一场声势浩大的新兴古典经济学革命。在区域分工理论领域，杨小凯等人也构造出一个与新古典区域分工模型不同的区域分工模型。他们认为，假定交易效率是交易规模的增函数，如果交易效率提高，则均衡分工水平（贸易依存度）就会上升，反过来将扩大交易规模，因而提高交易效率，再进一步提高均衡分工水平。在新兴古典专业化区域分工理论中，存在一个关键性的概念，即交易效率。按照杨小凯的解释，交易效率是指“分工带来的好处与分工产生的交易费用的两难冲突”。此外，在新兴古典区域分工模型中，分工的实现也有赖于聚集效应，并且历史的、偶然的因素在区域分工进程中起着重要的作用，这与克鲁格曼的相似条件下的地域分工理论是一致的。不过，这两个模型对于聚集效应产生的原因以及在区域分工问题的解释能力上还是存在着明显的区别。

二、区域经济发展的比较优势

李嘉图在研究比较利益时，指出国与国之间在生产率方面存在着很大的差距，即使一个国家在每一种商品的生产上都比其他国家绝对地缺乏生产率，它依然能够通过生产和出口那些与外国相比生产率差距相对较小的产品在国际分工中占有一席之地；而在每一种产品生产上都比其他国家绝对地具有较高生产率的国家，也只能通过生产和出口与外国相比生产率差距较大的产品获取贸易利益。这是比较优势概念提出的原因。

（一）比较优势的成因

根据区域分工理论，具有同样消费者偏好、技术、要素禀赋结构的国家，将会有同样的均衡价格比率出现，因而就不会有国际贸易的动力。三者之中有一项不同，就会产生价格差异，使比较利益拉开差距。在同样的技术和要素禀赋条件下，一个国家可以在它的人民所不大喜爱（相对于其他国家人民的偏好而言）消费的商品中获得比较利益——该商品在该国价格会比较低廉。同样，如果要素禀赋和偏好相同，那么，比较利益将由相对技术效率利益决定；如果消费偏好和技术状况相同，则比较利益将会由要素禀赋的差异决定。

举例来说，假定美国一个纺织工人的产品是中国一个纺织工人产量的30倍，则美国显然拥有高得多的劳动生产率；而中国的纺织业能够占有市场的原因是美国工人的小时工资（15美元）是中国工人小时工资（小于0.5美元）的30倍以上。因此，中国纺织业可以凭借低得更多的工资率抵消低生产率的影响而取得国际市场的出口产业地位。

（二）比较优势的分类

比较优势存在于区域经济发展的方方面面。从存在的形式看，可以有四种分类：有形优势与无形优势、绝对优势与相对优势、局部优势与全局优势、空间优势与时间优势。从来源上，又可以分为下面三类。

1. 资源优势

资源优势是通过对资源的数量和质量的区域间的比较分析，认识到某个区域具有比其他区域更丰富、开发条件更好的资源富藏，并可以通过对资源的开发，形成优势的资源产业。单个种类资源的区域比较，可以通过各区域资源储量和品位的横向比较来确定。区域资源综合优势的比较，可以用资源的综合优势度的指标来衡量。资源综合优势度的评价公式为：

$$p_i=(mn-\sum d_{ij})/(mn-m) \qquad (11-1)$$

其中：p_i 为地区的资源综合优势度，m 为被统计的资源种类数，n 为对比的地区个数，$\sum d_{ij}$ 为地区被统计的资源种类数占全国名次之和。

2. 产业优势

产业优势是指区域的某类产业与其他地区的同类产业相比，生产成本较低、产品质量较好和所占有的市场份额较大，在这三个方面都具有优势。产业优势有时也被称为“竞争优势”，这是因为产业优势一般都是在市场竞争中取得的。

如果单纯进行生产成本的比较，只要符合本地生产的某类产品的成本加上运到销售市场的运费，小于市场当地生产的同类产品的生产成本的条件，就表明该地区的该产业具有比较优势。如果进行综合的比较，仍然可以用区位熵的指标，只要对指标的含义稍加更改即可。产业优势的区位熵是指某地区向全国输出的某类产品的价值比上该地区向全国输出的产品的总价值，与全国市场中该产品的输入总价值比上全国市场的总规模之比，结果大于1，表示有优势；结果小于1，表示没有优势。

3. 环境优势

环境优势是指一个地区拥有良好的自然环境和良好的人文环境，从而吸引更多的企业来落户。良好的自然环境是指废弃物的排放被限制在一定的标准之内，空气新鲜，林木和草地的覆盖率高，人们感觉舒适。良好的人文环境是指一个地区浓郁的文化氛围、较高的政府办事效率和当地人的文明的生活习惯等。由于智力资源的载体是人本身，而人们倾向于选择环境良好的区域生活，所以，环境优势常常成为吸引高新技术产业、旅游业等新兴产业的主要条件。

综上所述，比较优势对区域经济发展的作用，主要是为区域发展中的产业选择提供依据。当一个区域启动发展的战略时，在众多的产业和行业中选择一个自己要发展的产业和行业是十分困难的，比较优势原理则提供了这种选择的基本途径。

第二节 区域贸易

区域贸易与区域要素流动一样，是区域经济关系的重要体现。区域的分工必然导致区域贸易，而且随着分工的加深，区域贸易也必然日益频繁；反过来，区域贸易的加强，也会拓展区域商品的市场范围，促进区域分工的发展。

一、区域贸易概念

广义的贸易包括商品和劳务的贸易，这里讨论的区域贸易是区域商品贸易。它是一种与国际贸易相似，但又存在不少差别的贸易。其差别主要表现在：国内区域间进行贸易时，由于制度背景大体相同，不存在关税壁垒，不存在汇率障碍，因此，区域贸易要比国际贸易频繁得多。当然，各区域为了各自的利益，也会制定相应的保护政策和贸易壁垒，但相对于国际贸易来说，其阻力要小得多，而且国家可以运用其权力进行协调。同时，国内区域间的历史、文化背景差异较国际间也要小得多，因此国内区域间的商品流动性较国际间也大大增强。在国内区域贸易中，由于各地区实行统一币制，不存在汇率因素，因此收支平衡问题并非十分重要，而在国际贸易中，收支平衡则是一个必须考虑的重要问题。

按照贸易产品的产业关联，区域贸易可分为垂直型、水平型和混合型三种。垂直型区域贸易是指两区域在同一或不同产业链条的不同产业水平上进行专业化生产，并由此进行商品交换。垂直型区域贸易既可发生在同一产业部门，也可发生在不同的产业部门，其根本特征是区域交换的商品属于不同的产业水平和技术层次，商品的增值率差异较大。水平型区域贸易是指两区域在同一或不同产业链条的同一产业水平上进行专业化生产，并由此进行商品交换。判断区域贸易是属于垂直型贸易还是属于水平型贸易，不能以贸易产品所属的产业部门为依据，而应看贸易产品所处的产业水平或技术层次和增值率的高低。混合型区域贸易是从一个地区来看，它在全国区际贸易格局中既有垂直型贸易，也有水平型贸易的情况。

(一)区域贸易产生的条件

区域贸易是以区域分工的利益为基础的，区域分工使得各区域在最适合生产的商品上进行专业化生产。这些专业化商品除满足本地区需要外，还要用来同其他地区进行交换，这样做不但能够获得比贸易前更多样的商品，还能使区域利益增进。

1. 区域商品的相互需求

最初人们认为区域的差异是产生区域贸易的条件，但是后来发现，这个假设的理由是不充分的，即使存在区域差异，区域之间也不一定存在贸易。英国经济学家约翰·穆勒(John Stuart Mill)在其《政治经济学原理》一书中提出了相互需求法则。它从供需关系的角度出发，认为贸易的发生必须有一个前提条件，即某一区域有某种东西提供，而其他区域对这种东西恰好有需求。穆勒的相互需求原则还指出，两个区域在贸易利益中各自份额的大小取决于贸易条件，更确切地说是取决于其他区域对本区域出口商品的需求强度和需求的价格弹性。

2. 区域商品的价格差异

假定商品质量和消费者偏好一致，商品价格都等于生产成本，那么，一个区域决定是从区外输入，还是在区内自己生产，则取决于输入商品价格与区内生产价格的差异。一个区域从区外输入商品的必要条件是输入品价格要比区内生产价格更加便宜；同样，向区外输出商品的必要条件，是输出品价格要比在其他地区生产更为便宜。在符合经济理性原则的情况下，任何一个区域不会输入自己生产更便宜的商品，而输出自己生产更昂贵的商品。

(1)生产要素禀赋差异形成的生产成本差异。生产成本的区际差别，主要是由区域间的生产要素禀赋差异造成的。由于区域生产要素供给存在着差异，而这种供给差异又不能被需求差异所抵消时，就将会导致区域生产要素在价格上的差异。在规模经济不变的条件下，要素价格的差异将导致商品价格的差异。因此，也可以说，生产要素相对价格的差异是区域贸易产生的必要的但非充分的条件。

(2)规模经济造成的生产成本差异。规模经济是造成生产成本差别的另一个原因。大规模生产可以降低企业的生产成本，提高其生产效率，从而使因生产要素禀赋差异出现的专业化趋势进一步加强。为适应大规模生产的需要，许多产品并非分散在各地而仅限于在少数几个地点生产，然后由此销往全国甚至世界各地。同一产业的不同产业活动和相关企业在地理空间上的相对集中，同样能加强产业的专业化趋势，使区域贸易进一步扩大。因为这种地理集中能够通过相互提供产品、信息和劳务，共同利用公共基础设施和商业服务设施，形成外部经济，使企业在许多方面获得好处。显然，大规模生产和地理集中所达到的节约性即规模经济，会使地区间分工更为有利，有时甚至不必顾及生产要素的价格差异。换言之，因规模经济而产生的专业化鼓励了区域贸易。

(3)商品转运费用造成的生产成本差异。区域贸易中，商品从生产区域运送到消费地需要克服空间阻力。这种为克服空间阻力所花费的代价一般称为转运费。转运费既包括克服地区间非关税贸易壁垒等人为障碍的费用，如地方政府对区域贸易商品征收的各种附加税，也包括克服空间距离等自然障碍形成的运输成本。其中，运输成本是最重要的转运费用。

假定在区域贸易中商品交换按生产地价格(买者承担全部运输费用)成交，那么消费地商品价格等于产地生产价格加转运费用。假设消费者偏好一致，不存在地区性歧视且商品生产价格等于其生产成本，则区域商品贸易产生的充分必要条件是不同地区的生产成本差异要大于商品的转运费用。如果商品转运费用高于地区间生产成本的差别，那么每个地区自然会自己生产而不会从其他地区输入这种商品。在现实经济中，转运费用特别是运输成本对区域贸易的重要影响是显而易见的。由于不同商品的运输成本差异很大，因而其销售市场的地域范围即市场区大小也具有较大差异。有的商品体大笨重、易腐易烂，不便运输，与其商品价值相比，运输费用相对较高，因而其市场区范围一般较小，区域贸易量所占比例极低；而有的商品体积小、重量轻，或者商品价值较高，运输费用相对较低，因而其市场区范围一般较大，区域贸易量所占比例高。前者多为满足区内市场需求的地方性产品，后者则多为满足区外市场需求的输出产品。

3. 区域间的不同需求偏好

区域的消费水平一般是与其经济发展水平相对应的。随着区域经济发展水平的提高，区域消费水平也不断提高，居民和企业消费偏好出现高档化的趋势。这种消费趋势使得处于不同发展阶段的各个区域的需求偏好表现出一定的层次性特征。一些在国内生产和消费中处于主导地位的经济发达区域的居民和企业的消费层次相对较高，生产者为迎合这种高档消费偏好，不断开发或从国外引进一些新产品。在新产品的研究开发阶段，产品的试制和生产主要集中在具有比较优势的主导区域。由于产品需求量远大于其生产量，生产者往往能够通过垄断价格获取高额利润。随着生产成本的下降，新产品在主导区域由开发进入到大批量生产阶段，其生产量开始超过需求量，生产大于需求的部分便会净输出到主导区域以外的其他区域。当这种产品进入成熟阶段，主导区域的比较优势开始消失，区域需求偏好也发生转移，其生产逐渐扩散到其他区域，生产的产品则由主导区域输入到非主导区域。

居民和企业的个别需求偏好的差异也促进了区域贸易的发展。一般来说，居民和企业个别需求偏好的形式是千差万别的。这种差异客观上要求同一种产品在设计、商标、规格、性能、质量、价格、包装等细节方面具有差别化和多样化。因此，对任何一个区域来说，都不可能完全通过区内生产来满足其居民和企业消费的各方面需要。各个区域(即使其生产要素供给完全一致)在同种产品的不同细节方面进行专业化分工，并以此进行相互交换，不仅可以满足居民和企业消费的多方面需要，而且可以通过大规模生产，降低生产成本。这种按照个别需求偏好差异而进行的区域间同种商品贸易，一般称为“需求偏好型”区域贸易。它可以降低生产成本，提高生产效率，从而使贸易双方受益。

(二)区域贸易的影响因素

区域贸易的影响因素较多，归纳起来，主要有供给条件、区外需求、区位条件、国家或区域经济体制和政策等方面。

1. 供给条件

要素的供给包括区内生产要素的禀赋存在条件和区际要素的流量变化两个方面。任何一种贸易产品的生产，都需要在其生产过程中投入不同比例的生产要素，而不同区域拥有的生产要素的种类、数量、比例和组合状况又不尽相同。在区域贸易中，假设每个区域都生产和输出能利用其充裕的生产要素的那些商品，以换取那些需要比较密集地使用其稀缺的生产要素才能生产出来的商品。因此，在一定意义上说，区域贸易意味着每个区域通过区域商品交换间接输出了自己供给充裕的生产要素，而输入了供给稀缺的生产要素。也就是说，区域贸易在一定程度上改变了要素供给条件；反过来，要素供给条件变化又影响着区域贸易。同时，商品生产所需要的要素是综合的和多方面的，即使一个规模(无论是人口数量还是土地面积)较大的各种要素配合条件较好的区域，有时也难以满足要求。区外各种要素的流入在较大程度上弥补了区内要素供给的不足，增加了要素的种类和数量，通过各种要素的相互匹配，使区域相对充裕要素的优势得以有效发挥，区域贸易得以扩大。

2. 区外需求

要素的供给为区域贸易的发展提供了可能，而区外市场的需求则使这种可能成为现实。区外市场需求包括区域生产的产品在品种、花色、包装和质量上是否符合区外市场的需要、价格是否合理、需要的数量有多大等，如果这些因素发生变化，那么区域贸易也会受到影响。区域消费者的偏好对区域贸易也产生重要影响。由于特定区域的消费者群体一般对本地生产的商品有某种特殊的偏好，本地的需求量极大，由此导致其销售价格甚至比在其他区域还要高，这就在一定程度上限制了区域贸易的发展。

3. 区位条件

贸易区位条件主要包括三方面的内容:一是区域所处的地理位置。临近发达区域,或者位于贸易航线和交通干道附近,或者地处交通线网络的交接点的区域,由于贸易的地理障碍较小,商品的输出、输入较为便利,区域贸易的发展一般较快;而地处高原、山区和边远区域,自然条件恶劣,与外界联系不便的区域,由于商品的输出入极不方便,区域贸易的发展将受到限制。二是区域对内对外交通的通达性。交通网络发达、通达性较好,可以使地理相距遥远的区域变得相对邻近,从而缩短运输时间,降低运输费用,促进区域贸易的大规模开展。三是贸易区域之间的空间距离。贸易区域之间的空间距离较长,将增加贸易产品的运输成本,从而在一定程度上抵消其生产成本优势。一些体大笨重、易腐烂变质、不便运输的产品,因运输条件的限制,往往只在产地附近很小的空间范围销售,成为典型的地方性产品。然而,随着运输技术的迅猛发展和运输条件的改善,空间距离因素对区域贸易的制约作用也在日趋减弱。昔日的一些地方性产品,正逐渐发展为区域贸易产品而不断输出到产地以外的其他区域,甚至全国各地。贸易区位条件对区域贸易的影响,综合反映在区域要素流动的转移成本和区域商品贸易的运输费用上。

4. 国家或区域经济体制和政策

首先,国家经济体制的模式决定了区域贸易的实现机制。不同的经济体制模式,具有不同的区域贸易实现机制。在工业发达国家典型的市场经济体制下,商品的区域交换受价格竞争的支配。企业作为个别交换的主体,在区域贸易中起着决定性的作用。政府主要是通过政策调控手段对区域贸易施加间接的影响。一些地方政府往往通过减免地方税收、提供津贴和服务,来吸引区外投资者,支持本区域产业的发展。如果支持的产品属替代输入产品,一旦其发展规模超过本区域的需求量,且本区域有竞争能力,则该产品可能就将由输入产品转变为输出产品,从而改变区域贸易的原有格局。

其次,价格体系直接影响着区域贸易的规模和发展。平等交换、利益兼顾是区域商品贸易必须遵循的一项重要原则。如果价格体系不合理,一些商品定价过高,而另一些商品定价过低,形成区域商品贸易不平等交换的格局,在地方政府拥有相对独立的经济权益、掌握一部分经济调控手段的情况下,就将会产生严重的区域贸易摩擦,直接影响着区域贸易的规模,限制区域贸易的发展,并由此影响全国的产业发展格局。

二、区域贸易对区域经济发展影响

(一)生产要素价格的均等化趋势

贸易最直接的后果是各地商品价格趋于一致。通过区域间商品贸易,在某种程度上可以减少由于生产要素分布不均所引起的不利条件,弥补区域间要素流动相对缺乏的不足。贸易促使商品和要素价格出现均等化的趋势是十分明显的。由于每一区域都输出含有较大比例的自己相对丰裕而廉价的要素生产的商品,输入含有较大比例的自己稀缺而昂贵的要素生产的商品,或者说,都输出自己生产成本绝对或相对较低的商品,输入自己生产成本绝对或相对较高的商品,即输入区域的输入商品价格和稀缺要素价格将会下降,而输出区域的同种输出商品价格和相对丰裕的要素价格则出现上升,商品和要素的价格将会在输出区域与输入区域之间达到一定的均衡。

当然,这种均等化趋势只是相对的,完全的价格均等化是不存在的。即使不考虑因克服地理距离而产生的转运费用，区域之间仍将会存在一定的价格差别，而且这种差别也是必要而有益的。价格的均等化趋势说明商品贸易改变了区域间生产要素的相对稀缺性。由于像土地、矿产等生产要素本身不能流动，即使像劳动力、资本等能够流动的生产要素，其在区域间流动也要比商品贸易困难得多，而且转移费用也极大。因此，通过区域间的商品贸易，可以更有效地利用各种生产要素，充分发挥各区域的优势，提高资源配置效率。

（二）区域利益的增进

区域利益是区域分工和贸易产生的原因，也是区域分工和贸易的结果。区域贸易是一种交换行为，通过这种交换，贸易双方均可以获得一定的利益。即在区域贸易中，仅使一方受益而另一方完全不受益的情况一般是不可能存在的。区域之间发展商品贸易，将能直接或间接地在许多方面获取利益，即区域贸易所带来的利益增进包括静态的和动态的两个方面。

区域贸易的静态利益是指直接从区域贸易中所获得的利益，例如，通过区域商品输出实现商品的价值，通过进口商品节约消费该产品的成本等。在资源供给量一定和技术水平不变的条件下，通过区域间贸易能够使现有生产设备获得更有效的利用，从而提高商品生产总量。由于各区域消费偏好存在着差别化，而区内需求量又十分有限，因而如果每个区域都自给自足，各自生产自己所需要的全部商品，那么每个区域为满足自己的需要都将不得不建立一个庞大的产业体系，对所需要的各种商品进行小规模生产，这势必会导致区域资源严重浪费，生产设备利用不足，生产效率十分低下。相反，各区域按照要素禀赋差异和需求偏好差别化进行专业化分工，并在此基础上发展商品贸易，则可以使生产设备获得更有效的利用，从而降低生产成本，增加商品生产总量。这种因贸易而引起的生产成本下降一般要远大于商品转运费用的增加。

区域贸易的动态利益，是指区域贸易活动以及现有的贸易格局对区域的经济社会所产生的间接影响，其中最重要的是贸易条件的变化。所谓贸易条件，是指一个区域输出商品的价格指数与其输入商品的价格指数的比率。其计算公式为：

$$T=\frac{P_X}{P_M}\times 100 \qquad (11-2)$$

$$P_X=\sum_{i=1}^{r} x_i P_i \qquad (11-3)$$

$$P_M=\sum_{j=1}^{s} m_j P_j \qquad (11-4)$$

其中：T 为贸易条件指数，P_X、P_M分别为输出商品和输入商品的价格指数，x_i 为基年第 i 个商品占输出商品总值的比重，P_i 为第 i 个商品现行价格与其基年价格的比率即价格指数，m_j 为基年第 j 个商品占输入商品总值的比重，P_j 为第 j 个商品现行价格与其基年价格的比率即价格指数。

一般来说，如果 T 值变大，则意味着本区的贸易条件改善，即本区输出商品价格的上升率超过了输入商品价格的上升率，与基期相比，输出一定数量的商品可以换取更多的输入商品，从而获得区域利益。如果 T 值变小，则意味着本区的贸易条件恶化，与基期相比，输入一定数量的商品要输出更多的商品才能换取。对相对落后的区域而言，一味以自己外生的成本和资源比较优势来确定贸易格局，会使该区域的贸易条件不断恶化，同时这种贸易格局会强化本区域自身低水平的产业结构，进一步扩大与较发达区域间的经济技术水平的差距；而对发达区域而言，由于其一直处于贸易格局的优势方，而这种优势可能在这种贸易格局中不断累积强化，成为一种相对固定的区域优势。

第三节　区域间经济联系理论

区域间经济联系理论主要探讨区域之间是如何发生相互作用与影响的，即它们建立发展关系的方式和对各自影响的机制。在这方面，形成了比较多的理论观点。这些理论大多是探讨区域之间的资源、要素流动，产业的集聚、转移或扩散，经济增长的区域传递等的方式和过程，以及对相关区域的产业结构和经济增长变化、区域之间的经济空间格局所产生的影响。

一、极化—涓滴效应学说

赫希曼是世界著名的发展经济学家，他对一个国家内各区域之间的经济关系进行了深入的研究，提出了极化—涓滴效应学说（也有人译为极化—淋下效应），解释经济发达区域与欠发达区域之间的经济相互作用及影响。该学说最早在《不发达国家中的投资政策与“二元性”》一文中提出，后在《经济发展战略》一书中进一步做了阐述。赫希曼认为，如果一个国家的经济增长率先在某个区域发生，那么它就会对其他区域产生作用。为了解释方便，他把经济相对发达区域称为“北方”，欠发达区域称为“南方”。北方的增长对南方将产生不利和有利的作用，分别称为极化效应和涓滴效应。

极化效应有以下几个方面：一是随着北方的发展，南方的要素向北方流动，从而削弱了南方的经济发展能力，导致其经济发展恶化。由于北方的经济增长对劳动力需求上升，特别是对技术性劳动力的需求增加较快，同时北方的劳动力收入水平高于南方，这样，就导致南方的劳动力在就业机会和高收入的诱导下向北方迁移。结果，北方因劳动力和人口的流入促进了经济的增长，南方则因劳动力外流特别是技术人员和富于进取心的年轻人的外流，经济增长的劳动力贡献（实际上也包括了智力的贡献）减小。再就是资金的流动。显然，北方的投资机会多，投资的收益率高于南方，南方有限的资金也流入北方。而且，资金与劳动力的流动还会相互强化，从而使南方的经济发展能力被削弱。二是在国内贸易中，北方由于经济水平相对较高，在市场竞争中处于有利地位。特别是，如果北方生产进口替代性产品，南方原来可以按较低价格进口的这些产品，现在不得不在高额关税保护下向北方购买。在出口方面，南方由于生产效率相对较低，无法与北方竞争，导致出口的衰退。三是南方本来可以向北方输出初级产品，但是，如果南方的初级产品性能差或价格有所上涨，那么，北方就有可能寻求其他地区进口。这样，就使南方的生产受到压制。

涓滴效应体现在，北方吸收南方的劳动力，在一定程度上可以缓解南方的就业压力，有利于南方解决失业问题。在互补情况下，北方向南方购买商品和投资的增加，会给南方带来发展的机会，刺激南方的经济增长。特别是，北方的先进技术、管理方式、思想观念、价值观念和行为方式等经济和社会方面的进步因素向南方的涓滴，将对南方的经济和社会进步产生多方面的推动作用。

赫希曼认为，在区域经济发展中，涓滴效应最终会大于极化效应而占据优势，原因是北方的发展长期来看将带动南方的经济增长。尤其是，北方的发展会出现城市拥挤等环境问题，南方的落后则从国内市场需求方面限制了北方的经济扩张，国家经济发展也将因南方的资源没有得到充分利用而受到损害，于是国家将出面来干预经济发展，加强北方的涓滴效应，促进南方的经济发展，同时也有利于北方的经济继续增长。

二、梯度推移学说

区域经济发展中的梯度推移说是建立在产品周期理论基础之上的。在研究区域之间经济发展的关系问题时，所谓梯度是指区域之间经济总体水平的差异，而不仅仅是技术水平的差异。梯度推移说的基本观点是，一个区域的经济兴衰取决于它的产业结构，进而取决于它的主导部门的先进程度。与产品周期相对应，可以把经济部门分为三类：产品处于创新到成长阶段的是兴旺部门；产品处于成长到成熟阶段的是停滞部门；产品处于成熟到衰退阶段的是衰退部门。因此，如果一个区域的主导部门是兴旺部门，则被认为是高梯度区域；反之，如果主导部门是衰退部门则属于低梯度区域。推动经济发展的创新活动（包括新产品、新技术、新产业、新制度和管理方法等）主要发生在高梯度区域；然后，依据产品周期循环的顺序由高梯度区域向低梯度区域推移。梯度推移主要是通过城市系统来进行的。这是因为创新往往集中在城市，而且城市从环境条件和经济能力看比其他地方更适于接受创新成果。具体的梯度推移有两种方式：一种是创新从发源地向周围相邻的城市推移；另一种是从发源地向距离较远的第二级城市推移，再向第三级城市推移，依次类推。这样，创新就从发源地推移到所有的区域。

在我国，梯度推移说于 20 世纪 70 年代末引入区域经济研究中，主要探讨国家经济发展的区域重点转移问题。持该观点的人认为，区域经济发展是不平衡的，区域之间存在着经济技术的梯度。经济布局的重点选择应该根据区域之间的经济梯度来决定。首先要重点发展高梯度区域，在高梯度区域实行对外开放政策，国家给予重点扶持，通过引进先进的技术，消化、吸收，然后依次向低梯度的区域推移。随着高梯度区域的经济发展加速，推移的速度将加快，从而带动低梯度区域的经济发展，逐步达到区域之间的相对均衡。

上述梯度推移观点提出后，在全国引起了广泛的讨论，形成了三种有代表性的观点。

其一，反梯度推移论。该观点认为区域的技术引进和经济开发的次序不能完全依照其所处的梯度，而应该主要根据经济发展的需要和条件来定。只要经济发展需要，而且条件又具备，那么，不论区域处于哪个梯度上，都可以直接引进先进技术，进行优先开发。因此，处于低梯度的区域，也可以引进国外的先进技术，实行跳跃式的发展，然后向高梯度的区域扩散技术。

其二，并存论。该观点认为区域之间的经济技术的空间推移同时存在着梯度式推移、跳跃式推移和混合式推移三种形式。但是，在不同的国家、不同的时期，它们的作用大小有区别。在经济发展水平较低的国家或时期，梯度推移作用最大；在经济发展水平较高的国家或时期，跳跃式推移比较多见。

其三，主导论。该观点认为区域之间的梯度推移从不同的层次观察确实存在多种形式。但是，从总体看，起主导作用的是梯度推移，其他推移形式只是发生在少数领域、个别区域或特殊的时期。

梯度推移说引发的各种进一步的讨论，一方面说明了对区域之间经济技术传递现象研究的深入，另一方面也反映了研究者本身的局限和所持的主观立场，反映了他们所代表的区域利益。相比较而言，主导论更接近客观现实，更具科学性。

三、中心—外围理论

弗里德曼认为，在若干区域之间会因多种原因个别区域率先发展起来而成为“中心”，其他区域则因发展缓慢而成为“外围”。中心与外围之间存在着不平等的发展关系。总体上，中心居于统治地位，而外围则在发展上依赖于中心。中心对外围之所以能够产生统治作用，原因在于中心与外围之间的贸易不平等，经济权力因素集中在中心，同时，技术进步、高效的生产活动以及生产的创新等也都集中在中心。中心依靠这些方面的优势而从外围获取剩余价值。对于外围而言，中心对它们的发展产生压力。例如，中心工资水平的提高，就会使外围面临相应地提高工资水平的压力，或者是被迫增加出口来弥补进口增长所造成的资金压力。因此，外围的自发性发展过程往往困难重重。更重要的是，中心与外围的这种关系还会因为推行有利于中心的经济和贸易政策，使外围的资金、人口和劳动力向中心流动的趋势得以强化。可见，中心与外围之间构成了不平等的发展格局。

弗里德曼对中心与外围关系的进一步研究指出，中心的发展与创新有很大的关系。在中心存在着对创新的潜在需求，使创新在中心不断地出现。创新增强了中心的发展能力和活力，并在向外围的扩散中加强了中心的统治地位。他还认为有 6 个自我强化、反馈的效应支持了中心的成长，分别是主导效应、信息效应、心理效应、现代化效应、连接效应和生产效应。主导效应就是外围的自然、人文和资本资源向中心的净转移；信息效应是中心内部潜在相互作用的增加；心理效应是创新的成功对更多创新的刺激作用；现代化效应是中心为适应创新而发生的社会价值观念和行为方式的转化；连接效应是一个创新引起新的创新的趋势；生产效应是为创新而提供有吸引力的结构支持，包括经济规模的增长和专业化。信息效应和心理效应常常与主导效应相伴随，而现代化效应则与连接效应和生产效应密切相连。在这些效应的作用下，中心不断地成长。相比之下，外围的发展将处于不利地位。

四、区域相互依赖理论

(一)依赖理论

早期的国际贸易和经济关系的研究主要考察了发达的资本主义国家与落后的第三世界国家之间的贸易现象及其对经济发展的影响。不少学者指出，在发达的资本主义与落后的第三世界国家之间存在着一种依赖关系。前者利用其经济、技术方面的优势，以及制定游戏规则的优势而对后者产生控制作用，进行剩余价值的剥削。后者由于经济的落后而在贸易和经济交往中处于被动地位，发展上形成对前者的依赖或称之为依附。特别是那些殖民地国家，这种依赖关系就更为明显，依赖程度就更深。正如世界体系理论的奠基人之一弗兰克(A. G. Frank)指出的那样，殖民地国家与发达资本主义国家之间的联系并没有给它们自动地带来资本主义经济，没有发生因贸易和劳动力的分化而促成了经济的发展；相反，这些国家所存在的各种经济问题却是因与资本主义世界建立联系而产生的，并一直延续了下来。他提出了所谓的不发达模式，说明处于外围的国家在其殖民时代的初期就被纳入了世界经济体系(即资本主义经济体系)之中，从而导致了它们立即陷入困境。在外围国家与资本主义的中心国家之间存在一条无限的宗主—卫星链，外围国家创造的剩余价值就通过这条链而流入到了中心国。可见，如果说卫星国地位是外围国家经济不发达的原因，那么，宗主—卫星联系的减弱就可以减轻结构性的不发达或更有可能使外围国家发展起来。因此，他主张唯一的解决问题的办法是外围国家通过社会主义革命而从对资本主义国家的依赖中摆脱出来；否则，继续留在资本主义体系中不可避免的结果就是不发达。

(二)相互依赖理论

依赖理论虽然揭示了世界上发达国家与不发达国家之间贸易和经济发展关系的一些特征，但是，也具有一定的片面性，即只从不利的角度去审视这个问题，而没有看到事物的另一面。所以，后来一些学者从双向作用的分析角度来进一步研究发达国家与不发达国家之间的经济发展关系，提出了相互依赖的观点。布鲁克菲尔德（H. Brookfield）在1975年出版的《相互依赖的发展》一书中指出，发达国家的经济发展不仅比不发达国家更依赖于资源和资本密集的技术，而且也依赖不发达国家的资源、劳动力和市场。受依赖关系的影响，不发达国家的内部变革也使得它们越来越依赖发达国家的资源和资本。所以，很难区分出它们谁依赖谁，实际上是相互依赖。

现在，西方学术界对相互依赖的理解集中在以下几个方面：一是世界上的任何国家之间都存在相互依赖关系，只不过程度有所差异；二是相互依赖意味着依赖是双向的传递和影响，而不是只作用于某一方；三是相互依赖的内容和程度在不断地发生变化。因此，可以这样来理解相互依赖，即国家之间在经济发展上（包括经济行动和政策）所发生的双向作用、影响的过程或现象。衡量相互依赖的程度，一般采用以下3项指标：国际贸易的增长与国内生产总值的增长的比值；各种出口贸易占国内生产总值的比率变化；国家之间资本双向流动（包括直接投资和间接投资）的指标。

（三）影响

相互依赖对相关国家的经济发展所产生的影响可能是积极的，也可能是消极的，也可能是这两种影响同时存在、交织。积极的相互依赖有利于推动国家之间的经济交流、合作和一体化；消极的相互依赖则会引发国家之间的经济冲突和矛盾。所以，需要有目的地采取措施、政策对相互依赖的内容和程度进行干预，促进相关国家的互惠互利，化解矛盾和冲突，推动世界经济的一体化进程。

第四节 区域要素流动

区域经济是一个开放性的相互联系的系统，劳动力、资本和技术等生产要素的区际流动，会相对弱化区域专业化生产的基础，减少区域生产要素相对供给量的差距，进而缩小区域差距。

一、生产要素流动基本规律及作用

对于作为开放系统的区域而言，只要存在经济发展上的差异，就会产生区际生产要素的流动。区际生产要素的流动可以产生一种平衡机制，使每种生产要素的纯收益和每个地区的发展趋向于平衡状态。

（一）生产要素流动的基本规律

借鉴物理学中的术语，区际生产要素的流动主要表现为三种类型：对流、传导和辐射。对流，是指人口和物质的流动，如原材料和产品的运输、劳动力的迁移等；传导，是指地区间的各种贸易，如金融交易等，这类交易不是通过实体性的物质流动来进行的，而是通过价值量的交易来完成的；辐射，是指信息的流动和新思想、新技术的扩散等。一般而言，辐射往往是从较高层次的地区指向较低层次的地区，如从城市指向城镇和农村地区、从发达地区指向贫困地区。

1. 要素流动的趋利性规律

要素流动的趋利性规律是生产要素流动的最基本的规律。作为资本，为了满足扩大再生产的要求，生产要素必须在流动的过程中不断实现价值增值，这也是作为生产要素的载体——企业在市场经济的激烈竞争下得以生存的前提。从要素的拥有者来考察，资金、人才、技术、信息等生产要素的拥有者一般是以经济利益的高低来决定生产要素的投向。一方面，由于各地区的经济发展条件和投入—产出的总体水平存在着差异，因此区域之间要素的收益率也存在着差异，导致生产要素从收益率低的地区流向收益率高的地区。另一方面，同一地区不同行业的生产要素的收益率也是不同的，受要素追求高回报率的趋利性规律的影响，生产要素在市场规律的作用下也会流向收益率高的行业。

2. 要素输入量的距离衰减规律

要素输出地和输入地之间的距离对要素的流动量会产生显著的影响。因此，要素在输出过程中必须选择最佳的区位，这一选择过程往往受以下两个因素的制约：

第一，要素转移的成本。劳动力转移的成本体现在交通费和安家费上。实物性转移的成本体现在两方面：一是花费的运输费用，二是因厂房设备的搬迁导致的原有实物资产贬值所付出的成本。货币资本的转移成本也体现在两方面：一是由于通货因素引起的贬值而产生的成本，二是转移所支付的手续费。输入地和输出地之间的距离越大，转移的成本就越大，这种成本会直接影响要素的最终收益。

第二，信息传递的影响。信息的传递也同样会受距离的影响。一般而言，两地的距离越远，信息就越难以在它们之间传递。这是因为，一方面由于要素的流动受信息的引导，信息不畅将会导致要素的拥有者对未来风险的担心，从而不敢轻易进行要素的转移。另一方面，即使有很好的获利项目，由于外界无法得到信息，外界的要素也不会自然地转移到这个项目上来。虽然信息技术的发展使距离因素对信息传递的制约日益减小，但当前信息技术和互联网的普及还需要一段时间。另外，发达的信息技术本身难以确保信息的可靠性和准确性，距离越远，就越难以验证信息的准确性和可靠性，信息传递的完整性也会存在缺陷。这将对要素拥有者的要素转移选择造成影响。

3. 要素流动的"分散—集中—分散"规律

弗里德曼在他的核心—边缘理论中，对要素转移的阶段性进行了描述，他认为要素的转移分为以下几个阶段：

第一，前工业化阶段。生产要素处于分散状态，较少流动。这一阶段，社会生产以原始农业为主，要素分散在众多的生产者手中，由于劳动工具简单，生产效率不高，剩余产品较少，因而，生产要素也较少地参与流动。

第二，工业化初期阶段。生产要素大量流入核心区。随着工业的发展，生产要素越来越集中于发展条件比较好的地区(核心区)。这是由于工业的集中发展有利于共同使用交通、通信、水电等工业发展必需的基础设施，同时，相关企业的就近发展有利于减少运输费用，这又将大大减少企业的经营成本。

第三，工业化成熟期阶段。核心区的要素高度集中，开始回流到边缘区。随着生产的不断集中，引起了核心区交通、通信和水电等基础设施的紧张。基础设施的使用价格不断提高，劳动力的价格也在提高，核心区的比较优势不复存在，这时，生产要素就会以资本为先导逐步向周边地区(边缘区)扩散。

第四，空间一体化阶段。要素在特定的区域内全方位流动，生产要素重新处于相对分散状态。当经济发展到一定阶段，经济中心地带的土地、劳动力等生产要素的使用价格逐渐提高，要素投入的边际收益率也在降低；相反，在边缘区由于经济发展条件获得了改善，要素的投入—产出率在不断地提高。当边缘区的最终收益率高于经济中心的最终收益率时，生产要素便会由经济中心流向边缘区，生产要素重新处于相对分散的状态。

虽然生产要素流动转移与经济发展阶段不是绝对地表现出一对一的对应关系，但分散—

集中—分散的阶段性规律是客观存在的。

4. 要素流动组合的合理化规律

生产要素只有按一定的要求进行组合才能发挥它们的作用。在数量上，各种要素必须按一定的比例投入到生产中，一旦某一种要素供给短缺，则势必会阻碍生产的顺利进行；在质量上，各种要素必须相互配合，否则将难以形成最大的生产能力。以劳动力和资本这两种生产要素为例，从数量上来看，一定数量的资本，客观上要求与相应数量的劳动力相结合。一个地区如果没有充分的作为劳动资料的资本，劳动力就会过剩，由此要求将劳动力转移到区外，或者从区外吸收资本；相反，如果一个地区现有的作为生产资料的资本超过现有的劳动者所能支配的程度，机器设备等就要闲置，因此需要向区外转移资本，或者吸收区外的劳动力。从质量上看，一定种类和性能的机器设备，要求具有相应的技术水平和劳动熟练程度的劳动者去掌握和运用。一般而言，在生产技术水平很低的条件下，对劳动者的数量要求往往大于质量要求。但随着科学技术的迅速发展和生产自动化程度的显著提高，对劳动者的质量要求将会逐渐大于数量要求。

（二）生产要素流动作用

在市场经济条件下，区际生产要素的流动是优化资源配置的有效手段和经济发展的内在动力，它对区域经济的发展具有深远的影响，主要体现在以下方面：

第一，区际生产要素流动可以使区域生产社会活动趋于有序化。区际要素流动可以产生组合效应，通过交换、迁移、流动等作用过程，将空间上分散的人群和活动吸收和组织在一个统一的系统中，从而使经济社会活动趋于有序化。

第二，区际生产要素流动有利于生产效率的提高。生产要素的自由流动，加强了劳动的地域分工，扩大了生产的专业化程度，使各类具有比较优势的生产要素都可以超越本地的市场，进一步以广大的区际市场为对象从事生产，从而扩大市场范围，为劳动生产率的提高提供有利条件。

第三，区际生产要素流动有利于资源的优化配置。通过生产要素的自由流动，本区的比较优势可以与其他地区进行交换，从而获取本地区稀缺的资源。同时，受要素追求高回报率的趋利性规律的指引，资本会流向高回报的地区或产业，劳动力也会流向生产率较高的行业和部门，这些都将有利于资源的有效配置。

第四，区际生产要素流动有利于先进技术和知识的广泛传播和区域生产技术水平的提高。劳动力的流动，扩大了新知识的传播范围，开阔了人们的视野，激发了社会的创新精神；而信息和技术的流动则可以打破传统的习惯，唤起人们追求新知识的欲望，使人们对未来更加充满信心，从而有利于区域生产技术水平的提高。

第五，区际生产要素的流动有利于促进落后地区的发展，缩小地区经济发展的差距。劳动力从工资低的贫困地区向高收入地区流动，可以改善流出地的生产要素比率，有利于提高落后地区的经济发展水平；同时，落后地区廉价的劳动力资源也有利于吸引外来资本，从而为这些地区带来新的发展机会，发达地区和落后地区的发展差距将有望缩小。

二、劳动力和资本要素流动

劳动力是生产要素中最为活跃的要素。和劳动力一样，资本也是流动性很强的生产要素。区际劳动力和资本要素的流动，会对相关区域的经济发展产生重大影响。

（一）劳动力要素区域流动

引起劳动力要素流动的原因很多，不同地区收入水平的差异、农村剩余劳动力的压力、城市劳动力市场短缺的需求、个人的发展机会和空间的大小、良好的生活环境和工作条件（尤其是良好的企业文化氛围）是劳动力区域流动的主要动因。

1. 劳动力要素流动的影响因素

(1)区域工资水平。劳动者的实际工资水平是决定区域劳动力流动的一个主要因素。在运输成本和区域资源禀赋差异存在的条件下，区域间劳动力生产要素的价格，即实际工资或货币工资不会相等，于是工资的区域差距就成为劳动力区域流动的重要推动力。

从理论上来说，劳动力要从工资水平低的区域向工资水平高的区域流动，或者是从劳动力过剩的区域向劳动力稀缺的区域流动，而且区域差别越大，劳动力要素的流动性就越高。

美国经济学家威廉·阿瑟·刘易斯(William Arthur Lewis)在其构造的二元结构模型中指出，在城乡二元结构条件下，由于农村中普遍存在大量的潜在失业人口也就是剩余劳动力，为农村向城市的劳动力流动提供了可能性。由于这部分劳动力边际生产率极低甚至为零，造成农业劳动者收入水平很低，一般只能维持家庭最低的生活水平。正是农业劳动力的低水平生存收入决定了现代工业部门的工资门槛。城市工业部门的工资水平不可能低于这一门槛，于是城乡之间收入的差距就直接推动了劳动力由农村向城市的转移。随着农村剩余劳动力大量流入城市，导致城市工业部门工资水平的下降，反过来就会降低农村剩余劳动力流入城市的规模和速度。

(2)城乡预期收入差距。美国经济学家 M. P. 托达罗(M. P. Todaro)指出，影响劳动力从农村向城市转移的因素不是现实的城乡工资差异，而是预期的城乡收入差距，并且这种收入差距越大，流入城市的农村劳动力规模就越大。这种预期的差距，要受到两个因素的影响：一是现实的工资差异，二是在城市获得工作也就是失业的可能性。

城乡预期收入差距，要受到城市实际工资、城市就业概率以及农村平均收入的共同作用，用公式表示：

$$d=W\cdot p-r \tag{11-5}$$

其中：d 为城乡预期收入差距，W 为城市实际工资，p 为城市就业概率，r 为农村平均收入。从这一公式可以看出，城市的就业率或失业率对于劳动力转移具有重要影响。当城市失业率很高时，即使城市实际工资很高，理性的农业劳动力也不会简单地做出从农村进入城市的决策。

(3)经济波动。除了受工资水平、迁移成本的影响外，经济波动也会对劳动力的迁移施加影响。一般而言，经济繁荣时期失业率低，就业机会多，人口迁移率较高；相反，经济萧条时期失业率高，迁移成本高，效益低，迁移率也较低。

除了经济方面的原因外，劳动力的流动与劳动力的性别、文化程度、婚姻状况、家庭状况以及地区政策也有一定的关系。如果流入地的主导产业是劳动密集型的，则该地区对女性劳动力的需求和吸引力较大；如果迁入地的户籍制度和社会保障制度对劳动力就业没有歧视，则该地区将吸引较多的劳动力；如果劳动力的文化程度和技术水平较高，家庭负担较小，则迁移倾向较高。

2. 劳动力要素流动对区域经济的影响

(1)劳动力的流动对流入区和流出区的劳动力市场会产生影响。在流出区，由于劳动力的减少，劳动力工资会上涨，劳动需求方的工资成本将加大，致使供给方获利；而在流入区，由于劳动力的增加，劳动力工资会下降，本土的劳动力受损失，雇主因此而获利。

(2)劳动力的流动对流入区和流出区的税收会产生影响。从流入区的角度看，劳动力的流入使该地区的税收增加；对于流出地区而言，由于具有税收贡献能力的人员的减少，导致地方政府的收入减少，效率也相应地损失。

(3)劳动力流动对生产要素的构成、贸易的构成及贸易量有极大的影响。当劳动力从乙地流往甲地时，就改变了两地的要素赋予。劳动力资源丰富的乙地本应出口劳动密集型产品，但劳动力流入甲地表明甲地具备部分生产劳动密集型产品的要素构成，从而扩大了这种产品的生产。与此同时，乙地由于劳动供应量减少，势必将削减劳动密集型产品的生产，降低了生产能力。因此，劳动力的流动将产生"反贸易的偏向"。

(4)劳动力的流动有利于推动工业化的发展。在工业化发展初级阶段，各个工业区域间的交往极少，很少有劳动力流动。随着机器大工业的发展，为了满足工业化发展的要求，必须有大批的劳动力在工厂之间、区域之间流动，可以说，没有工人的大批流动，工业化就不能得到快速的发展。

(5)劳动力的流动有利于产业结构的优化。从社会经济的发展过程来看，劳动人口流动的一般趋势是从第一产业向第二产业，再从第二产业向第三产业。通过劳动力的合理流动和优化配置，在城镇中发展第三产业，吸引大量的农村人口转入城镇，能够促进产业结构的合理化以及人口就业结构的合理化，从而达到优化产业结构的目的。

(6)劳动力流动使人类居住的生存空间日益扩大。劳动力迁移到一个新的地方后，为了生存下来，就必须通过自己的劳动，开创新的生产和生活空间。

(7)劳动力流动促进了人类的交往和文明的传播。在不同的地理环境下生活和生产的人，为了生存和发展，往往都形成了自己独有的文化。劳动力流动的过程，就是各地文化交互融合、互生互长的过程。具有不同劳动技能、文化背景的人聚集在一起，互相交流经验，必然会促进生产工艺和科学知识的传播。

(8)劳动力的流动会带来一些社会问题。劳动力的流动，常会引发一些社会问题，比如就业与贫困问题、犯罪问题、交通和住房问题、环境问题等。

(二)资本要素区域流动

由于资本被视为经济增长的发动机，尤其是当前中国正处于工业化加速时期，资本要素的区际流动，对区域经济发展的影响更为显著。

1. 资本要素流动的形式

一般意义上的资本有两种存在形式：实物形式的资本和货币形式的资本。前者主要是指生产资料，如厂房、机器设备等；后者主要是指货币，也就是为转为实物资本所准备的资金。这两种形式的资本的流动性存在很大的区别，货币资本的流动性要远远高于实物资本，而且与土地相联系的实物资本根本不具有流动性。因此，我们所说的资本要素流动，主要是指货币资本的流动。

货币资本的流动有两种形式：生产资本的输出和借贷资本的输出。两者的重要区别是：对生产资本的输出来说，投资者对投入资金的实际运行过程具有足够的影响力或控制权；而对借贷资本的输出来说，投资者并不直接操纵或影响资金的实际运行过程。在借贷资本输出的情况下，投资者只是一个债权人，他所关心的只是投资的回报率、较高的利息率和稳妥的信用保证。一般而言，对于资本要素的流动，我们讨论较多的是生产资本的流动。生产资本的输出也就是跨地区的直接投资。在跨地区的直接投资中，母公司和子公司的生产联系主要采取垂直联合和水平联合两种形式。垂直联合是生产过程之间的联合。信息技术的发展为企业的空间分离创造了条件,根据各个生产过程的特点在不同的地点安排生产,可以降低企业的生产成本,获取更高的利润。水平联合是在其他地区建立同母公司生产相同产品的子公司,其目的在于控制其他地区的市场,增加在当地市场的竞争能力。

2. 资本要素流动的原因

(1)资本预期回报率的影响。与劳动力要素流动相似,影响资本要素流动的一个主要决定因素是资本预期回报率。资本的存在,要以获取最大利润为前提。因此,一个地区要吸引外部资本进入,就必须保证外部资本在流入地区能够获得比流出地区更高的资本回报率,即利润。与劳动力要素流动不同的是,分散风险也是资本流动的一个重要因素。由于交易成本和风险的存在,如果投资者认为预期的利润差别不足以补偿交易成本和风险的话,那么资本就不会从利润率低的地区流向利润率高的地区。

(2)企业迁移的影响。在影响资本要素流动决策的原因中,除了利润因素外,还要考虑其他一些因素。一些国外学者的研究表明,区域之间的资本流动从根本上说是同企业创建(新建企业、新建分厂)和企业迁移联系在一起的。他们认为,作为生产要素的资本并不是完全可流动的,其流动性的大小取决于它的存在形式。

3. 资本要素流动的合理性评价

在资本要素流动的过程中,为了防止其负面效应的发生,有必要对资本要素流动的合理性进行分析和评价。这可以从以下几方面进行:

(1)资本集聚效应。在某一空间上资本的集聚程度没有达到最优点之前,资本向这一空间流动可以产生资本的集聚效应,提高空间上的资本收益率;而超过最优点之后,资本再向这一空间流动就会产生资本集聚的负效应,降低空间上的资本收益率。因此,衡量资本在区域间流动的合理性,必须首先看这种流动是否符合资本合理集聚原则。能够产生资本集聚效应的流动是合理的流动,否则即为不合理的流动。

(2)资本的边际收益率。在市场经济条件下,市场成为资源配置的基础性手段,资本在区域间流动也受市场机制的调节。资本由边际收益率低的地区流动到边际收益率相对较高的地区,其利用效率就会随之提高;反之,则相反。因此,资本边际收益率也是衡量区域间资本流动合理性的一个标准,只有能提高资本边际收益率的流动才是合理的流动。

(3)生产力的合理布局。一般而言,发达地区的资本边际收益率较高,而欠发达地区的资本收益率较低,在市场机制的调节下,发达地区就会吸引资本的流入,而欠发达地区必然会产生资本外流,其结果必然会造成区域间经济发展差距的扩大,从而影响国民经济的持续、健康和稳定发展。因此,当地区间的经济差距达到一定程度时,中央政府应该通过经济杠杆、经济政策的调节来引导资本流向欠发达地区,促进这些地区的经济发展,缩小地区之间的差距,以达到生产力合理布局的目的。

(4)经济结构优化。一个国家在某一经济发展阶段对经济结构有着特殊的要求,例如,支持或限制某一地区的经济发展,以实现一定的地区经济结构;鼓励或限制某些产业的发展,或在不同地区支持或限制不同产业的发展,以形成合理的产业结构;等等。资本的流动应有利于实现一定的经济结构。因此,要判断区域间资本流动是否合理,还应考虑经济结构优化问题,只有有利于经济结构优化的资本流动才是合理的。

4. 资本要素流动与区域经济发展

资本要素的总体流向是从资本丰裕地区流向资本相对稀缺的地区。为了分析资本要素流向对区域经济发展的影响，我们把由发达地区向落后地区的资本流动称为顺向资本流动；反之，把由落后地区向发达地区的资本流动称为逆向资本流动。不同流向的资本对区域经济发展的影响存在很大的区别。顺向资本流动，也就是资本由发达地区流入落后地区，将会减少发达地区的资本供应量，从而提高资本的相对价格，相应地，也会弱化落后地区资本的稀缺程度，降低资本的相对价格。这种资本流动的结果，减少了落后地区资本密集型产品的输入和劳动密集型产品的输出。顺向资本区际流动作为商品流动的替代，减少了区际商品的贸易量，从而弱化了发达地区相对于落后地区的资本优势，有助于缩小地区差距，实现区域经济的协调发展。逆向资本流动，也就是资本从相对稀缺的落后地区流向相对丰裕的发达地区，会加剧落后地区资本的稀缺程度，降低资本—劳动力比率，从而会对落后地区资本密集型产业造成更大的负面影响。而对于发达地区而言，资本流入增加了资本供应量，资本相对价格下降，从而会更加有利于资本密集型产业的发展。

当然，资本要素的流动在带来积极作用的同时，也会产生一定的消极影响。比如，资本流动会使资本在某一空间集聚，但一旦这种集聚超过了一定的限度，就会带来负效应。主要表现在：各种原料和燃料的需求量大增，流通过程中的劳动耗费增加；大量生产和生活废弃物的集中排放，造成环境污染和生态平衡的破坏；资本集聚带来的人口聚集，产生交通拥挤、治安状况恶化、原有基础设施供不应求等诸多外部负效应。

第五节　区际产业转移

产业转移是市场经济条件下普遍存在的一种经济现象。在区域经济发展过程中，一个区域不仅应善于承接国际产业转移谋发展，而且也应善于通过区际产业转移谋发展。区际产业转移不仅是当前国内区域经济发展实践中的一大热点，而且也是当前国内区域经济理论研究领域中的前沿论题。尽管国内区际产业转移理论研究始于 20 世纪 90 年代，研究内容涉及区际产业转移的概念、动因、模式、效应、政策设计、战略规划等多方面，但理论体系尚不成熟，且滞后于实践需求。本节重点阐述区际产业转移的内涵和类型、动力机制和效应等内容。

一、区际产业转移的内涵和类型

（一）区际产业转移概念的界定

产业的空间转移可分为世界范围内跨国界的国际产业转移、一国范围内跨区域的区际产业转移两大类，区域经济学侧重研究区际产业转移的一般性规律。目前学术界多采用“区域产业转移”“产业区域转移”“区际产业转移”等术语研究一国范围内的产业空间转移问题，在概念的界定上众说纷纭，尚未达成共识。

本书将区际产业转移概念界定为：区际产业转移是指在一国范围内，由政府（中央或地方政府）经济政策的调控导向，以及科技进步、资源供给、产品需求等条件发生变化，引起的某些产业从某一区域转移到其他区域的空间迁移过程。

（二）区际产业转移的基本内涵

关于区际产业转移概念的科学理解，应把握以下基本内涵：

(1)区际产业转移的发生地域仅限于一国之内。这是区际产业转移和国际产业转移明显的区别。

(2)区际产业转移具有综合性。区际产业转移是区际经济传递的重要形式，区际产业转移是区际要素流动的载体，是资本、技术、劳动力、信息等生产要素的集体流动，具有单个生产要素流动所不具备的特征和功能。

(3)区际产业转移表现为产业的空间移动。区际产业转移不同于区际直接投资、区际贸易、区际技术转让等具体的经济活动，它在客观上表现为产业的空间迁移现象。

(4)区际产业转移的实质是企业的空间扩张过程。从微观层次而言，产业的空间迁移过程即为企业的空间扩张过程，亦即企业的再区位(relocation)和区位调整(location adjustment)的过程，产业转移是大量企业迁徙的量变和质变过程。

(5)城际产业转移、城乡产业转移为区际产业转移的特例。区域概念具有典型的二重性，它既是一个实体概念，又是一个抽象的空间概念。发生在城市之间的城际产业转移、城市与乡村之间的城乡产业转移，均为区际产业转移的特例。

(三)区际产业转移的类型

1. 根据转移主体的性质、转移动机差别，区际产业转移可分为扩张性转移和撤退性转移

前者是指转出区域的成长性产业出于占领区域外部市场、扩大产业规模的动机而向转入区域进行的空间移动；后者是指转出区域的衰退性产业由于外部竞争与内部调整压力而向转入区域进行的战略性迁移。一般而言，撤退性产业转移是区域间产业竞争优势消长转换导致的产业区位重新选择的结果，是产业生命周期过程在空间上的表现形式，即产业演变的空间形态。

2. 根据产业转出区与产业转入区之间的发展水平差异，区际产业转移可分为水平转移与垂直转移

按照产业转移的方向，垂直转移又可分为梯度转移和反梯度转移。前者指产业由发达区域向欠发达区域的转移，后者指产业由欠发达区域向发达区域的转移。

3. 其他分类

根据转移的模式，区际产业转移可分为整体转移和部分转移。根据产业转移的移出地与承接地的地理位置关系，区际产业转移可分为邻域(相邻区域)产业转移与跨域产业转移。根据转移的产业部门的不同，区际产业转移可分为区际农业产业转移、区际制造业产业转移以及区际服务业产业转移。根据投资性质及转移规模的差异，区际产业转移可分为存量转移(将现有的机构搬迁到新的区域)与增量转移(在维持原有设施的基础上，通过新建或购并等途径，将投资建设的重点转移至新的区域)。

二、区际产业转移的动力机制

一般而言，区际产业转移的过程是迁徙企业、转入区政府和转出区政府之间的动态博弈过程。分析产生区际产业转移的动力机制，应主要从区域、企业两大层面展开。

(一)推力、拉力和阻力三因素的共同作用与区际产业转移力的形成

一般而言，驱动产业转出的推力因素(push factors)和吸引产业转入的拉力因素(pull factors)是导致区际产业转移的重要环境因素。推力因素是促使产业离开现有区域向其他区域转移的各种因素的总和，包括缺乏用地的发展空间、要素成本(劳动力工资、土地价格、水电价格等)的上涨、严格的劳动保护及环境保护法规、交通拥挤、环境质量和生活质量下降、远离消费市场等。拉力因素是吸引产业从其他区域转入本区域的各种因素的总和，包括充足低廉的要素(土地、劳动力、水电等)供应、政府的投资刺激政策、宽松的劳动保护及环境保护法规、接近当地市场等。

此外，来自转出区、转入区的阻力因素(keep factors)也是影响区际产业转移的重要环境因素。阻力因素是指转出区促使产业继续留在本区域的各种因素，转入区限制转出区产业转移的各种因素的总和。前者如维持现有劳动雇佣关系、维持现有供应商关系、转移所需承担的迁移成本和沉没成本、来自地方政府的压力、管理者旅行成本的增加等；后者如转入区对污染性产业、高能耗性移入的限制或禁止等。在区际产业转移过程中，由于历史的、现实的和潜在的等诸多阻力因素的存在，区际产业转移有时也可能表现出的一种黏性状态，称为“区际产业转移黏性”。

总之，推力因素、拉力因素和阻力因素共同作用形成的合力，即构成了区际产业转移力。其中，推力和拉力都是在市场机制和政府政策调控作用下形成的。

(二)盈利空间界限与企业迁徙决策

区际产业转移是通过企业迁徙(firm migration)实现的，是大量企业迁移的结果。一般而言，企业以追求利润最大化为目标。在某一特定产业，企业通常会随时检查其盈利状况，以便能够达到该产业的平均盈利水平。如果区域硬、软环境发生变化使得企业盈利水平下降，甚至低于该产业平均盈利水平，那么企业实行迁徙将势在必行。企业迁徙的决策可运用行为区位学派代表人物史密斯的盈利空间界限理论进行解释(魏后凯，2003)。

如图 11－1 所示，空间收入曲线用 SRC 表示；空间成本曲线用 SCC 表示。空间收入曲线和空间成本曲线的相交点 M_1 和 M_2，为企业盈利的空间界限。在 M_1 和 M_2 之间的任何区位都是盈利的，其中 P 是企业最大盈利点(即最优区位)。假定企业最初选择在最优区位点 P，但由于外部环境的变化，企业的空间成本曲线由 SCC 变化为 SCC'，盈利空间界限由 M_1 和 M_2 分别变为 M_1' 和 M_2'，最大盈利点由 P 变为 P'，过去的最优区位 P 超出盈利空间界限成为企业亏损点。亦即由于外部环境的变化，过去的最优区位变成为造成亏损的劣势区位，这促使企业必须通过迁移或者再区位到新的最大盈利点 P' 才能获取最大盈利水平。一般而言，当企业现有区位处于盈利空间界限之外时，企业将会考虑采取迁徙的办法来提高当前的盈利水平。然而，在大多数情况下，企业现有区位仍在盈利空间界限之内，企业决策者也发现其他区位可获得更高的预期盈利水平。因此，企业是否决定迁徙，不仅取决于推力和拉力大小，而且还取决于阻力的大小。

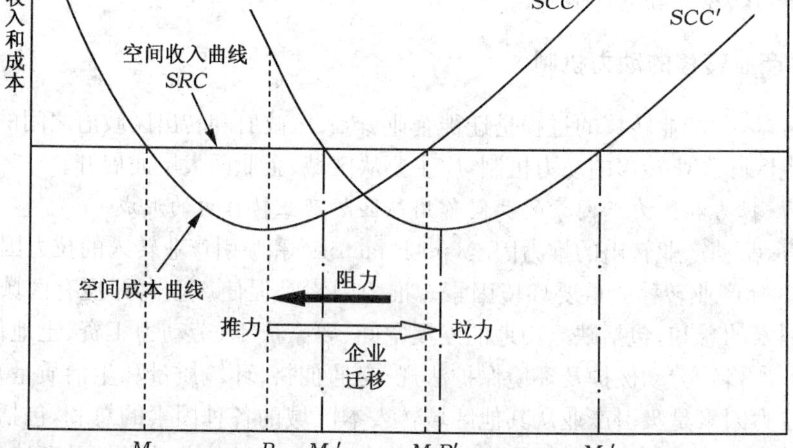

图 11－1　企业迁移与盈利空间界限变化

三、区际产业转移的效应

区际产业转移对产业转出区、产业转入区均具有正、负效应。

（一）对产业转出区的效应

对产业转出区而言，通过衰退产业的对外转移，衰退产业所集聚的土地、劳动力、资本等生产要素得以释放，为区域其他优势产业的发展提供了新的生产要素，从而促进了资源要素的重新配置，为转出区提供了产业结构优化升级的契机。但是，区际产业转移也会对产业转出区产生一些消极的影响，如引发某些产业萎缩、就业水平下降，甚至可能造成产业空心化的恶果。

（二）对产业转入区的效应

对产业转入区而言，区际产业转移将通过一系列传递扩散机制，促进转入区经济发展。外部产业的移入必然带动资本、技术等生产要素的迅速积累，有助于区域新兴产业的形成，或促进区域现有产业发展壮大、优化升级，推动区域间的产业分工。一般而言，区际产业转移对产业转入区的正效应具体表现在：

1. 要素注入效应

第一，由于产业转移往往伴随着大量的资本、技术等生产要素的转移，为区域产业经济的发展创造条件。第二，先进产业的移入必然伴随着与市场经济相适应的新思想、新观念、新意识和新的管理方式等无形资源的移入和传播，这种非正式制度的变迁将为区域经济发展注入持久的精神动力。

2. 技术溢出效应

产业转移往往是由经济梯度较高的发达区域指向梯度较低的欠发达区域。技术溢出效应是指在产业转移过程中输出的先进技术被输入方消化吸收所导致的技术进步，以及技术转移过程所带动的输入方的经济增长。技术溢出效应产生途径有二：一是技术溢出效应产生的硬途径，即由于移入产业所包含的技术本身被移入区产业模仿、消化及吸收，促进转入区产业的技术进步；二是技术溢出效应产生的软途径，即具有先进技术的移入产业在对转入区相关产业产生前后波及作用的过程中，往往会拉动后者的技术进步。任何一种途径都将促进转入区产业技术水平的提高，有利于区域经济的进一步发展。

3. 关联带动效应

产业关联是指产业之间存在的广泛、复杂而密切的联系，包括后向、前向和旁侧关联。产业的关联带动作用实质就是移入产业关联效应的发挥过程，包括后向关联效应、前向关联效应、旁侧关联效应。产业的关联带动作用是产业转移的重要功能，它将在很大程度上促进转入区域整个经济的发展。

4. 优势升级效应

欠发达区域产业结构的一个重要特征就是资源、劳动密集而技术层次低的传统产业比重大，先进产业比重小。相应地，区域比较优势主要也以传统要素为依托，体现在传统产业上，因而在区际分工中的地位、层次都比较低。外部先进产业的移入，为传统产业比较优势的升级创造了机会。因为先进产业的移入必然带动资本、技术等稀缺要素的迅速积累，引起区域要素比重的迅速变化，这种变化将有助于区域新兴主导产业或支柱产业的形成，从而推动产业比较优势的转换升级，提升欠发达区域在区际分工中的地位。

5. 结构优化效应

产业转移会直接或间接地影响欠发达区域产业结构的变动。一方面，先进产业的移入本身将使转入区产业结构中采用先进技术的部门在数量上和比例上增加，从而使区域产业结构体现出高级化的趋势；另一方面，先进产业的移入意味着新的生产函数的导入，这种蕴含新技术的新型生产组织方式会作为“扩散源”，引发原有的相对处于较低层次各等级的产业的“升级转型”运动，对其增长产生广泛的直接或间接影响，从而逐步提高产业整体的技术集约化程度，促进产业结构向着高级化方向演进。

6. 竞争引致效应

移入产业与转入区产业相比，在资金、技术、人才、市场、营销手段等方面往往占据着竞争优势，这种优势使当地产业卷入竞争之中，有可能使移入产业打破欠发达区域原有产业的低效垄断局面，改善区域产业的市场结构；同时，在竞争压力下，当地产业要在移入产业的阴影中生存发展，将不得不采用先进技术，或进行技术创新，通过新观念、新设计、新工艺、新产品等拓展市场，创造新的消费需求，以提升产业竞争力。因此，与产业转移相伴随的内外产业间的竞争，是欠发达区域经济运行效率得以提高的重要因素。

不可否认，区际产业转移也会给产业转入区带来一定的消极影响。例如，一味引进低层次的产业，而不注重创新能力的培养，将导致区域产业结构长期处于低附加值化状态；甚至可能由于急功近利，而忽视环境保护及资源、能源与环境承载力，导致生态平衡被破坏、资源能源供应极端短缺的恶果。因此，产业转入区政府要科学统筹谋划，因势利导，积极推进。

第六节　总部经济

一、总部经济的提出

（一）总部经济概念及特征

1. 总部经济概念

所谓总部经济，是指某区域由于特有的资源优势吸引企业将总部在该区域集群布局，将生产制造基地布局在具有比较优势的其他地区，而使企业价值链与区域资源实现最优空间耦合，以及由此对该区域经济发展产生重要影响的一种经济形态。总部经济的本质是指“通过企业总部与生产制造基地的空间分离实现企业价值链与区域资源最优空间耦合”。

根据企业总部承担的功能，可以将企业总部划分为研发总部、营销总部、行政总部和投资总部等不同类型。根据总部控制权纽带的主要特征，可以将总部划分为战略导向型总部、操作导向型总部和资产导向型总部。根据总部管辖的区域范围，可以把总部划分为集团总部和地区总部。

2. 总部经济特征

总部经济作为一种新的经济形态，一般具有以下 5 个特征：

第一，知识性。企业总部集中了战略决策、研发、营销、资本运作等企业价值链的高端环节，属于高度密集的知识性劳动，是知识含量最高的区段。

第二，集约性。企业按照收益最大化原则进行空间结构布局，既能最大限度地获取中心城市发达的现代服务、密集的智力资源、便捷的通信信息等资源优势，又能最大限度地利用生产基地廉价的土地、劳动力、能源等要素优势，形成产业配套，最大限度地降低成本。

第三，层次性。企业规模不同，其总部对各种战略资源要求的质量、数量也不相同，企业总部所在城市呈现出不同的层次，例如，跨国公司企业总部选址在世界性中心城市，具有区域影响力的企业总部则选址在区域中心城市;同一企业,根据其业务发展需求,在全球范围内也将设立不同层次的企业总部,如跨国公司既有全球性企业总部,又有区域性地区总部。

第四,延展性。在总部经济模式下,企业总部发展需要各种知识型服务业为其配套,将第二产业与第三产业紧密联系起来,在实现第二产业向第三产业的知识型服务业延伸与拓展的同时,还通过知识型服务业向一般型服务业延展。

第五,辐射性与共赢性。在总部经济模式下,不同资源优势的区域之间通过功能链不同区段的再分工进行合作,能够使中心城市密集的人才、信息、技术资源得到最充分的效能释放,同时可以实现中心城市的区域资源向欠发达地区的辐射,使欠发达地区密集的制造资源得到最大限度的发挥,实现区域共同发展。

(二)总部经济产生的背景

在经济全球化和信息网络技术快速发展的背景下,企业所处经济环境发生了深刻的变化,生产要素和资源在全球范围内的流动速度加快,国际分工不断深化,使得企业组织结构出现了一些新的特征:企业总部与企业加工制造基地在空间上实现分离,即企业总部向中心城市聚集,加工制造基地则向成本较低的区域集中,并呈现集群化发展趋势。总部聚集对中心城市产生深刻影响,由此形成了一种新的区域经济形态,即总部经济。

1. 信息技术对企业组织结构的深刻影响

"总部—生产制造基地"分离的布局模式,虽然在信息网络技术尚未普及的20世纪六七十年代就已经存在,但是由于管理成本很高,仅仅局限于少数跨国公司。随着电子信息技术的快速发展,同时由于企业总部与制造基地空间分离,组织管理成本也大大节约了,借助信息网络技术,企业将总部布局在中心城市,而与加工基地分离布局的现象已经越来越普遍。

2. 经济全球化及跨国公司全球战略的调整

总部经济的产生,与经济全球化的趋势密切相关,总部经济可以说是经济全球化发展过程中的产物。在经济全球化背景下,全球范围内产业转移步伐进一步加快,生产要素配置重组的空间范围更趋广阔,配置重组的速度明显加快,区域间的经济分工与协作以及互补依赖度进一步强化。跨国公司通过在全球范围内建立生产和营销网络,促进了国际产业分工的深化和区域经济合作的加强。跨国公司战略结构调整实质上就是"总部—生产制造基地"分离的一种表现形式。

3. 国内城市化进程加快,产生两种新的需求

随着城市化进程的不断加快,信息、技术、人才等各种资源要素在不同地区之间的流动性日益加强,从农村向城市聚集、从中小城镇向大城市聚集是一个较为普遍的趋势。城市化进程的加快,使得区域经济发展过程中逐渐产生了两种新的需求:

第一,欠发达地区在资金、信息、技术等方面与中心城市相比处于劣势,高素质人才流失严重,欠发达地区企业发展面临人才、信息、技术等发展瓶颈。

第二,在城市规模不断扩大、人口不断增多的同时,中心城区土地、水等自然资源要素短缺,劳动力成本提高,环境压力不断加重,中心城市制造业空心化,给城市发展带来诸多经济、社会问题,实现经济持续发展需要探索新的途径。

在这一背景下,总部经济提出将企业总部与生产制造基地在空间上分离的新的企业布局模式,能够实现区域间由过去的产业合作、产品合作向功能合作的拓展,更好地满足城市化进程中欠发达地区和中心城市所产生的新的需求。

二、总部经济理论的形成机理

(一)三赢模型——总部经济形成的内在机理

总部经济理论是基于对企业经营活动价值增值过程的分析而提出的,其形成的内在机理可以用三赢模型来揭示。

1. 模型假设条件

三赢模型基于以下三个假设条件:信息经济比较充分地发展;企业在发展中对于战略资源的需求地位上升;区域成本差异决定企业的区位选择。

2. 模型分析

在信息技术较为发达的今天,如果企业依然按照传统布局模式进行布局,即企业将总部和生产加工基地布局在一起,无论企业布局在发达的中心城市,还是布局在欠发达地区,都不能实现企业资源的最优配置(见表 11—3)。

表 11—3　　两种企业空间布局模式比较

企业空间布局模式		战略资源	常规资源
常规布局模式	中心城市	优势	劣势
	欠发达地区	劣势	优势
总部经济布局模式	中心城市(总部)	优势	
	欠发达地区(生产基地)		优势

如表 11—3 所示,只有当企业按照总部经济的模式进行空间布局,把总部布局在发达的中心城市,而将生产加工基地布局在欠发达地区,那么企业就能够以较低的成本价格取得中心城市的战略资源和欠发达地区的常规资源,实现两个不同区域最优势的资源在同一个企业的集中配置,从而实现企业资源配置综合成本最低化。这样,企业就会避免因将"总部—加工基地"布局在一个区域而必须支付高昂的机会成本、损失掉利润。这种由于降低了机会成本而被获得的利润正是总部经济的收益所在。在总部经济模式下,不但能够使企业取得在原有布局模式下难以取得的资源优势,实现综合成本最低化和效益最大化,而且使得总部所在的中心城市密集的人才、信息、技术资源得到最充分的效能释放,使得加工基地所在的欠发达地区密集的制造资源得到最大限度的发挥。因此,总部经济是一种能够实现企业、总部所在区域、生产加工基地所在区域三方利益都得到增进的经济形态(见图 11—2)。正是在这个意义上,我们将总部经济模型称为三赢模型。

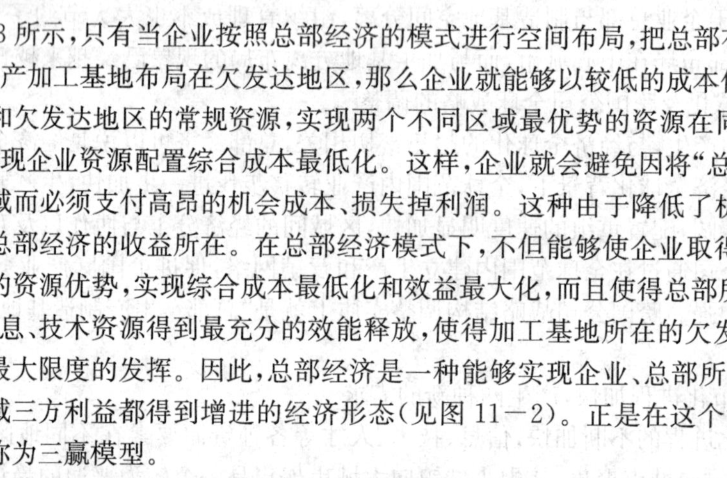

图 11—2　总部经济模式下企业功能链空间重置战略

（二）总部经济理论与其他区域经济理论的关系

总部经济是在有效融合企业价值链理论和区域经济学理论基础上建立的一种新的理论体系，本质上属于区域经济学的理论范畴，是对区域经济学的深化和拓展。总部经济与增长极理论、中心—外围理论、梯度转移理论等其他区域经济学理论密切相关，既是对这些理论的应用和发展，同时也与这些理论存在一定的差异。其中，总部经济与其他区域经济理论最核心的差别在于，总部经济理论突破了传统区域发展理论对于企业单元不可分的假设，将企业总部功能与生产制造功能分离开来作为研究的基本单位。

1. 总部经济理论与增长极理论

增长极理论认为在区域经济增长过程中，经济增长并非同时出现在所有地方和部门，而是分布在区域内的某些点或聚集地区，然后扩散到周边地区，进而带动整个区域的经济增长。

总部经济理论和增长极理论都强调聚集区通过极化效应和扩散效应对周边区域经济产生影响。总部经济理论与增长极理论的差异主要体现在以下两点：第一，总部经济理论中总部聚集区和生产制造基地各自的极化及扩散效应过程与增长极理论相一致，但总部经济理论还强调通过“总部—加工基地”链条将总部所在区域的人才、技术等要素辐射到欠发达地区，实现总部聚集区对加工制造基地的扩散效应。增长极理论强调在区域经济发展的初期阶段，极化效应是主要的，只有增长极发展到一定阶段后，扩散效应才真正显现出来，增长极对周边地区的带动作用的实现需要较长时期的发展过程。第二，总部经济理论和增长极理论虽然都通过乘数效应对区域经济产生重要促进作用，但是总部经济理论强调的则是功能的配套，如金融、保险、法律、咨询等专业服务配套和酒店、餐饮等商业服务配套等，增长极理论强调的是产业之间的上下游产业、产品的配套。

2. 总部经济理论与中心—外围理论

中心—外围理论是指区域发展不可能是均衡的，某些区位优越、资源丰富、交通便利的区域首先发展起来，形成区域中心，周边发展较慢的区域成为外围地区，在一定程度上依赖于中心地区的发展。中心—外围理论与增长极理论存在一定的相似性，总部经济理论与这两个理论之间的区别与联系也有一定的相似性。

总部经济理论和中心—外围理论都基于区域之间发展的不平衡，探索实现区域均衡发展的路径与模式。两者之间的差别主要在于：总部经济理论主张通过企业总部所在区域形成的“中心区域”对生产制造基地所在区域形成的“外围区域”的辐射带动作用，使得生产制造区域经济规模不断扩大，人才等高端资源不断聚集，发展到一定阶段后，原有生产基地逐步向总部聚集区过渡，而将企业制造基地向更远的欠发达地区转移，从而缩小区域间发展的不平衡，逐渐实现较大区域的均衡发展。中心—外围理论认为，中心区域经济发展到一定阶段，对外围区域的扩散作用加强，在外围区域某些相对具有优势的区域形成次级的发展中心，形成新的中心—外围区域，通过进一步发展次级中心的外围依次产生下一级中心，从而使区域逐步实现均衡发展。

3. 总部经济理论与梯度转移理论

梯度转移理论认为，每个国家或地区都处在一定的经济发展梯度上，创新活动是决定区域发展梯度层次的决定性因素；创新活动大多发生在高梯度地区，每一种新行业、新产品、新技术都会随着时间的推移，由处在高梯度上的地区向低梯度上的地区，一级一级地传递下去，而这种梯度转移主要是通过多层次的城市系统扩展开来。

总部经济与梯度转移理论都认为，在城市的发展过程中，随着经济水平的不断提高和城市规模的不断扩大，一些产业和产品已经不适应在中心城区内生产和经营，必须实行有计划的转移和扩散，而转移和扩散的路径基本上是由大城市向中小城市、由发达地区向不发达地区拓展。两者之间的不同主要体现在转移的主体与转移的方式上。总部经济理论转移的主体不是企业的全部，而是将不适合城市发展的企业生产制造等部分环节向周边欠发达地区转移，企业总部仍留在中心城市。特别需要指出的是，总部经济采用双向转移的方式，即中心城市的生产制造基地向欠发达地区转移，留下总部；欠发达地区企业将总部向中心城市转移，留下生产基地。梯度转移理论转移的主体是不适应中心城市发展的产业和产品，经营这些产业和产品的企业全部，包括总部和生产制造基地，均要转移到周边欠发达地区，采用的是从中心城市到欠发达地区的单向转移方式。

综上所述，在区域发展理论中，无论是增长极理论、中心—外围理论还是梯度转移理论，都隐含着一个假定，就是企业是一个不能实现空间分离的独立单元，即将企业整体看做是一个经济细胞。基于这一假设，这些理论一般只注重整个企业的聚集、迁移等对区域经济发展的影响，而缺乏对总部、生产制造基地两大功能各自对区域经济发展的作用的研究。总部经济理论则突破了传统区域发展理论企业单元不可分的假设。在总部经济模式下，企业可以通过总部与制造基地的空间分离，来达到充分利用不同地区资源优势，实现企业成本最小化的目的。同时，总部经济理论还突破了原有区域经济理论的产业合作的单一模式，通过“总部—生产基地”功能合作链条，为经济发展不平衡的区域之间的合作提供了一种新的发展思路。

三、总部经济理论对区域合作的价值

（一）拓展了中心城市与欠发达地区之间的合作通道

在总部经济模式下，总部在中心城市聚集，周边形成制造加工集群，有效整合各类资源，变水平的恶性竞争为垂直价值链不同区段上的功能合作，实现区域资源要素的最佳组合，最大限度地发挥中心城市和周边地区各自的资源优势，促进区域全面、协调、可持续发展。

（二）为中心城市产业结构升级和功能转型提供了新的途径

它一方面为中心城市制造业的调整提供了一种可行的模式，即按照总部经济模式将企业总部留在城区发展，将生产制造基地迁往周边区域，使得大城市产业选择的思维模式从过去主要考虑“产业选择”，即哪些产业符合大城市经济发展要求，扩展到“功能选择”，即将原来认为不符合大城市经济发展要求的产业中的部分“功能区段”——总部功能作为经济发展的选择范围；另一方面，企业总部的大量聚集将带动金融、法律、会计、咨询等相关知识型服务业的迅速发展，有利于大城市的产业结构升级和功能转型，实现可持续发展。

（三）为欠发达地区企业实现跨越式发展提供了新的途径

欠发达地区企业由于缺乏高层次的人才资源，企业发展速度相对较慢，企业技术创新能力和市场竞争力难以得到提高。总部经济理论的提出为企业突破发展中人才、技术等高端资源瓶颈提供了一条新的途径。企业可以按照总部经济模式，将企业总部布局在中心城市，获取中心城市丰富的人才、技术、信息等战略资源，从而实现企业的快速发展。

同时，欠发达地区虽然在资金、技术、信息、高素质人才等方面与大城市相比处于劣势，但其自然资源、土地和劳动力等资源，比中心城市竞争优势更明显，对企业制造基地的吸引力较大。欠发达地区可以充分利用这一优势，转变过去的招商引资思路，不仅仅要重视吸引包括企业总部和制造基地在内的完整性企业，而且要重视对企业生产制造基地功能环节的吸引，通过专业化制造基地加强与中心城市合作，进而融入全球产业价值链，以促进区域经济的发展。

四、总部经济的区域效应

在总部经济模式下，不仅企业实现了跨区域资源最优配置和利润最大化，而且企业总部的聚集也促进了总部所在区域的结构升级，同时通过企业总部的发展带动制造基地规模扩张，进而推动制造基地所在区域经济社会的快速发展。

（一）企业总部对所在区域的贡献

企业通过总部经济模式实现了价值链在区域间的最优配置，这是市场经济条件下企业追求利润最大化的经济行为表现。但是，在区域经济发展的过程中，企业的社会效应与其自身的经济效应同样重要。

1. 税收贡献效应

企业总部对所在区域的税收贡献效应主要包括税收极化效应、税收集约效应、税收结构优化效应三个方面。

在实际税收缴纳过程中，制造基地的部分税收由企业总部统一缴纳，或其部分税后利润以“利润分配”形式回流到总部，转化为企业总部的“投资收益”或“资本利得”，形成总部税收贡献的重要来源（见图 11－3），使企业税收具有向企业总部聚集的趋势，形成总部的税收极化效应。

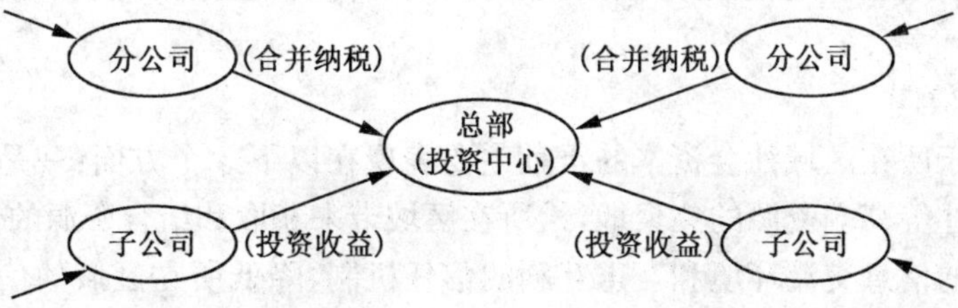

图 11－3　总部的税收汇集

总部的税收集约效应是指企业总部具有占用空间小、一定区域范围内企业密度较大的特点，使得单位土地面积上产生的税收额较大。

企业总部对所在区域的税收结构也存在优化效应，其主要体现在税制结构和税源产业结构两方面上。从税制结构来看，随着总部聚集区域高收入群体数量的增加，该区域的个人所得税的比重也明显提高，从而优化税制结构。总部对区域税源产业结构的优化主要体现在两个方面：一是制造基地外迁直接降低了工业企业在该区域的税收比重；二是总部通过带动金融、商贸、教育、法律等关联服务业的发展，增加了第三产业在该区域的税收比重。

2. 产业乘数效应

在总部经济模式下，企业总部作为产业“诱因”，导致其关联产业新生并聚集，从而实现该区域经济总量的倍数增长。

3. 消费带动效应

一方面企业总部通过总部的商务消费，譬如办公用品等硬件消费、以自备车和航空运输为主的出行消费、总部员工商务套餐、商务文件快递等其他一般性消费来带动区域消费；另一方面通过总部高级白领的个人生活消费对区域消费产生重要影响。

4. 劳动就业效应

在推动城市劳动就业方面，总部经济可以产生两种效应：扩大城市劳动就业总量和优化城市劳动就业结构。企业总部在增加所在区域的劳动就业总量方面的效应表现为三个层次：直接就业带动效应、间接就业带动效应和外围就业带动效应（见图 11－4）。

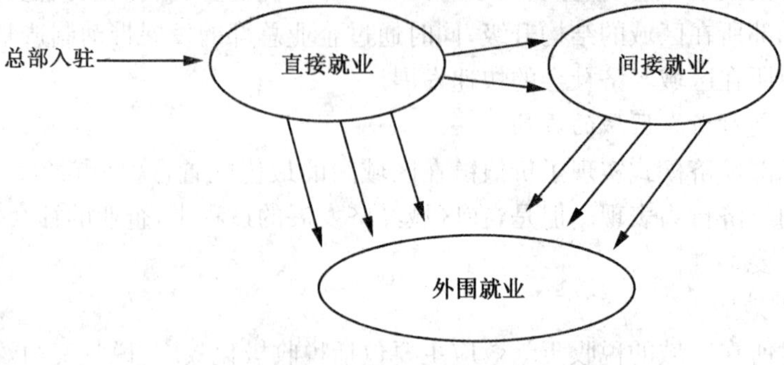

图 11－4　总部劳动就业效应

直接就业带动效应：总部劳动就业带动的第一个层次，即企业总部从当地直接雇用劳务人员。

间接就业带动效应：即围绕企业总部经营活动的相关产业所带动的就业。

外围就业带动效应：即企业总部直接就业人员和间接就业人员的生活消费带动的相关产业的就业。

5. 社会资本效应

总部聚集对于所在区域社会资本的贡献主要表现在以下 5 个方面：一是使得所在区域成为信息、技术、人才等高端资源的集聚地，给所在区域带来获取和组合资源的优势；二是使所在区域内形成开放的信息交流环境和互惠互利的信任机制，降低所在区域的信息获取成本和交易成本；三是使区域内企业间的竞争加剧，促使企业不断改进管理加速技术创新；四是会创造一种不同于其他区域的独特的地域文化，从而增强区域竞争力；五是提升所在区域的知名度、美誉度和国际地位。

（二）制造基地对区域经济的综合效应

制造基地能够从增加区域经济总量、优化区域产业结构、带动区域就业和消费等方面为所在区域的经济社会发展做出重要贡献；但同时制造基地相对于企业经营的其他环节，将消耗更多能源，造成更大的环境压力，也给所在区域带来了许多挑战。

1. 基地对区域经济发展的贡献

在总部经济模式下，制造基地对于所在区域的积极影响主要表现在产业、就业、税收及消费等四大方面。

（1）促进区域经济增长和产业结构优化。制造基地中，一部分是由当地企业依据优越的自然禀赋条件逐步壮大形成的，另一部分则是由企业的产品生产功能从总部分离后直接落户于具有经济资源比较优势的地区形成的，两者都直接带来了区域产业经济总量的迅速增加。同时，由于代表了先进生产力的制造基地在当地落户，所在地的各种经济资源可能被迅速激活，并由于制造基地的扩散效应、产业聚集效应及乘数效应的作用，该区域的关联产业也会逐步兴起，区域产业结构调整升级的步伐加快。

（2）促进区域就业岗位的增加和就业结构的调整。一般而言，除了主要的管理人员和技术人员由企业总部委派之外，制造基地所需的普通劳动者通常实行本土化，以充分利用当地人力资源的比较成本优势。因此，制造基地将大量吸纳所在区域的劳动力，同时通过产业乘数效应进一步扩大区域的就业总量。区域就业结构也将因为制造基地的形成发生变化。

(3)促进区域税收总量增加和税源结构的多样化。制造基地企业的性质绝大部分都属于加工制造业，具有投资规模大、生产资料进出大、市场交易量大的共性，与此相适应，这类企业创造的销售额、利润额大多数额不菲，直接为当地带来了税收贡献。制造基地企业除了税基大，企业性质的特殊性也使其涉及的税目众多，几乎涵盖了所有税目，促进了区域税源结构的多样化和税目结构的合理化。

(4)促进区域消费水平与质量的提高。制造基地总体上从四个方面来影响区域消费总量：一是制造基地形成后企业职工的新增个人生活消费总量；二是企业集体新增消费总量，主要是指企业一般性日常消费，如办公用品等；三是因为制造基地的形成或入驻而新增的社会公共消费，如地方行政管理、文化、教育等方面的支出；四是由于制造基地的产业聚集效应，促使关联产业和就业人数相继增加，从而增加了消费总量。

2. 制造基地给区域带来的挑战

制造基地的功能特征决定了制造基地将给所在区域的能源、环境及社会管理等方面带来很多新的挑战。

(1)制造基地给所在区域自然资源的可持续性利用带来的挑战。制造基地对自然资源的需求是大量的，但自然资源又是稀缺的，而且绝大部分是不可再生的。尽管制造基地的形成或迁移是基于区域自然资源的成本比较优势，但过度的开发利用将导致区域自然资源储量迅速减少，成本比较优势也将逐渐减弱。

(2)制造基地给所在区域环境保护带来的挑战。制造基地对区域环境带来的不利影响有以下三个方面：一是制造基地在迁移和建设过程中，可能直接造成了对土地、植被、森林等的破坏；二是制造基地将带动与之形成产业链配套关系的更多制造企业入驻该区域，众多制造企业的各项生产活动将产生大量污染物，加剧区域生态系统的恶化趋势；三是制造基地的聚集效应导致了人口、交通、居住、文教、旅游及水源等生活条件的改变，造成整体环境质量下降。2014年8月2日位于昆山经济技术开发区的中荣金属制品有限公司的车间发生特别重大爆炸事故，当天造成75人死亡。昆山是全球笔记本电脑、数码相机、手机等电子产品的重要制造中心，而中荣公司为美国通用汽车公司指定供应商，但其安全生产管理混乱，安全防护措施不落实，从而造成这起重大事故，而这起爆炸事故也给周边环境带来极大的负面影响。

(3)制造基地给所在区域社会管理带来的挑战。制造基地的形成使区域社会管理工作变得更加复杂，这主要表现在以下几个方面：

首先，制造基地的发展增加了区域人口管理的难度。与制造基地相伴而来的是区域流动人口的大量增加，并且大量外来人口的涌入，使得其与原有区域在经济、文化和社会生活等各方面都表现出不同程度的差异性，容易引起社会纠纷的发生。深圳就是一个典型的例子。改革开放以来，随着生产制造基地的形成和发展，深圳的外来人口数量快速增长，目前已占到全市人口的80%，其中大部分是在加工制造企业就业的外来务工者。区域人口的增加以及人口结构的多样化，使得人口管理工作更加复杂。

其次，制造基地对区域基础设施承载能力和生活服务体系提出了更高要求。制造基地的发展需要有与之相适应的区域基础设施作支撑，如交通运输承载能力、基础能源配送能力、通信网络承载能力等。而且，随着以制造基地为中心的居民的逐步增加与聚集，对居民生活服务体系在总量和质量上都形成新的挑战。

总体而言，制造基地对区域社会管理带来的负面影响具有阶段性、可控性的特点。在区域发展战略制定和实施过程中，我们可以通过科学预测、合理设计、严格执法、社会监督等手段来提高区域社会管理效率，加强制造基地与社会管理部门之间的交流与合作；在为制造基地发展提供一个良好社会环境，加快区域工业化、城市化步伐的同时，加强节约能源、保护环境方面的监督和管理，提升区域社会管理水平，促进经济社会持续稳定的发展。

五、发展总部经济的一般性条件

总部经济是由企业总部聚集而产生的一种新的经济形态，它属于企业价值链的高端环节，因此发展总部经济必须具备一定的条件。我们通过对纽约、新加坡、香港等总部经济发展较好的国际性城市进行实证研究，概括出一个中心城市发展总部经济需要具备的5个一般性条件：必须拥有丰富的高素质人才、科技资源；必须形成围绕总部需求的专业化服务支撑体系；必须拥有便捷的交通运输网络和完善的通信系统；必须具备健全高效的法律制度环境和政府服务；必须具备优越的文化、生活环境和良好的区域形象。

复习思考题

1. 简述区域分工理论中的绝对利益学说与比较利益学说的差异。
2. 区域贸易对区域经济发展的影响有哪些方面？
3. 从哪些方面判定资本要素流动的合理性？
4. 区际产业转移对产业转出区的效应有哪些？
5. 简述总部经济形成的内在机理。
6. 总部经济在我国具有怎样的理论价值和实践意义？
7. 简述总部经济理论与其他区域经济理论的关系。

第十二章

区域形象塑造与营销

第一节　区域形象塑造

一、区域形象塑造内涵

(一)区域形象概念

区域形象是一个区域在公众心中形成的总体印象和总体评价，它包括硬形象和软形象。硬形象是指那些具有客观形体或可以精确测量的各种因素，如自然资源、地理位置、区容区貌、基础设施等；软形象则包括精神理念、经济发展、文化氛围等。

区域形象是生产力，是现代社会经济发展的结果，是形象在社会经济中的作用和地位日显突出的根本标志和必然趋势。在今天，当人们从物质需求转向精神需求的时候，当物质商品经营转为信息商品经营的时候，形象在这个时代特定的经济属性已不言而喻。形象经济既是一种持久的经济现象，也是一种经济形态。它与传统经济本质的区别在于把传统经济中的非生产力因素转化为生产力因素。生产要素包括实体性要素和非实体性要素。形象就是一种重要的非实体性生产要素。它一方面只是实物的“外壳”“外部表现”，另一方面则存在于人们的大脑中。形象为人所掌握，可用来创造财富，就形成一种资源，即形象资源。但是，这种形象不能独立实现其作用，只有通过与实体要素相结合(物化)后才能表现出巨大的价值潜力和财富潜能。换言之，形象是一种潜在的生产力要素，它只有渗入到有形的现实的生产力要素中去，才能转变为现实的生产力，并实现其经济效益。

(二)区域形象塑造目的

区域形象塑造的根本目的是树立有利于区域发展的良好形象。这一根本目的是与以下几个要求相联系的，它们构成了区域形象塑造的基本目标。

1. 较高的知名度

区域的知名度反映了社会公众对该区域的了解程度，它是区域形象形成的前提。一个区域如果不为外界所了解，就不可能形成鲜明的形象，其他一切也都无从谈起。所以区域形象塑造的第一步是要通过各种宣传手段，提高区域的知名度。

2. 较高的美誉度

区域的美誉度反映了区域的发展状况与同时代社会文化价值系统的一致性和吻合程度。区域的美誉度是确立良好区域形象的基础，是区域形象塑造的重要目标。

3. 较高的影响力

所谓影响力是指区域对内外公众的吸引力和示范作用的大小。形象影响力对内表现为凝聚力，对外表现为吸引力和渗透力，它是衡量区域综合实力的重要因素，反映了区域对外交流合作的活力大小。

4. 鲜明的形象定位

区域形象定位是区域发展模式、方向、战略的集中体现，是区域形象的基点和核心。区域形象定位要求准确、鲜明和具有特色。定位不准确，不利于发挥区域的优势，甚至将区域发展及其形象塑造导入误区；定位不鲜明，整体形象模糊，不利于区域形象的传播；没有特色，不足以突出区域在外界环境中的地位，而且千人一面、简单雷同，也就失去了形象塑造的意义。

5. 高尚的区域群体精神

区域群体精神是区域内公众相对稳定的、占主导地位的思想文化观念。群体精神通过人的精神面貌、人际关系、个群关系、群体关系及天人关系中反映出来，体现了区域社会发展的进步程度和文明水准。区域形象塑造的另一个重要目标就是要通过形象宣传和形象教育，提高区域公众的自我形象意识，培育区域的现代文化精神，并把反映了区域群体特征和时代风貌的区域群体精神传播出去，塑造良好的区域人格形象。

（三）区域形象对地区发展的作用

区域形象是地区特色的集中体现，对地区发展能产生巨大的作用。

1. 塑造良好的区域形象，有效地提高地区的知名度

良好的、较高的地区知名度，是地区在全国地位的集中体现。扩大地区知名度的方法很多，其中对区域形象进行设计，无疑是最有效的手段之一。目前，大家普遍认识到一个知名度良好的地区对经济发展的巨大推动作用。产品的知名度，是产品质量的集中体现。所谓名牌战略就是从提高产品知名度入手，树立名牌产品，巩固产品在市场上的地位；企业的知名度高，表明企业的业绩好，对企业的资金来源、原料来源、产品销售都带来很好的影响；地区的知名度高，同样是地区经济发展的体现，是地区管理业绩的反映，可以起到招揽人才、引进资金、吸引游人的作用。特别是在外向型经济发展的过程中，地区的知名度对地区在国际大市场上的活动，有不可估量的影响。

2. 塑造良好的区域形象，增强地区的内聚力、吸引力和辐射力

良好的区域形象，能够明显增强区域的内聚力、吸引力和辐射力。区内公众通过对本区域形象的认识和理解，产生对区域的热爱和在本区域生活的自豪感、荣誉感。只有这样，他们才能够以最大的热情投入到地区的经济建设中来，拿出全部力量来发展自己的事业；同样，良好的区域形象，能够增强对区外公众的吸引力。这种吸引力首先是对区外公众的一种感情上的吸引，然后通过精神与物质的转化，形成对区外物质流动吸引，最后转变成对本区域经济发展的促进力量。对一个地区来讲，首先要让别人知道你，然后是让别人相信你，想到你这里来看

一下，最后是与你合作或是加入你这个区域。地区的吸引力强，说明地区的经济活跃，发展的机会多，未来的前途广阔。因此，增强地区的辐射力，是扩大地区经济发展的必然。一个地区要发展起来，地区的经济规模必然不断扩大，通过吸引周围地区来增强自己的经济中心的作用。地区的辐射力大，覆盖的范围就大，自己发展的余地也就大。

3. 塑造良好的区域形象，有利于提高区域的竞争力

良好的区域形象可以推动区域内的贸易更快增长，并将区域内贸易同其他区域或国际贸易高效结合起来，进一步改善区域内贸易条件；可以发挥区域内各城市的比较优势，完善各类资源的合理配置，既从总体上提高全区域，也从个体上提高各成员体的资源利用效率；可以缩小区域内各城市之间经济发展的差距，促进各地区共同繁荣和富裕；可以构筑统一的市场，推进产业整合与协调；可以打破区域内部各地区之间的贸易壁垒，使区域内不同生产要素能自由流动。

4. 塑造良好的区域形象，有助于发挥区域优势的整体效应

成功的区域形象系统是区域自然、经济与社会文化各方面优势在战略高度上的科学概括和抽象，并且以系统化、统一化的形式表现出来。发挥区域优势因素的整体效应能促进区域经济社会生态全面、协调、可持续发展；提高区域知名度和美誉度，便于区域对外交往，开展区际经济合作；提高区域经济整体竞争力，为经济发展提供良好环境和强大后劲。

5. 塑造良好的区域形象，改善地区的投资环境

良好的区域形象能为区域开创良好的融资环境，令投资者慕名而来。区域形象是地区投资软环境的一个重要组成部分，它与地区的法律法规、优惠政策等同样重要。在目前各地区法律法规和优惠政策相差不多的情况下，区域形象的好坏，对吸引资金特别是吸引外资有着决定性的影响。例如，如果一个地区治安条件不好，想来这个地区投资的投资者必然会为自己的财产和人身安全担心，纵然有再优惠的条件，投资者也必然会感到机会的风险成本太高而知难而退，当地的现有投资者也会携其所有转投其他地区。所以，创造良好的区域形象，可以大大改善地区的投资环境。

二、区域形象塑造主要内容

（一）区域形象塑造基本原则

区域形象塑造的出现从一开始就显示出了它的生命力。各地区对自身的形象建设表现出很大的兴趣，理论界也对区域形象塑造进行研究。

地区未来形象塑造与现实区域形象塑造相比较，未来的区域形象塑造将贯彻以人为本的思想，重视人力资源的开发，对人们形成地区主人翁精神的重要性与可能性的认识和理解将更加深刻。并且，这种变化将会成为塑造地区未来新形象的有效手段与必要途径。而现实的区域形象塑造，更多是重视对目前情况的反映、归纳和总结。因此，区域形象塑造必须兼顾目前和将来，形成一种动态的、有预见性的区域形象的系统。

在此，提出一些区域形象塑造所应遵循的基本原则，并以这些原则为基础，去规范、塑造行为。

1. 以地区发展战略为基础原则

地区发展战略是区域形象塑造的基础。发展战略所确定的指导思想、发展目标和发展任务，同样也是区域形象塑造的指导思想、发展目标和任务。在地区发展战略研究过程当中，对各地区的基本情况、产业结构和区域结构都有比较深入的研究，为区域形象塑造提供了最基础

的背景材料，以此为基础去塑造区域形象，达到准确、鲜明、有感召力的目的，可以收到事半功倍的效果。

2. 地域性特点与现代化风格相结合原则

区域形象塑造十分强调地域性特点。一个地区的区域形象，不可能与其他地区雷同，更不能照搬照抄其他地区。由于各地区的经济社会发展水平和特点千差万别，区域形象也必然要反映这些差别，突出本地区所特有的东西，才真正能够为区外的广大公众所接受。但是，突出地域性，并不意味着因循守旧，而是要体现地区现代化建设的新特点和新风格。比如建筑风格，如果各个城市都是一片片的火柴盒式的建筑，而把民族风格完全抛弃，就失去了特色。区域形象代表了地区人民的精神风貌和地区经济社会发展的最一般的特点，只有地域性和现代化相结合，才是最好的区域形象。

3. 区内外公众最大认同原则

区域形象要取得公众的最大认同，才算真正塑造成功。公众认同分为区内公众认同和区外公众认同。要取得最大的公众认同，区域形象必须鲜明、有代表性、有感召力，能够体现一个地区的实际情况，但又是理论升华了的区域形象。区域形象来源于对地区情况的总结，又高于普遍的地区生活。只有这样，公众的认同感才强烈，对区外公众的吸引力才增大。

4. 促进经济社会发展和保护环境原则

进行区域形象塑造的最终目的是促进经济社会的发展，提高人民的生活水平，所以区域形象塑造的最基本原则应是有利于经济社会的发展。但是，区域形象塑造既要有利于经济社会发展，又要有利于自然生态平衡。地区发展应注重保护本地区的生态环境，特别要珍惜那些不可再生的资源。一个地区的生态是全国生态乃至全球生态的有机组成部分，是关系子孙后代的大事，切不可为了局部的眼前利益，而损害全局的长远利益。保护生态环境与经济社会发展并不矛盾。只有在维护生态平衡的前提下，经济社会才能持续发展。

（二）区域形象定位

在更广阔的区域范围内为某一个区域重新定位，是区域发展战略的重要组成部分，也是区域形象塑造的首要内容。它体现了一个区域的发展方向和在某一大区内的地位，形象是通过在时空中的区域定位来决定的。

从区域职能定位来看，一般先要确定一个区域主要以什么功能来发展自己。有不同等的区域功能可以供选择，如工业区域、农业区域或矿业区域，以及旅游区域等。故一个地区的政府要进行区域形象塑造，一开始就必须有所选择，有所定位。区域定位不但要从区域本身的性质和特点进行，更重要的是要将其放到一个较大的地域空间来确定其位置。通过考察区域所起的作用，以及与周围地区的对比关系，确定其真实的地位，进行现实的定位。首先，注意区域所在有没有经济中心；其次，是区域本身是否已经具备了成为经济中心的基本条件；再次，是与地区其他城市对比来看，经济实力、基础设施、交通枢纽的作用是否明显。

（三）区域基础设施建设

区域基础设施建设与环境设计，属硬环境的建设范围。一个地区基础设施的好坏，环境是否优美，是一个地区的门面，也是区域形象的物质载体，也就是说，通过这些具体内容体现出一个地区的客观形象。各地区的中心城市的道路情况、建筑风格、水面、绿地等环境因素，是形成区域形象的具体的表征。因此，构筑区域自然和经济景观体系、布置区域人文活动空间、造就区域商业中心氛围，都是区域形象塑造的一些具体内容，应给予充分的重视。

区域的各项工程设施也是地区各项经济、社会活动所产生的人流、物质流、信息流的载体，即在物质生产的同时也为人们活动提供了基础条件，在发展过程中应处于重要地位。另一方面，一个地区的市政工程设施也会对地区基本形象产生“锁定”作用。具体来说，其包括道路交通设施建设，能源、水源、排水设施建设，城市基础设施系统建设，等等。

（四）区域意识的确立

区域意识属精神方面的区域形象塑造，与物质方面的区域形象塑造是相辅相成的。地区意识说来很抽象，但也可以很具体。地区意识作为区域形象的一部分，它的确立重点在于宣传。不但要对区内宣传，更要对区外宣传。这种宣传的效果，是让一个外地人没有去过某个地区或城市，就已经对这个地区有所了解，或者说在他心里树立起了一个形象。

（五）区域信息标志确立

每个地区都应有它的信息标志和个性特征。区域的信息标志，是一个区域形象的一种表征，是一种精神和物质的高度凝聚。它可以激发起人们一连串的想象，使人们形成一个良好的、持久的印象。目前，大部分城市和区域都十分重视这种信息标志的选择，诸如市花、市树、市徽等，并往往将这些标志与一个城市的精神风貌和行为准则结合起来进行宣传。

这种区域信息标志的设计，其主要特点是：要立足于新的思路、新的形象，充分体现该城市人民的精神面貌；将以人为本的思想作为贯穿形象设计的根本指导思想，把人们的社会性潜能有效发挥作为地区发展的动力源泉；通过区域形象塑造与建设，唤起人们的热情和干劲，并着重激发人们对文明行为的主动追求，进而达到推动地区发展以及塑造良好新形象的目的；强调在经济建设与社会发展、城市建设、社会管理与服务等方面，要以人为中心，一切都要为了人民，不仅要提高人们的生活水平，更要力求提高人们的生活质量。

第二节　区域形象的营销

区域形象是消费者对区域直接或间接接触而形成的综合性认知。区域形象的认知结果有可能与区域的真实相一致，也可能不一致，它会影响区域品牌价值的传递，进而影响区域政治、经济、文化等目标的达成。但从消费者认知发生的机理和过程看，区域形象本身又具有可塑性，营销者可以按照自己的策略建立区域品牌形象，改造原有区域品牌形象，增加区域品牌新的含义，或重塑区域品牌形象。因此，从营销的角度，依赖营销刺激和消费者感知的互动，营销主体通过组织、控制营销活动来影响消费者的认知和态度，达到形象营销的目的。

一、区域形象营销要点

区域形象营销需要厘清和解决以下问题：

1. 如何在消费者心目中建立理想的区域形象

区域形象的概念维度反映了消费者对区域形象联想的一般记忆图式，与这一图式相一致或联系的区域信息容易引起消费者的注意、感知选择和记忆保持，并形成对区域的态度和信念。因此，区域形象营销要从目标市场消费者需要和感知特点出发，而不是从政府部门的自我想象或主观意志出发建立区域形象概念。

2. 如何将多层面的区域形象资源转化为消费者的形象联想

区域形象资源存在多样性，区域形象概念也具有多种维度。一个区域为了塑造理想的区域形象，应考虑怎样通过营销影响消费者的认知图式，将区域独特优异的形象资源与消费者偏好的区域形象建立起认知联系。为此，需要在符合消费者认知的前提下评估区域的形象资源，即根据区域形象概念的维度，评估区域有哪些资源可适合于开展区域形象营销。

3. 如何降低甚至消除区域形象营销的内部竞争性及其冲突性，避免消费者认知的不一致性

首先，由于区域产品的多层面性，可能存在多个目标市场，多个目标市场的形象营销可能产生不一致或冲突。其次，由于存在不同的营销主体，他们各自为实现自己的目标对形象资源加以开发和利用，甚至在营销活动中会宣传竞争性甚至冲突性的形象。再次，营销主体因素和公众因素对于区域形象的认知产生影响，区域形象营销还需要在营销主体、公众之间协同。

4. 动态性反应问题

消费者对区域形象资源的接触以及营销主体活动和公众因素对其影响会随时间而变化，消费者对区域形象的认知具有动态情境性。为此，区域形象营销需针对动态情境性进行营销策略的调整。

在区域形象概念分析的基础上，应用区域营销理论和品牌形象理论，通过构建概念模型来探讨区域形象营销的战略框架。从分析和解决问题出发，探讨区域形象资源发展、评估、营销协同、市场定位等基本问题，对这些问题的战略决策和管理过程构成了区域形象营销的基本框架，并力图反映区域形象营销战略的基本实施过程，使其有效支持开展区域形象的战略管理活动。

二、区域形象的营销案例

(一)“晋善晋美”

“晋善晋美”作为山西旅游主题宣传口号，用简洁的文字浓缩了山西旅游的整体印象，用直白的语言告诉公众山西是一个人善景美适宜旅游观光的好地方，同时寓意山西旅游产业蓬勃向上，追求尽善尽美。其基本含意包括三个方面：

第一，口号用山西省的简称“晋”，直观地告诉公众本口号是山西省独有。山西在春秋战国时期大部分地区属于晋国，故简称为“晋”，素有“三晋大地”之称，口号通过“晋”字，明确地告诉公众“晋善晋美”是山西省独有的旅游主题宣传口号。

第二，口号取成语“尽善尽美”的谐音，充分体现了山西人民纯朴善良的美好品德和山西旅游优美秀丽的自然、人文景观资源。汉语成语“尽善尽美”是用来形容事物极其完善，极其美好。口号借成语“尽善尽美”的谐音，既充分体现了三晋人文个性和晋商诚实守信的品德，又彰显了山西美好的自然、人文旅游资源。口号中的“善”主要是表达山西人诚实守信、纯朴善良；“美”主要是表达山西厚重的人文历史与旖旎的自然风光。

第三，口号运用汉语“晋”字本意，寓意山西旅游未来的发展将会越来越美好。“晋”字小篆字形是会意字，即“从日”，是指追着太阳一直前进，其本义是“上进”。口号巧妙地运用了汉字“晋”的基本含意，表达了山西旅游追求“善”与“美”永无止境，同时也寓意着山西旅游产业像初升的太阳，发展前景无限美好。

(二)“好客山东”

“好客山东”不仅体现了管仲的“以人为本”，又体现了孔子的“仁者爱人”和“有朋自远方来，不亦乐乎”的理念，而且成为旅游礼仪的指导思想。“好客山东”不仅是一种精神财富，又能转化为一种经济效应，而且还能创造不可估量的物质财富。

“好客山东”，文句简洁凝练，准确提炼和概括山东鲜活的形象和深刻的内涵，视觉冲击力猛烈，语言感召力强烈，过目难忘。“好客山东”深深植根于齐鲁文化，高度概括了山东人的品

德和齐鲁文化的内涵，是山东文化灵魂的准确表达，让人体会到了齐鲁文化的大气、孔孟之乡的豪气，扑面而来的是齐鲁山水的豪情和山东人的热情。“好客山东”融合了多种元素，将中外古今的语言、文字、设计元素融合到一起，以丰富的色彩变化，对应山东深厚的历史文化底蕴和独特的休闲度假魅力，丰富、动感、亲切，构成强烈的视觉冲击。以五岳之首、大海之滨、孔孟之乡、礼仪之邦的整体形象，结合“山东、山东人”的“好客之道”，以“诚实、尚义、豪放”的鲜明个性，传递特色化、国际化的现代形象与文化意识。一个饱含“山东人”热情的充满感召力的新形象，构成强烈的视觉记忆。这一形象标识通过多角度、多层面的立体化推广和应用，形成丰富的信息传递，增强山东旅游形象的社会认知度，也将呼唤起更多更强烈的对山东和中国文化的向往、求知与探索欲望。

复习思考题

1. 试述区域形象塑造的功能和地位。
2. 塑造区域形象需要遵循哪些原则？
3. 区域信息标志的建立有何作用？
4. 进行区域形象营销需要注意哪些方面？

第十三章

区域竞争力与评价

第一节　区域竞争力概念

一、竞争力层次分类

美国是最早开展国家竞争力研究的国家。1980 年，美国劳动部国外经济研究办公室提交的《关于美国竞争力的总统报告》是第一份正式关于国家竞争力的报告。此后，英国、法国、德国、葡萄牙等国家也相继开展了竞争力研究，提出若干竞争力报告。1995 年，欧盟成立“竞争力咨询小组”，专门负责向欧洲议会、欧盟首脑会议提供有关欧洲竞争力方面的政策和建议。

在学术界，迈克尔·波特于 20 世纪 80 年代连续出版了三部有关竞争力的著作——《竞争战略》《竞争优势》《国家竞争优势》，并由此创立了竞争优势理论。该理论侧重于宏观的国家竞争力和微观的企业竞争力，通过分析竞争力的影响因素，提出了竞争力“钻石体系”模型，并为国家和企业如何提高竞争力出谋划策。彼得·德鲁克(Peter F.Drucker)和丹尼斯(Dennis)两位教授在城市竞争力研究方面是最具影响力的学者。前者于 20 世纪 80 年代开始致力于城市竞争力的研究，并于 90 年代相继发表了《城市竞争力:美国》《城市竞争力决定因素:一个评论》《竞争力和城市经济:24 个美国大城市区域》三篇论文，对城市竞争力作了开拓性的探索；后者从 20 世纪 90 年代后期开始致力于大城市地区国际竞争力的研究，并相继发表了一些具有影响力的著作。

专栏 13－1　**迈克尔·波特**

迈克尔·波特(Michael E. Porter)是哈佛大学商学研究院著名教授，当今世界上少数最有影响的管理学家之一。32 岁即获哈佛商学院终身教授之职，是当今世界上竞争战略和竞争力方面公认的第一权威。他毕业于普林斯顿大学，后获哈佛大学商学院企业经济学博士学位。目前，他拥有瑞典、荷兰、法国等国 8 个名誉博士学位。他曾在 1983 年被任命为美国总统里根的产业竞争委员会主席，开创了企业竞争战略理论并引发了美国乃至世界的竞争力讨论。他先后获得过大卫·威尔兹经济学奖、亚当·斯密奖，五次获得麦肯锡奖。迈克尔·波特最有影响的著作是《品牌间选择、战略及双边市场力量》(1976)、《竞争战略》(1980)、《竞争优势》(1985)、《国家竞争力》(1990)等。迈克尔·波特获得的崇高地位缘于他所提出的“五种竞争力量”和“三种竞争战略”的理论观点。作为国际商学领域最备受推崇的大师之一，迈克尔·波特博士至今已出版了 17 本书及 70 多篇文章。其中，《竞争战略》一书已经再版了 53 次，并被译为 17 种文字；另一本著作《竞争优势》，至今也已再版 32 次。

国内开展区域竞争力研究同样始于国家竞争力的研究。1989 年，原国家体改委与世界经济论坛(WEF)和瑞士洛桑国际管理学院(IMD)商定进行国际竞争力的合作研究。1993 年开始，我国将部分数据纳入《全球竞争力报告》；次年，我国参与该报告的部分项目比较；1995 年，我国参与该报告的全部项目比较。此后，一些研究机构和个人或合作或单独承担了国际竞争力的研究课题，研究成果相继问世。

从有关文献中可以看出，国外竞争力的研究大多侧重于国家竞争力、产业竞争力和城市竞争力，狭义的区域竞争力研究不足。国内关于区域竞争力的研究仍处于起步阶段，大多数通过借鉴国外区域竞争力的研究方法和成果，对其进行适当的修正，再结合中国国情做实证研究。在研究层面上，除国家之外，国内更多的研究集中在城市和地区上。

竞争力是一个复杂的概念，竞争力研究的对象可以是企业、产业、区域、国家等，因而，相应的就有企业竞争力、产业竞争力、区域竞争力、国家竞争力等不同层次的概念。

(一)企业竞争力

企业竞争力是指在竞争性市场中，某个企业所具有的能够持续地比其他企业更有效地向市场提供产品或服务，并获得盈利和自身发展的综合素质。它的特点是：决定和影响企业竞争力的大多数因素在各企业之间具有可比较性和很大程度上的可计量性，企业竞争力研究的方向之一就是力图将企业竞争力因素尽可能地量化，从而进行企业间的比较；并且，企业竞争力的许多因素是可以通过市场过程获得的，或者可以通过模仿其他企业而形成。

(二)产业竞争力

产业竞争力是指在区域之间的竞争中，在合理、公正的市场条件下，某一产业所能提供有效产品和服务的能力。所谓有效产品和服务，必须符合如下条件：产品和服务必须能被市场所接受；必须是区域内部该产业现有的生产能力所能承受，是产业供给能力、价格能力、投资能力的综合。

(三)区域竞争力

区域竞争力是指一个区域在竞争中表现出来的综合发展实力的强弱程度。在同一国家的不同区域，由于生产要素的相对稀缺，经济发展水平、收入水平和技术创新能力的不同，区域在国际、国内市场的竞争力存在差异。

（四）国家竞争力

国家竞争力是指一个国家在世界市场经济竞争的环境和条件下，与世界整体中各国的竞争比较，所能创造增加国民财富并持续增长、发展的系统能力水平。

二、区域竞争力内涵

（一）财富创造论

研究者将区域竞争力定义为区域创造财富的能力。他们认为竞争力是一个城市在国内外市场上与其他城市相比，所具有的自身创造财富和推动地区、国家或世界创造更多社会财富的现实的和潜在的能力；是指一个区域在一定的社会经济制度和人文自然条件下，创造出比其他地区更多的有效经济财富增加值的能力；一个国家在世界市场的环境和条件下，与世界整体各国的竞争比较，所能创造增加值和发展的系统能力水平，等等。

财富创造论的思想主要源自 1994 年 IMD 和 WEF 合作研究发表的《全球竞争力报告》中关于区域竞争力的定义，即"国际竞争力是指一个国家或一个公司在世界市场上均衡地生产出比其竞争对手更多财富的能力。"此类定义突出了区域经济的产出层面，其最大优势是用经济的产出来直接衡量区域竞争力的强弱。

（二）资源配置论

研究者将区域竞争力定义为区域的配置资源能力。他们认为城市竞争力是一种比较优势，也可以说是城市的凝聚力和吸引力；不完全取决于城市的大小，有多少资金、建筑和土地资源，重要的是城市能否具备把土地等主要资源集中到关键环节、关键领域中去的能力；是一个城市对外来资源（包括人口、资本、技术和资金）的吸引力的大小，区域竞争力就是一个区域争夺大区域市场和资源的能力。或者可以说，区域竞争力是一个区域在其所从属的大区域中的资源优化配置能力。这一类定义突出投入与过程层面，力求将概念立足于经济学的基本原理：经济的本质是资源的优化配置。但如何通过选择衡量资源优化强度的指标来分析区域竞争力的强弱，是相对比较困难的事情。

（三）产品提供论

研究者将区域竞争力定义为区域向大区域提供产品与服务的能力。他们认为城市竞争力是一个城市生产适应大区域、国内、国际市场需求的产品和服务，同时增加实际收入、改善居民生活质量和促进社会可持续发展的能力，是一个城市在一定区域范围内集聚生产要素，提供产品和服务的能力。类似的定义还有，认为"经济竞争力的实质就是比较生产力的竞争，主要强调一国特定产业通过在国际市场上销售其产品而反映出的生产力"。

这一类定义最直接。由于不同区域提供相同产品给同一市场，于是就会出现竞争，因而必然产生竞争力问题。基于此，早于 1986 年 WEF 就给竞争力下过这样的定义：国际竞争力是企业目前和未来在各自的环境中以比他们国内或国外的竞争者更具吸引力的价格和质量来进行设计、生产并销售货物以及提供服务的机会和能力。OECD 也有一个类似的定义：一个国家在自由公平的市场条件下提供经得起国际市场竞争的产品与服务，同时又能够长期维持和增加本国人民的实际收入。美国《关于产业竞争力的总统委员会报告》也认为，国际竞争力是在自由良好的市场条件下，能够在国际市场上提供好的产品、好的服务，同时又能提高本国人民生活的能力。

这一类型的区域竞争力属于一种狭义的区域竞争力，把竞争的注意力集中到产品或服务市场的竞争上。但必须注意到这么一个事实：区域之间的竞争不仅仅表现在区域产品和服务之间在大市场中的竞争，还更应该注意到区域之间对区域经济发展所需的各种各样战略性资源的竞争。

(四)经济实力论

研究者用区域经济实力来定义区域竞争力。他们认为，区域竞争力是指一个地区与国内其他地区在竞争某些相同资源时所表现出来的综合经济实力的强弱程度；城市竞争力是一个城市在与国内外其他城市竞争中所表现出的综合实力，往往可以用“城市竞争力”来描述和概括。“区域经济实力即区域竞争力”一说极易引起争议，因为在 IMD 和 WEF 的竞争力构成体系中，经济实力被列成是竞争力构成要素之一。国内经济实力表现为当期宏观经济的运行状况，着眼于现在；国际竞争力更侧重于经济发展的可持续性，着眼于未来。

(五)综合论

研究者将以上讨论中的两种或多种提法结合起来，对区域竞争力进行界定，试图对区域竞争力做更全面的定义。

通过以上归纳：在系统分析区域现状基础上，一个区域与其他区域相比，在资源环境、经济实力、产业市场、对外开放、基础设施、人力资本、科技创新和管理服务等方面表现出来的一种相对的综合能力，是一种通过比较所具有吸引、争夺、转化资源和控制、占领市场的能力，亦即能够为区域发展提供资源配置和市场导向功能的能力。据此定义，可将区域竞争力分解为 8 种竞争力：资源环境竞争力、经济实力竞争力、产业市场竞争力、对外开放竞争力、基础设施竞争力、人力资本竞争力、科技创新竞争力和管理服务竞争力。

第二节　区域竞争力分析模型

一、钻石模型

(一)波特的“钻石模型”

从 20 世纪 80 年代到 90 年代初，美国哈佛商学院波特教授在《国家竞争优势》一书中，把他的国内竞争优势理论运用到国际竞争领域，提出了著名的波特“钻石模型”(如图 13－1 所示)。波特的“钻石模型”要回答的问题是，为什么在国际竞争中一些国家成功，而一些国家失败？为什么一国能在某个特定产业中获得长久的国际竞争力？他认为，这要从当地企业所处的独特的国内竞争环境来寻找答案。一国的国内经济环境对企业开发其自身的竞争能力有很大影响，其中影响最大、最直接的因素就是图 13－1 中的四项。

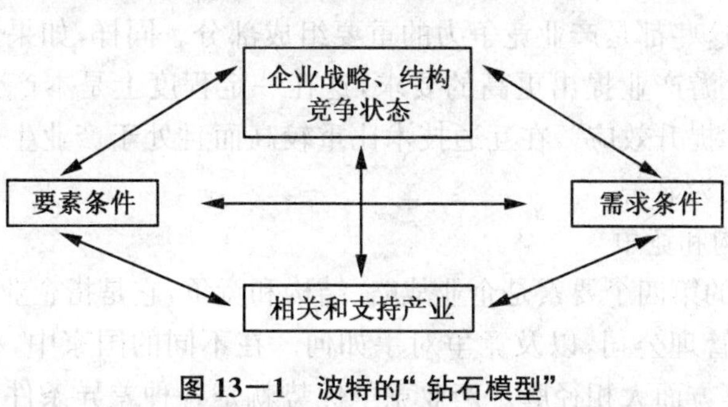

图 13－1　波特的“钻石模型”

1. 要素条件

影响区域竞争力的第一个因素是区域内的要素条件。每个国家都有经济发展所必需的生产要素，它指的是生产某种产品所需要的各种投入，其中包括：人力资源、天然资源、知识资源、资本资源以及基础设施。生产要素可进一步分为初级生产要素(basic factor)和高级生产要素(advanced factor)两类。初级生产要素是指企业所处国家和地区的地理位置、天然资源、人口、气候以及非技术人工、融资等，通过被动继承或者简单的投资就可获得；高级生产要素包括高级人才、科研院所、高等教育体系、现代通信的基础设施等，需要在人力和资本上先期大量投资才能获得。在现代社会，随着世界产业结构的升级，初级生产要素的重要性已经变得越来越小，而高级生产要素的获得和培育对于国际竞争来说更具有意义。

2. 需求条件

影响区域竞争力的第二个因素是区域内的需求条件。在钻石模型中，需求条件主要是指国内市场对某类产品或服务的需求。内需市场是产业发展的动力，主要包括需求的结构、需求的规模和需求的成长。国内市场的需求结构往往比需求规模更加重要。需求结构是指"市场需求呈现多样细分"。根据市场细分，某个小企业或者小国家可以专攻市场需求的某一个环节，这样也能够创造并维持较强的竞争力。虽然需求规模对产业的壮大发挥着重要作用，但是，从长远来看，这种规模效应不如内行而挑剔的客户需求对企业造成的压力大。由精致的专门需求造成的竞争压力，从外部催化出企业进行创新的能力。一旦企业能够满足国内内行而挑剔的客户，那么当企业面对国外或者其他不挑剔的客户时，就会比其他企业具有更大的竞争优势。需求条件另一个重要的方面是预期需求。如果本国客户的需求能够领先国际客户的需求，那么就会使得本国企业提前在相关方面展开竞争，这种"抢先进入"优势对于企业以后在国际上的成功至关重要。

3. 相关产业和辅助产业

影响区域竞争力的第三个要素是相关产业或辅助产业，它是指与某个产业相关联的上游产业和互补性产业。支持性产业主要是指提供原材料、零部件、机械设备等上游产业，能为下游产业快速、有效地适应市场需求变动、降低成本、提高竞争优势创造条件。相关产业是指因共用某些技术、共享同样的营销渠道或服务而联系在一起的产业或具有互补性的产业，可以合作、分享信息，甚至在电脑、设备和应用软件等方面能够互补，形成相关产业在技术、流程、销售、市场或服务上的竞争优势。波特认为，单独的一个企业以至单独一个产业，都很难保持竞争优势，只有形成有效的"产业集群"(industrial clusters)，上下游产业之间形成良性互动，才能使产业竞争优势持久发展。对企业而言，具有竞争力的上游产业能够为本企业提供先进的原材料、相关技术等，这些都是产业竞争力的重要组成部分。同样，如果下游产业在全球具有竞争力，那么就会对上游产业提出更高的要求，这在一定程度上是本产业进行创新的外部动力。相关产业会形成"提升效应"，在互通技术比重较高而且处于产业生命周期的初始阶段的情况下，"提升效应"尤为显著。

4. 企业战略、结构和竞争

影响区域竞争力的第四个要素是企业战略、结构和竞争，它是指企业在一个特定的国家环境中如何创立、组织、管理公司，以及竞争对手如何。在不同的国家中，相同产业的公司在目标、策略及组织形式等方面大相径庭。产业竞争优势就是各种差异条件的最佳组合。如果某一产业的公司在公司目标、策略及组织形式等方面的选择与该国产业竞争优势资源恰好相符合，则该产业的竞争优势将可充分地展现出来。一个国家内部市场的竞争结构也会对产业竞争优势产生重大影响，激烈的国内竞争是创造和保持竞争优势的最有力的刺激因素。波特指出，推进企业走向国际化竞争的动力很重要。这种动力可能来自国际需求的拉力，也可能来自本地竞争者的压力或市场的推力。创造与持续产业竞争优势的最大关联因素是国内市场强有力的竞争对手。波特认为，这一点与许多传统的观念相矛盾。例如一般认为，国内竞争太激烈，资源会过度消耗，妨碍规模经济的建立；最佳的国内市场状态是有两到三家企业独大，用规模经济与外商抗衡，并促进内部运作的效率化；还有的观念认为，国际型产业并不需要国内市场的对手。波特指出，在其研究的10个国家中，强有力的国内竞争对手普遍存在于具有国际竞争力的产业中。在国际竞争中，成功的产业必然先经过国内市场的搏斗，迫使其进行改进和创新，海外市场则是竞争力的延伸。而在政府的保护和补贴下，放眼国内没有竞争对手的"超级明星企业"通常并不具有国际竞争能力。

此外，政府和机遇作为另外两个辅助因素影响着上述4个因素，也对一国国际竞争力产生影响。波特认为这6个方面的因素相互影响相互加强，共同构成一个动态的激励创新的竞争环境，由此构成一国国际竞争力的来源。

波特的"钻石模型"为竞争力理论的研究做出了突出贡献，他的分析方法突破了各种比较优势理论的分析方法，为后来的研究工作提供了新的理论分析范式。波特模型也不是完美无缺的，它在博得很高声誉的同时，也引起较多的争论。其争论焦点在于波特的"钻石模型"在现实世界(不同国家、不同经济发展阶段)中的适用性。波特模型对于解释诸如美国、日本、德国和英国等发达国家的国际竞争力来源很有说服力，这些国家自身具有良好的国内经济环境(波特模型中的各个决定因素具备)，国内企业可以依托"母国基地"(home base)建立起竞争优势。但是，对于小国经济，对于欠发达国家和发展中国家而言，它们现实经济并不具备与波特"钻石模型"相称的国内经济环境，有的缺乏足够大的市场容量，有的缺乏资本、技术要素等。那么，这些国家应如何创造竞争优势呢？显然，波特的"钻石模型"没有给出很好的回答。针对波特模型的缺陷，国外学者又进一步拓展了"钻石模型"。

(二)双重钻石模型

如上所述，波特的"钻石模型"提出了一国企业竞争优势是源于母国国内经济环境，即"母国钻石"(home country diamond)是企业获得竞争优势的源泉。然而，鲁格曼等人(Rugman & Cruz，1998)对加拿大研究表明，单一的"母国钻石"并不能很好地解释加拿大企业竞争优势的来源。这是因为，加拿大是小国经济，它的国内市场容量和经济规模还不及美国的1/10，如此小的经济规模和市场容量难以支撑许多制造业、服务业和现代工业规模经济发展的要求，这也就限制了加拿大本国企业竞争优势的建立。

加美自由贸易协定的达成为加拿大突破"小国经济"的瓶颈提供了制度上的条件。加美自由贸易协定达成后，加美之间的"跨国经营(multinational activity)日益增多，这对提高加拿大本国企业的国际竞争力起着重要作用：一方面，加拿大本国企业可以利用美国市场(有着比加拿大更大的市场容量和更高级需求的消费者)来扩大生产，达到规模经济发展的要求；另一方面，那些具有较强的竞争优势的美国企业在加拿大投资，发展生产，这也为加拿大本国企业带来竞争压力。为了在与美国企业竞争中取胜，加拿大本国企业必然要提高自身的竞争力。因此，要分析加拿大的国际竞争力就不能仅仅囿于单一的"母国钻石"，而要将"跨国经营"纳入分析。

鉴于此，鲁格曼等人构建了"双重钻石模型"(double diamond model)(见图13－2)，试图更好地解释加拿大的国内企业。"双重钻石模型"是"加拿大钻石"与"美国钻石"的联合体。对于加拿大国内企业而言，它们不仅以加拿大国内经济环境（“加拿大钻石”）来创造竞争优势，而且依靠和利用“美国钻石”建立竞争优势。

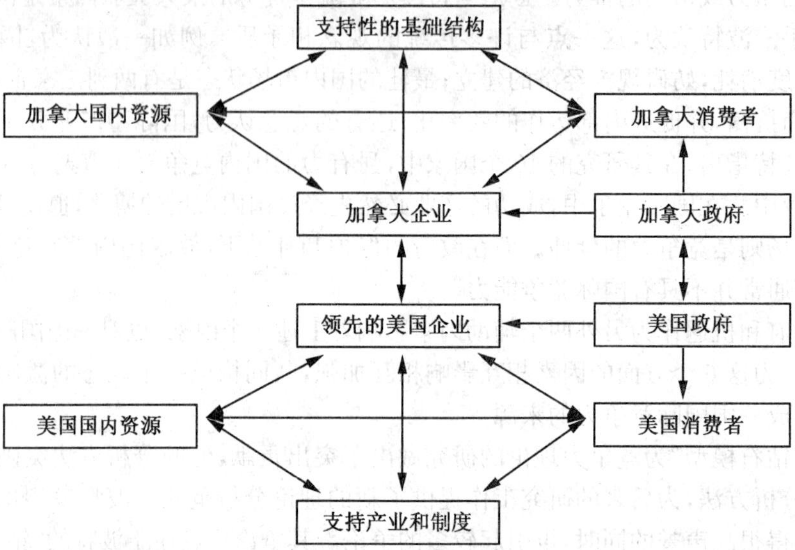

图 13－2　双重钻石模型

（三）一般化双重钻模型

鲁格曼的“双重钻石模型”是在对加拿大经济的分析基础上构建的，它很好地解释了加拿大国际竞争力的来源。然而，这个模型有其自身的局限性，不适用对北美自由贸易区外的其他小国经济的分析。鉴于此，蒙等人(Moon，Rugman & Verbeke，1998)进一步将“双重钻石模型”拓展为适合所有小国经济的“一般化的双重钻石模型”(the generalized double diamond model)(见图 13－3)。蒙等人构建的新模型中要解决的关键问题就是如何在波特的“钻石模型”中引入“跨国经营”这一变量进行分析，以便更好地解释小国经济的国际竞争力。此前，美国学者丹宁(Dunning，1992)曾将“跨国经营”作为第三个辅助因素(波特模型中另两个辅助因素是:政府和机遇)纳入波特的“钻石模型”分析，试图解决这一问题。但蒙等人认为，在全球化和经济一体化日益发展的今天，“跨国经营”成为推动一国经济(尤其是小国经济)发展的重要力量，对一国国际竞争力的提高有着重要作用，如果仅仅将“跨国经营”作为一个外部因素并不能充分体现出“跨国经营”的这一作用。基于此，蒙等人通过构建“国内钻石”(domestic diamond)和“国际钻石”(international diamond)双重钻石来解决这一问题。图 13－3 中内部的实线钻石代表的就是“国内钻石”，它的大小是由国家大小和该国竞争力(指没有考虑跨国经营时的竞争力的情况)决定的;图中中间的虚线钻石代表的就是“国际钻石”，它是在纳入了“跨国经营”这一变量后的竞争力。此外，图中外部的实线钻石指的是“全球钻石”(global diamond)，它是指假定一个国家经济完全融入全球经济时该国国际竞争力的决定因素，它的大小在可预期时间内是固定不变的。

蒙等人以韩国和新加坡为例对模型的有效性进行了检验。结果表明，韩国比新加坡有“更大”的“国内钻石”，但新加坡比韩国有“更大”的“国际钻石”。因而，如果只考虑“国内钻石”，韩国就比新加坡更具有国际竞争力;但如果综合考虑“国内钻石”和“国际钻石”，新加坡就比韩国更有国际竞争力。依据他们选定的参数如生产力、经理的洞察力等，表明新加坡要比韩国更富

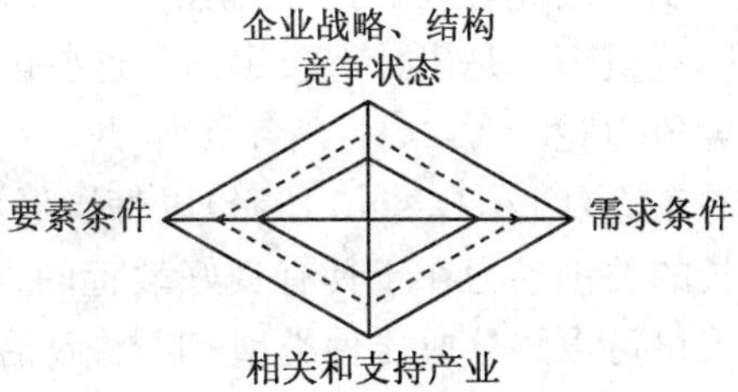

图 13－3　一般化的双重钻石模型

有竞争力。这也表明像韩国和新加坡这样的小国经济的国际竞争力既受“国内钻石”的影响，也受“国际钻石”的影响，从而验证了“一般化的双重钻石模型”在运用到小国经济中比波特的“钻石模型”更有解释力和适应性。

（四）新钻石模型

在世界经济一体化的今天，按照迈克尔·波特的看法：一个国家产业的竞争力与该国的要素禀赋、需求条件、相关产业支持、市场结构形态相关，一个国家产业的竞争力就是一个国家的竞争力。这个看法虽然有道理，但不够全面。正是因为世界经济一体化，一个国家产业的竞争力从本源上看应该是内生的，但也取决于该国产业参与世界产业体系的程度与在其中的位置。制度变革是提高产业竞争力的重要条件，但产业竞争力不会因为制度的变革自动地强大起来。

芮明杰(2006)认为产业竞争力的本源性变量应该是产业知识吸收与创新能力，因为我们已经看到有这样的案例即它的要素禀赋、需求条件、相关产业支持、市场结构形态不一定很符合波特教授的要求，但它的产业却有相当大的竞争力，如日本、韩国等。芮明杰对波特教授的“钻石结构”做了一点修改(如图 13－4)，从图 13－4 中可以看到在波特教授的“钻石体系”中加了一个核心，有了这个核心才能真正发展出自己产业持续的竞争力。因此，他认为现在与未来中国产业发展首先要培养自己的知识吸收与创新能力；其次，在更大程度上参与国际产业分工体系，并在产业链中谋求好的位置，进而在全球经济中保持与发展自己的产业竞争力。

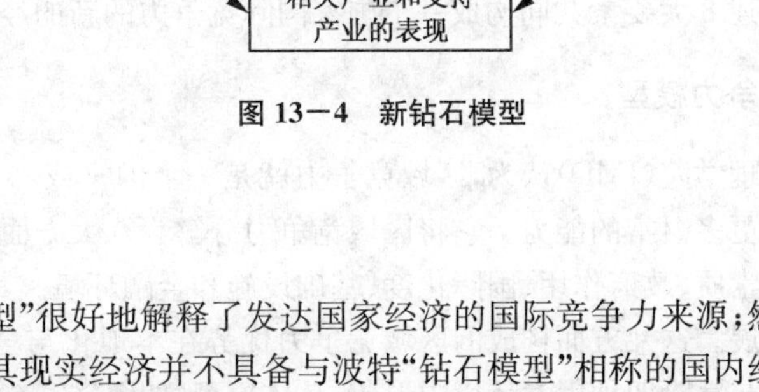

图 13－4　新钻石模型

二、九要素模型

波特的“钻石模型”很好地解释了发达国家经济的国际竞争力来源；然而，对于欠发达国家或发展中国家而言，其现实经济并不具备与波特“钻石模型”相称的国内经济环境，它们不得不依靠自身不断地去为提高本国国际竞争力创造条件。20 世纪后半时期，韩国和我国台湾地区经济发展的实践就表明了这一点。因此，这就对国际竞争力研究提出了这样的问题：欠发达国家或发展中国家（地区）的国际竞争力又是由什么决定的？这些国家（地区）在经济发展中又如何去提高本国（地区）的国际竞争力呢？

韩国汉城国立大学学者乔东逊（Cho，D. sun，1994）以韩国经济发展为实例对此做了初步研究，研究指出，韩国经济增长的关键动力在于具有良好教育的、充满活力的和富有献身精神的"人力"要素（乔认为，韩国人口可以划分成 4 种类型：工人、政治家、企业家、专业人员），他们是韩国经济国际竞争力的决定性因素，在韩国经济起飞过程中起着中心作用。然而，韩国经济的劣势在于缺乏资本、技术和足够大的国内市场等"物质"要素，这就要求政府和企业从国外引进资本和技术，去开拓国外市场，去创造影响经济增长的资源要素和其他方面的要素，即"人力"要素去创造"物质"要素。由此，乔构建了"九要素模型"（the nine-factor model）（见图 13－5），以更好地解释韩国经济发展的事实。

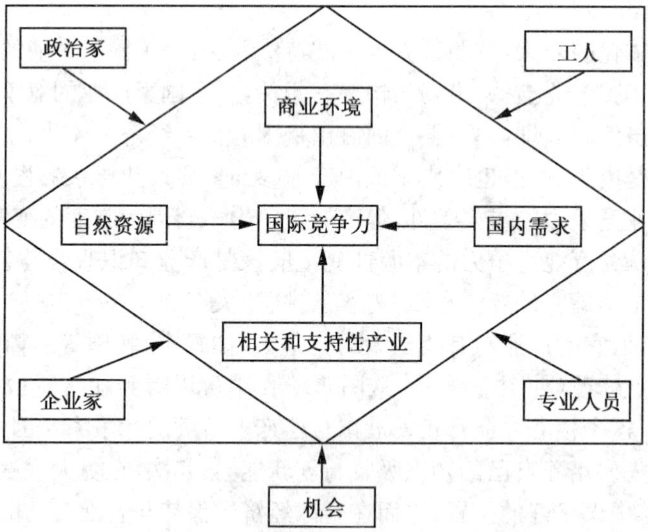

图 13－5 乔东逊九要素模型

依据乔的"九要素模型"，国际竞争力的决定因素可分为两大类：一是"物质"要素。它包括资源禀赋、商业环境、相关和支持产业、国内需求，这些因素相互作用共同决定特定时间内一国的国际竞争力水平。二是"人力"要素。它包括工人、政治家和官僚、企业家、职业经理人，他们创造、激发和控制 4 个"物质"要素，促使一国经济的发展和国际竞争力的提高。此外，机遇作为一个外部要素与上述 8 大要素共同构成一个国家国际竞争力的新的经济分析范式。

三、IMD 区域竞争力模型

瑞士洛桑国际管理学院（IMD）认为，区域竞争力就是一个国家或一个公司在世界市场上生产出比其竞争对手更多财富的能力。它将区域竞争力分解为八大方面，包括企业管理、经济实力、科学技术、国民素质、政府作用、国际化度、基础设施和金融环境。其核心是企业竞争力，其关键是可持续性发展。这几方面构成的区域竞争力优势在本地化与全球化、吸引力与扩张力、资产与过程、和谐与冒险四种因素环境中形成，具体模型（如图 13－6 所示）。

IMD 区域竞争力理论将竞争力分为国家竞争力和企业竞争力。企业竞争力是区域竞争

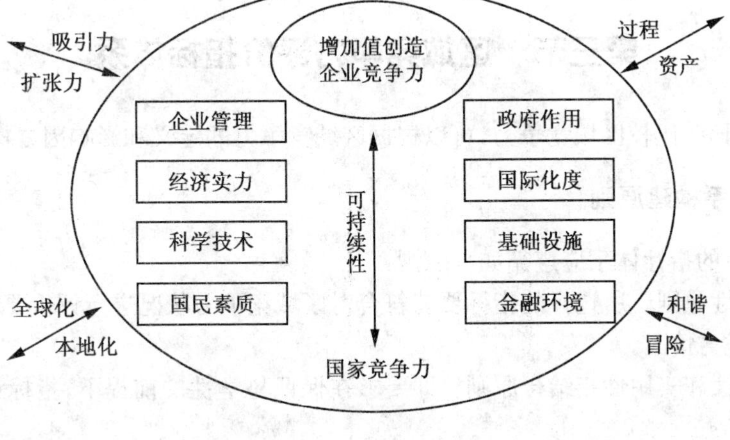

图 13－6　IMD 区域竞争力模型

力的核心。在一个国家，企业的基本作用就是创造经济附加值。虽然不同经济学派从不同角度对企业竞争力进行了研究，但企业的根本目标是不变的，即创造财富。

IMD 认为，在区域竞争力研究中，重点是国家竞争力研究，主要分析国家环境对于在其境内运行的企业的国内、国际竞争力的影响是有利或有害，从而加以判断评估；又由于国家竞争力由企业竞争力构成并体现，两者均强调可持续性是其发展取向，所以，在 IMD 模型中国家竞争力与企业竞争力是互为补充的。

一个国家的竞争力环境中普遍存在着四种因素，即本地化与全球化、吸引力与扩张力、资产与过程、冒险与和谐，这四种因素是传统、实力和价值体系等共同作用的结果，它们深深地植根于该国的深层次文化中，并体现出该国的文化价值特征。

四、评述

理论模型是对特定现实经济的一种抽象，要建立一个放之四海皆准的理论模型是不可能的。正如本节所指出的，波特的“钻石模型”很好地解释了发达的大国经济的国际竞争力来源，然而，对于小国经济、对于发展中国家和欠发达国家却并不完全适用。尽管鲁格曼、蒙和乔等人拓展了“钻石模型”，但他们的理论模型同样是在特定的背景下构建的，因而也有其自身的局限性。但是，我们应认识到他们的研究丰富和发展了竞争力理论，对于后人的研究有着重要的启示。

目前，关于国际竞争力的研究在我国理论界方兴未艾，对适用于我国的国际竞争力的分析范式和理论模型的研究至今仍未破题。国外竞争力的研究成果对于我们的研究有很大的借鉴作用，但是，在运用国外竞争力理论分析中国问题时有必要注意以下两点：第一，我国是一个发展中的大国。一方面，作为一个大国，我国有足够大的市场容量，有丰富的廉价劳动力资源等，因而，我国国际竞争力的来源更多的是依赖于“母国基地”；另一方面，我国又是发展中国家，技术落后、资本不足、管理欠缺等，因而，我国也有必要利用好“跨国经营”来提高本国的国际竞争力。第二，体制因素对经济发展的影响很大。国外竞争力理论的研究是以发达的市场经济为基础的，而我国还处于向市场经济转型时期，计划经济体制还未完全退出，市场经济体制尚未发育成熟，体制因素仍然影响着经济发展的方方面面，因此，在进行我国国际竞争力研究时不应将体制因素排除在视野之外。

第三节 区域竞争力评价指标体系

为了定量研究、比较区域竞争力，可以根据区域竞争力的定义和影响因素构建指标体系。

一、评价体系构建原则

区域竞争力的指标体系应遵循如下原则：

第一，目的性原则。所选择的指标要能符合对区域竞争力状况进行评价要求，要能体现出区域竞争力的优劣情况。

第二，科学性和实用性相结合原则。即要求在保证科学性的前提下，指标设置突出重点，尽量少而精。

第三，定性与定量相结合原则。所选择的指标既要有测度区域竞争力的"硬指标"，又要有能说明问题但无法定量的"软指标"。

第四，可操作性原则。各评价指标应信息集中，数据容易获得，计算方法简明易懂，具有可比性。

二、评价指标体系架构

建立区域竞争力评价指标体系，关键要确立统领整个指标体系的概念框架，以及构造反映区域竞争力各方面的具体指标。区域竞争力评价指标体系可以分为七大竞争力因素、62 项具体指标，如表 13－1 所示。

表 13－1　区域竞争力评价指标体系

一级指标	二级指标	三级指标	个数	合计
经济综合实力	总量指标	1. 国内生产总值(GDP)	3	10
		2. 社会固定资产投资		
		3. 财政收入		
	速度指标	1. GDP 增长率	3	
		2. 社会固定资产投资增长率		
		3. 财政收入增长率		
	人均指标	1. 人均 GDP	4	
		2. 人均固定资产投资		
		3. 城镇人均可支配收入		
		4. 农村人均纯收入		
产业竞争力	产业结构高级化度	1. 第二、第三产业产值比重	2	4
		2. 第三产业比重		
	产业结构专门度	1. 产业相似系数	2	
		2. 产业相似系数变化值		

续表

一级指标	二级指标	三级指标	个数	合计
企业竞争力	企业规模	1. 规模以上企业数量	2	9
		2. 国家重点企业数量		
	企业经营指标	1. 工业经济效益综合指数	7	
		2. 产品销售率		
		3. 资金利税率		
		4. 成本费用利税率		
		5. 劳动生产率		
		6. 流动资金周转次数		
		7. 增加值率		
国际竞争力	国际商品市场指标	1. 进出口商品总额	2	9
		2. 进出口增长率		
	国际资本市场指标	1. 实际利用外资额	3	
		2. 实际利用外资额增长率		
		3. 外商直接投资		
	国际旅游市场指标	1. 旅游创汇总额	2	
		2. 国际旅客数		
	经济外向度	1. 外贸依存度	2	
		2. 出口区位熵		
科技竞争力	科技队伍	1. 各类科技人员总数	3	9
		2. 各类科研人员总数		
		3. 万人科技人员数		
	科技投入	1. 科技投入经费总额	2	
		2. 万人科技经费数		
	科技成果	1. 专利受理数	2	
		2. 专利授权数		
	科技转化	1. 成交技术合同数	2	
		2. 成交技术合同金额数		
环境和基础设施竞争力	交通运输指标	1. 旅客周转量	2	13
		2. 货物周转量		
	电信指标	1. 邮电业务总量	4	
		2. 人均邮电业务量		
		3. 电话普及率		
		4. 互联网用户量		
	能源指标	1. 发电装机容量	3	
		2. 发电总量		
		3. 人均发电量		
	环境指标	1. 环保投入额	4	
		2. 环境噪声达标面积比例		
		3. 烟尘控制区面积比例		
		4. 环境保护区面积比例		

续表

一级指标	二级指标	三级指标	个数	合计
人力资本竞争力	人口健康素质指标	1. 出生率	4	8
		2. 死亡率		
		3. 千人医生数		
		4. 万人医院床位数		
	人口文化素质指标	1. 文盲、半文盲占15岁以上人口比例	4	
		2. 大专以上教育程度人口比例		
		3. 普通高校在校学生数		
		4. 高等学校学生数		
合 计	21项	62项		

第四节 提高区域竞争力途径

通过前文分析，我们了解到影响区域经济竞争力的因素是多方面的，要提高区域竞争力，应采取多种措施而不是单一措施。

一、发挥地方政府作用

地方政府是区域经济主体之一，政府的角色和职能对建立区域竞争力的影响表现在以下几方面：

第一，地方政府是否具有根据本区实际情况，制定适当的区域经济政策的能力。地方政府作为地方经济的管理者，追求国家经济利益与区域利益的统一。一般而言，区域经济政策属于制度范畴。政府通过制度安排，改变区域的要素供给特征和要素配置效率，进而影响区域增长速度。兼顾公平和效率的区域经济政策，既能实现区域内部的均衡发展，也可以在资源供给既定的条件下，实现资源利用效率的最大化。

第二，地方政府能最大限度地降低对企业生产经营活动的干预。地方政府要强化宏观经济调控职能，取消对企业的直接行政干预。企业生产什么、生产多少、怎样生产，由企业根据市场情况决定。政府的区域经济管理，主要是协调好政企关系。

第三，地方政府能否为微观经济主体提供可预测的客观社会环境。制定和维护市场规则，加强市场监管力度，营造统一开放的市场环境，保护公平竞争，保护区内所有投资者和居民的合法权益是地方政府的重要工作。地方政府应当合理定位各政府部门之间、政府与企业之间以及政府与社会之间的分工。

二、优化区域产业结构

现代产业理论认为资源配置结构的演化是区域经济发展的前提之一，区域经济发展的过程实际上也是区域经济结构高级化、合理化的过程。因此，结构优化是区域经济发展的永恒主题。区域产业结构优化是指从整个区域经济出发，通过一系列深入细致的定性、定量研究，得出区域产业结构的优化模型和方案，并在此基础上制定和实施相应的产业政策，实现区域内产业间比例关系的优化调整，促进各种生产要素最佳组合、各种资源最佳配置，从而取得最好的经济效益。从这个角度讲，区域产业结构优化是一个科学的决策过程，即根据自身定位和区域内所拥有的资源，依据科学的决策，实现区域经济效益的最大化。

区域产业结构的优化还要依靠区外的产业转移。产业转移不仅会提高转移产业的生存能力，增加就业机会，而且还可以通过一系列的传递扩散机制，提高整个地区的产业竞争力，带来地区经济的繁荣。首先，产业转移可以增加转入区的就业机会，并为相关产业的发展创造条件；其次，产业转移将直接增加转移产业的生产能力，扩大该产业的产出量和市场份额，由此带动整个地区经济的增长；再次，产业转移不单纯是资金的注入，而且往往伴随着技术和管理经验的扩散，因而有利于提高资源配置效率，提高劳动生产率和创新能力。

当然，由于转移的产业大都是劳动密集型的产业，有的甚至是低技术含量的简单组装装配产业，生产工人的劳动强度很大，工资低，缺乏劳动保护，容易造成职业病，危害工人的身体健康。另外，还有一些产业是因为受到转出区环保政策的限制而准备转移到其他区域的。如果转入区不加限制，很容易吸收一些污染企业。这种产业转移虽然短期内创造了就业，增加了产值，但长远发展会大大降低区域的竞争力。因此，应该积极吸收适合区域经济持续发展的转移产业来提高区域的竞争力，控制产业转移带来的不利影响。

三、加快产业集群

经济全球化使国家之间的竞争越来越激烈。国与国的竞争更多地表现在区域的竞争力上，而区域的竞争力则往往表现在地方特色产业集群上。发展产业集群已成为促进区域经济发展，提升区域经济综合竞争力的重要途径。增强区域产业集群的竞争力的具体措施有以下几点：

第一，提高生产要素的质量。按照迈克尔·波特的观点，生产要素可分为初级生产要素和高级生产要素。许多产业集群区的初级生产要素优势正在逐渐减弱，一些资源性要素的利用几乎已到山穷水尽的地步。因此，未来应重点培育和创造中高级生产要素，提高劳动力素质。通过生产要素质量的普遍提高，来引导新的投资方向，增加产品种类，延伸集群产业链，提高集群深加工能力，从而促进地区产业结构的高度化和合理化。

第二，大力发展中介组织，提高产业集群的自我管理能力。中介机构是企业协作的标志，可以提供诸如研究与开发、市场营销、宣传、劳资谈判、论坛等服务。中介机构可以大大降低企业间的交易费用，并在必要时提供单个企业无能为力的、具有外部性的服务。专门的中介服务机构可以协调和解决集群中可能出现的问题，及时公布与行业竞争相关的信息，发挥竞争对于创新的积极作用。

第三，培育龙头企业，实现层次性布局。要根据市场发展的需要，利用分包、战略联盟、技术合作、组建虚拟企业等形式，在产业集群内部形成合理的“大、中、小”共生的产业组织结构，提高专业化与协作的效率，克服内在的缺陷，促使产业集群向规模化、专门化、协作化的方向发展，提高产业集群的生命力和竞争力。

第四，着力打造区域品牌，树立区域品牌竞争意识。区域品牌对于产业集群区域经济的促进作用是不言而喻的，它是区域经济发展的一种宝贵资源，这种资源又几乎可以被产业集群内所有企业免费使用，是准公共物品，因而就要由政府牵线，集群协作，将这种品牌加以整合、包装，通过广告媒体或组织博览会、新品推介会、研讨会等，来扩大宣传的力度；同时，还需要在集群内部建立起一种监督协调机制，对一些破坏区域品牌整体形象的区内企业实行惩罚，从而形成一种精诚合作、优势互补的竞争新格局。

第五，广拓融资渠道，促进产业集群的资本集聚。要构筑与区域产业集群发展相适应的地方金融体系，组建股份制商业银行等；推行企业财产抵押贷款，组建中小企业跟踪监督机构，建立专门的信用担保机制和企业债权维护机制等；放宽对企业信贷的限制，创立集群产业发展基金，拓宽融资渠道，建立“政府宏观指导、企业自主投资、银行独立审贷”的新型投融资体制，促进民间投资向产业群集聚。

复习思考题

1. 简述区域竞争力的含义。
2. 简述区域竞争力的分析模型。
3. 比较分析钻石模型、双重钻石模型、九要素模型和IMD区域竞争力模型。
4. 简述区域竞争力评价指标体系。
5. 简述提高区域竞争力的途径。

第十四章

区域政策与区域规划

第一节　区域政策

一、区域政策概述

区域经济政策亦称区域政策，起源于英国和美国。虽然早在 20 世纪 30 年代，区域政策就已经开始实践了，但大规模地推行区域政策和对区域政策的研究则是在第二次世界大战之后。

(一)区域政策的内涵

自区域经济学作为一门学科兴起以来，许多学者曾试图明确界定区域政策的内涵，并做出一个规范的定义。

1. 国外学者的观点

约翰·弗里德曼将区域政策定义为“区域政策处理的是区位的问题，即经济应该在什么地方发展”。它反映了在国家层次上处理区域问题的要求。只有通过操纵国家政策变量，才能对区域经济的未来做出最有用的贡献。罗杰(C. Roger)认为“区域政策实际上是试图改变自由市场经济造成的某些空间结果，以实现经济增长和社会的合理分配这两个目标”。阿姆斯特朗(Armstrong)与泰勒(Taylor)认为，“区域政策可定义为一组政策工具集，这些政策组合在一起是为了实现某些目标”。

2. 国内学者的观点

第一种观点，认为区域政策是政府(主要是指中央政府)干预区域经济的重要工具之一，它通过政府的集中安排，有目的地对某些类型的区域问题实行倾斜，以改变市场机制作用所形成的一些空间结果，促进区域经济发展与区域格局协调并保持区域分配合理。

第二种观点，主张区域经济发展政策可以分为国家区域政策和地方经济发展政策两大部分。国家区域政策是由中央政府及其所属的各有关机构如中央银行、财政部、计划部门、国土部门等负责制定，适用于该国家之内具有某种特征的若干地区。地方经济政策是由地方政府及其所属的部门制定的、仅适用于该地方政府所管辖的行政区范围之内。

第三种观点，认为区域政策是政府根据区域差异而制定的促使资源在空间的优化配置、控制区域间差距扩大、协调区域之间关系的一系列政策的总和。

3. 一般观点

综合来看，我们可以得出，区域政策是由政府（包括中央政府和地方政府）干预区域经济的重要工具之一，它具有调整资源在空间的配置、控制区域间差距扩大、促进区域经济发展和区域格局协调发展的作用。

这里值得注意的是，区域政策既包括中央政府所实施的区域政策，也包括地方政府所实施的区域政策。其中，国家区域政策或称中央区域政策是由中央政府制定、实施监督和评价的。它是从国家层面，考虑国家的国民经济发展和区域经济格局的协调。地方区域政策则主要考虑省区内各区域经济发展和差距问题。所谓区域，是经济区域的简称，是在经济上具有同质性或内聚性的地区，通过选择与特定经济问题相关的特征并排除不相关特征而划定的。那么，在一个省区内甚至更小的单元区域内，同样可以划分成不同的区域。

（二）区域政策的特点

区域政策是一种特殊的经济政策，与一般微观经济政策和宏观经济政策不同的是，它通常会带着十分强的目的性来考虑空间问题，即针对某些类型的区域问题，通过政府的集中行动来对某些区域进行倾斜，从而调整由市场机制所形成的一些空间结果，促进区域经济发展和区域格局的协调。

总结其与一般经济政策的不同之处，可以得出区域政策以下几个突出的特点：

1. 区域倾斜性

区域倾斜性是指通过政策对选定的地域单元予以倾斜性的利益补助。只有当各区域受到不同水平的政策支持时，区域政策才存在。当所有区域或地区被一视同仁，受到政府同等支持或获得相同权利时，区域政策是不存在的。

2. 决策单向性

国家一级区域政策的决定、实施、监督与评价是由中央政府来实行的，地方一级的区域政策的决定、实施、监督与评价由地方最高级别的政府来实行。低一级地域单元有权将自己对制定区域政策的意见向国家和上级政府反映，国家和上级政府也可以根据这些意见客观地做出一个调整。但是，区域政策的决策应该是单向性的，低层地域单元没有权利对上级地域单元做出决策或者作决策的调整。

3. 政策工具性

区域政策强调为区域发展战略和区域规划服务，是落实战略和规划的工具。所谓区域战略和规划，是指为实现宏观目标而确定的经济、人口、环境等如何在空间上组织的明确计划，或者说是一个重点空间蓝图性的谋划。区域政策主要涉及的是政策工具的选择。区域战略追求的是空间格局的优化，区域规划追求的是区域内资源利用的优化，而区域政策追求的是利用相关政策工具进行区域支持与解决区域问题。

二、区域政策的经济学基础

对于区域政策的经济学基础，存在着两种理论观点：区际趋同论和区际趋异论。

(一)区际趋同论

从理论的背景来看,区际趋同论是新古典主义在经济空间分析领域中的拓展。在经济政策方面,新古典学派主张推行经济自由主义。他们认为,应当尽可能地利用市场和竞争的力量,国家只应从事有限的活动,如提供公共产品,建立涉及财产和契约的法律制度等。

在“凯恩斯革命”之前,区际趋同是一种流行的观念。然而在20世纪50年代,区际趋异理论被系统地提出来,广泛地影响了西方各国的区域政策,区际趋同论渐渐沉寂。到70年代中期以后,在经济衰退和向后工业化社会过渡的背景下,干预主义的区域政策理论和实践遭到批评,新古典主义的区际趋同论则经历了一段复兴期。

对于经济发展过程中出现的显著的区际差距,趋同论者持如下的基本观点:第一,这种非均衡状态,不过是经济体系中的一个暂时现象;第二,出现这种状态,是由于市场尚不完善,以及存在着妨碍要素自由流动的制度性瓶颈;第三,随着市场体系的完善和经济的一体化,市场力量会自动地消除区际差距。基于以上观点,区际趋同论认为,政府对区际差距实施政策干预是不必要的,甚至可能产生有害影响。

(二)区际趋异论

与区际趋同论者相反,区际趋异论者认为:市场力量的作用是倾向于扩大而不是缩小区域间的发展差距,因此,为了把这种差距控制在社会可接受的范围内,政府干预是必不可少的。在这方面,被援引得最多的是缪尔达尔和赫希曼的著作。普雷维什于1950提出了反新古典主义的“中心—外围”理论。他认为:世界经济体系是由“中心”和“外围”两极组成的。中心一般是繁荣富足的资本主义国家,外围一般是持续贫困的发展中国家;中心的扩张是为了利用外围,限制和阻止外围的发展;中心的经济结构具有同质和多样化的特征,而外围的经济结构则是异质和专业化的。赫希曼分别用“极化效应”和“涓滴效应”替代了缪尔达尔的“回流效应”和“扩散效应”。赫希曼认为,在经济发展过程中,因增长点存在而出现区际发展差距是不可避免的;涓滴效应超过极化效应的条件是,发达地区的扩张在很大程度上不得不依赖于落后地区的产品。如果发达地区不是向落后地区,而是转向其他地区去获取所需的产品,那么涓滴效应就不可能抵偿极化的力量。所以,要缩小区际差距,光靠市场机制是不够的,政府干预必不可少。

三、区域政策的目标与主要内容

(一)区域政策的目标

1. 制定区域政策的基本动机

(1)经济动机。经济动机是区域政策的主导动机。尽管经济问题在各国表现形式不一,但基本上可划分为四种类型:贫困问题、萧条问题、膨胀问题、边界地区问题。

(2)社会动机。促进社会和谐发展是区域政策的另一动机。区域政策要考虑很多社会因素,主要是就业问题和社会福利差异问题。

(3)环境动机。协调人和地理环境的关系是区域政策的又一动机。人类越是向前发展,需要层次越是不断升级,对地理环境的要求就越高。然而,人类在经济发展的过程中,却在不断影响生存的地理环境。如何协调人地关系,既是区域经济科学研究的核心,也是区域政策实施的对象。

2. 制定区域政策的目标取向

(1)区域政策的总目标。区域政策的总目标是追求经济效率和社会公平的最大化。追求经济效率目标就是在发展国民经济的过程中,通过资源的空间有效配置,旨在取得最佳经济效益，实现区域经济的迅速增长，从而增强整个国家的经济实力。追求社会公平，就是在发展国民经济过程中，通过运用各种手段逐步缩小区际差异，旨在取得最大社会公平，实现区域之间的相对均衡发展，从而提高整个社会的和谐程度。由于区域政策的双重目标之间既有矛盾的一面，又有统一的一面，在实际的执行过程中，经济效率和社会公平目标孰先孰后，两者如何结合、兼顾，是制定区域政策遇到的首要问题。

(2)区域政策的具体目标。区域政策的具体目标包括：①经济目标。缩小区际发展水平差异，进行生产力的合理布局，进行经济空间扩大和新区开发，促进落后地区经济增长、衰退地区经济复兴、核心地区经济活动扩散，提高衰退区、落后区就业率，实现经济一体化等。②社会目标。缩小区际社会差异，缩小区际生活质量差异，改善落后地区教育、文化、卫生状况等。③生态目标。保护环境与国土整治等。④政治目标。保证国防安全、民族团结等。

3. 区域政策目标间的冲突

区域政策的主导目标是经济增长，但同时也要受其他目标的制约，诸如社会目标、生态目标和政治目标等。由于目标本身的差异，在实现经济增长目标的过程中，有可能与其他目标的实现发生冲突。在这种情况下，一方面，不能简单地以所谓经济增长的积极作用来抵消对其他目标的实现，这种简单的抵消在理论上缺乏依据，在实践中也难以行得通；另一方面，如果发生目标间的冲突，必须根据国民经济发展的总体要求和不同发展阶段的具体情况，保证重点目标的实现。原则上讲，在经济发展的初期，应以经济增长目标为主，因为促进经济增长带来的对其他目标实现的消极作用可以暂时容忍。

由上可见，区域政策的核心问题在于如何解决区际差异问题。区际差异是客观存在的，它将随着经济的发展而逐步缩小，但是永远不会消除。当区际差异缩小到一定程度，如果继续缩小下去，对经济发展反而不利，但是缩小不到与当地生产力水平相适应的满意程度，经济发展也不能达到最优状态。这里，区际差异存在一个“适度间距”问题，其下限应以不影响或很小影响整体国民经济的发展与增长为界，其上限应以区域的可承受度及不发生社会和民族矛盾为准。在“适度间距”内，经济效率和社会公正目标可以同时实现。如果区际差异超过适度间距的上限，尽管经济效率可以维持一个很高的增长数字，但是区际差异不能被整个社会所接受，这时，经济增长带来的好处可能被区际不公正引起的政治和社会动荡所抵消。如果区际差异低于适度间距的下限，不同区域之间将会产生平均主义现象，各个区域失去提高经济效率的动力，阻碍整个国民经济的发展和增长。相对而言，在经济发达国家，“适度间距”自然要小一些；在中等发达国家，“适度间距”可能要大一些；而在发展中国家，“适度间距”可能处于最大状态。

4. 区域政策目标的选择原则

在确定区域政策目标时，应当根据下列几项原则进行：

第一，根据具体的区域问题类型进行选择。在贫困地区，那里的产业结构主要是由第一产业所构成的，区域政策的目标在于推进产业结构开发；在萧条地区，那里的产业结构主要是由过时的衰退产业所构成的，区域政策的目标在于加速产业结构转换；而在膨胀地区，那里的主要问题是由产业密集所造成的，区域政策的目标应该是重视产业向外扩散。

第二，根据特定的经济发展阶段进行选择。缩小区际差异是有一定的客观规律可循。从世界各国的地区不平衡实际趋势与人均国民收入增长之间的关系来看，存在一个倒 U 形相关规律，即工业化初期通常会扩大地区不平衡，接着趋于稳定，最终则是趋向平衡化。在经济不发达阶段，应该选择经济效率优先目标；在经济发达阶段，应该选择社会公正优先目标。这在不同发达程度的国家之间也是如此。目前发达国家高度重视社会公正目标，而发展中国家则高度强调经济效率目标。

第三，根据当前的区际差异程度进行选择。一个国家内部，如果地区间、城乡间经济发展的差距太大，已经成为经济进一步发展的障碍，甚至有触发经济、社会、政治危机的可能，则无论总的经济形势如何，在国家的发展战略中都要把社会公平原则放在首位，并不惜为此而减缓发展速度，否则一旦问题爆发，后果难以收拾。反之，如果地区间的不平衡状况并不显著，社会比较安定，则有可能在区域发展中，把追求发展的高速度放在更加重要的位置上。

第四，根据未来的经济发展预测进行选择。如果估计在计划期间，经济处于繁荣时期，则应以经济效率为发展的主要目标。因为一旦错过这个机会，经济可能就会落后好几年，甚至更长时间，再想追上去就非常困难；反之，根据预测，如果计划期间的经济将主要处在危机、萧条阶段，则应以社会公平为发展的主要目标。

（二）区域政策的主要内容

区域政策体系十分庞杂，但归纳起来，主要涉及如下几方面的内容。

1. 区域宏观经济政策

许多国家宏观经济政策都带有区域效应，可被用于实现区域政策目的。例如，货币贬值将有利于实行出口导向生产的地区，进口控制将有利于那些实行进口替代生产的地区。

(1)区域财政政策。财政政策是国民经济总量调节的重要手段，也是配合产业政策和投资政策，促进区域产业合理分工和区域经济协调有序发展的重要手段。区域政策是将区域性差别财政政策作为政策手段。

(2)转移支付政策。转移支付政策是国家为了实现区域间各项社会经济事业的协调发展而采取的一项区域经济政策。转移支付是政府把以税收形式筹集上来的一部分财政资金转移到社会福利和财政补贴等费用的支付上。

2. 区域产业与投资政策

市场经济体制下，生产要素在生产者之间、行业之间、产业之间、地区及区位间的分布组合主要是经济主体通过要素市场实现的。但市场调节不能解决总量与结构问题，还需要政府运用产业政策和投资政策来调节。

产业政策是以区域经济各产业为对象，通过对各产业的保护、扶植、调整和完善，直接或间接地参与产业或企业的生产经济活动的总称。产业政策的意义不仅在于调整资源配置结构，更在于加快结构合理化与高级化，加快经济发展的步伐。产业政策包括三个方面的内容：产业结构政策、产业组织政策、产业布局政策。

投资政策既包括政府的直接投资，也包括政府对本地区企业和个人的投资的影响。地区在进行产业投资中，应优先发展主导产业，使之有效地承担起全国地域分工任务，并增加其带动地区经济发展的辐射力，配套发展关联性产业，特别是主导产业的前后关联产业。

四、区域发展政策

（一）区域和谐发展政策

国家利用手中掌握的人力、物力和财力，通过政策的运用，协调地区的发展，是区域经济政策的一个重要作用。区域和谐发展政策，可以分为三个方面。

1. 区域经济协调发展政策

区域经济协调发展，是指在区域开放的前提下，各地区实现相互促进、相互适应、相互依存的状态和过程。它包括各地区经济发展水平、速度的总量协调，区内外的产业发展合理化与协调。区域经济协调发展既有助于落后地区开发，又能够促进发达地区的经济增长，以及协调各区域之间的利益关系、交换关系、地位关系等。要实现区域经济的协调发展，不可能完全靠区域之间的协商，而必须靠中央政府的权威和财力的影响。制定区域协调政策，有以下三个目的：第一，建立合理的中央与地方的关系，增强中央的调控能力，使中央政府成为地方经济发展的协调人。第二，理顺地区的利益关系，克服因产业结构差异和发展水平差距而造成的区域利益和地区人民收入的不平等。第三，调整产业布局，克服因资源分布不合理而造成的产业布局的矛盾。总之，健全区域经济关系，区域经济协调政策的制定和实施，使区域之间关系的解决有了依据和准则。

2. 区域合作政策

区域合作是区域协调的延伸和拓展，区域合作政策的作用重点是克服由于区域利益矛盾引起的区域经济冲突，达到一种和谐与合理分工的状态。第一，各区域通过专业化分工，其经济优势都能够得到充分发挥。第二，通过发挥各自的优势，都能够形成较强的自我发展能力。第三，在自我发展的过程中，生产要素能够在区域间自由流动。第四，通过各类生产要素的流动和产品的自由销售，形成全国的统一大市场，并促使区域间互相开放市场。第五，经过长期的合作、发展，使各区域的经济效益和经济利益得到提升，各地区的经济发展水平和人民收入水平也得到提高。

3. 环境补偿政策

对于受自然条件影响较大的区域，可以按照实际功能定位，划分功能区，制定分区发展规划。一些特殊自然条件限制区域，如水源保护区、森林涵养区等，会在进行自然环境保护的同时形成正的外部效应，使其他区域享受到良好环境带来的发展优势。因此，享受正外部性效应的区域需要提供补偿，主要手段有直接补偿、转移支付等。这些都是区域和谐发展的重要组成部分。

（二）地方性区域政策

任何区域内，都存在着区域问题。中央政府管辖的范围内存在区域问题，地方政府所管辖的省区内同样存在着区域问题。所以，地方政府也需要运用区域政策来干预区域经济。具体来说，针对某些区域问题，区域政策向某些区域进行倾斜，从而调整由市场机制所形成的一些空间结果，促进区域经济的发展。

1. 地方政府的职能

发展地方经济是各级政府的重要职能之一。在现代社会，几乎各个层次的地方政府都会制定一定的政策以促进本地区的社会经济发展。在我国，近年来一些省份内的区域差距问题愈加凸显，省份的区域格局也越来越不协调。因此，促进地区内区域格局的协调应该像区域经济发展一样，成为地方政府最重要的职能之一。

2. 地方区域政策与中央区域政策的异同

中央区域政策和地方区域政策分别是中央政府和地方政府制定实施的，目的是为了促进所管辖区域内经济的发展和区域格局的协调。这两者之间既存在着明显的区别，同时也存在着诸多联系。

(1)地方区域政策和中央区域政策的区别。从作用对象的角度来看，中央区域政策作用的对象是整个国家内的各个区域，在制定政策时往往要同时考虑几个大的区域。地方区域政策的作用对象则仅仅是其行政上管辖的范围，在这个范围内，地方政府要处理的区域问题相对较为单一。从政策的工具和手段来看，中央区域政策的工具和手段比地方区域政策要丰富，特别是在区域管理机构设置较为完善、区域政策决策程序较为规范的国家，中央区域政策实施起来就相对容易一些；地方区域政策能利用的工具相对较少，而且很多决策需要层层审批，程序复杂。

(2)地方区域政策同中央区域政策之间的联系。首先，这两者是相互影响的，地方区域政策通常会受到中央政府的约束，而中央政府的区域政策也会受到地方区域政策的影响。其次，地方区域政策实施的效果可能直接影响国家区域政策的实施，只有地方区域政策实施好了，地方经济能够稳定、健康地发展，才能为中央区域政策提供源源不断的财政资源。

3. 地方区域政策与中央区域政策的矛盾

地方区域政策与中央区域政策之间的矛盾包括两个方面：一方面，中央政府的政策可能同地方区域政策不一致，甚至可能存在直接的矛盾与冲突；另一方面，各个地方的政策之间可能存在矛盾与冲突，这种矛盾和冲突有时会影响甚至破坏中央区域政策。中央政府制定的区域政策同地方政府制定的区域政策之间的矛盾主要表现在如下几个方面：

第一，区域政策的一个本质特点是倾斜性，那么中央区域政策在选择作用对象时往往是支持某方面或某区域，而排斥其他方面或其他区域。那些被排斥的区域可能会我行我素，甚至采取一些与中央区域方向不一致的行动，使得中央扶持区域的政策效果减弱。就算是被扶持的区域，由于地方领导人的效用偏好、意识形态的刚性、官僚政治的存在所形成的有限理性等，也经常使得中央区域政策部分失效，甚至完全失效。

第二，从区域政策资源利用来看，区域政策的本质是从一些区域汲取资源用在另外一些区域。在区域政策的制定与实施中，各区域为了实现利益最大化，往往会讨价还价。资源流出的往往是一些发达区域，这类区域一般会对区域政策持批评态度，而资源流入区有夸大其存在的问题的倾向。

第三，当区域制度基础不完善时，地方区域政策往往会利用中央区域政策的漏洞，导致中央区域政策部分失效。地方保护政策就是其中一种。地方保护政策不同于国家的区域保护，它是一种极端的地方政策，是以本位利益为出发点的，由地方政府制定、实施有害于其他地区利益或国家整体利益的，而对本地企业或个人倾斜的措施与工具。这种政策可能是行政性的，也可能是经济性的。

第二节　区域规划

一、区域规划概述

(一)区域规划的概念

1. 理解区域规划概念的角度

区域规划(regional planning)是规划的一个分支，主要是从区域角度研究规划。在规划的基础上对区域规划进行解释，需要对区域概念进一步明晰。事实上区域规划的概念之所以争议较大，主要是不同的学者对区域的理解不同。理解区域规划，可以从以下三个角度进行：

第一，宏观规划的角度。即从宏观经济的发展需要出发，对区域空间进行以社会经济综合发展为目的的规划，制定中长期的发展战略规划。这种规划往往具有指导性，是政策性的规划。国家和区域的发展规划，如“十三五”规划，都属此类。

第二，中观规划的角度。将规划的范围限定在一个特定的区域内，综合考虑区域内部资源的分布和社会经济发展的条件，将大都市与周边吸引地域结合到一起，对这个特定地区的经济活动及产业发展，制定一揽子的发展程序和时间表。区域规划的内容应当相对比较具体，要涉及具体地区的具体部门或具体产业，规划的文本要具有可操作性，如中国内地的31个省、自治区和直辖市等。

第三，微观规划的角度。将区域规划解释为区域土地利用规划或者是扩大的土地利用规划，或者是城市规划的一个组成部分，包括各类资源的开发规划和居民小区的开发规划等。微观的理解更倾向于方案的设计，以促进某一类小区域的发展作为规划的最终目的。

2. 区域规划与区域经济发展的关系

区域规划最早产生在20世纪初的英国和德国。长期以来，编制区域规划的目的就是解决区域发展的程序和空间问题。

按照新古典经济学理论来分析，区域发展离不开三个最基本的要素，即资本、劳动力和技术。要素转化为财富，需要有条件和途径，而政策、机制和环境则决定了各类要素在区域发展中的作用大小。区域规划是解决这些生产要素现在和未来在特定区域内的配置或部署问题。它以现实的各类生产要素的组合为基础，根据发展条件和环境的变化，安排未来时期的要素如何组合、如何运行。

3. 区域规划与产业布局的关系

区域规划和区域产业布局是容易被混淆的两个概念。韦伯和杜能的区位模型，都是以运费最小来选择最佳区位进行产业的空间布局的。廖什引入了产业空间布局的利润最大化的概念，并提出市场区的模型。现代区域经济学则在此基础上进行深入研究，形成了产业聚集等诸多模型。产业布局研究的核心是企业如何选择分布地点的问题。区域规划要解决的是在什么时间、投入多少、投入哪类要素，各类要素在规定的时间内在什么样的地方组合和以什么样的方式、什么样的机制去组合的问题。所以，产业布局的理论，要靠区域规划去付诸实施，从理论到实践，以理论指导实践；而区域规划的方案，包含了产业布局的方案。

4. 区域规划与区域政策的关系

区域政策的基本目标是解决区域经济发展与区域间利益关系的协调问题，其基本特征是政府通过政策的作用，扶持不同类型区域，为区域选择适合自己特色的发展道路。一般来讲，随着区域系统的缩小，区域政策与区域规划的共性就会增多，最后，当规划区域变为很小时，区域政策就变成为区域规划。

在实践中，区域政策更倾向制定方针和准则，区域规划更倾向制定步骤和方案。事实上，一个好的区域规划，离不开区域政策的内容。从某种意义上讲，制定规划就是制定政策，然后再实施政策。

5. 区域规划定义的表述

综上所述，我们为区域规划下的定义是：区域规划是一定地域范围内区域发展的战略策划和产业发展与布局的方案设计及其实施对策的总和，是优化区域空间结构、缩小区域发展差距和解决区域发展方向问题的重要手段。

区域规划区别于其他计划工作的最重要特点就是在区域运动发展的时空关系上，更侧重、更强调在时空关系的协调性、有序性和相互对接的基础上，发挥其空间部署的特长。区域规划同国土规划一样，都是一种在以上前提下重点解决空间部署的规划类型。目前，区域规划已由制定物质建设规划为主转向制定区域发展规划为主，规划中更加重视经济、社会和生态因素的共同作用。从空间上看，以整个国家为对象的区域规划，是今后我国区域规划的主要难点。

(二)规划区域

1. 类型区

类型区属于同质区域。类型区是依据区域的相同性或相异性的关系,即区内的相同性和区际的相异性来划分的。显然,这是一种静态的排列。类型区的划分需要有明确的标识,这种标识可以是自然的,也可以是经济的,然后通过主成分法去提炼和归纳。类型区在区域研究中之所以显得重要,关键在于它所表现出来的是一个区域在自然景观和经济景观上的类型差异性。在对类型区的研究中,我们必须防止一种倾向:由于经济发展使得经济性的标识日趋重要,因而人们常常忘记了还有自然的存在,或者把自然当作了经济的附属物。

2. 系统区

系统区属于极化区域。系统区是区域之间位置关系和相互作用关系的一种表现形式。系统区的划分是将位置相连的区域放在一起,并不强求自然和经济的统一性,而仅仅是去研究它们之间的相互关系。例如,如果我们把一条河流的整个流域作为一个系统区,那么河流的上游、中游和下游之间的所有自然和经济特征可能都是互异的,然而所在位置上的相连,使我们完全有必要把它们作为一个整体来研究。在研究中,我们可以先研究整体的特征,再研究各部分的特征。

3. 行政区

从国家管理的角度认识区域,一般认为区域是国家管理的行政单元,国家按照需要划分出各类行政区而形成行政体系,这种体系的每一个部分,都是一个区域。行政区是一种管理区域,它含有地理区的特点,也带有经济区的特征,涉及一个国家的政治、文化、民族、国防、历史等多方面的因素。行政区与经济区最大的区别就是,行政区有固定的政府机构对整个区域进行管理。

我国由于历史的原因,经济运行一般是按照行政区来进行的,所以给人们的一个错觉就是:行政区经济就是区域经济。实际上,这是不准确的,或者说只是一个特例。在完善的市场经济条件下,所谓行政区经济是不存在的,只存在真正意义上的“区域经济”。

4. 经济区

经济学认为,区域是国家经济体系中的一个完整的经济地区,具有完整的经济结构的完善的经济运行机制,是一个完整的经济单元。经济单元与行政单元在地域空间上的一致,是我国区域经济发展在目前阶段的一个重要特征。区域经济作为市场经济的重要组成部分,需要有完善的法律制度为保障,也需要造就一种公平竞争的市场环境和市场秩序,这是各级政府进行经济区域管理的重要任务。

5. 核心区

核心区一般是一国发展最快的区域,集中了国家大部分的科技力量和工业企业,是国家的政治、经济、文化和对外贸易中心。核心区聚集了主要的大城市,这些区域的集中发展,往往控制了附近的区域,也有可能阻滞落后地区的发展。

6. 外围区

在我国,外围地区是指以广大西部地区为主的、以资源产业为中心的区域。这类区域的发展条件较差,其发展需要大量的投资和先进的技术,而这些又是依靠区域自身力量所难以解决的。外围区在发展初期,投资的效率一般较低,这与外围区的基础设施和投资环境落后有直接的关系。所以,对外围区的开发,往往是从基础设施的建设开始,把改变外围区落后的发展环境作为首要任务。

7. 过渡区

过渡区是介于核心区和外围区中间的区域，它又可分为三类：一是经济已有一定的基础，但仍然以农业为主体的地区；二是由于技术进步较慢、体制改革跟不上先进地区、失掉市场或资源枯竭等而开始出现生产停滞、人口外流、市政设施衰败的地区。要发展这些地区，需要大量的投资，以保证经济和社会等各方面的发展。

核心区、过渡区与外围区的判断通常用人均GDP的标准化值为标准。计算方法如下：

$$\text{某地区人均 GDP 标准化值}=\frac{\text{某地区人均 GDP}-\text{全国人均 GDP}}{\text{各省份人均 GDP 的标准差}} \tag{14-1}$$

其中，全国的平均值和标准差均按加权平均法（以各省份人数加权）计算。显然，当某区域的人均GDP高于全国平均值时，标准化值为正，否则为负。核心区与外围区的判断指标值各有不同，一般以人均GDP的标准化值大于0的地区可视为核心区。

（三）区域规划的类型

从规划实施的角度看，区域规划大体上可以分为两类：一是约束性规划。那些由中央或地方政府实权部门制定的，并由这些部门具体负责落实的规划（例如城乡土地利用规划等），目标是明确的、固定的和有约束性的，其中一些规划指标带有很强的控制性（如人口数量、土地数量等），这样的规划即为约束性规划。约束性规划也可称为硬约束的规划。二是指导性规划，如战略规划、发展计划、国土规划等，规划的指标是预测性的，而不是控制性的，规划的目的，是进行战略性指导而不是区域管制。因此，这些规划称为指导性规划。指导性规划的约束是"软"的，但"软"约束不等于"无"约束。

从规划的对象和范围的角度，区域规划可以分为三类，即区域经济发展战略规划、区域开发规划和区域空间规划。其中，每一类又由若干不同内容的规划构成，适用于不同的情况和地区。

二、区域规划的性质与任务

（一）区域规划的性质

1. 区域性

区域的特点决定区域经济的特点，区域经济的特点决定区域规划的特点。不同区域由于自然地理、资源条件、社会发展、经济基础、文化传统等的差异，经济发展的模式和途径有很大区别，完全相同的区域是没有的。区域规划的区域性就是要根据不同区域的不同情况，设计不同的规划方案。对此，我们可以从三个方面去认识：区域自然资源条件的差异性、区域社会文化条件的差异性、区域经济基础的差异性。

2. 战略性

区域规划的战略性，是指我们今天制定的规划，为未来的发展提出若干条可供选择的不同道路，然后进行选择。当前制定的区域规划，是对未来的一种谋划，是当前决策在未来的实施。由于时间因素的不确定性，决策的基础又是对发展前景的预测，所以短期的规划准确程度较高，长期的规划准确程度差一些。但区域规划并非是一劳永逸的，因为任何的决策都是在不断做出、不断修订的，即根据当时当地、根据具体情况不断修正。所以，关键是要预测区域经济未来的发展趋势，而不仅仅是某个指标。

3. 科学性

规划的科学性首先是指规划过程的科学性，然后是规划方案本身的科学性。规划的过程是建立一种思路、确定一种模式的过程，需要有科学的态度和精神，以及先进的方法和手段。由于区域经济发展的条件和环境都在变化，区域的规划也处在不断修正当中，因此，区域规划的过程已经成为一个连续的过程，规划的制定者必须面对这一情况。

科学的规划方案应具有以下特点：(1)集体性。区域规划的方案要能够获得区域内大多数人的赞同和认可。(2)更替性。在区域规划的过程中，需要不断更新和不断修正规划者的观念。

4. 权威性

权威性是对区域规划在可操作性方面的要求。区域规划没有权威就不可能实施操作，甚至没有任何参考价值。一个科学的、符合区域经济发展实际的、能够付诸实施并指导区域经济未来发展的规划，本身就具备了权威性的特点。

专家权威和科学权威是区域规划权威性的来源。区域规划的过程应当有懂科学、懂技术的专家的参与。专家的作用在于解决规划中的技术问题，提出与政府所考虑问题不相一致的意见，并对规划的科学性进行详细的论证。由地方政府及其下属机关委托制定的区域规划才真正具有合法性和权威性。地方政府的权威决定了规划的权威，规划的权威又决定了规划能否实施。

(二)区域规划的任务

一般认为，区域规划的任务由以下五部分构成：

1. 明确区域的发展方向

确定区域发展方向必须有充分的根据，要考虑：

第一，国家经济发展的宏观背景。一定时期国家的经济发展取向决定了区域经济发展的重点、速度和政策，形成了区域发展的大背景。

第二，区域的资源和经济社会发展现状。区域的自然资源和人文资源是区域经济发展的基础，而现状是未来发展的基础，综合分析区域经济现状与未来发展趋势是制定区域发展方向的必然要求。

第三，周围区域的发展现状及其与本区域的相互关系。区域经济发展在今天已经是一种具有广泛联系的经济活动，一个区域的发展必然与周围地区发生多种类型的联系。区域经济发展方向的确定不能离开这种联系。

第四，可持续发展原则。区域是一个由资源、环境与社会、经济相结合的有机整体，区域发展的目的不仅是为了取得最好的经济效益，而且要求取得最好的社会效益和生态环境效益。所以，确定区域规划的方向时，也必须坚持获取综合效益的可持续发展原则。

第五，科学技术发展的趋势。区域发展的先进性是通过发展先进的科学技术来实现的。要正确认识科学技术的发展趋势，使区域的发展能够顺应科学技术发展的趋势。

2. 提出区域的发展目标

制定区域经济发展的目标，是区域规划的第二个任务。区域规划的目标是区域未来要达到目的的预测。区域的发展方向和发展目标是统一的。发展方向通常是定性描述，而发展目标则是发展方向定量化的反映。发展目标可分为总体目标和具体目标。总体目标是规划思想的高度概括；具体目标是发展方向的深化和具体体现，由一系列的指标来体现，这些指标应能反映经济发展水平、结构和发展速度的基本轮廓，一般要依靠预测模型来计算数值。

检验区域规划的目标制定得是否准确，可以从以下6个方面来进行：(1)规划目标应当是经过努力可以实现的；(2)规划目标要有包容性和概括性；(3)规划目标能够反映区域发展的各个方面的情况；(4)规划目标必须具体、明确，只具有单一的解释；(5)规划目标要具有时效性，要规定目标实现的时间，任何目标都只适用于一定的时间；(6)规划目标要具有空间的唯一性，即一组目标一般只适用于一个特定的区域。

3. 确定区域的空间结构

为了使区域规划方案能够落实并实施，确定区域空间结构十分重要。这实际上是确定推动整个区域发展的空间增长极点，使经济资源、人力资源和科技资源能够集中起来，发挥更大的集合性作用。

(1)确定区域经济增长中心，即选择具有一定的人口规模和经济规模、具有先进的经济和服务管理体系、具有完善的基础设施的城市作为区域经济增长中心。区域经济增长有一个从单中心向多中心过渡的过程。

(2)协调中心城市与外围吸引区域的关系。加快实现中心城市的现代化，通过城乡一体化的发展模式，组织生产综合体，促进城乡经济有机结合，促进城市经济和技术向农村渗透和扩散，促进农村与城市的协调发展。

(3)确定区域的发展轴和发展带。区域经济发展轴是指规划区域经济聚集的主要轴线，该区域的经济增长的中心，应当位于这些发展轴上；发展带是指由一定的交通、通信和能源供应线构成的带状区域，是规划区域未来发展和产业聚集的重点地区。

4. 选择重点发展部门

在一定时期内，区域发展的重点应该选择哪些部门和怎样选择，没有固定的模式，只有根据当时当地的具体情况，具体分析，具体决定。以主导产业部门为重点，就是要发挥其带动地区经济全面发展的作用，实现产业之间的平衡和协调发展，促进辅助产业和基础产业踏上新的台阶，以实现区域的长期可持续发展。

区域经济要上升至一个更高的层次，产业结构的升级是重要的途径。主导产业的选择能够确定区域发展产业的取舍，选择的依据是比较优势。发达地区和不发达地区的比较优势显然是不一样的。发达地区由于具有资本和技术优势，选择的主导产业一般应当是资本和技术密集型的；落后地区由于资本和技术的缺乏，选择的产业通常应当是劳动密集型的。一部分落后地区选择开发自然资源并输出原材料这种道路，其产业结构当中的主要部分是资源型产业。

在产业结构确定之后，区域产业发展的要素分配也就基本确定了。但是，如果比较优势发生了变化，对于一个区域来说，生产率高的部门已经从一组部门转到另一组部门，那么区域内要素资源的投入，也应当改换新的方向。区域经济结构规划，说到底，就是全社会拥有的要素资源，特别是新增加的要素资源在各产业部门之间的分配，以及新的分配所形成的产业结构对其他方面的影响，尤其是产生经济增长的效果。

5. 制定区域规划方案

制定区域规划方案，即根据区域经济发展的需要，在综合评价区域发展的优势和制约因素的基础上，充分考虑市场的需求和区域之间的经济联系，对规划区域的基础设施等条件和原有的产业基础进行客观的评价，正确地确定区域的发展方向，优化地域经济空间结构，合理布局生产力。它是区域规划的中心环节，也是区域规划的核心任务。

编制大区域(县以上)的规划，应该规划该区域未来经济发展的空间格局，包括未来中心与周边的区域关系、区域经济中心的建设与发展情况、主要基础设施的建设情况以及区域的产业功能分布情况等。编制地域范围较小的区域规划，除对基础设施的布局方案应做出具体规划外，还应对区域性的主要公共服务设施，如教育、医疗卫生、商业贸易、文化、体育等设施进行布置。

重大建设项目的安排是区域规划的点睛之笔。重大建设项目的确定，应根据总体规划方案和阶段目标的要求，结合地区发展的重点，从全局的角度出发认真考察。对于重大建设项目，应根据项目的建设要求，确定好建设时间。

三、区域规划的系统设计

区域规划是对区域未来的整体发展进行的谋略和安排，这种安排是规划者对一个区域发展的总体认识，并通过规划确立区域发展的合理进程。区域规划是一个复杂的系统，人们对区域规划过程的认识经历了一个长期的探索时期，而在不断实践的基础上日益成熟起来。区域规划的规划过程是对特定的区域和城市进行管理和控制的预期安排，其基本的出发点是寻找实现区域发展目标的最有效的途径。

(一)区域规划过程的一般模式

传统的规划程序由盖迪斯(Patrick Geddes)恰当而简练地概括为“调查—分析—制定规划方案”三个步骤，即对现状进行调查，根据分析调查后的结论提出必须采取的措施，这些措施则具体地体现在一个既定的规划方案中。因此，规划(planning)就是编制规划方案(plans)，画出一定时间内希望实现的某种最终状态的详细图景(见图 14－1)。

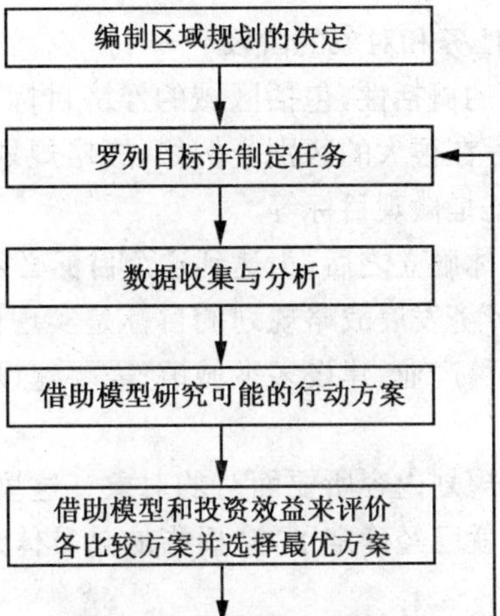

图 14－1　区域规划工作流程

实践证明，这种规划程序是有缺陷的，它没有考虑到规划解决问题相互影响、汇集引起的持续不断的回荡反应。按照系统论的观点，英国规划师 P.霍尔(P. Hall)、J.B.麦克劳林(J.B. McLaughlin)等提出了新的规划程序，指出区域(包括城市)规划的重点在于研究规划方案所要完成的任务和实现这些任务的各种途径；应描述各种政策可能造成的结果并进行评价，以便选择其中较好的一个；应该有一个系统监督程序，对系统进行及时的调整和修改。这是一个循环往复的过程。早期的规划者认为，规划就是编制方案，编制方案就是画出详细的规划图。例如，1937 年英国的城乡规划法，提出了制定详细规划图的周密条款，并把规划的重点放在土地利用规划上，这时的规划图纸缺乏文字的解释。随着人们对区域发展问题认识的深入，区域规划的重点转移到所要完成的任务和完成任务的各种途径的选择上，从而开始提出各种政策，评价各种政策造成的结果；同时，编制方案的重点也从详细的规划图转变成文字的解释和说明。这种区域规划过程的一般模式为：首先，规划要对地区的实际情况进行分析，找出存在的问题。进行规划的区域政府希望寻找到一条正确的区域发展道路。因此，规划首先需要对地区的发展情况进行分析，找到区域经济发展中存在的主要问题。其次，根据发现的问题来确定规划的具体目标，并对提出的发展目标进行预测，提出、比较和评价方案，对方案的执行情况进行监控。规划要求根据具体的任务和可能的财力来评价和比较各个方案，并采取行动来实施方案。

专栏 14－1　彼得·霍尔

彼得·霍尔(Peter Hall，1932～2014)，英国剑桥大学博士，当代国际最具影响力的城市与区域规划大师之一，被誉为"世界级城市规划大师"，定义"世界城市"的全球权威，"世界工业区"概念之父。曾任英国伦敦大学巴特列特建筑与规划学院教授，英国社会研究所所长，英国皇家科学院院士和欧洲科学院院士。在世界城市研究、大城市地区规划、城市与区域政策研究领域做出杰出贡献。已出版城市与区域规划著作30多部，发表大量的城市规划理论文章，其中《城市与区域规划》(*Urban and Regional Planning*)、《世界城市》(*World Cities*)久负盛名。1998年因在城乡规划学会所做出的杰出贡献被授予爵士头衔。

（二）我国区域规划的实践模式

1. 确定区域规划的目标、任务和对象的阶段

区域规划的目标具有高度的概括性，包括区域的经济目标、社会目标、环境目标等。区域规划的类型不同，目标的选取存在很大的区别。例如，战略规划的目标是宏观目标，产业发展规划是中观目标，土地利用规划是微观目标等。

区域规划的任务是指在目标确立之后，为达到这个目标必须完成的工作，以及这些工作所包含的具体内涵。例如，区域经济发展战略规划的目标是实现区域经济的综合发展。确定区域规划的任务是指确定发展哪种产业、建设多少城镇、需要建设什么样的基础设施、规划什么样的环境等。

区域规划的对象指具体的规划内容所要面对的对象。这里说的不是宏观的对象，因为宏观的对象在确定规划任务之前就已经确定了，这里指的是具体对象，如土地的利用、资源的开发以及工厂的设立等。

2. 区域规划方案的设计阶段

区域规划方案的设计，是一项十分复杂的工作，可归纳为下列几个步骤：

第一，准备阶段。准备阶段主要是作好工作计划，确定工作方法、程序、技术路线、研究方向和重点，成立规划工作领导小组及工作班子，落实相关经费，进行人员培训，准备好研究工具与设备等。

第二，调查研究。调查研究主要是根据规划任务的要求考察区域发展的现实基础、环境条件和可能前景，以找到并明确区域发展中的基本问题。首先要进行实地调查，广泛听取各方面意见，获取区域经济、社会、科技、自然等各方面的信息资料，并对这些资料进行分类和整理。在此基础上，进行相关的专题研究，为规划的编制提供可靠的依据。

第三，分析预测。对收集、调查的资料进行详尽的分析，找出地区经济发展的优势、劣势，抓住影响经济发展的主要问题，形成对区域经济现状的总体认识。要依据不同因素的影响，在因素变动的情况下，做出可能出现的几种情况的预测。建立预测方案的方法很多，如百分比方

法、趋势外推法、回归预测法等，经济计量模型是最常用的预测方法之一。

第四，具体目标设计。具体目标设计是区域规划的重点任务，具体目标设计得是否准确，关系到今后区域经济能否顺利发展的问题。这里有一个方案选择问题，是以预测的最高方案为目标，还是以最低方案为目标，或者选取中间方案？对此，应当邀请专家反复论证，并多方面征求当地的公众意见。

第五，内容设计。在具体目标确立之后，应进入具体内容的设计阶段。这个阶段又包括两个方面：一是专题研究，二是综合研究。专题研究包括区域主要产业部门（工业、农业、商业、交通运输等）、区域内各地区及若干专门问题（如市场、资金、技术、人口等）的研究，要形成专题研究报告，在经过评审、论证、修订后作为综合研究的依据。综合研究则是在专题研究的基础上，制定区域内各类产业和各项经济社会事业发展的具体规划。

第六，方案制定。制定规划方案是整个规划过程的关键环节。规划者要将各种分散因素综合成一个统一的规划方案，工作难度较大。方案制定是规划的结果，方案在形式上包括三部分内容，即规划模型、预测模型和规划文本。其中，规划模型是方案制定的关键。首先，对一个特定的区域来说，建立什么样的模型，重要的是要看模型要解决什么问题，例如，是解决产业规划当中的资源问题还是空间问题？是解决能源问题还是交通问题？等等。其次，通过模型对区域经济发展进行预测，它涉及预测的方法、预测的依据和数据、变量的设立和调整，以及预测结果的评估等问题。再次，把预测的结果制作成为规划的文本方案。

第七，政策制定。制定方案实施的政策，是规划方案设计的最后阶段，它已经上升到了实施的层面。需要注意的是，政策是实现规划的重要保证，制定政策是为了使用，所以应当避免一般化、表面化，而要有针对性、适用性。

3. 区域规划的方案评价、实施与监督实施的阶段

在区域规划的方案制定出来之后，还必须对方案进行评价。评价的主体可以是用户，包括各级的政府和企业，从使用者或操作者的角度来评价方案；也可以是同行的专家，用专业的眼光来看待方案。对规划方案的评价大致有三种方法，即投资—效益分析法、规划平衡表法和目标效益矩阵法。投资—效益分析是经济权衡的方法，其假设的最好方案相对于投资来说能提供最大的经济效益，是最常用的一种方法。规划平衡表法是专门针对同一区域或城市系统的不同规划方案比较而设计的，它不强求综合而强调各种规划方案给各类人群带来的优缺点，详细地分别列出它的价值假设，而不是用统一的衡量标准来列出所有价值。目标效益矩阵法是先从规划机构提出的取得一致同意的任务入手，要求决策人对他们接触到的各项任务的权值进行专门判断，然后再以此对各个比较方案符合上述任务的程度做进一步的定量判断。该方法与规划平衡表法一样，承认各个公众集团都能有不同的价值体系，可能对不同的任务定出相差很大的权值。

区域规划方案的实施，是最重要的阶段，也是经常容易被忽视的阶段。在区域规划的实施过程中，要注重实施机制的建设。明确区域规划的管理机构和法律地位。在国家层面设立专门的区域规划管理机构。专门从事区域规划的编制和实施监督工作，规定具体的开发整治任务、目标及制定实现规划的经济政策和措施。在实施规划的过程中，要责成具体的部门制定具体的区域开发的秩序，包括开发强度、开发时间表等。规划报告需要上报上级审批，或由地方政府批准，形成规范性文件后公布实施，各级政府应保障规划的实施并进行相关的监督。

（三）区域经济发展战略规划的制定

区域经济发展战略规划是对区域经济总体发展的设想、思路和谋划。它根据不同地区生

产要素条件的分布情况和该地区在国家经济体系中的地位和作用，对地区未来发展的目标、方向和总体思路进行谋划。区域经济发展战略规划在区域规划体系中的地位十分重要。

1. 制定区域经济发展战略的指导思想

区域经济发展战略必须有一个指导思想。指导思想是区域谋求发展的最高概括和总纲，对发展战略规划的影响是长期性和全局性的。正确的战略规划指导思想一经确立，就将对区域未来经济发展起到巨大的促进作用。在我国目前的发展态势下，制定区域经济发展战略指导思想的主要原则：一是以科学发展观统领发展战略的全局，把提高人民群众的生活质量、促进人的全面发展作为发展战略制定的根本出发点，转变发展观念，走可持续发展道路。二是以经济和社会的协调发展为目标，把区域之间、区域内部不同功能区之间、各个部门之间和不同利益集团之间的发展要求结合起来，促进共同发展。三是以保护自然资源和人类文化遗产为前提，通过制定发展战略来达到人与自然的平衡发展，实现对自然资源和文化资源的有序开发利用，实现不同区域的人类文明的进步。

2. 进行区域定位

进行区域定位，就是规定本区域在一个较大的区域范围内扮演什么样的角色。区域经济的发展已经摆脱了孤立发展、创建自己完整的工业体系的道路，进入到区域合作、相互促进的新时期。一个区域与周围地区之间的关系，以及其在一个较大的范围内起什么样的作用，已经成为影响区域经济发展的重要问题。所以，确定自己在大区域内所处的位置，是制定区域经济发展战略的重要环节。具体来说，区域定位要考虑以下几个方面的因素：

第一，区位条件。考虑区位条件，就是要分析一个区域的地理位置优势，以及由此产生的经济优势和生产要素优势。发达的交通和通信条件是经济辐射的高效通道，也是区域发展的基础；现代化都市区基础设施的完善、空间结构的优化、产业分工合作体系的形成，可以提升区域的综合服务功能，提高区域的经济规模总量。

第二，资源条件。资源条件由自然资源和社会经济资源构成。资源条件对各类产业发展的影响，表现为直接影响到各类产业的区位选择，同时在一定程度上制约城乡建设和人居环境的布局。人类一方面要提高对资源条件的适应能力，另一方面也要通过努力，使资源条件发生变化，建设对人类生产、生活有利的环境。

第三，区域发展的地位和作用。考虑一个地区在国家和大区域中的地位和作用，实际上就是考虑区域的综合竞争力情况，包括区域的经济实力、对外开放程度、基础设施竞争力、教育和科学技术发展状况、国民素质、区域产业结构和地方政府作用等。通过对这些影响因素的考察，来实现对一个区域的准确定位。

3. 提出区域经济发展的战略目标

提出区域经济发展的战略目标，是制定区域经济发展战略的重要内容。区域经济发展的战略目标一般包括以下几个方面：

第一，优化空间结构。区域经济发展战略的目标首先是区域空间开发目标的实现，其中心是正确处理区域发展与缩小地区差异的关系。要加快区域发展，就必须打破现存的空间结构，而打破空间结构可能带来经济的快速发展，也可能带来经济的停滞或发展速度的减慢。

第二，增强中心城市的发展实力。城市或城镇作为区域经济的发展中心，其经济实力的大小对区域发展影响很大，区域经济发展战略的重要目标是使发展中心的实力有较大的增强。要增强实力，就要改善中心城市的经济基础、环境和服务设施，促进经济结构单一化的城市向多样化和综合化转变。

第三，加快周边地区的发展。中心城市与周边地区是相互依赖的功能性空间实体，采取相应的措施来协调城市与周边地区的关系，是区域开发的重要内容。中心城市的周边地区是经济、自然和文化错综复杂的地区，又是城市扩张的方向所在，因而对区域发展来说，要特别关注这一区域。

第四，加快基础设施建设。全面的、综合的区域发展战略要考虑到基础设施的建设，包括交通系统（包括区域内部和区域之间的交通系统）、能源供应系统、给排水系统以及其他公共基础设施系统的建设。

第五，其他方面的目标。区域经济发展战略还要考虑其他方面的目标，包括提高地区居民素质的教育和培训、对区域可持续发展有重要意义的生态系统的保护、区域水资源的管理、土地开发与利用、地区文化遗产的保护以及区域和城市景观的美化，等等。

复习思考题

1. 在我国目前的城乡二元化格局下，如何促进区域和谐发展？
2. 区域规划的主要类型有哪些？
3. 举例说明地方保护政策。
4. 简述地方保护政策对中央区域政策的影响。
5. 改革开放后，我国相应调整了区域经济政策的原因是什么？
6. 结合实际，谈谈对当前我国区域规划格局的看法。

第十五章

区域经济学数量分析方法

第一节 区域差异分析方法

一、区域差异

所谓区域差异，简单地说就是一个区域与另一个区域在自然、经济、社会、文化以及体制环境等方面的差别，具体体现在区域自然、人文、经济以及组织体制差异等方面。正是由于这种区域差异的存在，才形成了各地区不同的区域特点。这种区域特点是各地区参与市场竞争与合作，开展区域间产业分工的前提和基础。可以认为，没有区域差异，也就无所谓区域特色和区域优势。因此，从这个意义上说，区域差异不过是一个具有描述性意义的中性概念，它本身并不含有人们的主观价值判断。

对区域间经济的差异及其增长的动态变化态势话题的关注，主要源自 20 世纪 50 年代中期索洛(Solow，1956)和斯旺(Swan，1956)为代表的新古典增长理论。区域的社会经济发展在不同地区不同时间段，其发展水平总是存在着不同程度的差异。这种区域差异是一个技术、经济、社会制度等要素综合性演进过程的结果。区域差异是地区经济发展的普遍现象，是反映地理学特征的一个重要体现。引起区域差异的因素有很多，除了受资源禀赋的差异影响外，还受到区域自身的自然条件、历史原因、区域制度及文化等因素影响。区域差异存在的客观性及空间距离的时间成本使得生产要素的不完全流动性可能导致区域差异的进一步加剧。关于引起区域差异的相关经济发展理论主要包括赫希曼的不平衡发展战略、缪尔达尔的发展梯度转移论、佩鲁的增长极理论等。

区域差异不仅表现为时点横截面上的各地区之间的静态差异，而且某一地区呈现时间序列上的动态变化。地区间经济差距的长时间存在和过分加大势必会影响到整体经济的效率，不利于资源的有效配置。如果落后地区的经济增长速度快于发达地区，则这种差异会缩小，呈现增长收敛的情形，否则为增长发散的情形。增长发散可能直接导致“富者愈富，贫者愈贫”的马太效应。美国经济学家杰弗里·威廉逊（Jeffrey G. Williamson）基于24国横截面数据和10国时间序列数据的研究显示，一国内部地区间收入差异的长期变动趋势大致呈倒“U”形，即在经济发展初期，随着收入水平的提高，地区间差距逐步扩大，然后保持稳定，当经济进入成熟增长阶段后，地区间差异最终将趋于缩小。经济增长收敛具体到不同的地区，就是指不同的经济指标与其增长速率存在负相关关系。例如，落后地区比发达地区的增长速度更快，则落后地区有望赶上发达地区，地区间经济增长存在收敛，反之则称为经济增长发散。

常用的区域增长的收敛分析一般概括为σ收敛、β收敛和俱乐部收敛（Baumol，1986；Barro & sala-I-Martin，1991；Quah，1997）。其中，σ收敛通常是指不同国家（地区）的人均国内生产总值或人均收入的标准差随时间推移逐渐缩小。国内学者如魏后凯（1997）、林毅夫和刘明兴（2003）、覃成林（2004）、徐现祥和舒元（2005）等对我国区域经济增长的σ收敛性进行了研究，认为1978～1990年我国区域经济增长存在σ收敛格局，1990年以后则不存在σ收敛。潘文卿（2010）认为，“1990年前全国范围内存在显著的绝对β收敛，而且存在着东部和中西部两大收敛俱乐部”，1990年后绝对β收敛不复存在，过去的两大收敛“俱乐部”也分化成了东、中、西三大收敛“俱乐部”。洪国志等（2010）对中国240个地级及以上城市的经济增长收敛做了空间计量分析。

二、区域差异主要测度指数

（一）区域差异测度指数特征

表征区域差异的指标可以是单一指标，也可以是组合指标。所谓单一指标，就是直接统计的那些单项指标，如收入、产量、人口数、销售量、耕地面积等；所谓组合指标，就是指从选取的若干单一指标组合而成的用以说明某个方面社会经济状况的特征指标，如人均收入、人均产量、人均亩产率等。一般来讲，用于区域差异的测度指数通常应满足以下三个基本要求（刘树成等，1994）：一是当且仅当指标按地区“完全均等”亦即有相同的地区分布时，测度指数达到最小值，且最小值等于零；二是测度指数应当是严格的凹函数；三是测度指数应满足庇古—道尔顿（Pigou-Dalton）条件，即个体指标差异的缩小会引致整个样本测度指数的减小。

1. 变异系数（CV）

变异系数又称标准差系数、变差系数等，是采用统计学中的标准差和均值比来表示的，其公式为：

$$CV=\frac{\sqrt{\frac{\sum_{i=1}^{n}(y_i-u)^2}{n}}}{u} \tag{15-1}$$

其中：$y_i(i=1,2,3,\cdots,n)$是第i地区人均GDP，u是全国平均人均GDP，n为地区个数。考虑到人口规模的影响，可以采用加权变异系数，其表达式为：

$$CV(\omega)=\frac{\sqrt{\sum_{i=1}^{n}(y_i-u)^2 p_i}}{u} \tag{15-2}$$

其中：P_i是第i地区人口占全国人口的比重，其他变量的含义与一般加权变异公式中一致。

变异系数 CV 是以全国的平均值 u 作为标准，计算各地区对于平均值的相对差距，即所有地区对于这个标准的加权偏差的平均程度。

2. 基尼系数(G)

意大利经济学家基尼于1912年定义了基尼系数：

$$G=\frac{\left[\sum_{i=1}^{n}\sum_{j=1}^{n}\frac{|y_j-y_i|}{n(n-1)}\right]}{2u} \tag{15-3}$$

该系数是收入不平等的一种度量。式(15－3)未考虑不同地区对应的人口比重，将这个比重加权到基尼系数中，式(15－3)应改写成：

$$G=\frac{\left[\sum_{i=1}^{n}\sum_{j=1}^{n}|y_j-y_i|p_ip_j\right]}{2u} \tag{15-4}$$

3. 综合熵指数(GE)

综合熵指数是源于从信息量和物理学熵的概念出发考察个体之间的差异性，熵是信息量的期望值，即期望信息量(尚卫平，2002)。个体之间越是接近，综合熵指数就越小。

综合熵指数的计算公式如下：

$$GE=\sum_{i=1}^{n}p_i[(y_i/u)^c-1], c\neq 0,1 \tag{15-5}$$

$$GE=\sum_{i=1}^{n}p_i(y_i/u)\lg(y_i/u), c=1 \tag{15-6}$$

$$GE=\sum_{i=1}^{n}p_i\lg(y_i/u), c=0 \tag{15-7}$$

其中：参数 c 用来测定指数变化的灵敏性，一般来讲，当 $c<2$ 时，其所测指数的变化就是灵敏的。当 $c=0,1$ 时，就是著名的泰尔指数。

4. 泰尔指数(Theil Index)

$$I_{theil}=\sum(y_j/Y)\lg[(y_j/Y)x_j/X], c=1 \tag{15-8}$$

或者：

$$I_{theil}=\sum(x_j/X)\lg[(y_j/Y)/x_j/X], c=0 \tag{15-9}$$

其中：y_j 和 x_j 分别是第 j 个地区的经济总量和人口总数，Y 和 X 分别代表全国的经济总量和人口总数。如果将式(15－8)和式(15－9)中的经济总量和人口总数换算成人均GDP和人口比重，则式(15－8)、式(15－9)即为式(15－6)、式(15－7)。

5. 艾肯森指数(Atkinson Index)

$$I_{atkinson}=1-\left[\sum_{i=1}^{n}(y_i/u)^{1-\xi}p_i\right]^{1/(1-\xi)} \tag{15-10}$$

其中：ξ 是一个与区域不平衡性外在显示度有关的参数。ξ 值设置越高，不平衡性的显示度就越明显。当 $\xi=1$ 时，不平衡性的显示度较低，当 $\xi=2$ 时，艾肯森指数可以中度显示不平衡性。

6. 各种测度方法整体评价

不同的区域差异测度方法在度量区域总体差距变化时会产生一些重要的不同。不同的测度方法对较长时段不平衡性变动的描述是比较一致的，但对较短时段存在差别，在某些个别时段甚至出现相反的结果。因此，用较短的时段序列变化趋势所得的结论是不充分的，在探究区域差异变化驱动机制时，应以长期的变化趋势作为分析的基础。每种区域差异测度方法都有它自己的优势和局限性。因此，不能笼统地讲某种方法就比其他方法好。必须根据需要选择适当的方法。表 15－1 给出了几种测度方法的总体评价和适用范围（刘慧，2006）。

表 15－1　　区域差异各种测度方法整体评价

方法	计算难易度	使用频率	因子分解	空间分解	适用范围
基尼系数	较复杂	高	是	否	因子分析。可用于区域差异形成的驱动机制分析研究
泰尔指数	较复杂	高	否	是	空间分析。可进行不同空间尺度的区域差异分解，并进行多空间尺度的融合
变异系数	简单	高	否	否	简单总体分析。进行简单的时间序列的变化比较
艾肯森指数	较复杂	低	否	否	微小差异分析

基尼系数适宜于需要做机制分析时进行深入的因子剖析；泰尔指数则适宜于进行不同空间尺度的分析；变异系数看似简单，但由于其对最发达地区和最落后地区给予了较大的权重，考虑到最发达地区和最落后地区对我国整体区域差异的重要影响，变异系数则更适合于对我国目前的区域差异进行简单的整体度量；相对于其他三个方法，艾肯森指数应用得较少，但若要进行微小的差异分析，则非它莫属。

第二节　区域增长收敛的分析方法

一、区域增长收敛

上述区域差异的方法应用于衡量静态时点的空间分异结果，但这种空间分异是否缩小或继续增大，还需要采用动态的方法来考察。区域差异借鉴于数学统计规律，而区域增长收敛不仅采用数学统计方法，还借鉴经济学分析作为支撑理论。目前，关于地区间经济增长收敛的分析方法很多，常用的方法大体上可分为：一是以截面数据为基础（包括面板数据）的分析；二是时间序列分析；三是其他的一些方法，包括动态分布分析（陈晓玲等，2007），以及空间计量经济分析（洪国志等，2010）等。截面数据分析以初始期的人均 GDP（人均收入）和一些外生控制变量为自变量，样本期的人均 GDP（人均收入）的增长率为因变量，通过回归系数正负号和显著性来判断，负号表示存在收敛，正号表示发散，各项参数检验显著代表所选择外生控制变量成为收敛的原因可信度较大。时间序列分析通过单位根和协整检验来验证地区间人均 GDP（人均收入）的差异在长期是否一直存在，从而确定各地区间的收敛预期的强弱，若单位根检验通过，则表示存在一种较强形式的收敛的共同时间趋势，若存在协整过程则表示存在的是一种较弱形式。动态分布分析属于一种非参数的统计分析，注重区域差异分布格局的演化；空间计量经济分析则考虑地区间的相关性，认为地区间相互依赖也是影响区域增长收敛的要素。

二、收敛测算方法

地区间差异动态变化存在 4 种形式，即 σ 收敛、绝对 β 收敛、条件 β 收敛和俱乐部收敛。下面分别介绍这 4 种数量分析方法。

（一）σ 收敛

以人均 GDP（或人均收入）的标准差为例，即：

$$\sigma=[\sum(X_i-\overline{X})^2/n]^{1/2} \tag{15-11}$$

其中：n 为地区数，X_i 表示第 i 地区人均 GDP（或人均收入），$\overline{X}$ 为所有地区人均 GDP（或人均收入）的平均值。

若采用加权的标准差来衡量：

$$\sigma=[\sum(X_i-\overline{X})^2P_i/\sum P_i]^{1/2} \tag{15-12}$$

其中：P_i 表示第 i 地区的人口数。

也可以采用其他的指数来反映该时间序列的标准差变动，如变异系数、加权变异系数等。各地区的人均 GDP 数据一般采用对数值。对于计算所得到的值，通过时间上的动态变化就可以看出地区间是否收敛，若计算的 σ 值一直变小，则表示收敛；反之则相反。

（二）绝对 β 收敛

β 收敛是指初始水平较低的地区相对于经济水平较高的地区有更快的增长率，以达到地区间的差异缩小。β 收敛包括绝对 β 收敛和条件 β 收敛。绝对 β 收敛指不同国家（地区）的人均国内生产总值或人均收入达到相等。该理论可以采用横截面分析的方法：

$$\lg(y_{i,t+T}/y_{i,t})/T=\alpha+\beta\lg(y_{i,t})+\varepsilon_{i,t} \tag{15-13}$$

其中：$\lg(y_{i,t+T}/y_{i,t})/T$ 为从 t 到 $t+T$ 时期经济体 i 的人均 GDP 年均增长率；α 为常数截距项；β 为系数项，$\beta=-(1-e^{-\lambda T})/T$；$\lg(y_{i,t})$ 为经济体 i 的人均 GDP 初始水平；$\varepsilon_{i,t}$ 为误差项。

若 $\beta<0$ 则表示存在绝对收敛，即经济增长率与初始水平成反比，落后地区的经济增长快于发达地区，有望随着时间推移赶上发达地区。绝对 β 收敛隐含了一定的假设条件，即所有经济体具有相同的经济结构，包括相同的生产函数及投资率等，这样相同的经济结构下具有相同的增长路径，通过追赶可以达到共同的稳态。

（三）条件 β 收敛

条件 β 收敛则放弃了各经济体具有相同经济结构的假设，认为各经济体的经济增长不仅与初始水平有关，还与其他资源禀赋、产业结构和科技水平等其他要素相关。条件 β 收敛意味着各经济体收敛于各自的稳态，各经济体的稳态并不相同，各自稳态值也能随时间的变化而变化。条件 β 收敛在绝对 β 收敛中引入外生变量，可按以下模型说明：

$$\lg(y_{i,t+T}/y_{i,t})/T=\alpha+\beta\lg(y_{i,t})+\sum_{j=1}^{n}\gamma_j x_{i,t}^j+\varepsilon_{i,t} \tag{15-14}$$

其中：γ_i 为在 t 时期引入经济体 i 第 j 个控制变量 $x_{i,t}^j$ 的回归系数。

条件 β 收敛考察的是引入了一些控制变量后，落后地区能否以更快的速度赶上发达地区，或者仍旧存在差距。条件 β 收敛能够避免遗漏解释变量，增强了地区经济差异的解释能力，在实证检验中得到了较为广泛的应用。

（四）俱乐部收敛

俱乐部收敛认为，由于各地区存在多重稳态均衡增长路径，当结构特征相同、初始人均经济水平相似的地区收敛于相同的局部稳定状态，即落后地区与发达地区各自内部存在着收敛现象，而这两类地区间却并不收敛，导致整个经济体系呈发散特征，这样的收敛被称为俱乐部收敛。

收敛主要相对于发散而言，若地区间差异逐渐增大，则成为一种发散性增长。对于追求共同富裕、维护社会稳定的发展目标而言，新古典经济增长模型所蕴含的经济增长收敛假说给予了一种很好的定量分析框架。从收敛的机制来看，理论上 4 种微观机制均能够推动经济增长的收敛。但事实上，由于多种因素的制约，微观机制并不能像理论中所描绘的那样充分发挥作用。这预示着，实际收敛速度比理论预测的要低。从收敛方法来看，适用的范围和研究的视角也不尽相同，总体来说具有很强的互补性。如已经证明了β收敛是σ收敛的必要非充分条件。从常用的经济增长收敛检验的方法来看，主要还是横截面分析、面板数据分析、时间序列分析、动态分布分析及空间计量经济学方法。

横截面分析主要集中在σ收敛和β收敛，它不能很好地处理样本之间的异质性问题。面板数据分析方法多采用固定效应用于相对β收敛，由于引入了一些外生控制变量，能够避免遗漏解释变量，但也带来了随机扰动项与控制变量之间相关性的问题。当所研究大区域范围中的一些地区呈现收敛，另一些地区呈现发散时，横截面分析和面板数据分析则很难去检验，时间序列分析则可以解决上述问题。动态分布分析属于一种非参数统计检验，主要研究某一要素概率分布的动态演化，局限在于只关注分布特征，缺少对地区其他要素的关注。空间计量经济学通常采用莫兰指数(Moran's I)判断地区间的相关性，即检验样本之间的异质性问题，在回归方程中考虑收敛的稳健性等。空间计量经济学对模型的检验更严谨，揭示了地区之间存在空间依赖性等，得到的结论也更为准确。事实上，上述方法彼此间并不互相排斥，因此往往同时采用多种方法从不同的角度进行分析，以验证结论的有效性。

第三节　产业结构分析方法

一、偏离一份额分析法

偏离一份额分析法(shift-share method，SSM)具有较强的综合性和动态性，是分析区域与城市产业结构、部门结构的有效方法。

以一定时期内，国民生产总值(评价一、二、三次产业结构)，或工农业总产值(评价农轻重结构)，或工业总产值(评价工业结构)的年增长率为基准，分别测算区域按全国平均增长率可能形成的假定份额，进而将这一假定份额同区域实际增长额进行比较，分析区域国民生产总值增长相对于全国平均水平的偏离情况。这种偏离，主要是由产业结构因素和区位因素形成的：

(1)区域份额因素，以较高层次区域总产出年增长率为基准，当假定研究区域按此增长率增长时所应达到的增长水平。

(2)产业结构偏离因素，反映研究区域产业结构类型对经济增长的影响。

(3)区位偏离因素，反映研究区域的区位条件的竞争能力对经济增长的影响。

用公式表示为：

$$
\begin{aligned}
&G_j = N_j + P_j + D_j \\
&N_j = (E_j / E_0) \cdot e_{j0} - e_{j0} \\
&P_j = \sum_{i=1}^{n} \left[\frac{E_{it}}{E_{i0}} \cdot e_{ij0} \right] - \left(\frac{E_t}{E_0} \right) \cdot e_{j0} \\
&D_j = e_{jt} - \sum_{i=1}^{n} \left[\frac{E_{it}}{E_{i0}} \cdot ei_{j0} \right] \\
&(P+D)_j = P_j + D_j
\end{aligned}
\qquad (15-15)
$$

其中：G_j代表j区域在计算期内国民生产总值的增长总量；N_j代表区域份额偏离分量；P_j代表区域结构偏离分量；D_j代表区域区位偏离分量；$(P+D)_j$代表区域总偏离量；e_j代表区域国民生产总值；E代表高层次区国民生产总值；i代表第i个产业；0代表基期(年)；t代表末期

(年)。P_j 为正值,表示区域产业结构素质好,促进了区域经济总量增长较快;相反,P_j 为负值,则说明区域产业结构素质差,影响区域经济总量增长缓慢。

N_j 是区域 j 按高层次区域(例如全国)产业年均增长水平增长时应达到的产业增长水平。如果 N_j 大于零,则区域实际经济增长率高于高层次区域;反之,N_j 小于零,则区域实际经济增长率低于高层次区域。D_j 反映区域的区位条件或区域产业竞争力对区域经济增长的影响。D_j 为负值,则区域处于不利区位,产业竞争力低;反之,D_j 为正值,则区域处于有利区位,产业竞争力高。

二、结构效益分析法

结构效益分析法主要是通过计算一些反映经济效果的指标并运用这些指标对经济效益好坏的比较来分析区域产业结构的优劣。

(一)产业结构效益

该方法用以下公式计算:

$$S_e = \sum_{i=1}^{n} \frac{L_i}{E} \cdot P_i - P \qquad (15-16)$$

其中:S_e 为结构效益指标;L_i 为第 i 个产业部门的产值;E 为区域产业的总产值;P_i 为第 i 个产业部门的资金利税率;P 为区域或各产业部门的平均利税率。

当 S_e 小于零,表示结构恶化;S_e 大于零,表示结构超优。如与前一个时期的某一时点相比,此值上升,表示结构效益提高,反之降低。

(二)结构影响指数

假定以资金利税率作为计算经济效益的基础指标,则结构影响指数 G 为:

$$G = \sum P_j q_{ji} / \sum p_{ji} q_{0i} \qquad (15-17)$$

其中:$\sum P_j q_{ji}$ 表示第 j 区域各产业部门的资金利税率分别乘以各相应产业部门的资金占 j 区域产业资金总额的比重之和;$\sum P_{ji} q_{0i}$ 表示 j 区域产业部门的资金利税率分别乘以对比区域(如全国)各相应产业部门的资金占对比区域产业资金总额比重之和。

G 大于 1,说明 j 区域产业结构素质高,其整体效益高于对比区域;指数小于 1,说明 j 区域产业结构素质差,区域总体效益不如对比区域。

(三)弹性系数

产业国民经济弹性系数是指产业的相对变化量与国民经济的相对变化量之比,它可以反映产业的发展和萎缩过程。如果该产业的增长速度大于国民经济的增长速度(即弹性系数大于 1),说明该产业处于增长阶段;如果该产业的增长速度等于国民经济的增长速度(即弹性系数等于 1),说明该产业与国民经济处于同步增长阶段;如果该产业的增长速度低于国民经济的增长速度(即弹性系数小于 1),说明该产业呈萎缩趋势。

如果给研究区域找一个参照区域,则可通过区域整个产业或各个产业部门国民经济弹性系数的比较,分析区域产业结构的合理性与否。

(四)投资产出效果系数

投资产出效果系数可用以下公式计算:

$$E_j = \sum_{i=1}^{n} \frac{1}{b_{ij}} / n = \left(\sum_{i=1}^{n} \frac{1}{b_{ij}^1 + b_{ij}^2 + b_{ij}^3} \right) / n \qquad (15-18)$$

其中:E_j 为 j 部门投资产出效果系数;b_{ij} 为产业部门全面开工增加生产一个单位的产品所需

部门的投资，即投资产出系数。b_{ij}^1 为 j 部门增加一个单位的产出，所需要购买 i 部门的原料、材料、半成品的资金额，它是流动资金投资产出系数；b_{ij}^2 为 j 部门增加一个单位产出，需要用更新改造资金购买 i 部门的成品作为固定资产的资金额，它是更新改造投资产出系数；b_{ij}^3 为 j 部门增加一个单位产出，用基建资金购买 i 部门的成品作为固定资金的资金额。

$$b_{ij}=b_{ij}^1+b_{ij}^2+b_{ij}^3 \tag{15-19}$$

式(15－19)描述了一个单位投资使 j 产业部门所增加的产出。该产出可以用实物量表示也可以用价值形式表示。

产业投资产出效果系数大，则说明在相同投资的情况下，该产业产出比其他产业多；产业价值在相同的情况下，该产业所需投资少。通过将研究区域对比区域(参照区域)各产业部门和整个产业系统的投资产出效果系数进行比较，就可以辨别研究区域产业结构的优劣。

第四节　经济地理学中的投入产出方法

一个部门的产品在其生产过程中需要投入一定数量和种类的物资和劳动，其所投入的这一定数量的物资，除了由本部门供给一部分外，大部分还需要其他部门供给；同时，该部门所产出的产品又供给其他部门，满足其他部门生产的投入需求。假如有一个封闭的地区，其内有几个不同的生产部门，各部门在从其他部门获得生产资料的同时，又为其他部门提供产品，这样才保证这个地区的经济正常运转。各部门间的生产达到平衡、协调，即不致使有些部门因为生产过多而积压，有些部门因为生产过少而不能满足区域的需求，就必须使得各部门间的投入和产出有一个合适的数量关系。投入产出模型就是为研究这种数量关系而设计的方法。

投入产出方法产生于 20 世纪 30 年代，里昂惕夫(W.Leontief)是这个方法的创造者。早在 1931 年他就开始研究投入产出分析，编制了美国 1919 年、1929 年投入产出表，并用于美国的经济结构研究。1936 年里昂惕夫发表了关于投入产出分析的第一篇论文《美国经济制度中的投入产出分析》，并在 1966 年编著了《投入产出经济学》，系统阐述了投入产出分析方法。由于投入产出方法在分析经济活动的消耗(投入)和结果(产出)之间的数量关系方面特别有效，所以第二次世界大战以后，此方法得到广泛流传、应用和发展。里昂惕夫也由于在投入产出分析领域的突出贡献，获得了 1973 年诺贝尔经济学奖。目前，许多国家和地区及大型企业和公司都在运用投入产出模型进行经济活动的分析、预测和规划研究工作。在经济地理学领域，投入产出方法也一直是比较重要的研究手段之一。根据投入产出表的形式和结构的复杂程度，我们将投入产出表主要分为三类：一般竞争型的投入产出模型、非竞争型投入产出模型、区域间投入产出模型。

一个国家可以从政治上或经济上划分为若干区域，一个大的经济区域可以划分出若干小的亚经济区域，而这些若干个区域会由于资源基础、经济结构、交通和地理位置等条件的差异而发生经济上的联系，这种联系可以是物质上的，也可以是资金、信息、服务等非物质上的。正确分析和处理这些区域间的联系，有利于发挥地区优势，合理组织劳动地域分工与协作，取得良好的空间经济效益。地区间投入产出模型为我们提供了一个进行空间经济联系分析的有效方法。

一、区域间投入产出表形式

随着投入产出技术的不断发展，1951 年美国经济学家艾萨德提出了区域间投入产出模型

(inter—regional input-output model,IRIO),也称为艾萨德模型。区域间投入产出模型是在各区域投入产出模型的基础上建立起来的跨区域的投入产出连接模型,它可以系统、全面地反映各区域之间和各产业之间的经济联系,比较不同区域之间产业结构和技术差异,分析区域间产业相互关联与影响(徐曙光,2005)。但是,建立区域间投入产出模型要求直接编制各区域、各产业在所有不同产业间的贸易矩阵,对基础数据的需求量非常大,编制难度比较大。为此,许多学者分别提出了一些对数据资料要求相对较少的模型。钱纳里(1953)提出了多区域间投入产出模型(multiregional input-output model,MRIO)模型,也称钱纳里模型或列系数模型,由于 MRIO 模型对数据要求相对较少,获得了广泛的应用。美国和日本在 20 世纪 60 年代就开始定期编制各自的区域间投入产出表,而我国在这方面的工作则进展相对缓慢,直到 2005 年国家信息中心才与日本亚洲经济研究所合作采用 MRIO 模型方法编制了《1997 年中国区域间投入产出表》并正式对外公布。一般竞争型区域间投入产出表的结构(m 个区域,每个区域有 n 个生产部门)如表 15—2 所示。

表 15—2　　一般竞争性区域间投入产出表结构

		中间使用		最终使用	进口	总产出
		区域 1,…,区域 m	区域 1,…,区域 m	出口		
中间投入	区域 1,…,区域 m	$x_{i,j}^{rs}$	F_{it}^{rs}	E_i^r	M_i^r	X_i^r
增加值		V_j^s				
总投入		X_j^s				

注:其中,$x_{i,j}^{rs}$ 是 s 区域 j 产业对 r 区域 i 产业的中间需求;F_{it}^{rs} 是 s 区域的最终使用项目 t 对 r 区域 i 产业的最终需求。最终使用项目包括农村居民消费、城镇居民消费、政府消费、固定资产形成和存货变化量;E_i^r 和 M_i^r 分别是 r 区域 i 产业的出口和进口;X_i^r 是 r 区域 i 产业的总产出;V_j^s 是 s 区域 j 产业获得的增加值;X_j^s 是 s 区域 j 产业的总投入。

根据上述区域间投入产出表在水平方向有以下均等式:

$$X_i^r = \sum_s \sum_j x_{ij}^{rs} + \sum_s \sum_t f_{it}^{rs} + E_i^r - M_i^r \tag{15—20}$$

$$AX + F + E - M = X \tag{15—21}$$

$$X = (I - A)^{-1}(F + E - M) \tag{15—22}$$

从上式中可以看出,区域间投入产出表与我们前面介绍的一般竞争型投入产出表基本模型在结构上是相似的。同理,我们也可以得出区域间投入产出表在垂直方向上恒等公式,其与一般竞争型投入产出表也相似。这里不再赘述。

二、区域间投入产出模型的主要系数

在艾萨德(1960)首开运用投入产出技术分析区域经济空间联系的先河之前的经济研究中,一个广泛的假设就是一个国家的经济活动没有地域空间的差别。然而实际情况则是,不同区域的经济活动并非相同,而且一个区域的经济活动往往会影响另一个区域甚至整个国家的经济运行状况。正是由于不同区域间所存在的广泛的经济联系,使得区域经济研究方法显得十分重要。艾萨德关注了区域经济研究中的两个主要特点:一是每个区域内的经济活动结构;二是各区域间的经济空间联系状况,并在他所创建的区域间投入产出模型中,通过分块矩阵的主对角线矩阵与非主对角线矩阵来反映区域内经济结构与区域间经济联系方式。很显然,如果不同区域间的经济联系很弱或根本就没有什么联系,这一区域经济研究方法完全可以忽略;

然而，如果区域间经济联系很强，这种空间联系分析技术就成为经济分析框架中不可缺少的部分。艾萨德之后，许多学者致力于区域经济空间联系的理论与经验研究，包括通过投入产出矩阵测度区域间的相互关联系数、区域间溢出反馈效应、区域间产品流动及区域最终消费对整个区域经济增长的贡献等。这些都是通过投入产出模型对相关的指标进行测度来完成的。

（一）区域间关联系数

区域间关联系数包括影响力系数（又称后关联系数）和感应度系数（又称前关联系数）。根据一般投入产出模型的影响力系数和感应度系数的定义，我们可以相应定义区域间投入产出模型的影响力系数和感应度系数。r 区域 j 产业的影响力系数可以定义为：

$$F_j^r=\frac{\sum_s\sum_i b_{ij}^{rs}}{\frac{1}{n\cdot m}\sum_r\sum_s\sum_i\sum_j b_{ij}^{rs}} \tag{15-23}$$

其中：b_{ij}^{rs} 为区域间模型中里昂惕夫逆矩阵中的元素，上标 r、s 代表区域，下标 i、j 代表部门，m 为区域个数，n 为部门个数。区域产业影响力系数 F_j^r 反映当 r 区域的 j 产业增加 1 个单位最终需求时，对各区域所有产业所产生的全部生产需求的影响。接下来就有一个问题，即我们是否可以定义 r 地区 j 产业增加一个单位最终需求时，对 s 地区的影响程度呢。

同理，可得出 r 区域 i 产业感应度系数和区域间产业感应度系数，分别为：

$$F_j^{rs}=\frac{\sum\limits_{r(r\neq s)}\sum\limits_i b_{ij}^{rs}}{\frac{1}{n}\sum\limits_{r(r\neq s)}\sum\limits_i\sum\limits_j b_{ij}^{rs}} \tag{15-24}$$

$$E_s^r=\frac{\sum_s\sum_j b_{ij}^{rs}}{\frac{1}{n\cdot m}\sum_r\sum_s\sum_i\sum_j b_{ij}^{rs}} \tag{15-25}$$

$$E_i^{rs}=\frac{\sum\limits_{s(s\neq r)}\sum\limits_j b_{ij}^{rs}}{\frac{1}{n}\sum\limits_{s(s\neq r)}\sum\limits_i\sum\limits_j b_{ij}^{rs}} \tag{15-26}$$

（二）区域间产品流动

利用区域间投入产出表可以很方便地分析各区域、各产业的产品在区域间的流动和使用情况，为分析区域间货物和服务的流动、区域间生产消费联系、投资结构提供了便利。产品在区域间的流动状况可以通过计算区域间产业流动系数来显示，区域间产业流动系数是指某一区域、某一产业生产的产品在各区域之间流动的比例系数。如果在本区域内部流动则表示产品在区域内贸易和使用，如果在区域间流动则表示本区域产品在其他区域的贸易和使用。区域间产品流动系数公式为：

$$G_i^{rs}=\frac{\sum_j x_{ij}^{rs}+f_i^{rs}}{\sum_s\sum_j x_{ij}^{rs}+\sum_s f_i^{rs}} \tag{15-27}$$

其中：G_i^{rs} 表示 r 区域 i 产品向 s 区域的流动系数，即 r 区域 i 产品流向 s 区域的量占 r 区域 i 产品生产总量的比例，$0<G_i^{rs}<1$；x_{ij}^{rs} 为区域间投入产出模型中 s 区域 j 产业对 r 区域 i 产业的中间投入量；f_{ij}^{rs} 为 s 区域对 r 区域 i 产业的最终需求量。

（三）区域最终需求对区域经济增长的贡献

一个区域最终需求的增加，不仅会驱动本区域内产业的发展，而且区域间产业联系也会促进其他区域相关产业的增长。利用区域间投入产出模型，可以分析比较任意区域的各项最终需求对任意区域的每一个产业增加值的贡献情况。由此我们可以定义一个区域的最终需求项目对各区域、各产业增加值的贡献率。具体公式如下：

$$c_{it}^{rs}=\frac{\delta_i^r\sum_{p=1}^{m}\sum_{k=1}^{n}b_{ik}^{rp}f_{kt}^{ps}}{V_i^r} \tag{15-28}$$

其中：c_{it}^{rs} 表示 s 区域的 t 项最终需求对 r 区域 i 产业的增加值贡献率；f_{kt}^{ps} 表示 s 区域的 t 项最终需求对 P 区域 k 产业的最终需求量；b_{ik}^{rp} 表示 P 区域的产业 k 增加 1 个单位的最终产品时，需要消耗掉 r 区域 i 产业的完全消耗量；δ_i^r 表示 r 区域 i 产业的增加值率，且 $\delta_i^r=V_i^r/X_i^r$，V_i^r 表示 r 区域 i 产业的增加值，X_i^r 表示 r 区域 i 产业的总产出。根据上述思想，我们还可以定义一个区域的最终需求对另一个区域增加值的贡献率，公式如下：

$$c^{rs}=\frac{\sum_{i=1}^{n}\left[\delta_i^r\sum_t\left(\sum_{p=1}^{m}\sum_{k=1}^{n}b_{ik}^{rp}f_{kt}^{ps}\right)\right]}{V^r} \tag{15-29}$$

其中：c^{rs} 表示 s 区域的最终需求对 r 区域增加值的贡献率，V^r 表示 r 区域的总增加值。

（四）区域间溢出反馈效应

区域间溢出反馈效应比较复杂。米勒是最早运用投入产出分析技术研究不同区域间的反馈与溢出效应的学者，他在 1963 年提出了一个通过两区域投入产出模型测度区域间反馈效应的差分算法，为后来的学者利用乘法或加法分解法对各种区域间乘数、溢出和反馈效应进行研究奠定了基础。后来朗德(Round，1978，1985，2001)提出了利用区域间投入产出模型进行溢出和反馈效应因素分解的加法分解式与乘法分解式，并得到广泛运用。

复习思考题

1. 什么是区域差异？
2. 简述主要的区域差异测度方法以及它们所适用的范围。
3. 区域增长收敛类型及其测算方法有哪些？
4. 简述区域内外联系的投入产出模型的特点。

第十六章

空间结构分析方法

第一节 区域空间相互作用分析模型

自然界中没有绝对孤立存在的事物，各种现象都在不停地运动着，并且按照一定的规律相互联系、相互影响和相互制约。同样，对于人类世界中的各种经济社会现象来说，也不可能有绝对孤立的现象，各种现象之间存在着一定规律的相互作用。地理学第一定律“任何事物都是相互联系的，但近距离的关系一般比远距离的关系要密切”，就指出了地理空间对事物相互联系的决定性作用。定量刻画空间距离对人类经济社会中各种地理要素相互作用的空间规律是认识和掌握经济社会发展规律的必要手段，也是经济地理学的主要研究内容之一。

一、引力模型的内涵和基本形式

引力模型(gravity model)是一种应用非常广泛的空间相互作用模型，它一开始是受牛顿万有引力定律的启发被人提出来的，主要用于分析和预测空间事物之间的相互作用力。由于引力模型方法简单，易于变换，因此被许多学者不断拓展，应用于诸多研究领域，如研究空间区位、国际贸易、城市影响力、旅游市场、人口迁移等经济地理学问题。

17 世纪牛顿提出了著名的万有引力定律。这一定律的提出不仅开创了牛顿物理学，而且给其他许多自然科学的学科发展带来了新的推动力。根据万有引力定律，任何两个物体之间的相互作用(引力)的大小与它们的质量成正比，与它们之间的距离平方成反比。在万有引力公式的基础上，许多学者对不同的引力应用模型对空间事物的相互作用力进行了研究。虽然引力模型的应用形式有很多种，但是它的基本形式都是相同的，通常引力模型的一般简化形式为：

$$M_{ij}=k\frac{Y_iY_j}{D_{ij}^2} \tag{16-1}$$

其中：M_{ij}表示i和j两个空间事物的相互作用力，Y_i和Y_j分别表示i和j两个空间某一特征量，D_{ij}表示i和j两个空间事物之间距离，k为引力常数项。

在这个基本形式的基础上，通过变换不同的特征量和参数，可以用来研究不同的经济地理问题。

二、引力模型应用

在引力定律公式基础上，根据经验观察和统计分析，许多学者提出了许多关于社会经济在区域间的相互关系和相互作用模型。例如，美国学者赖利（W.J.Reilly）1931年根据牛顿力学的万有引力理论，提出了"零售引力规律"，认为一个城市对a、b两城市的商品零售额的比例，与其人口数的比例成正比，与其距离的平方成反比；康弗斯（P.D Converse）1949年在此基础上提出了"断裂点"（breaking point）的概念（徐学强等，1997）；1960年，艾萨德认为两个区域相互作用潜力（又称可达性），与两个地区的人口成正比，与两地区之间的距离成反比（W.Isard，1960）。经济地理学者更多的是利用引力模型研究区域间的经济联系强度。丁伯根（Tinbergen）最早将引力模型应用于国际贸易问题的研究，预言两个国家的双边贸易流量是两国经济规模及两国之间距离的函数（Tinbergen，1962）。

在最近的几十年内，引力模型一直受到社会经济及地理学者的广泛应用。之所以受到如此的广泛应用，主要是因为它原理简单、数据适用，模型容易被用于计量研究。但是应用于实际却比较复杂，难度较大的问题是公式中的权重参数如何确定。

（一）零售引力法则

赖利（W.J. Reilly，1931）根据牛顿力学的万有引力理论，提出了"零售引力法则"，他认为如果有两个城市a和b，以及另外一个城市c，则a、b两个城市对c城市的商品零售额分别与这两个城市的规模成正比，与这个城市c距离的平方成反比。用公式表示为：

$$\frac{T_a}{T_b}=\frac{P_a}{d_{ac}^2}/\frac{P_b}{d_{bc}^2} \tag{16-2}$$

其中：T_a和T_b分别表示a、b两个城市对c城市的商品零售额；P_a和P_b分别表示两个城市的人口数；d_{ac}、d_{bc}分别表示中间城市到a、b两个城市的距离。

实际上，式（16－2）是由两组引力模型公式相除而得到的。假设以a、b两个城市以外的第三个城市为c，则根据引力模型，a、c之间的相互引力为：

$$T_{ac}=k\frac{P_aP_c}{d_{ac}^2} \tag{16-3}$$

而b、c之间的相互引力为：

$$T_{bc}=k\frac{P_bP_c}{d_{bc}^2} \tag{16-4}$$

（二）断裂点公式

康弗斯（Converse，1949）在赖利零售引力法则的基础上，又进行了进一步拓展，提出了所谓"断裂点"公式。假设A和B两个城市的总人口数分别为P_a和P_b，距离为D_{AB}，则两城市之间的断裂点公式为：

$$d_A=\frac{D_{AB}}{1+\sqrt{P_B/P_A}} \tag{16-5}$$

其中：d_A 表示城市 A 到断裂点的距离。

实际上，断裂点公式是从赖利零售引力法则的基础上推导出来的。式(16—5)可以转换为以下形式：

$$1=\frac{P_A}{d_A^2}/\frac{P_B}{d_B^2} \quad (16-6)$$

其中：d_B 表示断裂点到城市 B 的距离。相比较可以发现，断裂点公式就是赖利零售引力法则的一种特殊情况，即在两个城市对另外一个城市(或一个点)的引力相等的时候，这个城市或者这个点就是两个城市之间的断裂点。

康弗斯用人口数作为城市规模的主要衡量指标。不少学者对康弗斯断裂点公式进行修正，认为城市规模主要由城市的综合实力所决定，即用城市综合实力指数替代人口数。式(16—6)中的距离可以取各城市间所能便捷通达的国道、高速岔路或铁路的里程。

断裂点公式经常被经济地理学者用来研究城市影响力范围。例如，刘科伟(1995)利用断裂点公式划分了陕西省城市影响力的范围，并提出建立以中心城市为经济区中心的设想；饶会林(1999)在引力模型基础上提出了城市影响力模型，其模型具有很强的适用性；冯云廷(2003)利用城市影响力模型分析了京津冀经济区的合理性，得出了一个肯定性的结论，即京津冀大经济区的提法是合理的；张义文等(2001)依据空间相互作用理论，利用断裂点方法，对河北省的主要城市吸引范围进行了测算；李璐和季建华(2007)对都市圈空间界定方法进行了研究，主要是以长三角的都市圈范围界定为主要内容。

三、区域间相互作用潜力模型

(一)区域的相互作用潜力模型

艾萨德(Isard，1956)在分析地区人口的基础上进一步提出了两个区域的相互作用潜力与两个地区的人口成正比，与两地区之间的距离成反比，用公式表示就是：

$$I_{ij}=k\,\frac{W_iP_i\cdot W_jP_j}{d_{ij}^b} \quad (16-7)$$

其中：I_{ij} 表示 i 地区和 j 地区可达性，P_i，P_j，分别代表地区 i，j 的人口数；W_i 和 W_j 分别表示权重系数；d_{ij} 为地区 i 与地区 j 之间的距离，k 表示两个地区的空间摩擦指数。

这个相互作用潜力公式虽然简单明了，但要应用于实际却比较复杂。难度较大的问题是式中的变量如何确定。引力模型中确定城市质量一般用人口规模，有时也用其他指标。

如艾萨德就认为，在探讨大城市的移民问题时，城市的就业机会和收入水平在反映城市的吸引力方面更具代表性。又如，考虑市场问题时，城市的零售总额比人口规模更多地反映城市对产品的需求量。更好的方法是，选取若干个相互独立又能反映城市实力的指标，采用数学统计的方法构造出一个指数，用这个指数来表示城市的质量。引力模型中的距离单位，一般用“km”(千米)表示。但随着各种现代化运输工具的发展，传统的距离概念正受到挑战。在交通便捷的地方，空间上的距离被“缩短”了，因此也可以用时间、运输成本等特殊距离单位来衡量两地间的距离。引力模型中的质量加权问题更为复杂。在一些应用中，人口的加权取值 1。如果选用别的适当的数值将能更好地改善这个模式的性能。质量加权的基本原理是要显示人口规模中没能反映出的人口结构上的差异，因此人口性别、年龄、收入、职业、受教育水平等因素都可以作为“权数”来考虑。引力模型中另一个重要问题是对距离摩擦指数 k 的选择。理论上认为，k 应等于 1.0 或 2.0，但经验研究显示，k 值可以在 0.5～3.0 的幅度内变化，其原因在于不同货物的可运输性不同,从而影响了距离指数的值。由于参数的不确定性,在经济地理研究中,更多的是用区域经济联系模型。

(二)区域经济联系模型

区域经济联系量是用来衡量区域间经济联系强度的指标,或称空间相互作用量,既能反映经济中心城市对周围地区的辐射能力,也能反映周围地区对经济中心辐射能力的接受程度。区域经济联系量有绝对经济联系量和相对经济联系量之分。绝对经济联系量是指某经济中心对某低级经济中心经济辐射能力或潜在的联系强度大小;相对经济联系量是在绝对经济联系量的基础上,结合低级经济中心本身的接收能力,并比较其在区域内所有同级经济中心中条件的相对优劣来确定的。在艾萨德区域间相互作用潜力模型的基础上,区域经济联系量的测算公式为:

$$R_{ij}=\sqrt{P_iG_i}\cdot\sqrt{P_jG_j}/D_{ij}^2 \tag{16-8}$$

其中:R_{ij}为i,j 地区间的经济联系强度;P_i 和 P_j 一般表示i,j 地区的人口数量;G_i 和 G_j 一般为i,j 地区的经济总量,如国内生产总值或者工业总产值等;D_{ij}为i,j 地区间距离,这种距离可以是空间上的距离或者时间上的距离。如果将 i 地区与其他所有地区的经济联系量相加,便可得出 i 地区与外界的经济联系总量:

$$R_i=\sum_{i=1}^{n}R_{ij} \tag{16-9}$$

及其平均经济联系强度:

$$\overline{R}_i=R_i/n \tag{16-10}$$

$\overline{R}_i$ 可以反映一个地区与外界经济联系程度的强弱。如果将区域内所有地区之间的经济联系量相加,便可得出这一大区域内的经济联系总强度及其平均经济联系强度:

$$R=\sum_{j=1}^{n}\cdot\sum_{i=1}^{n}R_{ij} \tag{16-11}$$

$$\overline{R}=R_i/n^2 \tag{16-12}$$

这一方法经常被一些经济地理学者在分析区域经济空间联系时运用。例如,孟德友和陆玉麒(2009)同样以江苏省为研究对象,借助上述经济间相互作用的引力模型表达式测算了江苏省各地区相互联系的强度。顾朝林和庞海峰(2008)运用重力模型方法对中国城市间的空间联系强度进行定量计算,据此刻画中国城市体系的空间联系状态和结节区结构。

(三)贸易引力模型

贸易引力模型是指两个国家之间的单项贸易流量与它们各自的经济规模成正比,与它们之间的距离成反比(Anderson,1979)。这与物理学中万有引力定理所描述的两个星体之间的引力与它们的质量成正比,与它们之间距离的平方成反比相似,贸易引力模型因此而得名。最早将引力模型用于研究国际贸易量的是丁伯根(Tinbergen,1962)和波伊豪宁(Poyhonen,1963),他们通过实证研究发现,两国间的贸易量与两国 GDP 成正比,与两国之间距离幂成反比。一般认为,贸易引力模型形式可表示为(Bergstrand,1989):

$$M_{ij}=k\ \frac{Y_i^{\alpha}Y_j^{\beta}}{A_{ij}^{\gamma}D_{ij}^{\lambda}} \tag{16-13}$$

其中:M_{ij}表示某一时期i 国从j 国的进口额;k 为常数;Y_i 和 Y_j 分别表示i 国和j 国的经济总量,一般用 GDP 来表示;D_{ij}表示两国之间的距离;A_{ij}为其他促进和阻碍两国之间贸易流动的因素。

贸易引力模型的研究经历了独特的发展轨迹，它不是首先从各种贸易理论中推演而来，而是以对现实贸易关系的直观判断为依据建立起来的。因此，贸易引力模型的实证研究在先，理论研究在后。许多学者应用贸易引力模型对国际贸易流量和流向作了实证分析。自从丁伯根和波伊豪宁提出贸易引力模型以后，接着林内曼（Linnemann，1966）将人口作为变量引入模型。这一阶段比较突出的研究是伯格斯特兰（Bergstrand，1989），他在模型中引入了人均收入和汇率及多个虚拟变量，使模型包含更多影响贸易量的因素。此后，贸易引力模型中一般都含有表示两国是否拥有共同边界、是否使用共同语言或货币、是否同属一个贸易区等诸多虚拟变量。1995 年，麦卡勒姆（McCallum，1995）用引力模型回归了加拿大各省之间及加拿大一个省与美国一个州之间的贸易量。他发现，在控制经济规模和距离的情况下，加拿大本国各省之间的贸易量是加拿大某一省与美国某一州之间贸易量的 22 倍。这就是后来所谓的“边境效应”（border effect）问题。大量研究（McCallum，1995；Helliwell，1996；Anderson and Smith，1999 等）发现，“边境效应”的确存在，只是在不同国家、不同地区之间有所不同，而且呈下降趋势。

专栏 16－1　　经济动力学

经济动力学是经济学和动力学相结合而产生的新兴交叉学科，是运用动力学的原理和方法研究经济运动及其规律的一门科学。其主要研究内容有：运用牛顿第一定律研究经济惯性问题；运用牛顿第二定律研究经济加速度问题；根据万有引力定律原理研究经济引力作用问题；根据动力学有关势能差的观点研究经济系统内动力问题；根据量子力学的观点研究经济竞争协调问题；等等。

第二节　空间结构分形分析

一、分形理论简介

分形（fractal）理论，主要研究和揭示复杂的自然现象和社会现象中所隐藏的规律性、层次性和标度不变性，为通过部分认识整体、从有限中认识无限提供了一种新的工具。

分形是由曼德布罗特（Benoit B.Mandelbrot）在 1975 年首次提出的，其原义是“不规则的、分数的、支离破碎的”物体。1977 年，他出版了第一本书《分形：形态、偶然性和维数》（*Fractal：Form，Chance and Dimension*），标志着分形理论的正式诞生。5 年后，他出版了著名的专著《自然界的分形几何学》（*The Fractal Geometry of Nature*），至此，分形理论初步形成。目前，分形是非线性科学中的一个前沿课题，在不同的文献中，分形被赋予不同的名称，如“分数维集合”“豪斯道夫测度集合”“S 集合”“非规整集合”以及“具有精细结构集合”，等等。一般地可把分形看作大小碎片聚集的状态，是没有特征长度的图形和构造以及现象的总称。由于其在许多学科中的迅速发展，分形已成为一门描述自然界中许多不规则事物及现象的规律性的学科。

分形理论的创始人曼德布罗特给出了分形的原始数学定义，即“分形是其豪斯道夫维（D_f）严格大于拓扑维数（D_t）的集，即 $D_f > D_t$”。随着研究的不断深入，逐步形成了较为全面的定义，一般认为，分形应该是具有下列性质的集合：(1)具有精细结构，即在任意小的比例尺下，都可以呈现出更加精致的细节；(2)其不规则性在整体和局部均不能用传统的几何语言加以描述；(3)具有某种自相似的形式，但不是完全数学意义上的自相似性，而是统计意义上的自相似性；(4)一般 $D_f > D_t$，即豪斯道夫维严格大于拓扑维数；(5)该集常可由极简单的方法来定义，可能由迭代产生；(6)其大小不能用通常的测度(如面积、长度、体积)来度量。

在分形学提出的初期，研究对象仅局限于几何物体的形态和结构，随着应用范围的扩大，人们又把空间分形概念引申到动态系统的时间分形、经济社会的信息分形及生命科学中的功能分形等。所以，一般把形态、时间、功能和信息等方面具有自相似性的研究对象称为分形。分形理论的核心是自相似性，描述分形体自相似性的特征量是分维。因此，关于分形理论的基础研究主要集中在分维的确定与计算模型，而应用研究则主要是通过分维来描述不同自然现象和社会现象的演化过程。

分形理论被广泛地应用于自然科学和社会科学的各个领域，从而形成了许多新的学科生长点。随着分形理论在地理学研究中的应用，到了 20 世纪 90 年代，逐渐形成了一个新兴的分支学科——分形地理学。

二、分形维数的定义和测算

(一)分形维数的定义

维数是几何对象的一个重要特征量。传统的欧氏几何学研究立方体等非常规整的几何形体。按照传统几何学的描述，点是零维，线是一维，面是二维，体是三维。但仔细观看，对于大自然用分形维数来描述可能会更接近实际。分维(fractal dimension)是分形特征的定量描述。通过对经典的欧氏(整数)维的定义进行拓广，人们已提出多种分维计算方法，其中豪斯道夫(hausdorff)维是最基本、最常用的分维计算方法。

(二)几种方法测定分维数

1. 豪斯道夫维数

几何对象的拓扑维数有两个特点：一是 d 为整数；二是盒子数虽然随着测量尺度变小而不断增大，几何对象的总长度(或总面积、总体积)保持不变。但总长度会随测量尺度的变小而变长，最后将趋于无穷大。因此，对于分形几何对象，需要将拓扑维数的定义推广到分形维数。因为分形本身就是一种极限图形，可以得出分形维数的定义：

$$D_0 = \lim_{r \to 0} \frac{\ln N(r)}{\ln(1/r)} \tag{16-14}$$

式(16－14)就是豪斯道夫分形维数，通常也简称为分维。拓扑维数是分维的一种特例，分维 D_0 大于拓扑维数而小于分形所位于的空间维数。

例如：城镇等级规模结构的分形模型。城市规模分布问题一直是城市体系研究的核心问题之一，确定分维的多种方法中最基本、最常用的是豪斯道夫分维类比。具体思路：对于一个特定区域，将城镇人口规模从大到小排序，用人口尺度 r(r 用人口数量表示)来度量人口规模大于 r 的城镇数目 $N(r)$。改变人口尺度 r 时，区域内的城镇数目 $N(r)$ 也会随之改变，当 r 由大变小时，$N(r)$ 不断增多。在某个标度范围内，$N(r)$ 与 r 满足关系：

$$N(r) \propto r^{-D} \tag{16-15}$$

式(16－15)是一个分形模型，其中 D 便是城市规模分布的分形维数。一般来说，D 值的大小具有明确的地理意义，直接反映了城镇体系等级规模结构。当 $D<1(q>1)$ 时，表示该区域的城镇体系等级规模结构比较松散，人口分布差异程度较大，首位城市的垄断性较强；当 $D=1(q=1)$ 时，表示该区域首位城市与最小城市的人口规模之比恰好为区域内整个城镇体系的城镇数目；当 $D>1(q<1)$ 时，表示该区域城镇规模分布比较集中，人口分布比较均衡，中间

位序的城镇数目较多。

2. 信息维数

如果将每一个小盒子编上号，并记分形中的部分落入第 i 个小盒子的概率为 P_i，那么用尺度为 r 的小盒子所测算的平均信息量为：

$$I=-\sum_{i=1}^{N(r)} P_i \ln P_i \quad (16-16)$$

若用信息量 I 取代小盒子数 $N(r)$ 的对数就可以得到信息维 D_1 的定义：

$$D_1=\lim_{r\to 0}\frac{-\sum_{i=1}^{N(r)} P_i \ln P_i}{\ln(1/r)} \quad (16-17)$$

如果把信息维看作豪斯道夫维数的一种推广，那么豪斯道夫维数应该看作一种特殊情形而被信息维的定义所包括。对于一种均匀分布的分形，可以假设分形中的部分落入每个小盒子的概率相同，即：

$$P_i=\frac{1}{N} \quad (16-18)$$

$$D_1=\lim_{r\to 0}\frac{-\sum_{i=1}^{N}\frac{1}{N}\ln\frac{1}{N}}{\ln(1/r)}=\lim_{r\to 0}\frac{\ln N}{\ln(1/r)} \quad (16-19)$$

可见，在均匀分布的情况下，信息维数 D_1 和豪斯道夫维数 D_0 相等。在非均匀情形，$D_1<D_0$。

3. 关联维数

空间的概念早已突破 3 维空间的限制，如相空间，系统有多少个状态变量，它的相空间就有多少维，甚至是无穷维。相空间突出的优点是，可以通过它来观察系统演化的全过程及其最后的归宿。对于耗散系统，相空间要发生收缩。也就是说，系统演化的结局最终要归结到子空间上。这个子空间的维数即所谓的关联维数。

举例说明：城镇体系空间结构是城镇体系的重要特征之一。城镇体系的空间分布具有明显的无标度特征，在一定范围内具有随机分形结构。城镇体系的空间

相关性分形研究一般采用关联维数来标度。公式如下：

$$C(r)=\frac{1}{N^2}\sum_{i,j=1}^{N} H(r-d_{ij}),(i\neq j) \quad (16-20)$$

$$H(r-d_{ij})=\begin{cases}1,(d_{ij}\leqslant r)\\0,(d_{ij}>r)\end{cases} \quad (16-21)$$

式(16－21)中：r 为给定的距离尺度；d_{ij} 为城镇体系内第 i 个与第 j 个城镇之间的直线距离；H 为赫维赛德(Heaviside)阶跃函数。根据城镇体系空间分布标度不变性的分形特征有：

$$C(r)\propto r^D \quad (16-22)$$

其中：$C(r)$ 为关联函数；D 为关联维数，反映了城镇体系要素空间分布的均衡性。一般情况下，D 的取值范围一般介于 0～2，其值越小，说明该区域城镇体系空间分布的集中度越高，当 $D<0$ 时，表明城镇分布高度集中于一地(形成一个首位城市)；反之，其值越大，则该区域城镇体系空间分布越分散。当 $D>2$ 时，表明城镇的空间分布很均匀。空间关联维数 D 的独特用途在于可以反映城镇体系各要素之间交通网络的通达性，从而指示城市之间的关联性。

4. 聚集维数

假定城镇体系各要素按照某种自相似规则围绕中心城市(一般是等级体系中的首位城市)呈凝聚态分布,且分形体是各向均匀变化的,则可借助几何测度关系确定半径为 r 的圆周内的城镇(粒子)数目 $N(r)$ 与相应半径的关系,即有:

$$N(r)\propto r^{D_f} \tag{16—23}$$

类比于豪斯道夫维数公式可知,式中 D_f 为分维。这表明,如果假设正确,可以利用回转半径法测算城镇体系空间聚集的分维数。现已证明,上述假设成立。考虑到半径 r 的单位取值影响分维的数值,可将其转化为平均半径,定义平均半径为

$$R_s \equiv \left[\left(\frac{1}{s}\sum_{i=1}^{s} r_i^2\right)^{1/2}\right] \tag{16—24}$$

则一般有分维关系:

$$R_s \propto S^{1/D} \tag{16—25}$$

其中:R_S为平均半径,r_i 为第 i 个城镇到中心城市的欧氏距离(称重心距),S 为城镇个数,[…]表示平均,D 为分维。由于这里的 D 反映的是城镇围绕中心城市随机聚集的特征,故可称为聚集维数。

第三节 交通网络分析

交通网是实现人与物质空间流动的重要手段。交通网一般由基本的点和线组成相互联系的网络。交通网可以用密度与结构来表述。其中,结构可以用连接度、通达性来表述。一般情况下,密度大、连接度高、通达度好的交通网络是完善的交通网络。

交通网的密度是指在某一区域内单位面积的运输线路的总长度,当然也必须考虑到运输线路的类型以及总通过能力的差异。交通网密度大的地区,并不一定都是交通最为便利的地区,因还取决于交通网的结构。衡量交通网结构状况的指标主要有连接度和通达度指标。

以下以假想的交通网(图 16—1)为例,说明交通网络的连接度与通达度。

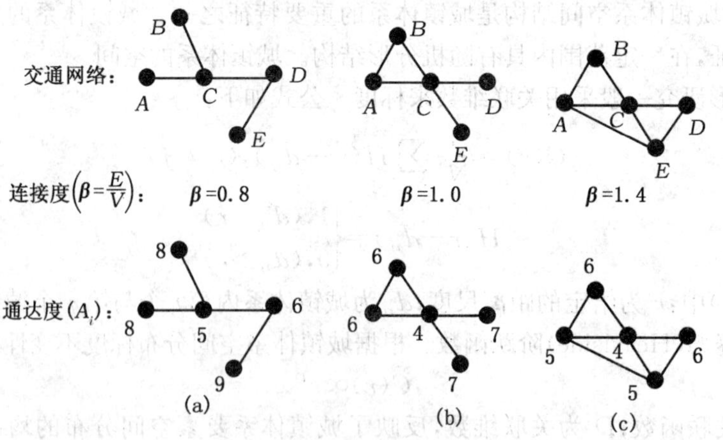

图 16—1 交通网

一、交通网连接度

连接度(connectivity)表示交通网络的发达程度,有多种表示方法,通常用贝塔指数(bete

index)来计算与比较。贝塔指数为边的数量与顶点数量之比。计算公式如下：

$$\beta=\frac{E}{V} \tag{16-31}$$

其中：β 为交通网的连接度；E 为交通网中边的数量；V 为交通网中顶点的数量。

在图 16－1 中，(a)的连接度为 0.8，(b)的连接度为 1.0，(c)的连接度为 1.4，说明(c)比(b)、(b)比(a)的交通网络发达。

二、通达度

通达度(accessibility)是衡量网络中点之间移动的难易程度，可以用通达指数和分散指数来衡量。

(一)通达指数

通达指数(accessibility index)是网络中从一个顶点到其他所有顶点的最短路径，由下式计算。

$$A_i=\sum_{i=1}^{n} D_{ij} \quad i=1,2,3,\cdots,n \tag{16-32}$$

其中：A_i 为顶点 i 在网络中的通达度；D_{ij} 为顶点 i 到顶点 j 的最短距离(可以用边即区间来简单表述)；$\sum_{i=1}^{n} D_{ij}$ 为顶点 i 到所有其他顶点的距离(或区间数)。

在图 16－1 中，以(a)中 A 和 C 为例，从 A 到 B 为 2(两个区间)、到 C 为 1、到 D 为 2、到 E 为 3，即 A 的通达指数为 8，从 C 到 A 为 1、到 B 为 1、到 D 为 1、到 E 为 2，即 C 的通达指数为 5，明显地，C 比 A 有较好的通达性。

(二)分散指数

分散指数(dispersion index)是用来衡量网络系统中总的通达程度与联系水平，用 D 来表示。计算公式如下：

$$D=\sum_{i=1}^{n}\sum_{j=1}^{n} D_{ij}\ (D_{ij}\ \text{同上式}) \tag{16-33}$$

分散指数越小，说明网络内部联系水平越高，通达性越好。在图 16－1 中，(a)的分散指数 D 为 36，(b)的分散指数 D 为 30，(c)的分散指数 D 为 26，说明(c)比(b)，(b)比(a)的交通网络通达性好。

第四节　GIS 与空间分析

一、地理信息系统(GIS)

英国著名地理学家约翰斯顿(R.J. Johnston)在 1995 年曾指出“计量革命的直接成果是导致了 GIS 革命的到来”。GIS 起源于 20 世纪 60 年代，是对地理空间数据进行采集、存储、表达、更新、检索、管理、综合分析与输出的计算机应用技术系统。GIS 是以应用为导向的空间信息技术，强调空间实体及其关系，注重空间分析与模拟，是重要的地理空间数据管理和分析工具。

GIS 的奠基人之一古德柴尔德(M.F. Goodchild)曾指出：“地理信息系统真正的功能在于

它利用空间分析技术,对空间数据进行分析。"空间分析使 GIS 超越一般空间数据库、信息系统和地图制图系统,成为不仅能进行海量空间数据管理、信息查询检索与量测,更可通过图形操作与数学模拟运算分析出地理空间数据中隐藏的模式、关系和趋势,挖掘出对科学决策具有指导意义的信息,从而解决复杂的地学应用问题,进行地学综合研究的技术系统。

空间数据的可视化以及基于可视化技术的空间分析、空间数据挖掘和知识发现已发展成为空间数据处理的重要手段和关键技术。GIS 可以将空间数据转化为"地图",使这些数据所表达的空间关系可视化,人们可以在地图、影像和其他图形中分析它们所表达的各种类型的空间关系。目前,可视化空间分析已由静态空间关系的可视化发展到动态表示系统演变过程的可视化。

二、ArcGIS 空间相关分析

(一)ArcGIS 介绍

ArcGIS 产品线为用户提供一个可伸缩的、全面的 GIS 平台。ArcObjects 包含了大量的可编程组件,从细粒度的对象(例如,单个的几何对象)到粗粒度的对象(例如与现有 ArcMap 文档交互的地图对象),涉及 ArcGIS 面极广,这些对象为开发者集成了全面的 GIS 功能。2004 年 4 月,美国环境系统研究所公司(Esri)推出了新一代 9 版本 ArcGIS 软件,为构建完善的 GIS 系统,提供了一套完整的软件产品。2010 年,Esri 推出 ArcGIS 10。这是全球首款支持云架构的 GIS 平台,在 WEB2.0 时代实现了 GIS 由共享向协同的飞跃;同时 ArcGIS 10 具备了真正的 3D 建模、编辑和分析能力,并实现了由三维空间向四维时空的飞跃。Esri 已于美国时间 2013 年 7 月 30 日正式发布了最新版产品——ArcGIS 10.2。该产品的发布,标志着 Esri 又进入了一个新的里程碑。在 ArcGIS 10.2 中,Esri 充分利用了 IT 技术的重大变革来扩大 GIS 的影响力和适用性。新产品在易用性、对实时数据的访问,以及与现有基础设施的集成等方面都得到了极大的改善。

ArcGIS for Desktop 是为 GIS 专业人士提供的用于信息制作和使用的工具,利用 ArcGIS for Desktop,可以实现任何从简单到复杂的 GIS 任务。ArcGIS for Desktop 是对地理信息进行编辑、创建以及分析的 GIS 软件,提供了一系列的工具用于数据采集和管理、可视化、空间建模和分析以及高级制图。不仅支持单用户和多用户的编辑,还可以进行复杂的自动化工作流程。

(二)ArcGIS 分析数据加载

ArcGIS 分析功能非常强大,在此只对数据加载进行说明,其他操作请读者参考 ArcGIS 相关教程。

首先启动 ArcMap,点击十号加载 shp 文件,如图 16—2。

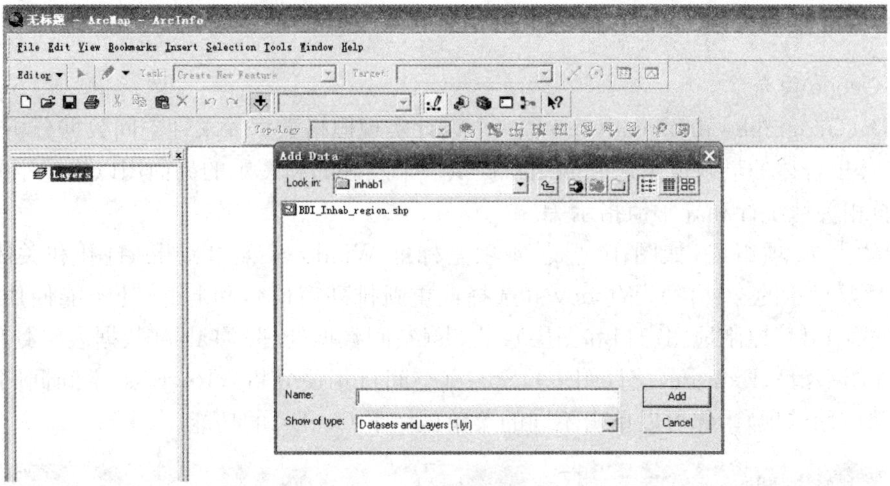

图 16-2　点击十号加载 shp 文件

或在 file 下加载 shp 文件，如图 16-3。

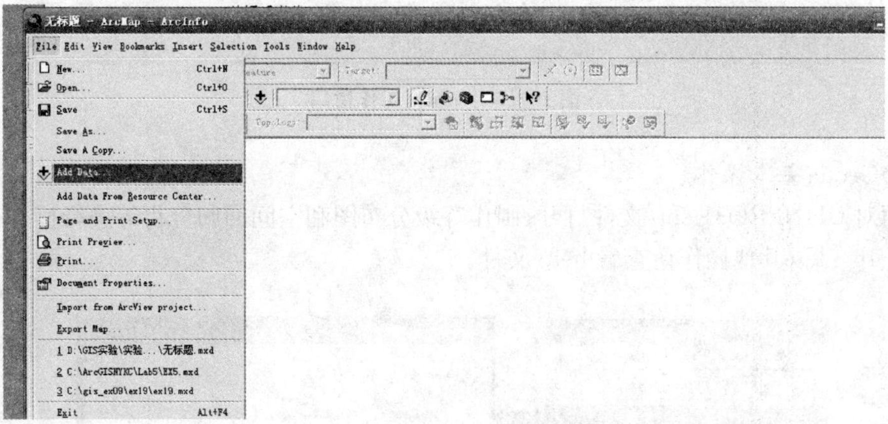

图 16-3　在 file 下加载 shp 文件

载入的研究对象为中国大陆各省(市、区)shp 文件:CHNPRO31.shp，如图 16-4。

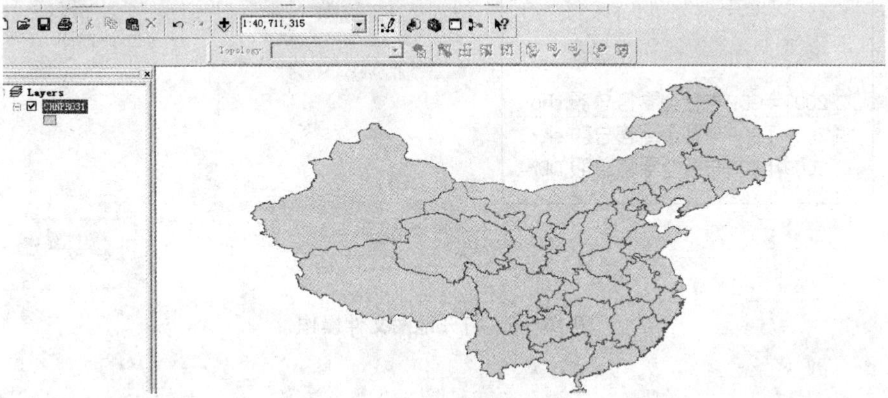

图 16-4　数据地图显示

三、Geoda空间分析

(一)Geoda简介

GeoDa(Geography data analysis)是一个设计实现栅格数据探求性空间数据分析(ESDA)的软件工具集合体的最新成果。它向用户提供一个友好的和图示的界面用以描述空间数据分析,比如自相关性统计和异常值指示等。

菜单栏由12项组成,如图16－5。4项是标准Windows菜单:File(打开和关闭文件),View(选择要显示的工具栏),Windows(选择或重新排列窗口),和help(还不能使用)。GeoDa特有的有Edit(控制地图窗口和图层),Tools(空间数据处理),Table(数据表格处理),Map(制图和地图平滑),Explore(统计图表),Space(空间自相关分析),Regress(空间回归)和Options(特殊应用选项)。你可以单击不同的菜单试一下GeoDa的功能。

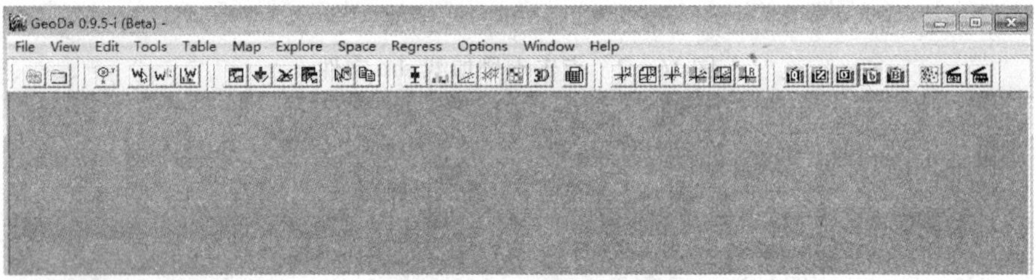

图16－5 GeoDa工作窗口

(二)Geoda基本操作

下面对CHNPRO31.shp文件打开、制作等级分布图和空间回归分析等进行操作,见图16－6至图16－9。其他操作请查看help文件。

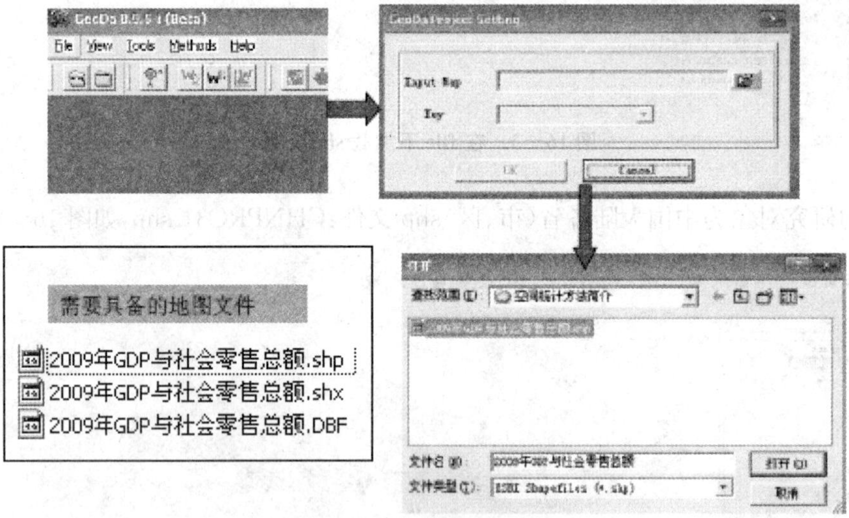

图16－6 打开地图文件操作

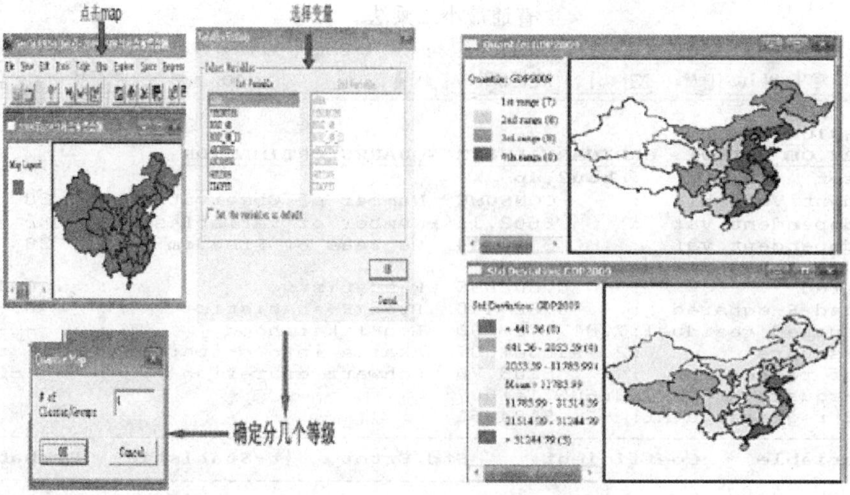

图 16－7　等级分布图操作

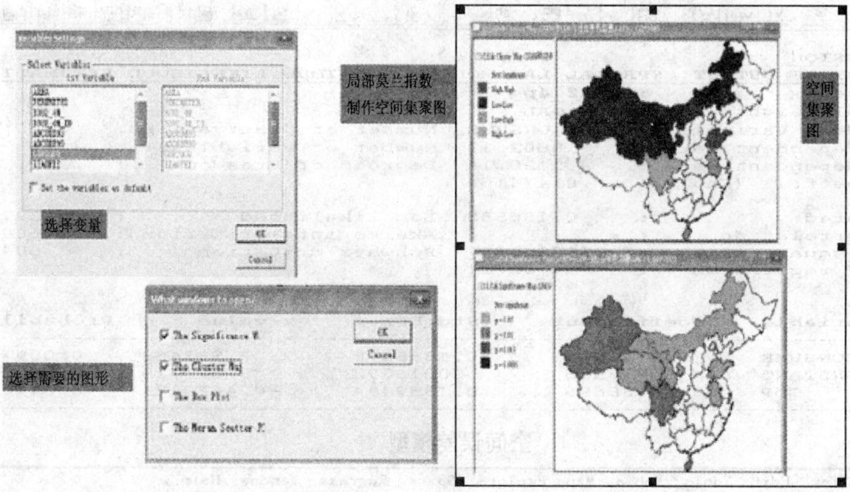

图 16－8　空间集聚图操作

普通最小二乘法

```
File  View  Edit  Tools  Table  Map  Explore  Space  Regress  Window  Help

REGRESSION
SUMMARY OF OUTPUT: ORDINARY LEAST SQUARES ESTIMATION
Data set              : bou2_4p
Dependent Variable    :      CONSUME  Number of Observations:   30
Mean dependent var    :      8602.13  Number of Variables   :    2
S.D. dependent var    :      5120.14  Degrees of Freedom    :   28

R-squared             :     0.006058  F-statistic           :     0.170648
Adjusted R-squared    :    -0.029440  Prob(F-statistic)     :     0.682684
Sum squared residual:7.81712e+008     Log likelihood        :     -298.705
Sigma-square          :2.79183e+007   Akaike info criterion :       601.41
S.E. of regression    :      5283.78  Schwarz criterion     :      604.213
Sigma-square ML       :2.60571e+007
S.E of regression ML:        5104.61
-----------------------------------------------------------------------------
    Variable    Coefficient      Std.Error      t-Statistic    Probability
-----------------------------------------------------------------------------
    CONSTANT      8971.93         1316.042        6.817358      0.0000002
         GDP  -0.06217097        0.1505003      -0.4130954      0.6826839
-----------------------------------------------------------------------------
```

空间滞后模型

```
File  View  Edit  Tools  Table  Map  Explore  Space  Regress  Window  Help

REGRESSION
SUMMARY OF OUTPUT: SPATIAL LAG MODEL - MAXIMUM LIKELIHOOD ESTIMATION
Data set              : bou2_4p
Spatial Weight        : fdc.GAL
Dependent Variable    :      CONSUME  Number of Observations:   30
Mean dependent var    :      8602.13  Number of Variables   :    3
S.D. dependent var    :      5120.14  Degrees of Freedom    :   27
Lag coeff.    (Rho)   :     0.474164

R-squared             :     0.156588  Log likelihood        :     -297.009
Sq. Correlation       : -             Akaike info criterion :      600.018
Sigma-square          :2.21108e+007   Schwarz criterion     :      604.222
S.E of regression     :      4702.21
-----------------------------------------------------------------------------
    Variable    Coefficient      Std.Error       z-value       Probability
-----------------------------------------------------------------------------
   W_CONSUME      0.4741636       0.1835376      2.583468       0.0097813
    CONSTANT       5392.526        2051.392      2.628715       0.0085709
         GDP    -0.06188693       0.1339494     -0.4620171      0.6440691
-----------------------------------------------------------------------------
```

空间误差模型

```
File  View  Edit  Tools  Table  Map  Explore  Space  Regress  Window  Help

Open project
REGRESSION
SUMMARY OF OUTPUT: SPATIAL ERROR MODEL - MAXIMUM LIKELIHOOD ESTIMATION
Data set              : bou2_4p
Spatial Weight        : fdc.GAL
Dependent Variable    :      CONSUME  Number of Observations:   30
Mean dependent var    : 8602.133333   Number of Variables   :    2
S.D. dependent var    : 5120.144130   Degree of Freedom     :   28
Lag coeff. (Lambda)   :     0.480587

R-squared             :     0.146605  R-squared (BUSE)      : -
Sq. Correlation       : -             Log likelihood        : -297.208853
Sigma-square          :22372484.652530  Akaike info criterion :     598.41
S.E of regression     :      4729.96  Schwarz criterion     : 601.220100
-----------------------------------------------------------------------------
    Variable    Coefficient      Std.Error       z-value       Probability
-----------------------------------------------------------------------------
    CONSTANT       9301.142        1764.782      5.270419       0.0000001
         GDP    -0.02657923       0.1286372    -0.2066216       0.8363054
      LAMBDA       0.480587        0.196152      2.450074       0.0142827
-----------------------------------------------------------------------------
```

图 16—9 空间计量分析

第五节　空间网络结构分析

一、社会网络结构分析

社会网络分析方法是由社会学家根据数学方法、图论等发展起来的定量分析方法，近年来，该方法在职业流动、城市化对个体幸福的影响、世界政治和经济体系、国际贸易等领域广泛应用，并发挥了重要作用。社会网络分析是社会学领域比较成熟的分析方法。许多学科的专家如经济学、管理学等领域的学者们在新经济时代——知识经济时代，面临许多挑战时，开始考虑借鉴其他学科的研究方法，社会网络分析便是其中的一种。

由于关系数据不满足常规统计学意义上的“变量的独立性假设”，因此，通常意义上的各种多元统计方法多数不能用来分析关系数据。社会网络分析恰恰研究的是关系数据。社会网络分析在本体论、认识论、方法论以及具体的研究方法上都有其独到之处。这也是网络分析得到学界广泛关注的重要原因之一。

社会网络是社会行动者及其相互间关系的集合。行动者可以是个人、群体、组织乃至国家。关系是多方面的，有多种类型。由来自一个群体内的行动者之间的关系构成的网络叫作1－模网络；两个群体的行动者之间的关系网叫作2－模网络；一个群体内的行动者参与多个社会团体构成的网络叫作隶属关系网。

社会网络分析(social network analysis，SNA)问题起源于物理学中的适应性网络，通过研究网络关系，利用数学方法、图论等定量分析方法，有助于把个体间关系、“微观”网络与大规模的社会系统的“宏观”结构结合起来，是20世纪70年代以来在社会学、心理学、人类学、数学、通信科学等领域逐步发展起来的一个研究分支。从社会网络的角度出发，人在社会环境中的相互作用可以表达为基于关系的一种模式或规则，而基于这种关系的有规律模式反映了社会结构，这种结构的量化分析是社会网络分析的出发点。社会网络分析不仅仅是一种工具，更是一种关系论的思维方式。可以利用来解释一些社会学、经济学、管理学等领域问题。

二、UCINET操作入门

(一)UCINET软件功能介绍

UCINET软件是由加州大学欧文(Irvine)分校的一群网络分析者编写的。现在对该软件进行扩展的团队是由林顿·弗里曼(Linton Freeman)、斯蒂芬·博加提(Stephen Borgatti)和马丁·埃弗里特(Martin·Everett)组成的。UCINET网络分析集成软件包括一维与二维数据分析的NetDraw，还有正在发展应用的三维展示分析软件Mage等，同时集成了Pajek用于大型网络分析的Free应用软件程序。利用UCINET软件可以读取文本文件、KrackPlot、Pajek、Negopy、VNA等格式的文件。它能处理32 767个网络节点。当然，从实际操作来看，当节点数在5 000～10 000之间时，一些程序的运行就会很慢。社会网络分析法包括中心性分析、子群分析、角色分析和基于置换的统计分析等。另外，该软件包有很强的矩阵分析功能，如矩阵代数和多元统计分析。它是目前最流行的，也是最容易上手、最适合新手的社会网络分析软件。UCINET6的主界面如图16－10。

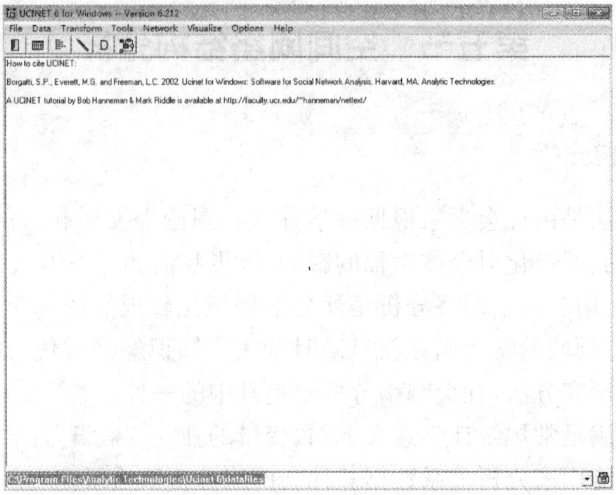

图 16－10 UCINET6 主界面

(二)UCINET 软件操作

1. UCINET 矩阵数据的生成

点击 Ucinet 第二行第三个图标，弹出如下窗口，如图 16－11，点击“File—Open Excel file”，将 Excel 数据导入。数据导入后，在右边选择数据类型，然后点击“File—Save UCINET dataset”，生成“*.##h”格式文件。

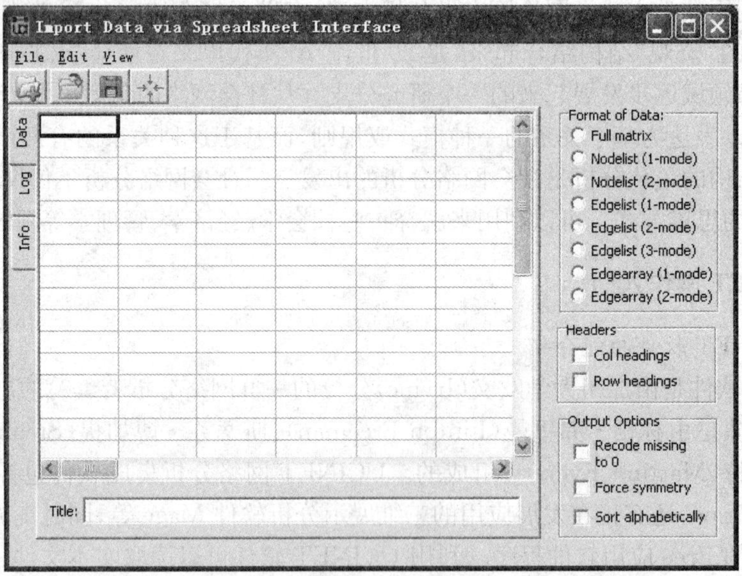

图 16－11 导入数据

2. 中心性分析

中心性分析操作见图 16－12。

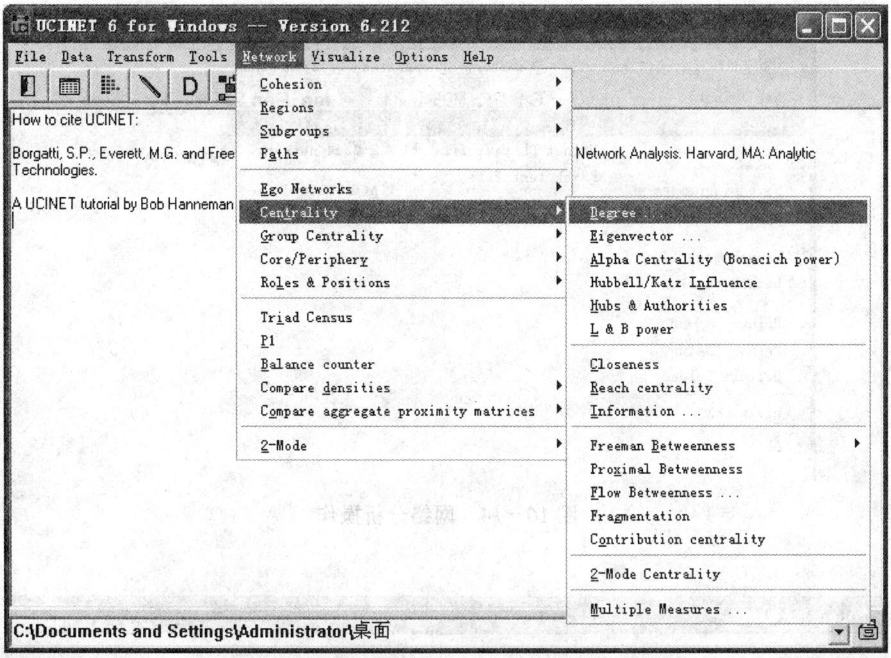

图 16—12　中心性分析操作

3. 网络图的生成

点击主界面第二行工具栏中的 Netdraw 图标，弹出如图 16—13 的窗口。

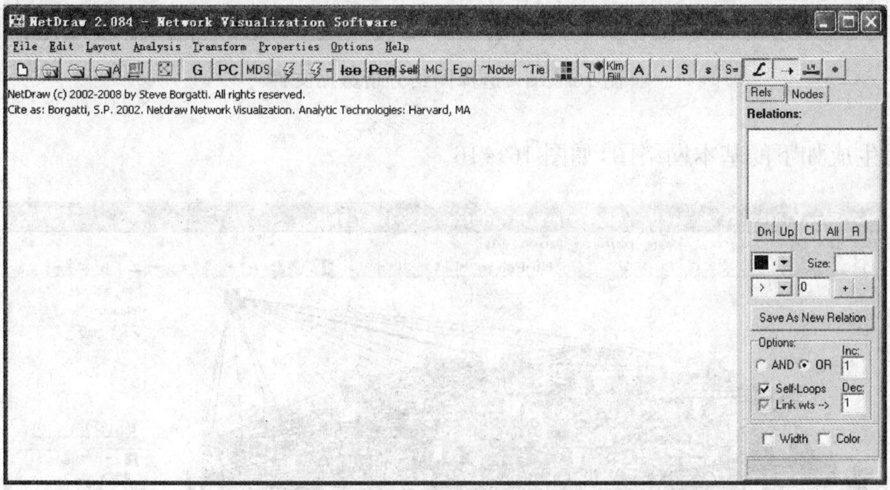

图 16—13　Netdraw 分析窗口

按图 16—14 操作。

输入数据，点击 OK，如图 16—15。

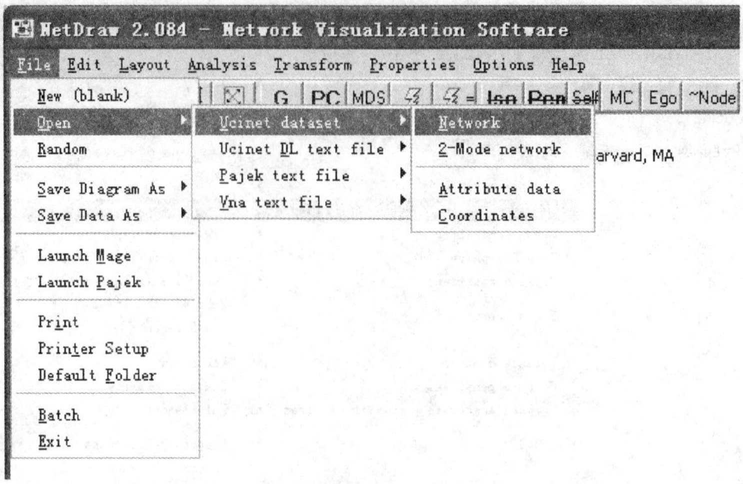

图 16－14　网络分析操作

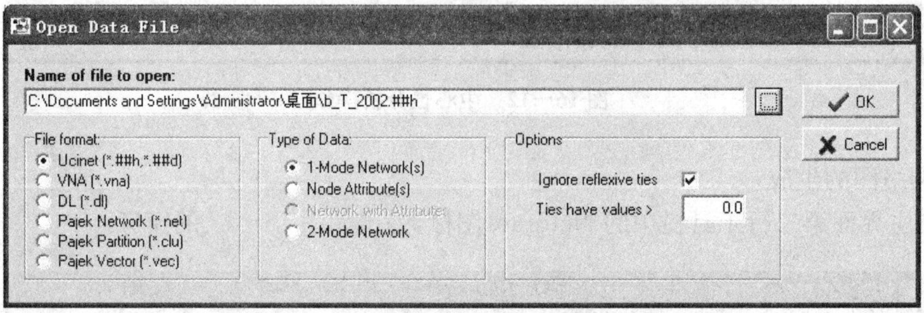

图 16－15　选择网络分析数据文件

便可生成如下的基本网络图，如图 16－16。

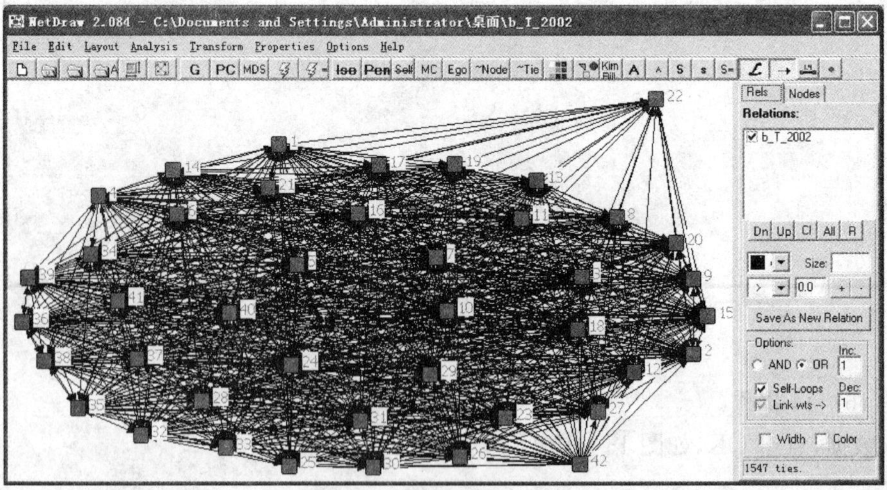

图 16－16　基本网络图

复习思考题

1. 引力模型的含义是什么？
2. 请简述引力模型在经济地理学中的应用。
3. 如何测定分维数？
4. 如何运用交通网络分析交通网布局的合理性？
5. 社会网络结构分析可以运用在哪些领域？

第十七章

空间计量分析

第一节 空间自相关性分析

在统计上，通过相关分析可以检测两种现象（统计量）的变化是否存在相互关联或者关联性有多大。例如，某种农作物的产量往往与其所处的土壤肥沃程度相关。但是如果其分析的统计量是同一事物的同一属性值的多个观察值，即分析自身对自身的影响，则称之为自相关(autocorrelation)。因此，所谓的空间自相关(spatial autocorrelation)就是研究某空间单元与其周围单元之间，就某种特征值是否存在空间相互依赖的分布特征。空间自相关性的度量主要涉及三个方面：空间相邻矩阵、空间权重矩阵、空间自相关系数。

一、空间相邻矩阵

对于空间自相关的最初的度量标准是由莫兰(Moran)和吉尔里(Geary)在 20 世纪 50 年代前后提出的，这个度量是建立在空间单位的二进位相邻概念的基础上的。所谓空间相邻，就是说如果两个空间单位有一个共同的非零长度的部分，那么它们就被认为是空间相邻。而度量两个空间单位是否相邻是由 0 和 1 两个数值来表示的，1 表示两个单位空间相邻，0 表示两个单位不相邻。

这个相邻的概念明显假定了一个地图的存在，从而边界可以被确认。对于一个被不规则排列的空间地区单位来说，这个定义是相当清楚的，但对于像规则的方格或一群不规则排列的点来说，是否相邻的决定并不唯一。例如，考虑一个表示在图 17－1 中的规则方格和相应的质心。在单位 a 和其他相邻的单位之间的共同部分的确定有几种不同的方式。如果以两个单位有一条共同的边界来确定是否相邻的话，单位 b 就可以被看作是与 a 相邻的(图 17－1a)。另外，也可以以两个单位是否有共同的顶点为基础来确定是否相邻，这样的话，单位 c 就可以

被看作是与单位 a 相邻的(图 17—1b)。或者这两种方式都被认可,那么单位 b 和单位 c 都可以认为与单位 a 相邻。

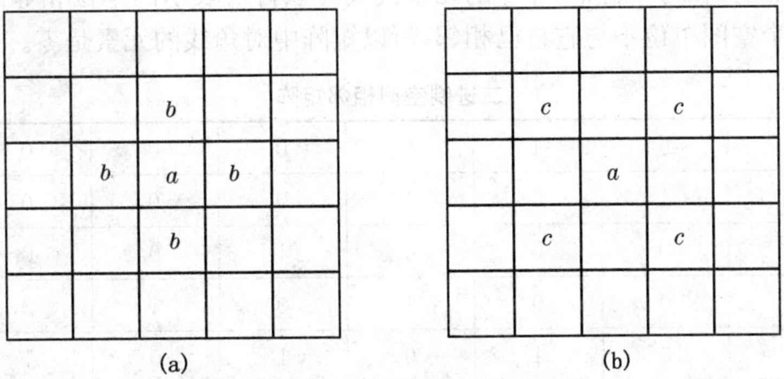

图 17—1　空间相邻地图

当空间单位是由空间中规则或不规则分布的点组成时,如地图中的城市,相邻的意义可以由网络中或图中点与点之间的最短距离引出来,如在图 17—2a 中方格中摆放的点。如果它们之间的距离在一个给定的距离之内,那么它们被认为是相邻的。例如,在以质点 A 为圆心的半径范围内的单位 B,都被看作是与单位 A 相邻的点,而不在这个范围内的单位 B 则被认为不与单位 A 相邻。

上述定义的都是一阶相邻的情况,还可以以一种类似的方式去考虑多阶的相邻问题。所谓一阶相邻就是指直接相邻,而多阶相邻则是指没有直接相邻,而是通过多个一阶相邻实现间接相邻。在描述这一概念时可以借助一种递归的形式,当某些空间单位之间是一阶相邻单位点相邻,而没有与更低阶的相邻单位点相邻时,称这些空间单位点与特定的那个空间单位点就被看作是 k 阶相邻的。例如,在图 17—2b 中,如果以两个单位有一条共同的边界来确定是否相邻的话,单位 c 和单位 d 都是单位 a 的二阶相邻的点,因为它们都是单位 b 的一阶相邻的点,而 b 又是 a 的一阶相邻点。

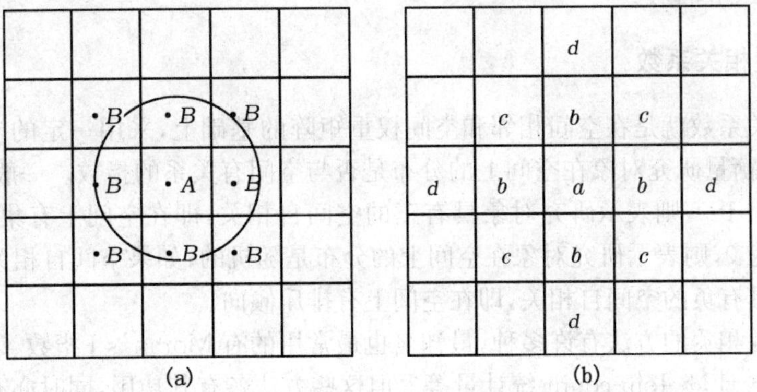

图 17—2　复杂空间相邻地图

二、空间权重矩阵

空间权重矩阵是空间相邻的主要表达方式。根据上述空间相邻的概念,对于一个有 9 个空间单位组成的系统，如果以两个单位有一条共同的边界来确定是否相邻的话，我们便可以得出这个空间系统的一阶二进制空间相邻矩阵（表 17－1）。在这个矩阵中，每个空间单位既表示成行也表示成列。在每一行中，非零的元素代表与该行所表示的单位相邻的空间单位。由于我们规定，一个空间单位不与它自己相邻，所以矩阵中对角线的元素是零。

表 17－1　　二进制空间相邻矩阵

0	1	0	1	0	0	0	0	0
1	0	1	0	1	0	0	0	0
0	1	0	0	0	1	0	0	0
1	0	0	0	1	0	1	0	0
0	1	0	1	0	1	0	1	0
0	0	1	0	1	0	0	0	0
0	0	0	1	0	0	0	1	0
0	0	0	0	1	0	1	0	1
0	0	0	0	0	1	0	1	0

但这个相邻矩阵的使用也有些不尽如人意的地方。例如，二进位的相邻可以有很多种定义方式，对于包括在计量模型中的空间作用联系，这种相邻性只能提供一种简单的描述。也可能出现几种不同的空间单位的排列方式，通过相邻矩阵来表示的时候，得出一个完全一样的矩阵。另外，对于空间单位的距离、边界长度、面积等属性都不能很好地反映出来。因此，后来不少学者对空间权重矩阵进行了深入研究。

克利夫和奥德（Cliff and Ord，1972）在《地理分析》（*Geographical Analysis*）上发表了一篇文章，对上述描述空间单位相邻的简单二进制方法进行了扩展，将反映两个空间单位潜在互相作用的更具一般性的度量纳入了相邻的概念，并提出了“空间权重矩阵”的概念，也被称为克利夫－奥德权重矩阵。但采取何种方式设定这个矩阵中各个元素的数值，也是空间科学中最困难和最有争议的问题之一。

三、空间自相关系数

空间自相关系数就是在空间相邻和空间权重矩阵的基础上，采用一定的空间自相关计算方法，得出用来衡量研究对象在空间上的分布是否与空间有关系的指数。一般情况下，如果空间自相关系数大于 0，则表示研究对象具有正的空间自相关，即在空间上有集聚倾向；如果空间自相关系数为 0，则表示研究对象在空间上的分布是随机的；如果空间自相关系数小于 0，则表示研究对象具有负的空间自相关，即在空间上有排斥倾向。

计算空间自相关的方法有许多种，最知名也最常用的有 Moran's I 指数、Geary's C 指数、格蒂斯（Getis）统计量、Join-count 统计量等。但这些方法各有其功用，同时亦有其适用范畴与限制，当然也各有其优缺点。一般来说，空间自相关系数可大致分为两大类：一类是全局型自相关系数（global spatial autocorrelation），另一类是区域型自相关系数（local spatial autocorrelation）。

（一）全局型空间自相关指数

全局型空间自相关指标通常是在描述某现象的整体分布，当统计值有显著的正相关性时，就表示临近的单元在整个研究区域内有相似的属性值，即表示有显著的空间相关特性；反之，当统计值有显著的负相关性时，则表示不存在空间依赖作用，也就是样本观察值不受其临近样本的数值影响。常用的检测全局型空间自相关的指数有：Moran's I、Geary's C。

1. 全局型 Moran's I 指数

全局型 Moran's I 计算方式，是基于统计学相关系数的共变量（covariance）关系推算得来。全局型的 Moran's I 的公式如下：

$$I=\frac{n}{\sum_{i=1}^{n}\sum_{j=1}^{n}W_{ij}}\times\frac{\sum_{i=1}^{n}\sum_{j=1}^{n}W_{ij}(x_i-\bar{x})(x_j-\bar{x})}{\sum_{i=1}^{n}(x_i-\bar{x})^2} \quad (17-1)$$

其中：W_{ij} 是空间单元相邻权重。Moran's I 值结果介于 $-1\sim1$，大于 0 为正相关，小于 0 为负相关，且值越大表示空间分布的相关性越大，即空间上有聚集分布的现象（图 17—3）。反之，值越小代表示空间分布相关性小，而当值趋于 0 时，即代表此时空间分布呈现随机分布的情形。

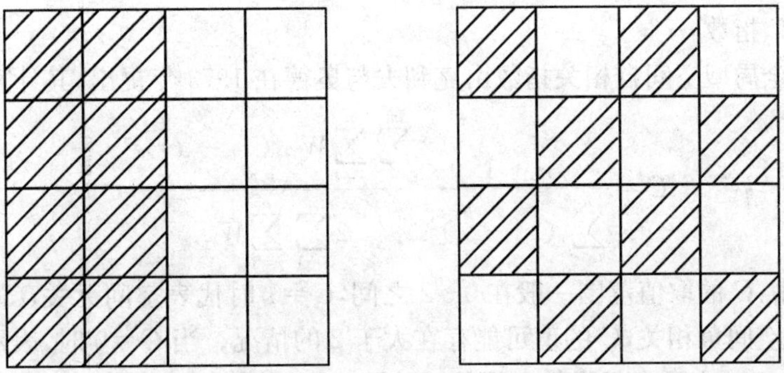

Moran's I 值>0（正相关）　　Moran's I 值<0（负相关）

图 17—3 空间自相关正负结果

空间自相关分析以经典统计学为基础，因此可对其进行假设检验。一般情况下，对于 Moran's I 指数，可以用标准化统计量 Z 来检验以个空间单元存在空间自相关关系的显著性，Z 的计算公式为：

$$Z(I)=\frac{I-E(I)}{\sqrt{\mathrm{Var}(I)}} \quad (17-2)$$

其中：$E(I)$ 为 Moran's I 的期望值，且：

$$E(I)=\frac{-1}{(N-1)} \quad (17-3)$$

$\mathrm{Var}(I)$ 为 I 的方差，根据不同的空间数据分布假设，有不同的计算公式。随机分布如下：

$$\mathrm{Var}(I)=\frac{\{n[(n^2-3n+3)S_1-nS_2+3S_0]\}-\{k[(n^2-n)S_1-2nS_2+6S_0^2]\}}{(n-1)(n-2)(n-3)S_0^2}-E(I) \quad (17-4)$$

正态分布下：

$$\mathrm{Var}(I)=\frac{n^2S_1-nS_2+3S_0^2}{S_0^2(n^2-1)}-E\ (I)^2 \quad (17-5)$$

且：

$$S_2=\sum_{i=1}^{n}(W_i+W_j)^2 \tag{17-6}$$

$$k=\frac{[\sum_{i=1}^{n}(x_i-\bar{x})^4/n]}{[\sum_{j=1}^{n}(x_i-\bar{x})^2/n]^2} \tag{17-7}$$

假设几个空间单元同一属性不存在空间自相关关系，则 $Z(I)$ 服从正态分布，假设 α 是给定的显著性水平，查正态分布表可得 $Z(\alpha)$，那么当 $Z(I)>Z(\alpha)$ 时，则说明研究范围某种经济社会现象的整体分布具有显著的正相关关系，表明在地理分布中具有相似的属性值的区域单元倾向于集聚在一起，即属性值高的区域有集聚现象，属性值低的区域也有集聚现象；当 $Z(\alpha)>Z(I)>-Z(\alpha)$ 时，说明研究范围某种经济社会现象整体分布的空间自相关关系不显著，表明在地理分布中属性值高或低呈无规律的随机分布状态；当 $Z(I)<-Z(\alpha)$ 时，说明研究范围某种经济社会现象的整体分布呈现显著空间负相关性，表明在地理分布中具有不同属性值的单元倾向于聚集在一起。

2. Geary's C 指数

Geary's C 全局型空间自相关指数由克利夫与奥德在 1973 年提出，其计算公式为：

$$C=\frac{n-1}{\sum_{i=1}^{n}(x_i-\bar{x})^2}\frac{\sum_{i=1}^{n}\sum_{j=1}^{n}W_{ij}(x_i-x_j)^2}{2\sum_{i=1}^{n}\sum_{j=1}^{n}W_{ij}} \tag{17-8}$$

式(17－8)中：C 的取值范围一般在 0～2 之间，$C=1$ 时代表空间无关，$C<1$ 时为空间正相关，$C>1$ 时为空间负相关，C 的值可能存在大于 2 的情况。当 $C=0$ 时，表示有很强的空间正相关性，当 $C=2$ 时表示有很强的空间负相关性(Cliff & Ord，1981)。

与 Moran's I 指数相似，Geary's C 指数也可以进行显著性检验，其标准化公式为：

$$Z(C)=\frac{C-E(C)}{\sqrt{\mathrm{Var}(C)}} \tag{17-9}$$

其中：期望值 $E(C)=1$。方差计算公式为：

$$\mathrm{Var}(C)=\frac{1}{2S_0^2(n+1)}[(2S_1+S_2)(n-1)-4S_0^2] \tag{17-10}$$

(二)区域型空间自相关指数

全局型空间自相关指数在于判断某现象在空间上是否有集聚特性存在，只能说明研究范围中某种社会经济现象的整体分布状态及关联程度，但并不能确定地指出属性相似集聚区在哪些区域。安瑟伦(Anselin，1995)对 Moran's I 和 Geary's C 两个全局型空间自相关系数进行了改进，提出了空间自相关的区域型指数(local indicators of spatial association，LISA)，即局部 Moran's I 与局部 Geary's C 两个统计量。格蒂斯和奥德(Getis & ord，1992)也定义了一种度量局部空间关联模式的指数，即局部格蒂斯指数。区域型自相关系数是用以推算出集聚地范围，并由统计显著性检定的方法，检定集聚空间单元相对于整体研究范围而言，其空间自相关是否足够显著，若显著性大，即是某现象空间集聚的地区。局部 Moran's I、局部 Geary's C、局部格蒂斯指数都是较为常用的方法。

1. 局部 Moran's I 指数

对于任一空间单元 i，局部 Moran's I 指数的计算公式为：

$$I_i=\frac{1}{S^2}(X_i-\overline{X})\sum_{j,j\neq i}^{n}W_{ij}(X_j-\overline{X}) \tag{17-11}$$

式中：

$$S^2=\frac{1}{n}\sum_i(x_i-\overline{x})^2 \tag{17-12}$$

$$\overline{x}=\frac{1}{n}\sum_{i=1}^{n}x_i \tag{17-13}$$

2. 局部 Geary's C 指数

对于任一空间单元 i，局部 Geary's C 的计算公式为(Anselin,1995)：

$$C_i=\frac{1}{S^2}\sum_{j,j\neq i}^{n}W_{ij}(X_i-Y_j)^2) \tag{17-14}$$

式中：

$$S^2=\frac{1}{n}\sum_{i=1}^{n}(X_i-\overline{X})^2 \tag{17-15}$$

由全局 Geary's C 指数和局部 Geary's C 指数的定义可以发现，两者具有以下关系：

$$C=\frac{n-1}{2n\sum_{i=1}^{n}\sum_{j,j\neq i}^{n}W_{ij}}\sum_{i=1}^{n}C_i \tag{17-16}$$

与局部 Moran's I 指数相似，局部 Geary's C 指数也能够发现空间相似性(正关联)或非相似性(负关联)。

根据安瑟伦提出的 LISA 方法论，局部空间自相关指数之所以能够推算出空间聚集地(spatial hot spot)的范围，在于借助假设检验，可以检验空间单元 i 相对于整体研究范围而言，其空间自相关是否显著，若显著性大，那么空间单元 i 即为该现象空间聚集地；局部 Moran's I、Geary's C 统计量，同时顾及了全局指标的分解，因此可以度量局部空间单元 i 相对于整体研究范围空间自相关的影响程度，影响程度大则为该空间现象的聚集点。

3. 局部格蒂斯指数

局部格蒂斯指数是格蒂斯和奥德于 1992 年提出来的，其计算公式为：

$$G_i=\frac{\sum_{j\neq i}W_{ij}X_j}{\sum_{j\neq i}W_j} \tag{17-17}$$

标准化式为：

$$Z_{Gi}=\frac{G_i-E(G_i)}{\sqrt{\mathrm{Var}(G_i)}} \tag{17-18}$$

其中：

$$\mathrm{Var}(G_i)=\frac{S_i^2[W_i(n-1-W_i)]}{(n-2)\sum_{j,j\neq 1}X_j} \tag{17-19}$$

$$E(G_i)=\frac{W_i}{n-1} \tag{17-20}$$

$$W_i=\sum_{j,j\neq i}W_{ij} \tag{17-21}$$

$$S^2=\frac{1}{n}\sum_{i=1}^{n}(X_i-\overline{X})^2 \qquad (17-22)$$

在零假设成立的情况下,$Z(G)$可进行 T 检验。其零假设 H_0 为:区域单元 i 周围邻近现象的属性值不相关。假设 α 是给定的显著性水平,T 检验分布表可得 t,那么当 $Z(G)>t$ 时,即 $Z(G)$显著且为正,说明区域单位 i 周围邻近某现象属性值相对大;反之当 $Z(G)<t$ 时,即 $Z(G)$显著且为负,说明区域单位 i 周围邻近某现象属性值相对小;当 $Z(G)$介于$-t\sim t$ 之间时,则说明区域单元 i 周围邻近现象属性值不相关。局部格蒂斯统计方法可以确定空间集聚模式,说明是否存在高值族与低值族集聚现象,但不能发现空间相似性(正关联)或非相似性(负关联)。

第二节 空间扩散模型

一、空间扩散的概念

从经济地理学的视角看,经济、思想、创新、文化及行为方式等空间元素都是通过扩散和传播来影响周围其他区域的。德国地理学家拉采尔(Ratzel Friedrich,1844～1904)在 19 世纪末期最早使用"扩散"一词。他认为,迁移是所有生物的一个显著特征,为寻求更有利的生存空间,物种都有从其发源地向外扩散的倾向。1911 年,德国人类生态学家格雷伯纳(Graebner,1877～1934)首先对扩散理论进行了系统研究。此后扩散研究开始在欧美国家的人类生态学、地理学和经济学中盛行起来。早期的扩散研究主要是对人类文化特质的地域扩展,以及技术的起源与扩散过程的描述。20 世纪 50～60 年代以来,扩散研究开始注重对思想、创新和行为模式等的扩散及其经济影响的研究,并试图建立各种扩散模型。1969 年,美国学者在研究中将扩散分为扩展扩散和再区位扩散。扩展扩散又可分为接触扩散和等级扩散等。

扩散现象是由社会、经济空间结构的不均衡引起的。在这里,空间结构指社会、经济在空间层次上的集聚程度、疏密关系和强度差异。以经济而言,城市往往是一定区域范围内的经济中心,各种经济设施及生产单位集聚在较小的范围内;从社会角度而言,城市人口密集,是一定区域范围内的人口、行政单位、文化教育科学单位集中的地方。无论是经济要素还是社会要素,在城市或各种类型的集聚区中,都要向周围地域辐射各种"流"。社会、经济在相对较小范围内的集聚区,与周围社会、经济设施相对较少的地域之间存在着"经济梯度""社会梯度";有了梯度,自然也就形成了"压力""扩散力"。而各种"流"当然会从高压地向低压地流动,如同空气中的分子会由分子密度高的地方向周围扩散一样,只要存在"梯度"和"压力差",就会形成空间扩散。空间扩散的结果,将逐步导致空间结构均衡化,使资源和空间逐步达到充分利用。城市和其周围区域之间,人口密度的变化是较有规律的,即人口密度是距城市中心距离的函数。但城市向周围区域的扩散,通常并不是人口由城区向郊区扩散(当然这个过程在城市化发达的国家已开始),而主要是产品、技术、文化、金融等"流"由城市向郊区流动。

二、距离衰减原理

一般的空间扩散过程都呈现某种特定的形式,而不是以随机的形式进行的。在现实经济生活中,各种经济现象通常是相互作用的,并且其作用的强度将随距离的增加而减低,这就是所谓的距离衰减法则(distance-decay law)。1970 年,托布勒(Tobler)将这一法则称为"地理学的第一法则”，认为“每一事物都是与其他事物相关的，但近的事物比远的事物更为相关”(Johnston 等，2000)。目前，学术界一般使用距离衰减函数(distance-decay functions)来表示这种现象，也有的学者使用其他术语，如阻抗函数(impedance function)、梯度曲线、距离衰减率(distance lapse rate)等。

长期以来，地理学家和经济学家对距离衰减现象已经进行了大量的研究。泰勒(Taylor，1975)对空间相互作用分析中所使用的各种距离衰减函数进行了归纳，如表 17－2 所示。由于各种社会经济现象的复杂性，要科学客观地描述距离衰减现象是较为困难的，尽管许多学者进行了大量的积极探索，在研究方法上也进行了不断创新。“距离”是一个综合性的概念，除了地理空间距离外，还包括“时间距离”和“心理距离”等。特别是，随着交通运输技术和互联网的迅速发展，许多在地理空间上相距遥远的地方，其“时间距离”和“心理距离”在大大缩短。这样，单纯采用地理距离来衡量就越来越显示出其局限性。比如，从北京到上海乘飞机只要 2 个小时左右，到河南安阳只能乘火车或汽车，需要 4～5 个小时。如果不考虑运输费用的话，北京到上海的“时间距离”要更短一些。很明显，新技术革命增加了距离衰减函数测量的难度，但它并没有从根本上改变距离衰减法则。

表 17－2　　距离衰减模型一般形式

名　称	函　数
一般模型	$T=\alpha e^{-bf(d)}$
标准模型	$T=ae^{-bd_{ij}^{2}}$
指数模型	$T=ae^{-bdij}$
平方根指数模型	$T=ae^{-bd_{ij}^{-0.5}}$
帕累托(Pareto)模型	$T=ae^{-b\ln d_{ij}}$
对数正态模型	$T=ae^{-b(\ln d_{ij})^{2}}$

注：T_{ij} 为地点 i 与 j 之间的相互作用；d_{ij} 为 i 与 j 之间的距离；a 和 b 为常数。

资料来源：Taylor，1975，第 23～24 页。

三、距离衰减模型的应用

距离衰减模型在经济地理学中得到了广泛应用。

首先，应用比较多的是对交通流的研究。例如，王海江和苗长虹(2008)通过对省域公路客运、全国铁路和全国航空客运班期与距离关系的实证研究，深入探讨我国客运交通联系的距离衰减规律特征，得到三种客运方式的适宜营运距离、最佳营运里程和平均营运里程及距离衰减规律的曲线估计模型，并对距离衰减规律的多样性特征进行了评述；王成金(2009)根据距离衰减模型的几种常用形式，构筑了交通流距离衰减规律的主要可能函数模型，包括指数模型、Pareto 模型、常对数模型、平方指数模型、开方指数模型，采用中国城际交通流包括公路客流、铁路客流、铁路货流和航空客流，分别对 5 种距离衰减模型进行了模拟并对比分析，从中识别出最佳的距离衰减函数是 Pareto 模型；然后，重点分析了各种交通流距离衰减函数的参数差异和地理内涵，并采用时间序列的交通流进行模拟，考察距离衰减函数的主要参数变化，解释其地理内涵，同时绘制了交通流累积率曲线和分配率曲线，对各种交通方式的距离衰减函数模型、主要函数参数和距离衰减规律进行论证和解释。

其次,距离衰减模型也在旅游客源市场分析中得到了较为广泛的应用。例如,张捷等(1999)以九寨沟及比较风景区为例,以游客距离衰减模式和多种距离累计曲线揭示了观光旅游地客源市场空间结构整体特征和空间距离分异特征;吴晋峰等(2005)以旅游系统空间结构模型为依托,绘制了旅游流距离衰减曲线,并对旅游流距离衰减现象进行演绎研究。

除了上述两个方面以外,经济地理学者还利用距离衰减模型研究了城市扩散效应、人口密度、病毒扩散等经济地理学现象。例如,宁越敏和严重敏(1993)在确定中心城市概念和标准的基础上,对我国 20 世纪 80～90 年代的城市发展和空间扩散进行了理论探讨,指出中心城市的发展具有空间不平衡的特点,各中心城市的空间扩散效应也不相同,两者之间存在一定联系;田永中等(2004)通过建立基于城镇规模的人口距离衰减幂指数模型,对基于土地利用的中国人口密度进行了模拟研究;丁四保等(2004)通过对 SARS 病毒在我国扩散过程的分析,发现了 SARS 病毒的扩散具有如地理距离(距离衰减)、地理环境、产业特征等地理障碍。

需要指出的是,在空间扩散分析中其扩散方程是通过大量的模拟过程,以空间扩散现象为基础,测算人流、物流、信息流、资金流的强度而得到的。反之,一旦找出某区域内某种事物的扩散方程,人们便可以用它对空间系统中的"流"进行模拟,从而计算出结果。在这方面,引用最多的是信息场。虽然它在很大的程度上取决于人们对空间系统中统计资料的收集,但仍不失为一种行之有效的办法。

目前,该种分析方法已在国外大量运用于区域和城市的系统分析,并取得良好的效果。在我国,这方面的研究工作做得还不够。随着我国城市经济实力的不断增长,对外作用范围的不断扩大,城市与外围区域间人流、物流、信息流、资金流的加强,人们将会越来越重视两者之间的相互作用、相互影响,这对制订区域规划和地区经济发展战略大有帮助。

第三节　地理加权回归模型

一、基本模型

在地理学空间分析中,n 组观测数据通常是在 n 个不同地理位置上获取的样本数据,全局空间回归模型就是假定回归参数与样本数据的地理位置无关,或者说在整个空间研究区域内保持稳定一致,那么在 n 个不同地理位置上获取的样本数据,就等同于在同一地理位置上获取的 n 个样本数据,其回归模型与最小二乘法回归模型相同,采用最小二乘估计得到的回归参数既是该点的最优无偏估计,也是研究区域内所有点上的最优无偏估计。而在实际问题研究中,我们经常发现回归参数在不同地理位置上往往表现为不同,也就是说回归参数随地理位置变化而变化,这时如果仍然采用全局空间回归模型,得到的回归参数估计将是回归参数在整个研究区域内的平均值,不能反映回归参数的真实空间特征。为了解决这一问题,国外有些学者提出了空间变参数回归模型(spatially varying-coeffi cient regression model)(Fosterand Gorr,1986;Gorrand Olligschlaeger,1994),将数据的空间结构嵌入回归模型中,使回归参数变成观测点地理位置的函数。Fortheringham 等(Brunsdon etal,1996;Fortheringham etal,1997;Brunsdon etal,1998)在空间变系数回归模型基础上利用局部光滑思想,提出了地理加权回归模型(geographieally weighted regression model,GWR)。

地理加权回归模型(GWR)是对普通线性回归模型(OLR)的扩展,将样点数据的地理位置嵌入到回归参数之中,即:

$$y_i=\beta_0(u_i,v_i)+\sum_{k=1}^{p}\beta_k(u_i,v_i)x_{ik}+\varepsilon_i\ i=1,2,\cdots,n \quad (17-23)$$

其中：(u_i,v_i)为第i个样点的坐标(如经纬度)；$\beta_k(u_i,v_i)$是第i个样点的第k个回归参数；ε_i是第i个样点的随机误差。为了表述方便，我们将上式简写为：

$$y_i=\beta_{io}+\sum_{k=1}^{p}\beta_{ik}x_{ik}+\varepsilon_i\ i=1,2,\cdots,n \quad (17-24)$$

若各回归参数相同，则地理加权回归模型(GWR)就转变为普通线性回归模型(OLR)。

Fotheringham 等依据"接近位置i的观察数据比那些离i位置远一些的数据对的估计有更多的影响"(Fotheringham etal,1996)的思想，利用加权最小二乘法来估计参数，得：

$$\hat{\beta}(u_i,v_i)=[X^TW(u_i,v_i)X]^{-1}X^TW(u_i,v_i)Y \quad (17-25)$$

其中：n是空间样本点数，k是自变量的个数，W是对位置i刻画模型时赋予数据点n的权重。

由于地理加权回归模型中的回归参数在每个数据采样点上都是不同的，因此其未知参数的个数为$n\times(P+1)$，远远大于观测个数n，这样就不能直接利用参数回归估计方法估计其中的未知参数，而一些非参数光滑方法为拟合该模型提供了一个可行的思路。Foste & Gorr (1986)和 Gorr & Olligsehiaeger(1994)利用广义阻尼负反馈(generalized damped negative feedback)方法估计未知参数在各地理位置的值，这种估计方法只是在很直观的意义上考虑数据的空间结构，加之估计方法较为复杂，很难对估计量作深入的统计推断方面的研究。Brunsdon 等(1996)在局部多项式光滑思想上提出了偏差和方差折衷(Bias-Variance Trade-off)的解题思路：假设回归参数为连续表面，位置相邻的回归参数非常相似，在估计采样点i的回归参数时，以采样点i及其邻域采样点上的观测值构成局域子样，建立全局线性回归模型，然后采用最小二乘方法得到回归参数估计($k=0,1,2,\cdots,p$)。对于另一个采样点，$i+1$采用另一个相应的局域子样来估计，以此类推。由于在回归分析过程中，以其他采样点上的观测值来估计i点上的回归参数，因此得到的i点上的参数估计不可避免存在偏差，即参数估计为有偏估计。显然，参与回归估计的子样规模越大，参数估计的偏差就越大，参与回归估计的子样规模越小，参数估计的偏差就越小。从降低偏差这一角度考虑应尽量减少子样规模，但子样规模的减少必然导致回归参数估计值的方差增加，精度降低。

二、空间权函数的选择

空间权重矩阵是地理加权回归模型(GWR)的核心(Brunsdon etal,2000)，空间权函数的选取对地理加权回归模型(GWR)的参数估计影响很大。

(一)距离阈值法

距离阈值法是最简单的空间权函数，它的关键是选取合适的距离阈值D，然后将数据点j与回归点i之间的距离d_{ij}与其进行比较，若大于该阈值则权重为0，否则为1，即

$$W_{ij}=\begin{cases}1,d_{ij}\leqslant D\\0,D_{ij}>D\end{cases} \quad (17-26)$$

这种权重函数的实质就是一个移动窗口，计算虽然简单，但其缺点为函数不连续，因此在地理加权回归模型的参数估计中不宜采用。

(二)距离反比法

托布勒(Tobler,1970)地理学第一定律认为空间相近的地物比相远的地物具有更强的相关性，因此在估计回归点i的参数时，应对回归点的邻域给予更多的关注。根据这种思路，人

们自然想到用距离来衡量这种空间关系：

$$W_{ij}=1/d_{ij}^{a} \tag{17-27}$$

这里 a 为合适的常数，当 a 取值为 1 或 2 时，对应的是距离倒数和距离倒数的平方。这种方法简洁明了，但对于回归点本身也是样本数据点的情况，就会出现回归点观测值权重无穷大的情况，若要从样本数据中剔除却又会大大降低参数估计精度。所以，距离反比法在地理加权回归模型参数估计中也不宜直接采用，需要对其进行修正。

（三）高斯函数法

高斯（Gauss）函数法就是表示 W_{ij} 与 d_{ij} 之间的连续单调递减函数，可以克服上述空间权函数不连续的缺点。其函数形式如下：

$$W_{ij}=\exp[-(1/2)(d_{ij}/b)^{2}] \tag{17-28}$$

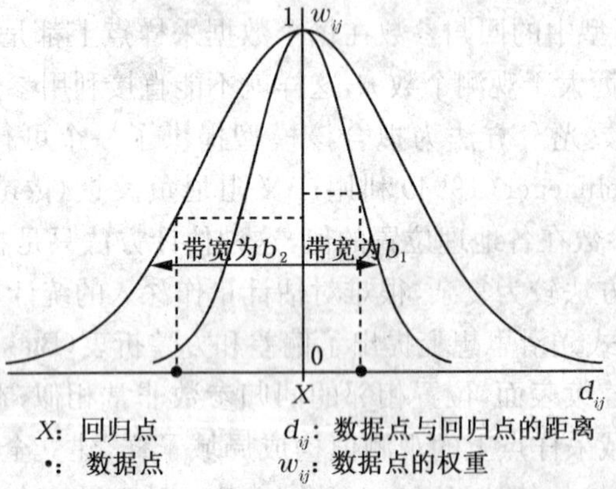

图 17-4 高斯空间权函数

式中 b 是描述权重与距离之间函数关系的非负衰减参数，称之为带宽（bandwidth）。带宽越大，权重随距离增加衰减得越慢；带宽越小，权重随距离增加衰减得越快。

第四节 空间计量经济学模型

空间计量经济学是计量经济学的一个分支，研究的是如何在横截面数据和面板数据的回归模型中处理空间相互作用（空间自相关）和空间结构（空间不均匀性）分析。它与地理统计学和空间统计学相似。从某种程度上而言，空间计量经济学与空间统计学之间的不同和计量经济学与统计学之间的不同一样。由于对其理论上的关心以及将计量经济模型应用到新兴大型编码数据库中的要求，近年来这个领域获得了快速发展。

一、空间相关性

传统的统计理论是一种建立在独立观测值假定基础上的理论。然而，在现实世界中，特别是遇到空间数据问题时，独立观测值在现实生活中并不是普遍存在的（Getis，1997）。对于具有地理空间属性的数据，一般认为离得近的变量之间比在空间上离得远的变量之间具有更加密切的关系（Anselin & Getis，1992）。正如著名的托布勒地理学第一定律所说："任何事物之间均相关，而离得较近事物总比离得较远的事物相关性要高。"（Tobler，1979）地区之间的经济地理行为之间一般都存在一定程度的空间相互作用(spatial interaction、spatial effects、spatial dependence & spatial autocorrelation)。一般而言,分析中涉及的空间单元越小,离得近的单元越有可能在空间上密切关联(Anselin & Getis,1992)。

可喜的是,对于这种地理与经济现象中常常表现出的空间效应(特征)问题的识别估计,空间计量经济学提供了一系列有效的理论和实证分析方法。一般而言,在经济研究中出现不恰当的模型识别和设定所忽略的空间效应主要有两个来源(Anselin,1988):空间依赖性(spatial dependence)和空间异质性(spatial heterogeneity)。

(一)空间依赖性

空间依赖性(也叫空间自相关性)是空间效应识别的第一个来源,它产生于空间组织观测单元之间缺乏依赖性的考察(Cliff & Ord,1973)。Anselin & Rey(1991)区别了真实(substantial)空间依赖性和干扰(nuisance)空间依赖性的不同。

真实空间依赖性反映现实中存在的空间交互作用(spatial interaction effects),比如区域经济要素的流动、创新的扩散、技术溢出等。它们是区域间经济或创新差异演变过程中的真实成分,是确确实实存在的空间交互影响,如劳动力、资本流动等耦合形成的经济行为在空间上相互影响、相互作用,研发的投入产出行为及政策在地理空间上的示范作用和激励效应。

干扰空间依赖性可能来源于测量问题,比如区域经济发展过程研究中的空间模式与观测单元之间边界的不匹配,造成了相邻地理空间单元出现了测量误差。

测量误差是由于在调查过程中,数据的采集与空间中的单位有关,如数据一般是按照省市县等行政区划统计的,这种假设的空间单位与研究问题的实际边界可能不一致,这样就很容易产生测量误差。

空间依赖不仅意味着空间上的观测值缺乏独立性,而且意味着潜在于这种空间相关中的数据结构,也就是说空间相关的强度及模式由绝对位置(格局)和相对位置(距离)共同决定。

空间相关性表现出的空间效应可以用以下两种模型来表征和刻画:当模型的误差项在空间上相关时,即为空间误差模型;当变量间的空间依赖性对模型显得非常关键而导致了空间相关时,即为空间滞后模型(Anselin,1988)。

(二)空间异质性

空间异质性(空间差异性),是空间计量学模型识别的第二个来源。空间异质性或空间差异性,指地理空间上的区域缺乏均质性,存在发达地区和落后地区、中心(核心)和外围(边缘)地区等经济地理结构,从而导致经济社会发展和创新行为存在较大的空间上的差异性。空间异质性反映了经济实践中的空间观测单元之间经济行为(如增长或创新)关系的一种普遍存在的不稳定性。区域创新的企业、大学、研究机构等主体在研发行为上存在不可忽视的个体差异。比如,研发投入的差异导致产出的技术知识的差异,这种创新主体的异质性与技术知识异质性的耦合将导致创新行为在地理空间上具有显著的异质性差异,进而可能存在创新在地理空间上的相互依赖现象或者创新的局域俱乐部集团。

对于空间异质性,只要将空间单元的特性考虑进去,大多可以用经典的计量经济学方法进行估计。但是当空间异质性与空间相关性同时存在时,经典的计量经济学估计方法不再有效,而且在这种情况下,问题变得异常复杂,区分空间异质性与空间相关性比较困难。

空间变异系数的地理加权回归模型(geographical weighted regression,GWR)是处理空间异质性的一种良好的估计方法。

(三)空间依赖性及集群的识别与检验

将空间依赖性考虑进来以后,在建立模型进行创新分析研究之前,一般必须先进行空间相关性的预检验。如果空间效应在发挥作用,则需要将空间效应纳入模型分析框架之中,并采用适合于空间计量经济模型估计的方法进行估计。如果没有表现出空间效应,则可直接采用一般估计方法(如 OLS)估计模型参数。

在引入空间变量或者经过空间过滤的空间计量模型建立之后,其效果的好坏还需要通过空间相关检验进行判断,一般可通过对真实值和模型估计值之间的残差进行空间相关性检验实现。

如果参数经过检验在空间上没有表现出相关性,则表明在引入空间变量或者经过考虑了空间效应后的模型已经成功地处理了空间相关性。

计算和检验一个地区的创新行为在地理空间上有否表现出空间自相关(依赖)性(Cliff & Ord,1981;Cressie,1993)、是否存在集群现象(吴玉鸣,2006a,2006b)。空间统计和空间计量经济学的方法有许多种,最著名也最常用的有:Moran's I(Moran,1950)、Geary's C、Getis 指数(Ord & Getis,1995)。以上方法各有其功用及优缺点,同时亦有其适用范围及限制。

一般来说,这些方法在功用上可大致分为两大类:全域空间自相关(global spatial autocorrelation)和局域空间自相关(local spatial autocorrelation)。

(四)全域空间相关性检验与分析

全域空间自相关是从区域空间的整体上刻画区域创新活动空间分布的集群情况。

在实际的空间相关分析应用研究中,由于 Moran's I 指数和 Geary's C 比率的作用基本相同,其不同之处是 Moran's I 主要针对于全域空间相关性分析,而 Geary's C 指数则适用于局域空间关联分析。

在许多实证研究中,Moran's I 和 Geary's C 是常用方法,已在大量文献中出现,尤其是前者。因此,以下介绍常用的 Moran's I 指数的计算及检验过程。Moran's I 定义如下:

$$\text{Moran's I}=\frac{\sum_{i=1}^{n}\sum_{j=1}^{n}W_{ij}(Y_i-\overline{Y})(Y_j-\overline{Y})}{S^2\sum_{i=1}^{n}\sum_{j=1}^{n}W_{ij}} \qquad (17-29)$$

其中:$S^2=\frac{1}{n}\sum_{i=1}^{n}(Y_i-\overline{Y})^2$;$\overline{Y}=\frac{1}{n}\sum_{i=1}^{n}Y_i$;$Y_i$ 表示第 i 个地区的观测值(如专利数),n 为地区总数(如省域),w 为二进制的邻近空间权值矩阵,w_{ij} 表示其中的任一元素,采用邻近标准或距离标准,其目的是定义空间对象的相互邻近关系。

如果 Moran's I 的正态统计量的 Z 值均大于正态分布函数在 0.05(0.01)水平下的临界值 1.65(1.96),表明区域创新在空间分布上具有明显的正向相关关系,正的空间相关代表相邻地区的类似特征值出现集群(clustering)趋势。

二、空间经济学模型

(一)空间计量模型

(1)空间滞后模型(spatial lag model,SLM)主要是探讨各变量在一地区是否有扩散现象(溢出效应)。其模型表达式为:

$$y=\rho Wy+X\beta+\varepsilon \qquad (17-30)$$

参数 β 反映了自变量对因变量的影响，空间滞后因变量 Wy 是一内生变量，反映了空间距离对区域行为的作用。区域行为受到文化环境及与空间距离有关的迁移成本的影响，具有很强的地域性(Anselin,1996)。由于 SLM 模型与时间序列中自回归模型相类似，因此 SLM 也被称作空间自回归模型(spatial autoregressive model,SAR)。

(2)空间误差模型(spatial error model,SEM)的数学表达式为：

$$y = X\beta + \varepsilon$$
$$\varepsilon = \lambda W\varepsilon + \mu \qquad (17-31)$$

其中，ε 为随机误差项向量，λ 为 $n\times1$ 阶的截面因变量向量的空间误差系数，μ 为正态分布的随机误差向量。SEM 中参数 β 反映了自变量 X 对因变量 y 的影响。参数 λ 衡量了样本观察值中的空间依赖作用，即相邻地区的观察值 y 对本地区观察值 y 的影响方向和程度。存在于扰动误差项之中的空间依赖作用，度量了邻近地区关于因变量的误差冲击对本地区观察值的影响程度。由于 SEM 模型与时间序列中的序列相关问题类似，也被称为空间自相关模型(spatial autocorrelation model,SAC)。

(二)空间自相关检验与 SLM、SEM 的选择

判断地区间创新产出行为的空间相关性是否存在，以及 SLM 和 SEM 那个模型更恰当，一般可通过包括 Moran's I 检验、两个拉格朗日乘数(lagrange multiplier)形式 LMERR、LMLAG 及其稳健(robust)的 R-LMERR、R-LMLAG 等形式来实现。

由于事先无法根据先验经验推断在 SLM 和 SEM 模型中是否存在空间依赖性，有必要构建一种判别准则，以决定哪种空间模型更加符合客观实际。

Anselin 和 Florax(1995)提出了如下判别准则：如果在空间依赖性的检验中发现 LMLAG 较之 LMERR 在统计上更加显著，且 R-LMLAG 显著而 R-LMERR 不显著，则可以断定适合的模型是空间滞后模型；相反，如果 LMERR 比 LMLAG 在统计上更加显著，且 R-LMERR 显著而 R-LMLAG 不显著，则可以断定空间误差模型是恰当的模型。

除了拟合优度 R^2 检验以外，常用的检验准则还有：自然对数似然函数值(log likelihood, logL)、似然比率(likelihood ratio,LR)、赤池信息准则(akaike information criterion,AIC)、施瓦茨准则(schwartz criterion,SC)。对数似然值越大，AIC 和 SC 值越小，模型拟合效果越好。这几个指标也用来比较 OLS 估计的经典线性回归模型和 SLM、SEM，似然值的自然对数最大的模型最好。

(三)空间权值矩阵的确定

将空间效应因素引入经济管理过程的研究，建立空间计量经济模型进行空间统计分析时，一般要用空间权值矩阵来表达空间相互作用。

空间权值矩阵是一种与被解释变量的空间自回归过程相联系的矩阵。在实际的区域分析中，该矩阵的选择设定是外生的，原因是 $n\times n$ 维的 W 包含了关于区域 i 和区域 j 之间相关的空间连接的外生信息，不需要通过模型来估计得到它，只需通过权值计算出来就行了。

W 中对角线上的元素 W_{ij} 被设为 0，而 W_{ij} 表示区域 i 和区域 j 在空间上相连接的原因。为了减少或消除区域间的外在影响，权值矩阵被标准化($w_{ij}^{*}=w_{ij}/\sum_{j=1}^{n}w_{ij}$)成行元素之和为 1。对于变量 x，这种转换意味着定义成空间滞后变量的 W_x 仅仅表示邻近观测值的加权平均数。

空间权值矩阵 W 确定的方法有多种，根据空间统计和空间计量经济学原理，一般可将现

实的地理空间关联或者经济联系考虑到模型中来，以达到正确设定权值矩阵的目的。其中，衡量地理联系的方法通常有两种主要方式：邻近指标和距离指标。

按照这两种方法确定的 W_{ij} 为二进制的邻近空间权值矩阵，表示其中的任一元素，采用邻近标准或距离标准，其目的是定义空间对象的相互邻近关系，便于把地理信息系统数据库中的有关属性放到所研究的地理空间上来对比。

W_{ij} 可用矩阵表示如下：

$$W=\begin{bmatrix} w_{11} & w_{12} & \cdots & w_{1n} \\ w_{21} & w_{22} & \cdots & w_{2n} \\ \vdots & \vdots & \vdots & \vdots \\ w_{m1} & w_{m2} & \cdots & w_{mn} \end{bmatrix} \tag{17—32}$$

基于邻近概念的空间权值矩阵，根据相邻标准，W_{ij} 为：

$$W_{ij}=\begin{cases} 1 \text{ 当区域 } i \text{ 和区域 } j \text{ 相邻} \\ 0 \text{ 当区域 } i \text{ 和区域 } j \text{ 不相邻} \end{cases} \tag{17—33}$$

式(17—33)中，$i=1,2,\cdots,n$；$j=1,2,\cdots,n$；$m=n$ 或 $m\neq n$。

基于邻近概念的空间权值矩阵(contiguity based spatial weights)有一阶邻近矩阵和高阶邻近矩阵两种。

一阶邻近矩阵(the first order contiguity matrix)是假定两个地区有共同边界时空间关联才会发生，即当相邻地区 i 和 j 有共同的边界用 1 表示，否则以 0 表示。一般有鲁克(Rook)邻近和奎因(Queen)邻近两种计算方法(Anselin，2003)。

鲁克邻近定义为仅有共同边界来定义邻居，而奎因邻近则除了共有边界邻居外还包括共同顶点的邻居。由此可见，基于奎因邻近的空间矩阵常常与周围地区具有更加紧密的关联结构(拥有更多的邻区)。

当然，如果假定区域间公共边界的长度不同(如 10 千米和 100 千米)，其空间作用的强度也不一样，则还可以通过将共有边界的长度纳入权值计算过程中，使这种邻近指标更加准确一些。

空间矩阵不仅仅局限于一阶邻近矩阵，也可以计算和使用更高阶的邻近矩阵。Anselin&Smirnov(1996)提出了高阶邻近矩阵的算法，其目的是为了消除在创建矩阵时出现的冗余及循环。

二阶邻近矩阵(the second order contiguity matrix)表示了一种空间滞后的邻近矩阵。也就是说，该矩阵表达了邻近地区的相邻地区的空间信息。

当使用时空数据并假设随着时间推移产生空间溢出效应时，这种类型的空间权值矩阵将非常有用。在这种情况下，特定地区的初始效应或随机冲击将不仅会影响其邻近地区，而且随着时间的推移还会影响其邻近地区的相邻地区。当然，这种影响是几何递减的。可以看出，邻近空间权值矩阵因其对称与计算简单而最为常用，适合于测算地理空间效应的影响。

Anselin(2003)介绍了一种 K 值最邻近空间矩阵(k-nearest neighbor spatial weights)。之所以提出这种距离矩阵，主要是因为一般使用的基于门槛距离(threshold distance)的简单空间矩阵常常会导致一种非常不平衡的邻近矩阵结构。比如，在空间单元的面积相差甚大的情况下，就会出现小一些的地理单元具有很多邻近单元，而较大的地理单元则可能很少有邻近单元，甚至没有邻近单元而成为“飞地”。

在这种情况下，考虑 K 值最近邻居是一种可供选择的常用方法，这也是创建空间距离权值矩阵的第二种选择。

一般在给定空间单元周围选择最邻近的4个单元(亦可选4个以上,根据实际的空间关联情况由研究者确定),来计算 K 值最近邻居权值的大小。

基于距离的空间权值矩阵,根据距离标准,W_{ij} 为:

$$W_{ij}(d)=\begin{cases}1 & \text{当区域 } i \text{ 和区域 } j \text{ 在距离 } d \text{ 之内(即区域 } i \text{ 和区域 } j \text{ 相邻)} \\ 0 & \text{当区域 } i \text{ 和区域 } j \text{ 在距离 } d \text{ 之外(即区域 } i \text{ 和区域 } j \text{ 不相邻)}\end{cases} \tag{17-34}$$

基于距离的空间权值矩阵(distance based spatial weights)方法是假定空间相互作用的强度是决定于地区间的质心距离或者区域行政中心所在地之间的距离,是一种在实践应用中常用的空间权值矩阵。

在这种情况下,不同的权值指标随距离 d_{ij} 的定义而变化(如大城市圈 $w_{ij}=1/d_{ij}$、公路之间的距离 $W_{ij}=1/d_{ij}^2$),其取值取决于选定的函数形式(如距离的倒数或倒数的平方,以及欧氏距离等)。

当然,还需要定义一个门槛距离,超过了某给定的门槛距离则区域间的相互作用可以忽略不计。如果输入的时空数据库中有 x、y 经纬度坐标数据,可以通过 x、y 坐标计算两点(两个地区的质心)之间的距离而获得空间权值矩阵。坐标的度量有欧氏距离(euclidean distance)和弧度距离(arc distance)两种,度量坐标系上任意两点间的距离可以通过具有地理坐标(x 坐标、y 坐标)的变量的点来计算。值得注意的是,对于经过投影的地理坐标只能计算欧氏距离,而未经投影的经纬坐标适合于计算弧度距离。

一是经济社会空间权值矩阵:除了使用真实的地理坐标计算地理距离外,还有包括经济和社会因素等更加复杂的权值矩阵设定方法。比如,根据区域间交通运输流、通信量、GDP总额、贸易流动、资本流动、人口迁移、劳动力流等确定空间权值,计算各个地区任何两个变量之间的距离。

二是空间权值矩阵的选择:从理论上来看,较之邻近矩阵,距离矩阵在空间效应测算中应该是比较科学和理想的一个指标。但是,在实际应用中,这种方法实行起来比较困难,原因有二:①社会经济距离的实际统计数据难以获得;②模型中权值的计算是外生的。当然,基于经济、社会因素的权值计算方法更加接近区域经济的现实,因而在数据可得和模型结构清晰的情况下,可以考虑选择这种类型的权值。尽管二进制的空间邻近权值矩阵并非适用于所有的空间计量经济模型,但是,出于某些情况下的实用性,空间统计学家在构建空间计量模型时的首选就是从二进制的邻近矩阵开始的,然后逐步选择确定空间权值矩阵。关于各种权值矩阵的选择,没有现成的理论根据,一般可考虑空间计量模型对各种空间权值矩阵的适用程度,检验估计结果对权值矩阵的敏感性,最终的依据实际上就是结果的客观性和科学性。

三、空间面板数据计量经济分析

目前的空间计量经济学模型使用的数据集主要是截面数据,只考虑空间单元之间的相关性,而忽略具有时空演变特征的时间尺度之间的相关性,这显然是一个美中不足。Anselin(1988)也认识到这一点。当然,大多学者通过将多个时期截面数据变量计算多年平均值的办法来综合消除时间波动的影响和干扰;但是这种做法仍然造成大量具有时间演变特征的创新行为信息的损失,从而无法科学和客观地认识和揭示具有时空二维特征的研发与创新过程的真实机制。

面板数据(panel data)计量经济模型作为目前一种前沿的计量经济估计技术,由于其可以综合创新行为变量时间尺度的信息和截面(地域空间)单元的信息,同时集成考虑了时间相关性和空间(截面)相关性,因而能够科学而客观地反映受到时空交互相关性作用的创新行为的特征和规律,是定量揭示研发、知识溢出与区域创新相互作用关系的有效方法。但是,限于在所有时刻对所有个体(空间)均相等的假定(即不考虑空间效应),面板数据计量经济学理论也有其美中不足之处,具有很大的改进余地。

鉴于空间计量经济学理论方法和面板数据计量经济学理论方法各有所长,把面板数据模型的优点和空间计量经济学模型的特点有机结合起来,构建一个综合考虑了变量时空二维特征和信息的空间面板数据计量经济模型,则是一种新颖的研究思路。以下根据空间计量经济模型和标准的面板数据模型的建模思路,提出空间面板数据模型(spatial panel data model, SPDM)的建模思路和过程。与动态面板数据模型的建模思路类似,只要施加一些假定,引入因变量的滞后项,则为空间动态面板数据模型。

考虑一个标准的面板数据模型:

$$y_{it}=\alpha_{it}+x_{it}\beta_{it}+u_{it} \tag{17—35}$$

(一)空间滞后面板数据模型

如果将变量的真实的区域空间自相关性(依赖性)(Anselin & Florax,1995)考虑到创新行为中来,这种创新行为的空间自相关性可以视为区域创新过程中的一种外部溢出形式,这样则可以设定如下模型:

$$y_{it}=\alpha_{it}+\rho Wy_{it}+x_{it}\beta_{it}+\mu_{it} \tag{17—36}$$

上式为空间滞后面板数据(spatial lag panel data model, SLPDM)计量经济模型。其中,ρWy_{it}是创新的空间滞后变量,主要度量在地理空间上邻近地区的外部知识溢出,是一个区域在地理上邻近的区域在某时期创新行为变量的加权求和。

(二)空间误差面板数据模型

如果在创新行为的空间依赖性存在误差扰动项中来测度邻近地区创新因变量的误差冲击对本地区创新行为的影响程度,则可以通过空间误差模型的空间依赖性原理可得:

$$y_{it}=\alpha_{it}+x_{it}\beta_{it}+u_{it} \tag{17—37}$$

$$\mu_{it}=\lambda W\mu_{it}+\varepsilon_{it} \tag{17—38}$$

上式即为空间误差面板数据(spatial error panel data model, SEPDM)计量经济模型。其中,参数 λ 衡量了样本观察值的误差项引进的一个区域间溢出成分。

因为已经在面板数据模型中考虑了创新行为变量的空间依赖性,因此采用一般面板数据模型的估计技术如 OLS 或 GLS 等将具有良好的估计效果。如果能够综合考虑面板数据模型中的一些假定,如时间加权(period weights)或截面加权(cross-section weights),则可获得更加符合创新现实的估计结果。

四、空间计量经济学软件操作

(一)GeoDa 软件

GeoDa 由空间计量经济学大师 Luc Anselin 领衔的团队研发,是目前比较超前的空间计量经济学软件。GeoDa 是入门级空间计量经济学软件,简单易上手,能处理 SLM 和 SEM 模型。空间统计分析软件的最新版本 GeoDa1. 6. 5,摆脱了以前版本限制,很好用,可以做空间自回归,可以和 Arcgis 很好地互补,简单方便。GeoDa 是一个设计实现栅格数据探求性空间数据分析(ESDA)的软件工具集合体的最新成果。它向用户提供一个友好的和图示的界面用以描述空间数据分析,比如自相关性统计和异常值指示等。GeoDa 的设计包含一个由地图和统计图表相联合的相互作用的环境,使用强大的连接窗口技术。其最初的成果是为了在 ESRI 的 ArcInfo GIS 和 SpacStat 软件间建立一个桥梁,用来进行空间数据分析(Anselin etal,1993)。发展的第二阶段由一系列对 ESRI 的 ArcView3.X GIS 的执行连接窗口和级联更新的扩展的理念组成(Anselin and Bao 1997;Anselin and Smirnov,1998;Anselin ,2000)。对比这些扩展,当前的软件是独立的并且不需要特定的 GIS 系统。GeoDa 能在任何风格的微软公司的操作系统下运行。它的安装系统包括了所有需要的文件。

GeoDa 软件可实现相关分析。该软件支持.shp,.shx,.dbf 三位一体的数据格式。其中前两者为图形数据,后者为与之相应的数据库。

1. 建立权重矩阵

创建权重矩阵时,有 Rook 与 Queen 两种方法。Rook 以上下左右定义邻近关系。Queen 在此基础上再加上对角线。高阶的邻近关系表向四周辐射,扩大邻近范围,可以选择包括低阶(include all the lower order)或不包括(亦即以同心圆方式向外扩张,定义邻近关系,但中间为空心)。.gal 文件可以修改,以符合真正的行政区划邻近关系。在 GeoDa 中是通过选择 Tools→Weights→Create 来实现,具体的操作及生成的矩阵如图 17—5 所示。

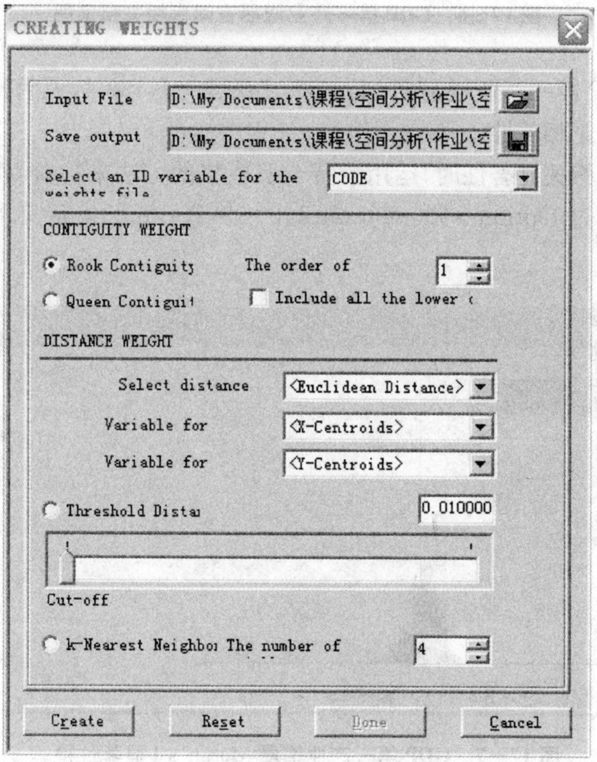

图 17—5 权重矩阵的生成及具体图示

2. 空间自相性分析

在加入相关权矩阵之后,通过选择 Space→Univariate Moran 即可调出相关的菜单命令,具体的空间自相关结果如图 17—6 所示。

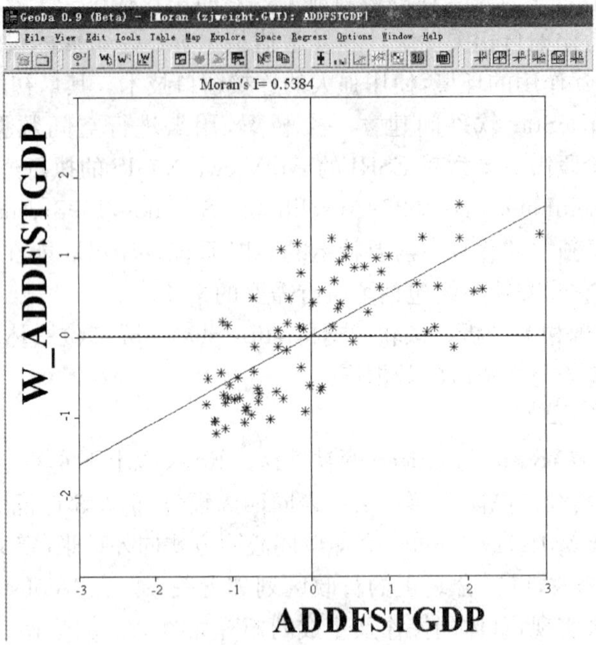

图 17－6　GDP 第一产业增量空间自相关结果图

计算得到的 GDP 第一产业增量的 Moran's I 系数为 0.538 4，说明各地区的 GDP 第一产业增量在空间上存在正相关性。

具体检验空间自相关显著性时，运用蒙特卡罗模拟的方法来检验 Moran's I 系数的显著水平。具体操作是通过 Option→Randomization→999Permutations 菜单命令实现的，具体结果如图 17－7 所示。

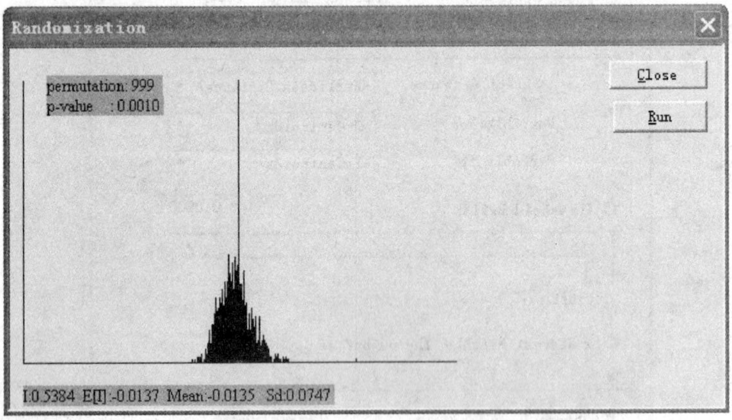

图 17－7　GDP 第一产业增量 Moran's I 显著性检验

对应的 P 值等于 0.001 0，说明在 99.9％置信度下 GDP 第一产业增量的空间自相关性是显著的。得到第二产业 GDP、第三产业 GDP、城市人口以及农村人口的 Morian's I，以及运用蒙特卡罗模拟的方法来检验 Moran's I 系数的显著水平，如表 17－3 所示。

表 17－3　　**Morian's I 指数以及置信水平**

	第一产业 GDP	第二产业 GDP	第三产业 GDP	城市人口	农村人口
Morian's I	0.538 4	0.284 2	0.116	0.099 7	0.160 5
置信度(%)	99.9	99.6	95.8	94.1	98.5

总体而言，GDP 第一产业增量和 GDP 第二产业增量空间分布的相关性强，地理位置分布集中。这是由于第一、二产业受到经济发展水平的强烈影响，造成了研究区内经济发展水平的差异，从而第一、二产业集中发展的现状。

3．基于多变量的空间自相关分析

对于分析多变量的空间相关性而言，Moran's I 系数的方法依然可以使用。

(1)GDP 第一产业增量与农村人口的空间关联性分析。使用 Space→Multvariate Moran，得到 GDP 第一产业增量与农村人口的空间相关结果，如图 17－8 所示。

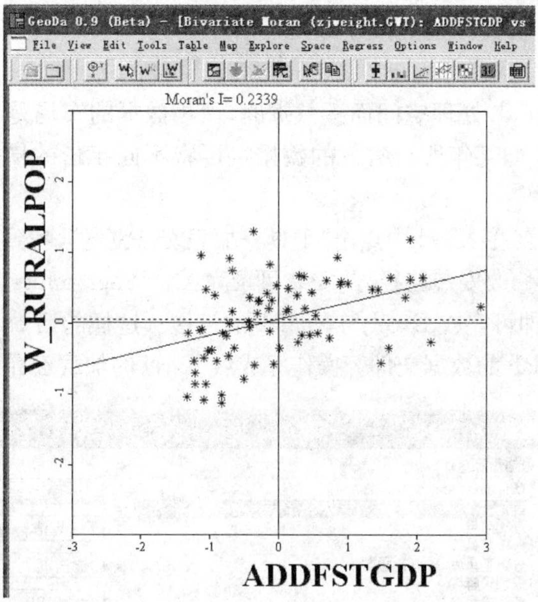

图 17－8　农村人口与 GDP 第一产业增量空间相关结果

农村人口与 GDP 第一产业增量在空间上呈正相关。在 96.1%置信度下农村人口与 GDP 第一产业增量的空间相关性是显著的，其置信度较高。这是由于我国农业机器化大生产水平不高，需要依赖大量的农业劳动力投入，农村人口多才能够满足当前的农业生产需求，表明为农业生产输入充足的劳动力是农业产值提高的必要条件。同样得到第二产业与城镇人口、第三产业与城镇人口的相关性系数和置信度，见表 17－4。

表 17－4　　**多变量的 Morian's I 以及置信度**

	第一产业 GDP 与农村人口	第二产业 GDP 与城镇人口	第三产业 GDP 与城镇人口
Morian's I	0.233 9	0.194 6	0.103 3
置信度(%)	99.9	98.9	89.2

在98.9%置信度下城镇人口与GDP第二产业增量的空间相关性是显著的，其置信度较低。城镇人口与GDP第二产业增量在空间上呈正相关，说明工业的发展需要劳动力的支持。

在89.2%置信度下城镇人口与GDP第三产业增量的空间相关性是显著的，两者在空间上呈现正相关，与服务业依赖于人口的情况相符。

(2)局部的空间关联性分析(LISA)。

全局的空间相关性分析一般侧重于研究区域空间对象某一属性取值的空间分布状态，而栅格数据分析的另外一个重点在于分析空间对象属性取值在某些局部位置的空间相关性，即局域空间对象的属性取值对全部分析对象的影响。其发展是由全局空间相关性分析向局域或单个空间研究对象分解而来，目的在于分析某一空间对象取值的邻近空间聚类关系、空间不稳定性及空间结构框架，特别是当全局相关性分析不能检测区域内部的空间分布模式时，空间局域相关性分析能够有效检测由于空间相关性引起的空间差异，判断空间对象属性取值的空间热点区域和高发区域等，从而弥补全局空间相关性分析的不足。具体的操作方法是选择Space→Univariate LISA菜单命令。

(二)Matlab空间面板数据模型操作简介

1. 数据布局

与eviews不同，Matlab处理空间面板数据时，面板数据的布局是(在excel中说明)：先排放一个横截面上的数据(即某年所有省份的数据)，再将不同年份的横截面按时间顺序堆放在一起。

Matlab与Excel链接：在Excel中点击"工具→加载宏→浏览"，找到Matlab的安装目录。一般来说，如果安装时没有修改安装路径，此安装目录为：C:\Programfiles\Matlab\R2009a\toolbox\exlink，点击excllink.xla即可完成Excel与Matlab的链接。这样的话excel中的数据就可以直接导入Matlab中形成Matlab的数据文件。操作完成后Excel的加载宏界面如图17—9。

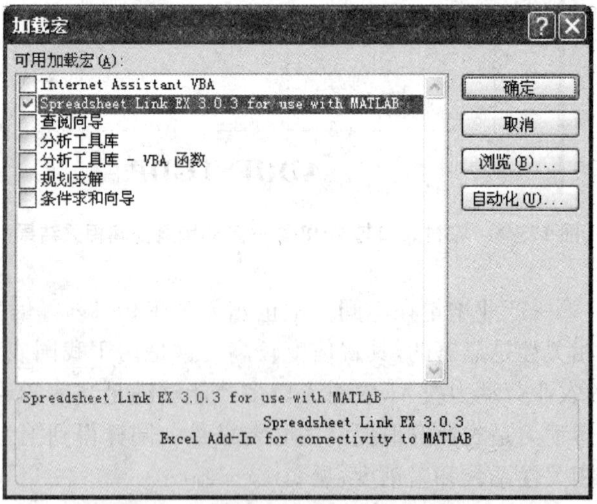

图17—9 Matlab与Excel加载宏界面

选中"Spreadsheet Link EX3.0.3 for use with Matlab"即表示我们希望Excel与Matlab实现链接。点击确定后，excel窗口如图17—10。

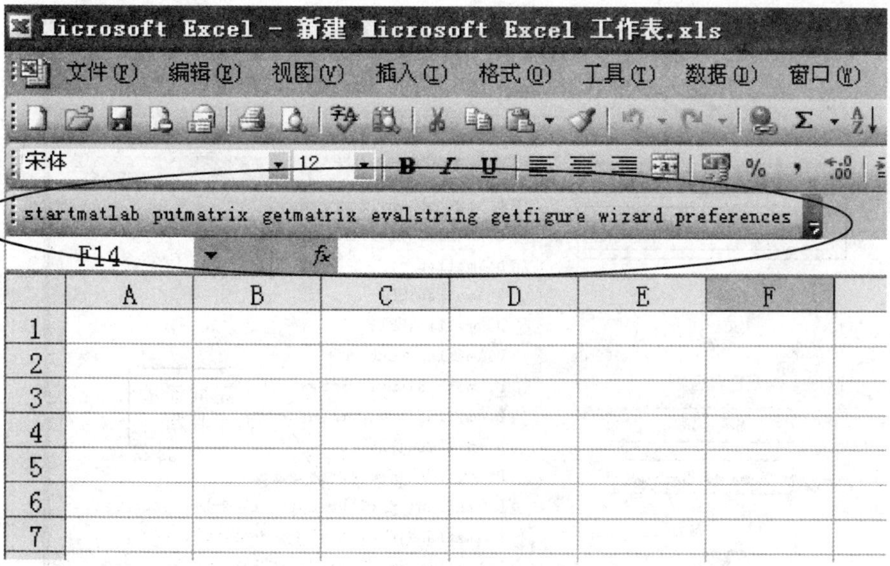

图 17－10　加载后的 Excel 窗口

框内选项为：

start matlab：表示打开 Matlab。一般来说，如果 Excel 实现了与 Matlab 的链接，当我们打开 Excel 时，Excel 会自动启动 Matlab，所以 Excel 的打开速度很慢。

putmatrix：表示将 Excel 中的数据输入 Matlab 中，我们经常用的就是此项，选中需要导入到 Matlab 中的数据（就是一个矩阵），点击 putmatrix 即可。

2. 设置路径

Matlab 并没有自带空间计量软件包，这个需要在网上下载（http://www.spatial-econometrics.com），当然我们也需要将操作 Matlab 过程中需要的数据文件、程序等保存在某个文件夹中。Matlab 通过调用软件包中已有的程序命令，以及自己保存的数据文件，来实现模型的模拟。此时我们需要告诉 Matlab 它的权限在哪里，即它可以在哪里去查找这些程序、数据等（默认状况下，Matlab 只承认安装目录下文件夹中已有的程序）。所以我们需要为 Matlab 设置一条路径，让它能够使用这条路径下包含的程序，数据。

设置路径的方法：点击“File→Set Path”，出现“set path”窗口，如图 17－11。

方框中按钮“Add with Subfolders”表示在添加路径时，在文件夹下的子目录也被 Matlab 承认，否则该文件夹下的子文件夹中的程序、数据将不能被 Matlab 识别，而不能使用。点击此按钮，选择文件夹位置，然后点击该窗口的“Save”即可实现路径的设置。如图 17－11，将 D 盘下的 Matlab 文件夹及其子文件夹添加到了 Matlab 能识别的路径中，那么此文件夹中所有与 Matlab 相关的程序、数据等都能被 Matlab 识别并使用。

3. Matlab 程序——空间计量工具箱

一般来说，我们不会在 Matlab 的控制窗口一个一个地输入命令，而是在 Matlab 的“Editor”（编辑器）中将一个完整的程序编辑完毕，然后进行存储，方便以后使用。当然，我们更一般的是使用别人已经编辑好的程序，进行一定的组合和修改来进行自己的研究。

这里先讲 Matlab 的空间计量工具箱。在 Matlab 官方网上下载的最新版的空间计量工具箱的名称为：“jplv7”。如图 17－11，在设置路径时，该工具箱已经包含在 D 盘下的 Matlab 文

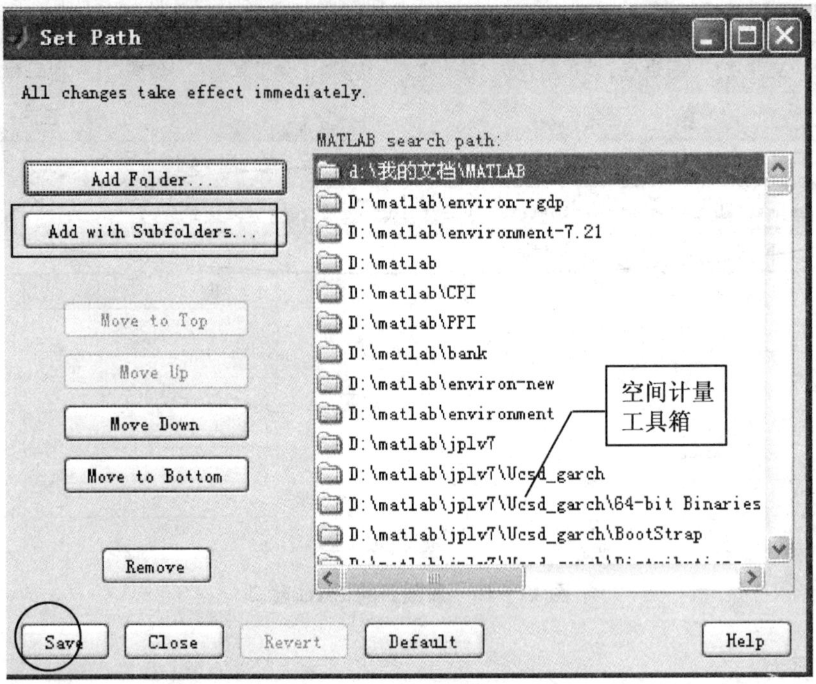

图 17—11 设置空间计量软件包路径

件夹下。这时，我们可以从框中所标识的按钮找到该工具箱，如图 17－12，左侧“current directory”(当前目录)即显示该目录下所有的文件夹，其中我们要使用的是“spatial”，该文件夹下包含我们需要的关于空间面数据模型相关的程序，而我们主要使用的完整程序是该文件夹下的“panel”(空间面板)。

4. 空间面板数据模型建立的一般步骤

(1)空间相关性检验：Moran's I 检验，LM 检验。

(2)空间模型的选择：即选择用 SAR 模型，还是 SEM 模型，同时还涉及固定效应和随机效应选择，以及在固定或随机效应模型中选择(地区固定、时期固定、双固定还是混合面板)。

(三)其他软件空间计量分析

1. 空间计量经济学 STATA 操作

先进行 OLS，然后诊断。

第一步：

```
regress y x1  x2
```

第二步：

```
spatdiag, weights(W)
spatreg y x1  x2, weights(W) eigenval(E) model(lag)
spatreg y x1  x2, weights(W) eigenval(E) model(error)
```

2. 空间计量经济学 R 操作

首先载入程序包和数据

```
library(plm)
```

将数据转成可处理的面板格式，特别要注意标明个体名和时间名

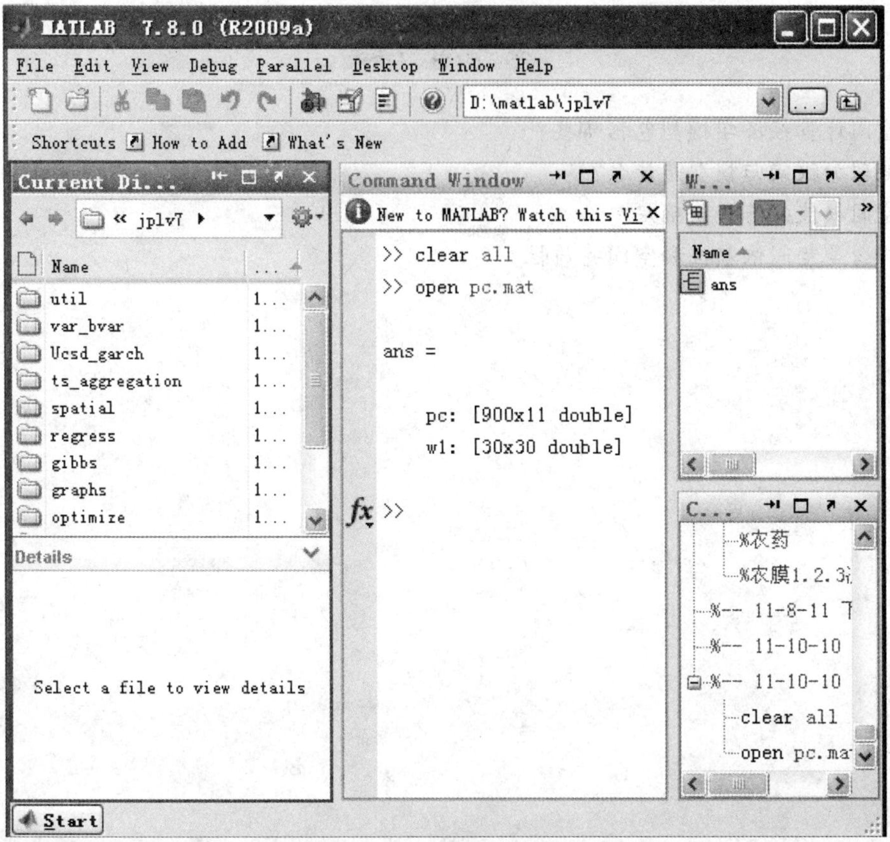

图 17—12　Matlab 空间工具项位置

pgr <— plm.data(data, index = c("firm", "year"))

先用混合估计模型进行估计

gr_pool <— plm(LOGOUT~LOGLABOR + LOGKAP, data = pgr, model = "pooling")

再用固定效应模型进行估计

gr_fe <— plm(LOGOUT~LOGLABOR + LOGKAP, data = pgr, model = "within")

如果要判断固定效应模型是否比混合估计模型更好,可采用 F 检验

pFtest(gr_fe, gr_pool)

最后,我们用随机效应模型进行估计

gr_re <— plm(LOGOUT~ LOGLABOR + LOGKAP, data = pgr, model = "random", random.method = "swar")

summary(gr_re)

要判断随机效应模型是否与固定效应模型有区别,可采用 Hausman 检验

phtest(gr_re, gr_fe)

复习思考题

1. 空间计量经济学模型包括哪些?
2. 地理加权回归模型是什么?
3. 空间权值矩阵如何确定?
4. 什么是空间依赖性和空间异质性?

参考文献

REFERENCE

1.李小建.经济地理学[M].北京:高等教育出版社,2002.

2.孙久文.区域经济学(修订版)[M].北京:首都经济贸易大学出版社,2011.

3.高洪深.区域经济学(第二版)[M].北京:中国人民大学出版社,2006.

4.郝寿义.区域经济学原理[M].上海:上海人民出版社,2007.

5.魏后凯.现代区域经济学[M].北京:经济管理出版社,2006.

6.菲利普·麦卡恩.城市与区域经济学[M].李寿德,蒋录全,译.上海:格致出版社,上海人民出版社,2010.

7.武友德.区域经济学导论[M].北京:中国社会科学出版社,2004.

8.程必定.区域经济学[M].安徽:安徽人民出版社,1989.

9.艾萨德.区域科学导论[M].北京:高等教育出版社,1991.

10.胡佛.区域经济学导论[M].北京:商务印书馆,1990.

11.丁四保.区域经济学[M].北京:高等教育出版社,2003.

12.冯云廷.区域经济学[M].大连:东北财经大学出版社,2006.

13.孙海鸣,张学良.区域经济学[M].上海:上海人民出版社,2011.

14.吴传清.区域经济学原理[M].武汉:武汉大学出版社,2008.

15.安虎森.新区域经济学[M].大连:东北财经大学出版社,2008.

16.许学强等.城市地理学[M].北京:高等教育出版社,2001.

17.刘再兴.区域经济学理论与方法[M].北京:中国物价出版社,1996.

18.陈栋生.区域经济学[M].郑州:河南人民出版社,1993.

19.吴殿廷.区域经济学[M].北京:科学出版社,2003.

20.郝寿义,安虎森.区域经济学[M].北京:经济科学出版社,2004.

21.魏后凯.现代区域经济学[M].北京:经济管理出版社,2011.

22.安虎森.区域经济学通论[M].北京:经济科学出版社,2004.

23.张海如.区域经济学教程[M].北京:经济科学出版社,2002.

24.刘东勋等.新区域经济学论纲[M].北京:社会科学文献出版社,2005.

25.冯·杜能.孤立国同农业和国民经济的关系[M].吴衡康,译.北京:商务印书馆,1997.

26.韦伯.工业区位论[M].李钢剑等,译.北京:商务印书馆,1997.

27.廖什.经济空间秩序[M].王守礼,译.北京:商务印书馆,1995.

28.藤田昌久,保罗·克鲁格曼,安东尼·J.维纳布尔斯等.空间经济学[M].梁琦,主译.北京:中国人民大学出版社,2005.

29.陆大道.区域发展与空间结构[M].北京:科学出版社,1995.

30.张可云.区域经济政策[M].北京:商务印书馆,2005.

31.陈秀山,张可云.区域经济理论[M].北京:商务印书馆,2003.

32.高新才.区域经济与区域发展[M].北京:人民出版社,2002.

33.杨开忠.中国区域发展研究[M].北京:海洋出版社,1989.

34.陈栋生.区域协调发展论[M].北京:经济科学出版社,2005.

35.赵弘.总部经济[M].北京:中国经济出版社,2004.

36.杨雍哲.论城乡统筹发展与政策调整[M].北京:中国农业出版社,2004.

37.王东升,曹磊.混沌、分形及其应用[M].北京:中国科学技术出版社,1995.

38.刘耀彬.区域经济学模型与案例分析[M].北京:科学出版社,2013.

39.朱惠斌,李贵才.基于功能网络的珠三角区域经济空间格局[J].经济地理,2015,35(2):1—6.

40.覃成林,李敏纳.区域经济空间分异机制研究——一个理论分析模型及其在黄河流域的应用[J].地理研究,2010,29(10):1780—1792.

41.王琦,陈才.产业集群与区域经济空间的耦合度分析[J].地理科学,2008,28(2):145—149.

42.孟德友,沈惊宏,陆玉麒.中原经济区县域交通优势度与区域经济空间耦合[J].经济地理,2012,32(6):7—14.

43.郑国,赵群毅.城市经济区与山东省区域经济空间组织研究[J].经济地理,2004,24(1):8—12.

44.郭腾云.近50年来我国区域经济空间极化的变化趋势研究[J].经济地理,2004,24(6):743—747.

45.谭传凤,李祥妹.试论区域经济空间相互作用的微观机制[J].地理研究,2001,20(3):315—321.

46.张玉新,李天籽.国际区域经济一体化背景下中国沿边城市经济空间分布与影响因素[J].管理世界,2014(10):172—173.

47.李小建,罗庆,祝英丽.经济地理学与区域经济学的区分[J].经济地理,2012,32(7):1—5.

48.安虎森.有关区域经济学基本理论的一些思考(上)[J].西南民族大学学报(人文社科版),2008(1):103—113.

49.安虎森.有关区域经济学基本理论的一些思考(下)[J].西南民族大学学报(人文社科版),2008(2):110—115.

50.杨开忠.区域经济学概念、分支与学派[J].经济学动态,2008(1):55—60.

51.安虎森,邹璇.区域经济学的发展及其趋势[J].生产力研究,2004(1):180—186.

52.郝寿义.建立区域经济学理论体系的构想[J].南开经济研究,2004(1):68—72.

53.陈祖华.试论经济空间研究的层次性——以空间经济学和区域经济学为例[J].西南民族大学学报(人文社科版),2010(1):90—93.

54.滕少霞,骆玲.论经济地理学与区域经济学的整合与分异[J].西南民族大学学报(人文社科版),2006(1):31—33.

55.丁森,朱乃新.浅谈区域经济学[J].世界经济,1984(1):38—41+8.

56.李情达.区域经济学与空间经济学关系研究[J].时代金融,2015(6):45—46.

57.李青.谈我国区域经济学的研究[J].开发研究,1994(6):32—34.

58.陈栋生,魏后凯.我国区域经济学发展的回顾与展望[J].工业技术经济,1990(1):1—5.

59.蔡之兵，张可云.区域的概念、区域经济学研究范式与学科体系[J].区域经济评论，2014(6)：5－12.

60.陈秀山.关于区域经济学的研究对象、任务与内容体系的思考[J].经济学动态，2002(12)：26－29.

61.程必定.区域和区域经济学的研究对象[J].安徽财贸学院学报，1989(3)：62－66.

62.田甜.论区域经济学与发展经济学、经济地理学的差异[J].太原师范学院学报(社会科学版)，2005，4(1)：68－69.

63.程必定.再论区域经济学的研究对象[J].江淮论坛，1990(4)：14－19.

64.李炯光.古典区位论：区域经济研究的重要理论基础[J].求索，2004(1)：14－16.

65.段楠，郝寿义.区位选择到聚集逻辑演绎缺失的原因探讨[J].暨南学报(哲学社会科学版)，2011，33(5)：47－53，161－162.

66.沈志远，高新才.用韦伯的区位论方法对新中国制造业工业区位的思考[J].社科纵横，2011，26(10)：22－24.

67.梅冠群，陈伟博.从传统区位论到区域科学的逻辑演变脉络透视[J].商业经济研究，2015(25)：128－130.

68.张明龙，周剑勇，刘娜.杜能农业区位论研究[J].浙江师范大学学报(社会科学版)，2014，39(5)：95－100.

69.周天勇，刘玲玲.从区位理论到新空间经济学的发展[J].生产力研究，2005(10)：5－6，25.

70.张可云.区域科学的兴衰、新经济地理学争论与区域经济学的未来方向[J].经济学动态，2013(3)：9－22.

71.安虎森，肖欢.我国区域经济理论形成与演进[J].南京社会科学，2015(9)：23－30.

72.魏后凯.我国区域经济发展的新趋势[J].中国经济快讯，2001(8)：27－28.

73.崔功豪.中国区域规划的新特点和发展趋势[J].现代城市研究，2006(9)：4－7.

74.张京祥，崔功豪.区域与城市研究领域的拓展：城镇群体空间组合[J].城市规划，1999，23(6)：36－38，45＋63.

75.陆大道.二〇〇〇年我国工业生产力布局总图的科学基础[J].地理科学，1986，6(2)：110－118.

76.魏后凯.区域开发理论研究[J].地域研究与开发，1988，7(1)：16－19.

77.杨开忠.二元区域结构理论的探讨[J].地理学报，1992，47(6)：499－506.

78.顾朝林，赵晓斌.中国区域开发模式的选择[J].地理研究，1995，14(4)：8－22.

79.安虎森.区域经济非均衡增长与区域空间二元结构的形成[J].延边大学社会科学学报，1997(1)：66－70.

80.包卿，陈雄.核心——边缘理论的应用和发展新范式[J].经济论坛，2006(8)：8－9.

81.曾菊新.试论空间经济结构[J].华中师范大学学报(哲学社会科学版)，1996(2)：8－13.

82.王非，赵荣.近现代西北城市体系的空间变化及影响因素分析[J].人文地理.1999，14(4)：42－53.

83.阎小培.广州信息密度服务业的空间发展及其对城市地域结构的影响[J].地理科学.1999，19(5)：405－410.

84.崔功豪.都市区规划——地域空间规划的新趋势[J].国外城市规划.2001(5).

85.张京祥，邹军，吴启焰，陈小卉.论都市圈地域空间的组织[J].城市规划.2001，25(5)：19－22.

86.沈正平，安宇，顾晓波.都市圈与经济区整合及协调发展研究——以边缘性的徐州都市圈与淮海经济区为例[J].中国软科学.2003(11)：128－133.

87.马晓冬，徐建刚.江苏省城市化发展的区域差异分析[J]世界地理研究.2006，15(9)：68－70.

88.薛俊菲，顾朝林，孙加凤.都市圈空间成长的过程及其动力因素[J]城市规划.2006，30(3)：1－4.

89.刘承良，熊剑平，张红.武汉都市圈城镇体系空间分形与组织[J]城市发展研究.2007，14(1)：44－45.

90.高新才.中国区域发展战略的嬗变[J].改革，2008(1)：52－54.

91.高新才.与时俱进：中国区域发展战略的嬗变[J].兰州大学学报(社会科学版)，2008，36(3)：2－16.

92.高萍.论中国区域发展战略的三次转向[J].中南财经政法大学学报，2006(1)：9－12，142.

93.蔡之兵，张可云.中国区域发展战略的60年历程回顾(1953—2013)[J].甘肃社会科学，2015(2)：153－157.

94.高新才.中国区域发展战略的嬗变与展望[J].西部论丛，2007(6)：28－30.

95.孔祥智，周振.发展第六产业的现实意义及其政策选择[J].经济与管理评论，2015(1)：98－103

96.王志刚，江笛.日本“第六产业”发展战略及其对中国的启示[J].世界农业，2011(3)：80－83.

97.张曾芳，张龙平.产业链衍生：第五产业新说[J].江海学刊，2001(1)：30－35.

98.曹跃，白桦.第五产业：数字打破观念[J].经济理论与经济管理，2002(8)：33－37.

99.李俊华.信息产业独立为第四产业的现实意义[J].学术研究，1994(2)：87－89.

100.魏建国，邹珊刚.知识经济与第四产业[J].统计与决策，1999(3)：44－45.

101.魏后凯.大都市区新型产业分工与冲突管理——基于产业链分工的视角[J].中国工业经济，2007(2)：28－34.

102.王黎明.区域形象设计——区域发展战略研究的新课[J].经济地理.1997，17(4)：1－7.

103.陆林，刘冰清.试论区域发展中区域形象价值[J].经济地理.2005，25(3)：294－297.

104.赵定涛.区域形象塑造的目标和途径[J].技术经济与管理研究，1998(5)：59－60.

105.夏智伦，李自如.区域竞争力的内涵、本质和核心[J].求索，2005(9)：44－47.

106.陈卫平，朱述斌.国外竞争力理论的新发展——迈克尔·波特“钻石模型”的缺陷与改进[J].国际经贸探索，2002(3)：2－4，18－79.

107.芮明杰.产业竞争力的“新钻石模型”[J].社会科学，2006(4)：68－73.

108.张辉.区域竞争力的有关理论探讨[J].中国软科学，2001(8)：93－98.

109.王立成.区域竞争力模型分析与提升路径[J].山东社会科学，2006(1)：123－125.

110.潘文卿.中国区域经济差异与收敛[J].中国社会科学，2010(1)：72－84，222－223.

111.洪国志，胡华颖，李郇.中国区域经济发展收敛的空间计量分析[J].地理学报，2010，65(12)：1548－1558.

112.刘继生,陈彦光.城市地理分形研究的回顾与前瞻[J].地理科学,2000,20(2):166—171.

113.陈 涛.城镇体系随机聚集的分形研究[J].科技通报,1995,11(2):98—101.

114.刘继生,陈涛.东北地区城镇体系空间结构的分形研究[J].地理科学,1995,15(2):23—24.

115.刘继生,陈彦光.城镇体系空间结构的分形维数及其测算方法[J].地理研究,1999,18(2):171—178.

116.刘继生,陈彦光.河南省城镇体系空间结构的多分形特征及其与水系分布的关系探讨[J].地理科学,2003,23(6):713—720.

117.陈彦光,刘继生.城市规模分布的分形和分维[J].人文地理,1999,14(2): 713—719.

118.陈彦光,周一星.城市等级体系的多重 Zipf 维数及其地理空间意义[J].北京大学学报(自然科学版),2002,38(6):823—830.

119.陈彦光,刘继生.豫北地区城镇规模分布的分形研究[J].人文地理,1998,13(1):22—29.

120.魏宇,黄登仕.基于多标度分行理论的金融风险测度指标研究[J].管理科学学报,2005,8(4):50—59.

121.陈建军,黄洁.集聚视角下中国的产业、城市和区域——国内空间经济学最新进展综述[J].浙江大学学报(人文社会科学版),2008,38(4):12—21.

122.王铮,葛昭攀.中国区域经济发展的多重均衡态与转变前兆[J].中国社会科学,2002,04:31—39,204.

123.陆玉麒.双核型空间结构模式的应用前景[J].地域研究与开发,1999,18(3):10—13.

124.杨海余,王耀中,刘志忠.新经济地理学视角的中心—外围模型评介[J].经济学动态,2004(7):109—113.

125.郝寿义,成起宏.上海等城市的竞争力与城市建设关系的研究[J].南开学报,1999(1):41—49

126.陈秀山.从“福特主义”到“后福特主义”——区域经济发展面临的新挑战[J].经济理论与经济管理,2003(9):67—70.

127.张可云,赵秋喜,王舒勃.西部地区投资的区际比较及其软环境分析[J].重庆工商大学学报(西部经济论坛),2003(5):12—16.

128.魏后凯.西方区域经济学及其发展——西方区域经济学述评(上)[J].开发研究,1990(2):60—64.

129.魏后凯.西方区域经济发展理论——西方区域经济学述评(下)[J].开发研究,1990(5):54—59.

130.蒋清海.对中国区域经济发展的展望(上)[J].开发研究,1996(1):18—21.

131.蒋清海.对中国区域经济发展的展望(下)[J].开发研究,1996(2):21—23.

132.邓翔.中国地区差距的分解及其启示[J].四川大学学报(哲学社会科学版),2002(2):31—36.

133.魏后凯.瑞典的区域科学与区域政策[J].开发研究,1995(1):39—41.

134.符正平.论企业集群的产生条件与形成机制[J].中国工业经济,2002(10):20—26.

135.魏守华,石碧华.论企业集群的竞争优势[J].中国工业经济,2002(1):59—65.

136.金祥荣.经济发展的创新动力结构——企业、市场和分工制度的创新[J].浙江学刊,2000(5):74—79.

137.姚先国,朱海就.产业区"灵活专业化"的两种不同模式比较——兼论"特质交易"观点[J].中国工业经济,2002(6):45—49.

138.杨建梅,冯广森.东莞台资IT企业集群产业结构剖析[J].中国工业经济,2002(8):45—50.

139.王缉慈.地方产业群战略[J].中国工业经济,2002(3):47—54.

140.魏后凯.产业转移的发展趋势及其对竞争力的影响[J].福建论坛(经济社会版),2003(4):11—15.

141.魏后凯.中国地区经济增长及其收敛性[J].中国工业经济,1997(3):31—37.

142.林毅夫,刘明兴.中国的经济增长收敛与收入分配[J].世界经济,2003(8):3—14,80.

143.覃成林.中国区域经济增长趋同与分异研究[J].人文地理,2004,19(3):36—40.

144.徐现祥,舒元.物质资本、人力资本与中国地区双峰趋同[J].世界经济,2005(1):47—57.

145.刘树成,赵京兴."经济形势分析与预测1994年春季座谈会"综述[J].数量经济技术经济研究,1994(5):4—8,47.

146.尚卫平.我国城市居民可支配收入不平等程度研究——以江苏省为例[J].中国软科学,2002(8):103—104,122.

147.刘慧,甄峰.区域经济增长研究述评[J].经济师,2006(3):58—59.

148.陈晓玲,李国平.地区经济收敛实证研究方法评述[J].数量经济技术经济研究,2007(8):151—160.

149.徐曙光.投入产出技术的研究进展[J].国土资源情报,2005(12):35—39.

150.宋文清,王魁礼,徐学强.全数字直流提升机设计选型的几个问题[J].电气传动自动化,1997(2):57—59.

151.刘科伟.城市空间影响范围划分与城市经济区问题探讨——以陕西省为例[J].西北大学学报(自然科学版),1995,25(2):129—134.

152.饶会林.城市区域新说及其意义[J].东北财经大学学报,1999(1):59—62.

153.冯云廷.城市聚集的动力结构及其实现机制[J].中国软科学,2003(9):113—117.

154.张义文,高新法,荣美娜,刘瑞平.河北省主要城市吸引范围[J].河北师范大学学报,2001,25(4):533—536.

155.李璐,季建华.都市圈空间界定方法研究[J].统计与决策,2007(4):109—111.

156.孟德友,陆玉麒.基于引力模型的江苏区域经济联系强度与方向[J].地理科学进展,2009,28(5):697—704.

157.顾朝林,庞海峰.基于重力模型的中国城市体系空间联系与层域划分[J].地理研究,2008,27(1):1—12.

158.王海江,苗长虹.我国客运交通联系的距离衰减规律[J].经济地理,2008,28(2):275—278.

159.王成金.中国交通流的衰减函数模拟及特征[J].地理科学进展,2009,28(5):690—696.

160.张捷,都金康,周寅康,张思彦,蒋兆刚.观光旅游地客流时间分布特性的比较研

究 —以九寨沟、黄山及福建永安桃源洞鳞隐石林国家风景名胜区为例[J].地理科学,1999,19(1):50—55.

161.吴晋峰,包浩生.旅游流距离衰减现象演绎研究[J].人文地理,2005,20(2):62—65.

162.宁越敏,严重敏.我国中心城市的不平衡发展及空间扩散的研究[J].地理学报,1993,48(2):97—104.

163.田永中,陈述彭,岳天祥,朱莉芬,王英安,范泽孟,马胜男.基于土地利用的中国人口密度模拟[J].地理学报,2004,59(2):283—292.

164.丁四保,赵伟,相伟.分析SARS:在我国的地理扩散和地理障碍[J].人文地理,2004,19(2):74—78.

165.吴玉鸣.高新技术产业开发区空间集聚分类的SOM模型及应用[J].科学学与科学技术管理,2006(2):98—102.

166.吴玉鸣.空间计量经济模型在省域研发与创新中的应用研究[J].数量经济技术经济研究,2006(5):74—85,130.

167.孙久文.现代区域经济学主要流派和区域经济学在中国的发展[J].经济问题,2003(3):2—4.

168.孙久文,叶裕民,林勇.全国区域经济学学科发展研讨会综述[J].经济学动态,2003(5):50.

169.蒋凯,杨开忠.多重视角下的产业转移文献述评[J].开发研究,2011(3):34—37.

170.陈良文,杨开忠.集聚经济的六类模型:一个研究综述[J].经济科学,2006(6):107—117.

171.杨开忠.中国区域经济系统研究(上)——区域经济理论,应用与政策[J].中国工业经济,1989(3):66—73.

172.杨开忠.中国区域经济系统研究(中)——区域经济理论、应用与政策[J].中国工业经济,1989(4):26—36.

173.杨开忠.中国区域经济系统研究(下)——区域经济理论、应用与政策[J].中国工业经济,1989(5):51—58.

174.陈栋生.关于发展我国区域经济学的几个问题[J].工业技术经济,1995,14(4):1—4.

175.陈栋生.论区域经济和我国区域经济学的发展[J].青海社会科学,1990(4):63—67.

176.姜文仙,覃成林.区域协调发展研究的进展与方向[J].经济与管理研究,2009(10):90—95.

177.刘志军.论城市化定义的嬗变与分歧[J].中国农村经济,2004(7):58—65.

178.张唯实.软投入与中国区域经济发展比较研究[D].兰州大学,2012.

179.Poter M E.The comprtitive advantage of nations[M].Basingstoke: Macmillan,1990.

180.Thomas A.Hutton.The Economy of the Inner City: Restructuring,Rdgeneration and Dislocation in the Twenty-first-century Metropolis[M].London: Routlege,2010.

181.Armstrong H,Taylor J.Regional economics and policy[M].{s.l.}: Philip Allan,1985.

182.Krugman P.Geography and trade[M].Cambridge,Mass:MIT Press,1991.

183.Paul Krugman.Increasing returns and economic geography[J].Journal of Political Economy,1991,99(3).

184. Ronald E Miller, Antonio Guccione, William J, Grillen, Peter K Blair. Interregional feedbacks in input-output models: the least upper bound[J]. Journal of Regional Science, 1988, 28 (3).

185. Thompson John H. Some theoretical considerations for manufacturing geography[J]. Economic Geography, 1996(42): 357—358.

186. Barro R, Sala-i-Martin X. Convergence[J]. Journal of Political Economy, 1992, 100 (2).

187. J. Vernon Henderson. Cities and Development[J]. Journal of Regional Science, 2010, 50(1): 515—540

188. Masahisa Fujita. The Evolution of Spatial Economics: From Thunen to the New Economic Geography[J]. The Japanese Economic Review, 2010, 61(1).

189. Steven Brakman, Harry Garretsen, Marc Schramm. The Strategic Bombing of German Cities during WWII and Its Impact on City Growth[J]. Journal of Economic Geography, 2004, (4).